人口与信息社会丛书

养老服务管理

Senior Care Management

沙 勇　周建芳　白 玫　主编

社会科学文献出版社
SOCIAL SCIENCES ACADEMIC PRESS (CHINA)

前　言

截至 2018 年底，我国 60 岁及以上老年人口达 2.48 亿人，占总人口的 17.9%，且仍保持不断发展、深化的势头。及时应对、科学应对、综合应对是我国积极人口老龄化的根本遵循。党的十八大、十九大报告以及国民经济和社会发展"十三五"规划纲要都对如何积极应对人口老龄化提出了明确要求，对加快养老服务体系、发展养老服务产业进行了顶层设计。

然而，具有巨大需求且对提高老年人生活质量可以起到"压舱石"作用的养老服务，却由于尚缺乏规范化的标准、高质量的管理和相应的人力资本，发展水平亟待提高、可及性依然严重缺失。归根结底，快速发展的养老服务业亟须吸纳人才、提升管理水平。培养、吸纳高校管理相关专业的优秀毕业生加入到前景广阔、容量巨大、直接关系民生福祉的养老服务行业，提升养老服务管理水平，促进优质养老服务的提供和养老服务产业的高质量发展，就显得尤为重要。因为，此举既可以在一定程度上解决作为稳定就业首要重点群体的大学生的就业问题，又可以为养老服务管理领域输送大量高素质人才，切实提高养老服务水平与质量。

我和周建芳教授所在的南京邮电大学社会与人口学院有数位研究人员一直从事人口老龄化的相关研究，而该教材的另一位主编白玫博士所在的烽火云科技有限公司是国资委直属央企——烽火通信科技股份有限公司的全资子公司，在智慧养老领域持续深耕，其建设的大数据养老云平台制定的养老服务相关业务标准被全国老龄委信息中心公开发布。为了充分叠加双方在养老研究与实务领域的各自优势，我们于 2017 年联合成立了江苏智慧养老研究院（以下简称养老研究院）。而且，养老研究院获批为江苏省教育厅高校人文社会科学校外研究基地。养老研究院研究团队在周建芳教授的带领下，在养老研究领域，特别是智慧养老方面已经有了一定的研究积淀。同时，民生所需始终是经济社会乃至各项工作的"指南针"，更是研究者所应该关注和努力的方向。针对我国养老服务的发展现状与趋势，养老研究院团队成员积极呼应养老服务对高级管理人才培养的迫切需求，主编了国内首部主要面向管理相关专业本科生的《养老服务管理》教材，当然，这部教材也适用于养老服务领域相关管理人员的培训。

该教材以"管理"而非"服务"为核心内容，充分体现养老服务管理的特殊性，力求接轨新时代、顺应新需求，着力契合智慧养老的前沿。本书具体分为十章：第一章绪论，朱晓、胡雅萍承担了一些工作，明确了养老服务管理的定义、内涵、特征、目标与任务，介绍了养老服务管理与相关学科内在的关联及学科发展；第二章至第七章为养老服务管理理论方面的内容，主要作者为赵鑫鑫、周建芳、张航、魏莉、陆潭晟和白玫，对养老服务政策和法律规范、计划管理、组织管理、人力资源管理、信息化管理和质量管理进行了阐述；第八章至第十章为养老服务管理实践篇，主要作者为舒星宇、刘璐婵和白玫，主要介绍了国内和国际养老服务管理的实践，并阐述了养老服务管理的发展趋势。

教材的编写得到了周长洪教授的悉心指导和严谨把关，沈坤荣教授、许长新教授、黄健元教授等专家也在大纲拟定阶段给出了高屋建瓴和切中实际的指导意见；教材的出版还得到了南京邮电大学和江苏省教育厅高校人文社会科学校外研究基地江苏智慧养老研究院（2017ZSJD006）的经费资助；社会科学文献出版社的胡庆英编辑提供了大力的帮助和支持。在此，一并致以衷心的感谢！

由于受编写时间、团队专业知识所限，难免存在不妥或谬误，敬请业界同人和广大读者批评指正。

沙 勇

2019 年 3 月

目 录

CONTENTS

第一章
绪　论

《《《《《 **学习目标**

1. 了解我国人口老龄化背景。
2. 掌握养老服务管理的定义与基本内涵。
3. 熟悉养老服务管理的目标和主要任务。
4. 知晓养老服务管理与相关学科的关系。

我国已经进入人口老龄化快速发展阶段，积极应对老龄化，加快发展养老服务事业与产业，不断满足老年人口持续增长的养老服务需求，是促进家庭发展、全面建成小康社会、践行以人民为中心的发展思想的重要而紧迫的任务。当前，我国以居家养老为基础、社区养老为依托、机构养老为支撑的社会养老服务体系已经初步建成，老年消费市场健康发展，老龄事业推进取得显著成就。但总体上看，还存在养老服务和产品供给不足、质量不高，市场发育不健全、不完善，城乡间、区域间发展不平衡等现象，养老服务管理亟待加强。

第一节　养老服务管理定义与内涵

一　养老服务管理的定义

养老服务管理由两个关键词构成，即"养老服务"和"管理"，其中核心词是"管理",而"养老服务"则是限定词,规定了管理的领域。

（一）养老服务

"养老",原为古代一种礼制,意为"择取年老而贤能的人,按时供给酒食,并加以礼敬",现多含有"赡养、扶养或养护老年人"之意。人步入老年之后,由于身体机能下降,身体素质大不如前。特别是进入高龄老年阶段后,老年人由于伤病而丧失劳动能力,生活自理能力、社会交往能力都急剧下降,这时如果经济保障能力不足,则老年人在生存、生活等方面就会产生较大困难,同时,其心理与精神压力也会随之产生,晚年生活质量就会受到严重影响。因此,他们非常需要来自家庭、社会、政府等多层面、多角度的关怀与帮扶。

人的社会性,决定了人的社交需求和情感需求。人不仅仅需要得到生活上的经济支持,更需要通过与他人进行情感交流获得满足感、安全感、尊重感。养老服务需要从老年人的需求出发,通过提供多样化、个性化、精准化的服务,从物质与精神两方面改善与提升老年人生活条件和生活质量,让老年人可以安享晚年。在服务的过程中,服务管理人员应该不断接受新的理念、新的技术,创新服务模式,在为老年人创造美好生活条件的同时,鼓励和激发老年人对生活的热爱与对未来的憧憬,创造老年人参与社会事务、社会活动的机会,把"老有所养""老有所为""老有所得""老有所乐"的目标追求贯穿在养老服务管理的全过程中,真正帮助老年人,使其晚年生活丰富多彩、幸福安宁,实现健康老龄化和积极老龄化。因此,养老服务可以定义为:"为老年人提供服务,满足其物质生活与精神生活的所有过程。"

随着时代的发展,养老服务理念也在不断变化。在倡导健康老龄化、积极老龄化、幸福老龄化的背景下,养老服务更加重视精神赡养,以维护老年人尊严为前提,以满足更高的养老需求为目标,通过改善养老服务中的环境设施,培养和提升养老护理人员的业务能力,完善标准化服务流程,为老年人提供环境优美、设备先进、技术娴熟的人文服务。

（二）管理

国内外著名的管理学家从不同研究角度,给出了不同的"管理"定义。

（1）美国的决策管理大师赫伯特·西蒙（Herbert A. Simon）：管理就是决策。[①]

（2）管理过程学派创始人亨利·法约尔（Henri Fayol）：管理就是实行计划、组织、指挥、协调和控制。[②]

（3）美国管理学家路易斯·布恩（Boone）和戴维·克茨（Kurts）：管理是使用人力及其他资源去实现目标。[③]

（4）帕梅拉·S. 路易斯（Lewis）、斯蒂芬·H. 古德曼（Goodman）和帕特丽夏·M. 范特（Fandt）：管理就是切实有效地支配和协调资源，并努力达到组织目标的过程。[④]

我国著名的管理学家周三多教授：管理是通过信息获取、决策、计划、组织、领导、控制和创新等职能的发挥来分配、协调包括人力资源在内的一切可以调用的资源，以实现单独的个人无法实现的目标。[⑤]

通过上述对管理定义的梳理不难看出以下几点。从强调结果视角来看，管理就是由一个或多个人协调他人的活动，以便达到一个人单独活动而不能取得的成果。从强调领导艺术角度来看，管理是决策艺术，成效如何取决于领导的决策能力。从目标来看，管理有两个核心目标：一是对资源的整合，强调动态过程；二是实现目标，强调终极结果。前一个目标可以通过计划、组织、领导和控制来实现，注重管理的协调作用；后一个目标注重通过协调组织内部各个子系统来达成。两个要素从不同方向突出了管理的作用。因此，管理是在特定环境下，通过计划、组织、控制、激励和领导等活动，协调人力、物力、财力、资源等要素，最终实现组织目标的过程。

（三）养老服务管理

基于"养老服务"与"管理"两者的含义和关系，可以将养老服务管理定义为：在积极应用现代科学技术理论、方法、技术的基础上，以养老

---

① 赫伯特·西蒙：《管理行为》，杨烁等译，北京经济学院出版社，1988，第1～343页。

② 郭咸纲：《西方管理思想史》，北京联合出版公司，2014，第116～116页。

③ 刘冬蕾：《管理学原理》，中国林业出版社，2012，第2～3页。

④ 江孝东：《管理学》，北京理工大学出版社，2006，第2～3页。

⑤ 周三多：《管理学原理与方法》，复旦大学出版社，1993，第3～28页。

服务为对象，对养老事业、产业进行计划、组织、领导、控制和创新，促进养老服务有序健康发展。

二 养老服务管理基本内涵

养老服务管理包括三个方面的关键管理：主体管理、软件管理和硬件管理。三个方面紧密联系、缺一不可，是保障老年人养老服务质量的有效抓手。

（一）主体管理

养老服务的主体主要包含：养老服务的对象、养老服务的提供者以及养老服务的管理人员，即符合条件的被护理对象、经过专业训练的养老护理人员、参与养老服务管理的工作团队、职业经营管理者等。主体管理要高度重视老年人的观感体验以及老年人在接触互动过程中所涉及的人性化要素，强调服务过程中的人员素质、专业技能培训以及专业化经营管理。

（二）软件管理

养老服务软件是指用来解决服务技术标准评估问题、过程管控问题以及成效反馈问题的手段。对养老服务来说，服务技术标准包括养老服务提供者的资质标准、照料护理服务流程的标准、养老服务行动规范和指导手册、养老照料护理服务的质量评估、养老护理人员的经验传承与专业教育培训标准等，养老服务管理需要制定这些标准。过程管控包括对提供养老服务的过程，养老服务的提供方法、组织运营，养老护理员的教育培训以及老人对服务的反馈等的管理。成效反馈则指提供养老服务的结果，如是否完成了初始制定的养老服务目标，用户的满意度如何，等等。

（三）硬件管理

养老服务硬件一般包括养老服务设施、照料护理服务设备及用具，特别强调具备技术性、方便性、安全性的无障碍设计与应用。做好硬件管理，就是要对养老服务所需的硬件设施加以统筹管理，确保硬件健康环保、优质实用。我国养老服务设施的建设标准是建设部和民政部于1999年联合发布的强制性行业标准《老年人建筑设计规范》（编号为JGJ122 - 99），该规范从1999年10月1日开始实施，对老年人建筑设计提出了明确的标准，并成为实践中养老服务设施的建设标准。

三　养老服务管理的基本特征

（一）专业性

养老机构是养老服务管理的主要服务载体，为老年人特别是失能失智的老年人提供专业服务是其主要特征。养老机构服务虽然面临的对象较为单一，但标准化、规范化程度高。养老机构的地位与作用使其需要具备严格的准入门槛，具有专业化的设备设施，具有实践经验丰富的服务团队，以及具有严格规范的服务流程和质量控制体系。只有专业化的养老机构，才能为老年人提供长期照护、康复护理、精神慰藉与临终关怀服务。

（二）持续性

养老服务管理需要具备一定的持续性。老年人的生活起居非常细致，养老服务的对象从 60 岁就开始，老人 60 岁以后还有很长一个阶段的生活，所以照顾长者是一个长期的过程。养老服务管理也不是一年两年的事，有的甚至长达十几年或几十年，且机构收益也不是立竿见影的。这也说明养老服务管理具有长期性和持续性的特征，完善的养老服务管理体系应当为不同年龄阶段、不同健康状况、不同经济状况以及不同意愿的老年人提供专业化、可持续的照料服务。

（三）实用性

养老服务需要提供一系列标准化的专业服务，如餐饮服务、医疗服务、护理服务、保洁服务、安保服务、交通服务以及休闲娱乐服务等，主要是为了破解养老照料的社会性难题，减轻家庭、社会以及政府的压力，为老年人提供舒适安心的养老环境，对其进行精神上的慰藉，提高其生活品质，保障其晚年生活幸福。因此，养老服务机构的管理工作要以实用性为基本标准，以老年人的切实需求为主要服务目标，在照护老人的同时积极发掘和感知老年人在生活上与精神上的需求，积极探索新型管理方法，提升服务的精准性与实用性。

（四）完整性

从服务和产品的种类上看，现代养老服务有很多种，既包括私营企业或非营利机构提供的产品和服务，又包括政府公共部门提供的公共产品或公共服务，他们所提供的产品和服务种类多样化，以便老年人根据自身意愿、条件选择养老服务方式；从年龄层面上看，老年期时间跨度大，从60岁到百岁以上，因此养老服务需要涵盖"低龄老年期"（60~74岁）、"老年期"（75~89岁）和"长寿期"（90岁以上）的老人；从自理程度上看，养老服务的对象包括完全自理老人、半自理老人和失能老人。

（五）社会性

从产业角度来看，养老服务是一种面向社会的服务，养老机构承担着提供社会公共服务的使命，其服务对象是广义上的老年群体，其主旨是提高老年人晚年生活品质，为老年人谋求福利，因此不论是营利性还是非营利性养老机构，都具有社会福利性质，养老服务机构通过关怀、照顾老年人生活的方方面面，进而影响老年人整个家庭的幸福。由于其公共性、社会性的特点，其服务方式也具有一定的公益性特征，要确保社会中所有人不论贫富都能享有有保障的晚年生活。

第二节　养老服务管理目标与任务

一　养老服务管理的目标

养老服务管理的目标可以分为社会效益目标和经济效益目标。

（一）社会效益目标

从政府职责来看，要给老年人提供公共资源和服务，并进行有效资源配置管理，满足老年人的多样化需求；要出台养老服务管理政策和法律法规，协调部门利益，寻求政策合力，使每一个老年人都享有国家社会保障的平等权利。养老服务作为民生事业的重要内容之一，事关老年人群体的切身利益，也事关亿万家庭福祉。

作为老年人社会福利事业的重要组成部分，养老服务机构应把不断完善居住条件、提升服务质量、让服务对象及其家人满意、为政府和社会分忧作为管理的最高目标。

（二）经济效益目标

从国家层面来看，养老服务业的经济效应正逐渐凸显，未来我国将成为全球老龄产业市场潜力最大的国家。我国养老服务管理也势必将伴随政策发展环境的优化而逐步完善，在兼具社会效益和经济效益的同时，必将进入快速、良性的发展轨道。

对于民营养老服务机构来说，经济效益往往是其首要目标。对于公立养老机构来说，虽然营利不是其最高目标，但在政府投入不足、相关优惠政策难以落实到位、服务对象收入来源有限及养老服务市场竞争激烈的背景下，公立养老机构要提供更好的服务，也需多措并举，重视经济效益的提高。

总之，养老服务管理应遵循"以人为本、安全第一、服务至上、依法管理"四个基本原则，实现社会效益和经济效益的双丰收。

二　养老服务管理的任务

养老服务管理的任务可以按照不同的标准来划分。

（一）按管理的执行主体划分

可以分为政府及有关部门的养老服务管理、养老服务机构的管理。

1. 政府及有关部门的养老服务管理

负责国家或地方养老服务的整体规划、养老服务相关政策制定、养老服务的监督管理和养老服务保障体系建设等。政府及有关部门的管理对象主要为各类养老服务机构。政府对养老机构的管理，以指导和监督为主，多从宏观政策层面进行，如出台保护老年人权益的《中华人民共和国老年人权益保障法》、规范老年人福利的《老年人社会福利机构基本规范》、加强农村五保供养的《农村五保供养工作条例》、促进敬老院事业健康发展的《农村敬老院管理暂行办法》、界定养老护理员从业技能标准的《养老护理员国家职业标准（试行）》等政策法规。宏观层面的管理会涉及多个政府职能部门，如民政、卫健、消防、工商、税务、人社等。按照我国当前各部门的职能分工，民政部门主要负责老年生活服务和养老服务体系建设，卫健部门主要负责老年健康服务，人力资源和社会保障部门主要负责养老保障服务。

2. 养老服务机构的管理

养老服务机构管理的主要对象为机构的服务人员和行政工作人员，管理任务既包括直接对养老服务进行的管理，如制订养老服务计划、监控养老服务质量，也包括为保障服务顺利开展所进行的管理活动，如人力资源建设、财务管理等。养老机构对其内部的管理多以微观层面为主，根据机构内老年人的需求和特点，按照相关政策、法规，围绕人、财、物等具体事务开展。

政府及有关部门的养老服务管理与养老服务机构的管理相辅相成，缺一不可。规范养老机构的服务、确保其高效运营、更好地促进养老服务业发展是二者共同的目标。

（二）按管理的职能划分

可以分为养老服务计划、组织与协调、控制、领导与创新。

1. 养老服务计划

管理者要对将要实现的养老服务目标和活动做出具体的决策和安排。需要分析组织的内部和外部环境，确定目标或发展战略，提出具体行动方案。计划是养老服务管理的首要内容，组织与协调、控制和领导与创新都是在计划的指导下进行的。

2. 养老服务组织与协调

具体指养老服务管理者为实现服务目标而建立组织机构、协调相关部门的工作，是管理者根据既定的目标对组织中的人力、财力和物力及其间的相关关系进行合理安排与协调的过程。主要任务包括：设计养老服务组织的机构、建立组织的管理机制、明确各方责任和分配各方权利等。组织与协调是在具体落实计划，也是实现养老服务组织目标必不可少的活动。

3. 养老服务控制

指养老服务管理者为保证实际工作与养老服务目标一致而进行的管理活动。养老服务计划在实施的过程中，可能会遇到养老服务环境发生变化，或者服务人员未按照要求实施计划，也可能因为计划的周密性不够而无法实施等各种问题，导致服务计划实施的结果与预期目标不一致。因此，养老服务的管理者需要对养老服务计划的实施过程和实施结果进行有效监督和评估,并将之与管理制度和管理目标进行对照,发现偏差,分析偏差产生的原因,并及时采取措施纠正。

4. 养老服务领导与创新

养老服务管理者需要紧跟时代,充分关注或创造新的管理方法、新的服务手段和新的服务需求,及时推出新的服务模式和对旧的管理模式进行革新,以更有效地实现养老服务组织的目标。

（三）按管理的客体划分

人、财、物是养老服务管理的三个重要方面。"人"的管理主要包括对机构员工的管理和服务对象的管理。"财"的管理主要是对机构资金及账目的管理。"物"的管理主要涉及机构内硬件设施的规划、建设、采购、改造、维修、使用、维护等。

以养老服务机构的管理为例,其人、财、物的主要管理任务如图 1-1 所示。

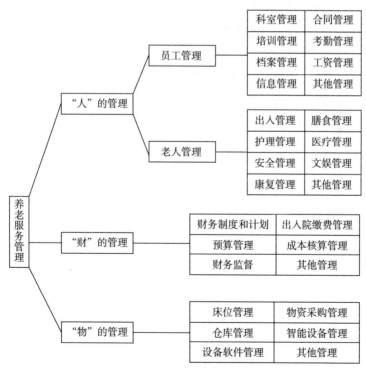

图 1-1　养老机构的管理任务

1. "人"的管理

养老服务机构的一切活动都要由人来完成。因此,"人"的管理极为重要。养老机构必须加强人才队伍建设和重视对员工的管理。一是建立集管理人才和专业人才于一体的员工队伍。养老机构能否实现良性发展很大程度上取决于其管理理念、水平和专业服务能力。养老机构服务对象的特殊性要求其工作人员掌握社会学、老年学、心理学、护理学、医学等多学科知识,并且能运用专业知识进行服务。二是加强对员工的日常管理。机构提高服务质量需要充分调动员工的积极性,增强其主人翁意识。员工管理应从三方面入手。第一,做好职工岗前培训和继续教育工作,不断提高员工素质和服务技能,用职业规划引领员工成长。第二,引导员工树立良好的职业观,加强员工的职业道德建设。养老服务的特殊性,决定了从业者只有具备良好的思想品质和职业道德素养才能胜任工作。第三,加强员工考核管理。通过建立健全激励机制,激发员工潜能,提高其工作效率。三是对服务对象进行积极和有效的管理。如制定养老机构服务的规章制度,督促老年人遵守养老机构相应的管理制度及注意事项,确保老年人居住安全,预防和杜绝意外伤害事件的发生。建立老年人的个人基本信息及健康档案,使员工在服务时做到心中有数,以便更好实施个性化服务。主要包括:管理老年人的入住与出院、入住期间的生活照料与护理、提供医疗服务、合理营养与平衡膳食、丰富其精神文化生活及加强信息化建设等。

2. "财"的管理

"财"的管理是对养老机构财务和资金的来源和使用进行管理。养老机构财务管理包括财务预测、财务计划、资金使用分配(如入院缴费管理、日常缴费管理)、资金周转、成本核算和财务监督等。养老机构对财务和资金管理的目标是以有限的资金投入取得最大的效用,即最佳社会经济效益。

3. "物"的管理

"物"的管理主要涉及硬件设施的兴建、改造、修葺,以及设备和物资的采购、使用、维护、保管及管理。确保物资采购、使用规范有序,所有设施、设备完好无损是养老机构对"物"的管理目标。此外,加强养老服务机构的信息化建设，提高工作效率，是实现养老机构现代化管理的重要保障。

（四）按管理的领域划分

可以分为行政管理、服务管理、后勤管理三个方面。

1. 行政管理

行政管理主要由四个部分构成，分别为组织机构管理、规章制度管理、质量管理和信息化管理。

（1）组织机构管理。养老机构正常、高效运转的前提是有一个好的、合理的组织机构。主要包括合理的科室设置、岗位和人员配备，清晰的部门职能和岗位责任，科学的人事聘用制度，等等。一方面，要根据业务发展需要设置岗位，做到人尽其才，各展其能。另一方面，各科室要设置合理，避免机构重叠，权责不清。养老机构的行政职能科室设置、人员配置应根据养老机构的实际工作需要，进行统筹规划，实现科学的合理配置。

（2）规章制度管理。良好而健全的制度是养老服务健康运行的根本保证。养老服务应以"以人为本、适用可行、全面完整、依法合规"为原则，制定规章制度。首先，要研究、确定关系到养老机构生存与发展的大政方针，如办院宗旨、服务定位、发展方向、发展目标与发展规划等。其次，大政方针确立后，要强化监督检查，确保政令畅通，并逐步细化，形成各项规章制度，为机构的运行及员工的行为提供工作准则。

（3）质量管理。养老服务管理的各环节都与质量管理密切相关，如行政管理、服务管理以及后勤管理等。质量管理是通过质量策划、控制、改进等一系列管理活动来确保既定目标任务的实现。

（4）信息化管理。随着现代社会的发展，智能化、信息在线化、服务可视化的养老服务越来越重要。以信息化养老终端数据采集为基础的养老服务信息化，是集移动互联网、物联网、云计算以及大数据于一体的互动和提供服务的综合平台，通过平台有效地整合各种信息资源、服务资源和社会资源，向老年人及其家人提供生活照料、健康管理、安全看护和休闲娱乐等全方位的服务。养老服务的信息化管理主要包括养老系统软件的管理（如养老服务信息化管理系统、养老服务基础数据库）、智能硬件的管理、大数据服务管理和增值服务管理（如智能健康监测系统、主动关怀系统、信息预警系统、电子围栏系统等）等。

2. 服务管理

服务管理主要是针对养老机构所开展的各项业务活动而进行的管理。专业服务的质量是养老机构的核心竞争力，主要体现在出入院管理、护理管理和医疗服务管理三个方面。

（1）出入院管理是养老机构正常运行的首要条件。做好出入院管理工作，不仅可以提高服务质量，而且可以化解矛盾与风险。入院管理包括接待咨询、登记预约、健康体检、家庭调访、入住审批、协议签订、试住等工作。做好出院手续办理及随访等工作是出院管理的主要内容。

（2）护理管理是养老机构管理工作的中心和核心内容，它直接关系到养老机构经营与发展以及入住老年人的生活质量与安危。护理管理要求服务人员增强服务意识，重视服务态度，结合老年人的不同情况，提供定制化服务。主要包括对老年人的健康进行评估，护理等级评定或变更，生活、心理、疾病和护理，文体活动组织、策划实施及入住老人健康和个人档案归类管理，等等。

（3）医疗服务管理是指为入住老年人特别是患病老年人提供专业的医疗服务并进行管理。医疗服务管理的目标主要有维护及增进老年人健康、满足老年人基本医疗保健需求、避免医疗事故发生。康复服务管理一般也归于医疗服务管理之中，更侧重于对患有功能障碍的老年人进行最大限度的功能恢复和重建，提高老年人的生活质量。一般大型的养老机构都配有专业的医务室，有的甚至拥有自己的医院，即使是小型养老机构也会配备一定数量的医务人员，但与大医院相比，二者在医疗装备、技术力量等专业技术方面还有一定差距。在此背景下，一般养老机构只能在规定的范围内开展医疗服务。

3. 后勤管理

养老机构后勤管理主要包括环境绿化和美化，对房屋、卫生、水、电、煤气、采暖等设施的维修，食品采购、加工制作与服务，车辆的使用与维护，消防安全与保卫等工作。此外，还有膳食营养服务管理、养老机构安全管理、文化建设等。其中，膳食管理并非简单地提供一日三餐，而是要根据老年人特殊的生理和营养需求，开展合理的膳食营养指导，以期减少或延缓慢性疾病的发生，改善老年人机体功能。养老机构的安全管理是养老服务中最基本的管理，要加强安全工作宣传和教育，定期开展安全隐患排查，杜绝护理安全、食品安全、设备安全等事故的发生。

第三节　养老服务管理与相关学科

养老服务管理是管理学或老年学的一个分支，是伴随着人口老龄化的发展而逐渐产生的新兴学科。因研究对象的独特性，养老服务管理作为一门新兴的学科，在国际上日益受到重视，被称为 21 世纪的朝阳学科。交叉性、理论性、实践性和应用性是其四个主要特点。

养老服务管理学科的形成与发展和老龄问题的演变及对策研究密切相关。养老服务管理及相关学科研究主要聚焦为两大类，第一类是以需求为导向，旨在研究人口老龄化、老年人、老年人口问题，以基础性、理论性研究为主；第二类是以供给为导向，通过对老年个体和老年群体的不同需求进行研究，为老年人提供不同的资源和服务，并通过合理地组织和配置人、财、物等因素，提高养老服务水平，为老年人提供多重保障，以实践性和应用性研究为主。

养老服务管理是以老年个体和群体为研究对象，涉及多门学科，而各个学科之间既有区别又有联系。不同之处是各个学科都有自身独特的研究对象和研究领域，相互之间难以替代。同时，各学科之间又是相互依存、相互渗透和相互借鉴的。以老年学和管理学为基础的养老服务管理，也受到人口学、经济学、社会学、教育学、生物学、护理学和心理学等学科的影响，不同学科相互渗透，产生众多的分支学科，极大地丰富了养老服务管理内容（见图 1 - 2）。

一　老年学

作为一门方兴未艾的朝阳学科，老年学（Gerontology）以人类自身老化的客观规律为主要研究内容，为社会和政府应对老龄问题提供决策服务。老年学是一门既古老又年轻的学科。古老是指该学科的孕育和形成源

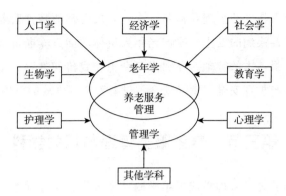

图 1 – 2　养老服务管理及相关学科关系

远流长，可以追溯到古代东西方炼丹术及对人的寿命研究上。年轻是指形成老年学这一综合性学科则在近现代。世界上首次提出用 Gerontology 作为该学科名称的是美国老年学会，于 1944 年提出。此后，这一学名被全世界普遍接受，且在许多国家得以快速发展。

　　各国对老年学的定义大同小异。美国的《韦氏大字典》将老年学定义为："研究老化过程和老年人问题的科学。"美国的《美利坚大百科全书》对老年学的定义为："研究与老化有关的各种现象。"英国新版《牛津小字典》对老年学的定义为："对老龄和老化过程以及老人特有的问题的科学研究。"我国老年学的开拓者和奠基人邬沧萍教授，根据老年学的历史和实践需求将老年学的研究对象概括为："以人类老化的现象和过程为研究内容，探寻人类个体老化和群体老化的规律性，以及人类老化与生态环境、社会生活环境之间的相互关系的本质联系。"老年学按研究对象划分，可以分为研究个体老化的老年学和研究群体老化的老年学。按科学研究划分，可以将老年学划分为理论老年学和应用老年学。按照教育部学科门类划分，老年学是社会学一级学科，属法学学科门类。

二　管理学

　　管理学（Management）是一门综合性交叉学科，建立在自然科学和社会科学两大领域的基础之上，主要研究人类社会管理活动的各种现象及规律。其中，企业管理是管理理论和方法在企业组织中的一种应用，是通过有计划的分工协作来提高企业的生产经营效益，包括企业组织管理、战略管理、经营决策管理、市场营销管理、财务管理、生产管理、质量管理、物流管理、产品和技术管理、人力资源管理等。养老服务管理与管理学密切相关，其中市场营销管理是养老机构经营管理中的一个重要领域。开展市场调查有利于收集市场信息和掌握市场动向，包括养老机构所在地区特点的调查与分析，潜在服务对象的调查与分析，市场竞争动向的调查与分析，政策法规实施情况的调查与分析，等等。根据市场调查分析的结果，拟定营销策略和促销方式，不断提高老年人入住率，改善机构经营的收益性。

三　人口学

人口学（Demography）是研究人口变动、人口发展、人口与社会经济等相互关系的规律性和数量关系及其应用的综合性学科。养老服务管理与人口学的分支学科老年人口学最为密切。

作为研究人类群体老化的基础科学，老年人口学在研究老年学和老龄问题方面不可或缺。第二次世界大战后，全球的人口年龄结构迅速变化，人口老龄化成为人类社会发展的必然趋势，这也促使学者从关注人口老龄化发展趋势到研究老年人代际关系、退休与再就业、迁移流动等方面。老年人口学主要从老年人口的规模、增长速度、人口结构以及人口的分布、素质等方面来考察群体老化过程，分析人口老龄化现状、成因及发展趋势。通过形式多样的老龄化模式，探寻人口老龄化和社会经济协调发展的途径。老年人口学形成的标志性事件是 1956 年联合国出版《人口老龄化及其社会经济后果》。

四　社会学

社会学（Sociology）是一门系统而客观地研究社会事实的学科，在语源学上的意义是关于社会的学问，由社会（societas）或社会中的个人（socius）和词、学说、学问（logos）组合而成。

人口老化有两个制约因素，一个是人的生物规律，另一个是社会规律。其中，社会规律是主要的。没有对社会的考察，就很难对老年群体做出规律性的认识。1943 年，美国学者 E. J. 斯蒂格利茨首先提出并使用老年社会学术语。因此，世界上最早开展老年社会学研究的国家是美国。老年社会学是运用社会学的方法对老年群体这一研究对象的社会生活及其运行和调节机制、老年人与社会关系以及老年人自身的一些特殊的社会问题等进行综合性研究的学科。老年人与社会的相互关系是主要研究对象，包含范围十分广泛，如老年人的婚姻家庭、社会保障和社会政策、社会地位和社会流动、老年生活及社会发展等都是老年社会学的主要理论。

作为社会学和公共政策的重要领域，老年社会福利政策在解决社会问题、促进社会公平、改善社会环境、增进社会福利方面作用突出。如何根据满足老年人物质和精神生活的需要而制定一系列制度安排与措施，越来越受到关注与重视。

五　经济学

经济学（Economics）是一门研究人类经济行为及如何将有限或者稀缺的资源进行合理配置的学科，其核心思想是资源的优化配置与优化再生。

不同于老年医学、老年生物学等一些分支学科，老年经济学研究的历史相对较短，然而随着人口老龄化现象的日益严峻，以及由此带来的诸多社会经济问题，都需要加强对老年经济学的研究。国外学者较早从老年就业、老年社会保险、老年消费方面进行研究，在福利经济学中也十分重视对老年经济学的比较研究。

作为一门主要从经济学的视角来研究人类老化过程及其与生产、分配、交换和消费之间关系的学科，老年经济学的内容主要包括人口老龄化与经济发展之间的关系，老年人在社会生产、分配、交换和消费过程中的地位及具体实现形式，等等，如老年经济保障、老年人消费市场。

六　护理学

护理学（Nursing）主要是研究维护、促进、恢复人类健康的护理理论、知识、技能及其发展规律的综合性应用科学，以自然科学和社会科学理论为基础，是医学科学中的一门独立学科。

作为护理学的一个重要分支，老年护理学是以研究、诊断和处理老年人对自身现存的和潜在的健康问题的反应为主要内容的学科。"老年病护理"的概念由美国护士协会在 1987 年提出，老年病护理概念的提出主要是基于其包含的护理内容较多，如评估老年人的健康和功能状态，护理计划的制订，有效护理的提供及其他卫生保健服务的提供，等等，并由老人对照顾效果做出评价。

应用性是老年护理学的最主要特征，它通过保持、恢复和促进健康，预防及控制由急慢性疾病引起的残疾，增强患病老年人的日常生活能力，让老年人的肌体机能维持在最佳状态，使老年人有尊严地生活，直至死亡。老年护理学的研究突破口是自然、社会、文化教育等因素对老年人健康的影响，通过对这些影响因素的研究来探讨如何用护理措施解决老年人的健康问题。例如，一些研究表明，接受过专业护理的老年人，其健康效果会更好，因为专业护理人员会鼓励老年人参加锻炼活动及对老年人进行膳食干预和管理，而不是将老年人仅仅看作机能衰退中的人。

七　生物学

生物学（Biology）以研究生物的结构、功能、发生和发展规律为主要内容。人类个体或人口老化的基础是生物性，它的自然属性对人类的衰老过程、老化的速度和程度起着决定性的作用，是内因，也是变化的依据。

老年生物学是研究个体老化的基础学科，主要研究老化过程中生物体生理改变的特性、原因、过程和机制，尤其是有关人类的衰老、抗衰老及延长人的寿命的科学。其研究目的是寻找对抗衰老、延长人类寿命的方法和提高老年人健康水平及生活质量。老年生物学需要从分子生物学、细胞学、遗传学、组织胚胎学、解剖生理学、生物化学、免疫学、比较生物学、流行病学、统计学和行为科学等方面入手，采用多种学科的研究方法，从宏观到微观研究衰老过程、衰老机制、延缓和对抗衰老的规律和方法。基因程控理论、免疫理论、神经内分泌理论、长寿和衰老理论等是老年生物学的主要理论。

八　心理学

心理学（Psychology）以人的心理现象及其发生、发展规律为主要研究内容。基础心理学与应用心理学是两个重要组成部分，以知觉、认知、情绪、思维、人格、行为习惯、人际关系、社会关系等众多领域的研究为主，也与日常生活中的健康、社会等发生关联，其目的在于有效控制人的心理活动，调整人的行为状态，提高人的心理水平，实现人的心理活动的最优化。

老年心理学是主要研究老年期心理与老年行为和老年发展关系的科学，包括老年时期各种感觉、情绪、记忆、思维、语言文字能力，各种感觉—运动反应，其他心理现象的增龄变化、变化的原因以及其对老年人的影响，等等。

随着预期寿命不断延长，老年人无论是在认知能力还是在情绪、动机或是在心理健康等方面的个体差异逐渐增大。加强对老年人心理的个体差异研究，有利于对不同需要、不同层次的老年人提供个性化的养老服务。关注老年人心理健康的需要和关注老年人的身体机能一样重要，是未来精准养老的重要内容。

九 教育学

教育学（Pedagogy）是研究人类教育实践的本质、过程、规律、目的、教学、课程、管理等问题的科学。教育学是随着人类社会的发展及教育实践经验的丰富而逐步发展起来的一门学科。

老年教育学作为一门独立的现代科学，融合了老年学与教育学两个学科的主要内容，该学科是为了应对人口老龄化以及满足老年人的终身学习和全面发展的需要而产生的。其研究对象主要是老年教育的特点与规律，具体探讨老年教育的形式、内容及方法等。老年教育的目的在于依据老年人生理、心理的特点，确定教育任务和内容，探求老年人教育规律和原则、途径和方法，满足老年人的学习要求，使老年人通过学习来更新知识以及提高身心健康水平，从而达到健康长寿和发挥余热的目的。

第四节 我国人口老龄化与养老服务管理

人口老龄化是一个世界性现象和人口发展规律，从 19 世纪 60 年代中期，法国第一个进入人口老龄化社会开始算起，人口老龄化及其相关研究已经走过将近 150 年的历史。老龄化问题引发了全世界范围内的广泛关注，

1999 年联合国确立了第一个国际老人年，主题为"建设不分年龄人人共享的社会"，意在提醒各会员国"铭记二十一世纪的社会老龄化是人类历史上前所未有，对任何社会都是一项重大挑战"，并通过决议呼吁将老龄问题纳入国家发展计划，实现"不分年龄人人共享的社会"的美好目标。2002 年，联合国在西班牙马德里召开了第二次世界老龄问题大会，会议通过了《2002 年马德里老龄问题国际行动计划》，该项计划强调"应对 21 世纪人口老龄化的开展，促进不分年龄人人共享的社会的发展"。人口老龄化已经成为全世界不得不面对的问题。

一 人口老龄化相关概念

（一）老年人口及其类型

老年人口的年龄时点是一个国家有关老年人的经济社会政策的年龄基础，在不同的历史阶段，老年人口的年龄时点并不相同，因此，老年人口的划分是社会性的。按照《中华人民共和国老年人权益保障法》，60 岁是老年人口的起始年龄，所有 60 岁以上的老年人是我国基本养老服务的对象。但 60 岁只意味着一个人在社会性上进入老年期，并不意味着其生理上的必然衰弱和对他人的绝对依赖。

按照世界卫生组织 2000 年提出的年龄划分法：45 岁以下为青年，45～59 岁为中年，60～74 岁为准老年人或老年前期，75～89 岁为老年人，90 岁以上为长寿老人。人口学则将老年人口划分为：60～69 岁为低龄老年人口，70～79 岁为中龄老年人口，80 岁以上为高龄老年人口。

另外，人们还从身体健康状况、经济情况、居住情况等方面出发，重点关注以下几类特殊老年群体。

1. 失能老人

从医学角度来看，"即在心理、生理、人体结构上，某种组织、功能丧失或者不正常，全部或者部分丧失以正常方式从事某种活动能力的人"[1]。根据社会学和人口学定义，即老年人失能是指老年人无法履行独立的

---

[1] 《中华人民共和国残疾人保障法》，http://www.gov.cn/banshi/2005 - 08/04/content_20235.htm，最后访问日期：2018 年 11 月 26 日。

基本日常活动，必须部分或完全依靠他人照料。在判定老年人的失能状况时，国际上通常采用"巴氏量表"（ABL）或"日常生活能力量表"（ADL）进行判定。我国常用的判定方法为 ADL ［包括"躯体生活自理量表"（PSMS）与"工具性日常生活能力量表"（IADL）］中的 PSMS，包括上厕所、进食、穿衣、上下床、行走和洗澡六项指标。其中，一至两项"做不了"，定义为"轻度失能"；三至四项"做不了"，定义为"中度失能"；五至六项"做不了"，定义为"重度失能"。

2. 空巢老人

指无子女或者虽有子女但均已离家而独自居住的老年人。根据家庭结构划分，空巢老人可以分为单身空巢老人、夫妇空巢老人；根据子女是否与老人同在一个城市，可划分为绝对空巢老人和相对空巢老人；根据老人是否愿意随迁，可以划分为主动空巢老人与被动空巢老人。随着现代化的快速发展，城镇化进程加速，传统家庭结构趋向解体，三世同堂、四世同堂的情况已很少，空巢老人越来越多，同时也导致一种新的社会问题产生，即家庭空巢综合征，指在子女由于学习、工作、结婚等离家后，独守空巢的老年人因此产生的心理失衡症状。常表现为精神空虚、孤独、悲观、寂寞等精神状态，严重的可产生抑郁情绪、精神障碍和记忆障碍等。

3. 贫困老人

指晚年不能依靠自己的收入维持生活或因病致贫的老年群体。这类老年人缺乏可靠稳定的收入来源，社会地位不高，正常的生活难以为继，处在贫困的边缘，通常依靠子女、亲友接济生活。这类老人一般心理负担很重，不愿与人交往，不敢花费，生怕增加子女负担，防备心理强，拥有强烈的不安全感，生怕被子女、亲友抛弃。

（二）人口老龄化的界定

人口老龄化是指一个国家或地区老年人口增长的趋势，通常有两层含义，一是人口年龄结构的老化，二是老年年龄结构变老的过程。按国际通行的标准界定，当一个国家或地区 65 岁以上人口占总人口的比例达到 7%或者 60 岁以上人口占总人口的比例达到 10%时，就意味着这个国家或地区进入老龄化社会。如果这个比例大于 14%，则被称为"严重老龄化"；

如果比例超过 20%，则被称为"超老龄化"。从动态角度来看，老龄化是指老年人口数量逐渐增多，老年人口在总人口中的比例逐渐上升的一个动态过程，即人口分布逐渐向老年人口集中的过程，是生育率下降和老年人口死亡率下降的结果。

二 我国人口老龄化现状及特征

1999 年，我国的老年人口总数达到了 1.26 亿人，占总人口的比例已经达到 10%，进入老龄化社会，是进入人口老龄化社会较早的发展中国家之一。[①] 我国的人口老龄化有以下主要特点。

（一）老龄人口基数大、发展速度快

截至 2017 年底，我国 60 周岁及以上老年人口 24090 万人，占总人口的 17.3%，其中 65 周岁及以上老年人口 15831 万人，占总人口的 11.4%。专家预测，到 2020 年，我国 60 岁和 65 岁以上的老人将分别达到 2.31 亿人和 1.61 亿人，到 2040 年这一数字将分别达到 3.84 亿人和 2.99 亿人，到 2050 年这一数字将达到 4.12 亿人和 3.07 亿人。与发达国家相比，中国人口老龄化具有进程快、时间短等特点。如果以 60 岁以上人口比例从 7% 上升到 14% 为标准，法国经历了 115 年时间，瑞典经历了 85 年时间，德国和英国经历了 45 年时间，而中国仅用了 25 年。

（二）人口老龄化地区差异显著

我国东西部的人口分布存在明显的、严重的区域不平衡性：东部 43.71% 的国土面积承载着 94.39% 的人口。我国老年人口比例也表现出较为明显的东、中、西特征，根据"四普""五普""六普"数据的纵向比较，东部地区无论是 60 岁还是 65 岁以上老年人口的比例均明显高于中部和西部地区，先行进入老年型社会。

（三）未富先老

中国人口老龄化是在经济发展水平不高、综合国力不强、人民生活水平还比较低的情况下提前到来的，人口老龄化超前于社会经济的发展。发

---

① 叶京：《老年人需要安居工程》，《今日浙江》2001 年第 24 期，第 41 页。

达国家在进入老龄化社会时，已经具备较强的经济实力，在经济上，人均国民生产总值至少在 1 万美元，所经历的时间是几十年甚至上百年，在时间上有一个缓冲的机会，从而能做好各种准备。即便是一些发展中国家，在进入老龄化社会时，人均国民生产总值也大大超过我国，如乌拉圭，其进入老龄化社会时的人均国民生产总值在 2000 美元左右。而我国在进入老龄化社会时，人均国民生产总值仅为 1000 美元。老龄化大大超前于经济发展，未富先老，超出了社会经济的承受能力，增加了我国解决老年问题的难度。到 21 世纪中叶，当我国的老龄化水平接近发达国家水平时，我国的经济实力仅相当于中等发达国家水平。

（四）失能、半失能老人比例高，空巢老人不断增多

2015 年，我国城乡失能、半失能老年人口在老年人口中的占比为 18.3%，总量约为 4063 万人，是世界上唯一一个失能老年人口过千万的国家。有学者预测：2015～2020 年，中国失能老人数量将以平均每年 9.50% 的速度从 2444.42 万人增加到 3848.54 万人，其中，重度失能老人将从 599.33 万人增加到 969.44 万人，平均每年递增 10.10%。老年照护基础设施、人员配备等需求量较大，需要合理地配置失能老人护理资源，以满足失能老人的日常照护需要。

此外，2010 年，我国空巢老人已经突破 4100 万人，占总人口的比例为 3.1%，预计到 2020 年和 2050 年，空巢老人将分别超过 6400 万人和 1.6 亿人，占总人口的比例将分别达到 3.6% 和 12.7%，[①] 空巢老人的生活照料与精神慰藉将成为不容忽视的社会问题。

三 我国养老服务管理

（一）我国养老服务体系顶层设计

2006 年，在全国老龄工作会议上，时任副总理的回良玉在大会讲话中明确提出要"加快以居家养老为基础，社区服务为依托，机构养老为补充的养老服务体系建设"。2010 年 3 月，国务院政府工作报告首次提出"加

---

① 曾毅：《关于中国现行人口政策的若干思考》，《行政管理改革》2013 年第 16 期，第 24～31 页。

快建立健全养老社会服务体系"的要求。2011 年，国务院办公厅发布的《社会养老服务体系建设规划（2011～2015 年）》提出建立"居家为基础、社区为依托、机构为支撑"的养老服务体系，将"机构养老为补充"改为"机构为支撑"，强化了机构养老在满足养老服务需求中的作用。"健全养老服务体系"被写入"十三五"规划纲要，明确提出"建立以居家养老为基础、社区为依托、机构为补充、医养相结合的养老服务体系"，这标志着新时期我国养老服务体系建设顶层指导思想的基本确立。

2016 年为"十三五"的开局之年，习近平总书记多次对养老问题发表重要讲话和指示，提出应对人口老龄化，要坚持"五个着力点"：一要着力增强全社会积极应对人口老龄化的思想观念，积极看待老龄社会，弘扬孝亲敬老；二要着力完善老龄政策制度，加强老龄科学研究，完善相关法规，完善养老和医疗保险制度，等等；三要着力发展养老服务业和老龄产业；四要着力发挥老年人的积极作用；五要着力健全老龄工作体制机制。①

（二）我国养老服务体系发展现状

近年来，我国老龄养老体系建设取得了长足发展，以居家为基础、社区为依托、机构为补充、医养相结合的养老服务体系初步形成。根据 2017 年社会服务发展统计公报，截至 2017 年底，我国养老服务体系的发展体现在以下几点。

1. 提供住宿的养老服务

民政部发布的《2017 年社会服务发展统计公报》显示，截至 2017 年底，全国各类养老服务机构和设施 15.5 万个，比 2016 年增长 10.6%，其中：注册登记的养老服务机构 2.9 万个；社区养老机构和设施 4.3 万个；社区互助型养老设施 8.3 万个；各类养老床位合计 744.8 万张，比 2016 年增长 2%（每千名老年人拥有养老床位 30.9 张，其中社区留宿和日间照料床位共 338.5 万张）。

2. 不提供住宿的老龄社会服务

全国共有老龄事业单位 1600 个，老年法律援助中心 2.0 万个，老年维权协调组织 6.4 万个，老年学校 4.9 万所、在校学习人员 704.0 万人，各

---

① 《习近平强调推动老龄事业全面协调可持续发展》，《人民日报》2016 年 5 月 29 日，第 1 版。

类老年活动室35.0万个。享受高龄补贴的老年人2682.2万人，比2016年增长13.9%；享受护理补贴的老年人61.3万人，比2016年增长51.5%；享受养老服务补贴的老年人354.4万人，比2016年增长25.3%。

3. 社区服务

全国共有各类社区服务机构和设施40.7万个，其中社区服务指导中心619个（其中农村16个），社区服务中心2.5万个（其中农村1.0万个），社区服务站14.3万个（其中农村7.5万个），其他社区服务设施11.3万个。社区服务中心（站）覆盖率25.5%，其中城市社区服务中心（站）覆盖率78.6%，农村社区服务中心（站）覆盖率15.3%。社区志愿服务组织有9.6万个。

（三）我国养老服务体系支持性环境建设

1. 养老服务体系标准化建设

在机构养老的标准化建设方面，我国还处于起步阶段，还有不少空白处，大量的养老机构在管理和服务方面还处于粗放型的阶段。目前实施的规范主要有：《农村敬老院管理暂行办法》（1997年）、《老年人社会福利机构基本规范》（2001年）、《老年人、残疾人康复服务信息规范》（2009年）、《养老护理员国家职业标准》（2007年）、《老年养护院建设标准》（2010年）、《养老机构安全管理》（2012年）、《养老机构基本规范》（2012年）、《养老机构管理办法》（2013年）、《养老机构设立许可办法》（2013年）、《老年人居住建筑设计规范》（2016年）、《养老服务认证技术导则》（2016年）、《养老机构服务质量基本规范》（2017年）。在社区居家养老服务方面，服务内容庞杂和服务环境的复杂性导致标准规范难度更大，标准化进程明显滞后。2010年民政部颁发的《社区老年人日间照料中心建设标准》是首个社区居家养老服务的部颁标准，随后商务部于2012年颁布了《居家养老服务规范》和《家庭陪护服务规范》两个部颁标准，民政部于2016年编制了《社区老年人日间照料中心服务基本要求》和《社区老年人日间照料中心设施设备配置》两个国家标准。

2. 养老服务人才队伍建设

2014年，教育部、民政部等九部委联合颁发《教育部等九部门关于加快推进养老服务业人才培养的意见》，从专业教育体系建设、教育教学质量、从业人员继续教育以及引导学生就业等多方面做出了指导。2016年，确定了北京社会管理职业学院的老年服务与管理专业等65个专业点成为首批全国职业院校养老服务类示范专业点。目前，在本科生、研究生等高层次养老服务管理专业人才培养方面，一些高校也开始进行专业人才培养，往往是以在专业研究方向或管理相关专业设置《养老服务管理》等专业选修课程的形式呈现。

本章小结

人口老龄化已经成为我国一个极为严峻的社会问题。加快发展养老服务事业与产业，不断满足老年人口持续增长的养老服务需求，是促进家庭和谐、践行以人民为中心的发展思想的重要而紧迫的任务。

本章讲授了养老服务管理的定义、内涵、特征，明确了养老服务管理的目标与任务，介绍了养老服务管理与相关学科内在的关联及学科发展。此外，还概括介绍了人口老龄化相关概念、我国人口老龄化特征、养老服务体系发展现状。

思考题

1. 什么是养老服务管理？
2. 养老服务管理主要包括哪些内容？
3. 养老服务管理有哪些基本任务？
4. 我国的人口老龄化有哪些基本特征？

扩展阅读

加快建设养老服务体系

习近平总书记指出，满足数量庞大的老年群体的多方面需求、妥善解决人口老龄化带来的社会问题，事关国家发展全局，事关百姓福祉，需要我们下大气力来应对。经过多年建设发展，我国初步建成了居家为基础、社区为依托、机构为补充、医养相结合的养老服务体系，老年人及其家庭的获得感和幸福感显著增强。与此同时，我国养老服务体系也面临一些突出问题，主要表现为：养老服务支持体系不完善且缺乏整合、养老服务有效供给不足且质量效益偏低、养老服务资源配置不均衡且失位错位突出、养老服务人员综合素质不高且专业人才短缺。当前，我国正处于全面建成小康社会决胜阶段，也是我国老龄事业改革发展和养老体系建设的重要战略窗口期。应当抓住一切有利机会，加快养老服务体系建设，努力实现让所有老年人都能老有所养、老有所依、老有所乐、老有所安。

明确政府、市场和社会的职责

明晰政府、市场和社会的角色边界，统筹推进养老服务体系建设。政府是养老服务体系建设的主体，主要负责兜底特殊老年群体的养老服务和保障社会大众基本养老服务，支持各类主体平等参与并为其提供养老服务。市场和社会则是养老服务生产供给的主体，鼓励市场和社会充分发挥各自优长，激活并丰富养老服务市场，提供多样化的服务，满足广大老年人及其家庭不断增长的多元化、多层次养老服务需求。

增强社区养老服务供给能力。建立健全居家养老信息服务平台，鼓励和扶持社会力量建设嵌入社区式养老设施，面向社区开展助餐、助洁、助急、助浴、助行、助医等为老服务。改革完善涉老无障碍设施建设标准，加强面向社区老年人生活服务圈的无障碍规划、设计与适老化改造，推进老年宜居环境建设。

规范机构养老服务市场。分类促进养老机构管理与建设，深化养老机构管理体制改革，确保民办非企养老机构的非营利性，坚持公办养老机构中低中收入老年人的优先性。完善机构照护促进政策，有效落实土地、资金、税收等优惠支持政策，协助指导养老机构健全完善收费标准、硬件设施、人员配备和运营管理，加强对养老机构服务质量的评估。

巩固提升家庭养老功能。建立健全家庭养老支持政策，大力开展老年人家庭照料者支持行动。以政府购买服务方式为老年人家庭照顾者提供情绪支持、喘息照护支持和照护管理支持，链接跟进其所需的照护资源。

健全医养结合机制。将医养结合纳入国民经济和社会发展规划，建立医养结合工作协调机制，统筹布局医疗卫生和养老服务资源，因地制宜开展医疗卫生机构和养老服务机构间的合作共建，完善基层医疗卫生服务网络，建立健全老年人长期照护体系，优化医疗保险报销程序和结算方式。

优化资源配置，推进养老服务均等化

克服养老服务资源分散配置、重复建设问题，不断提高养老服务效率。建立健全养老服务标准体系，规范不同主体的养老服务行为，建立跨部门联合监管机制，定期加强对养老服务设施规划、养老服务机构运营的监管，向标准要效率，用监管促发展。着重围绕抓重点、补短板、强弱项，不断促进养老服务均等化。

抓实重点人群的养老服务。完善补助、补贴、购买服务、巡访探视等制度，优先保障高龄、失能、空巢、计划生育家庭、经济困难家庭、农村留守等重点老年人群的养老服务。

补齐特殊地区的养老服务短板。建立健全农村、边远贫困地区、边疆民族地区和革命老区等特殊地区的养老服务公共财政长效投入机制，加大向特殊地区财政转移支付力度，提高中央和省级财政对特殊地区养老服务事业的预算投入比例，稳定增加对特殊地区养老服务事业的财政投入，完善政府购买服务制度，提高养老服务资金使用效率。

增强养老服务的科技与信息化支撑，发展智慧养老服务新业态，将养老服务与大数据、云计算、物联网、移动互联网等现代科技深度融合，加强养老服务信息平台建设，提升养老服务的智能化水平。完善智慧养老顶层设计，增强区域之间智慧养老技术、信息平台的整合与共享，积极解决地区之间、城乡之间智慧养老的数字鸿沟问题。

完善养老服务人才队伍

推进养老服务专业人才队伍长效机制建设。把养老服务相关专业（护理、康复、营养、心理、社会工作）人才队伍建设纳入经济和社会发展总体规划中，适时制定养老服务专业人才队伍建设专项规划，将养老服务专业人才建设列入有关部门考核，把吸纳一定比例的养老服务专业人才作为评估养老服务组织的重要指标和政府购买服务的重要条件。建立健全养老服务专业人才激励保障政策，以党委、政府奖励为导向，定期开展制度化表彰奖励活动，支持各地把优秀养老服务专业人员纳入急需紧缺和重点人才引进范围，在住房、落户、子女教育等方面依规享受相关优惠和补贴，逐步提高养老服务专业人才的整体薪酬。依托现有培训网络，加强养老服务培训与继续教育，逐步完善覆盖全国的养老服务培训与继续教育网络。

完善养老服务志愿者队伍建设。大力支持有能力、有意愿的民众积极参加养老服务志愿活动，完善志愿服务记录制度，推广时间银行制度，注重挖掘和组织青少年、大学生等群体参加养老服务志愿活动。

培育积极老龄观，合理引导社会预期

引导全社会积极看待老龄社会、老年人、老年生活，积极弘扬尊老敬老、爱老孝老的中华传统美德，把弘扬孝亲敬老纳入社会主义核心价值观宣传教育，与时俱进建设具有民族特色、时代特征的孝亲敬老文化。面向社会广泛开展人口老龄化国情教育，加强大众全生命周期养老准备教育，加强对青少年群体的敬老爱老助老文化教育，加强对老年群体的自尊、自立、自强教育，引导广大老年人增强自爱意识。

现代养老服务体系建设须尊重国情，从实际出发，尽力而为、量力而行，合理引导社会预期。应坚持应对人口老龄化与促进经济社会发展相结合，把提高养老服务水平建立在经济可持续发展基础之上，实现经济发展和改善老年福祉之间的良性互动。

（资料来源：梁丽霞：《加快建设养老服务体系》，《光明日报》2019年2月15日）

第二章
养老服务管理政策和法律法规

<<<<<< **学习目标**

1. 了解我国养老服务管理的主要制度。

2. 熟悉我国养老服务管理的相关政策及法律规定。

3. 掌握我国养老服务管理的基本原则。

养老服务是与经济社会发展水平相适应，以满足老年人养老服务需求、提升老年人生活质量为目标，面向所有老年人，使他们在生活照料、康复护理、精神慰藉、紧急救援等方面获得良好支持的一系列活动，为此需要在设施、组织、人才和技术要素等方面制定相应的标准。为了管理好纷繁复杂的养老服务，需要建立相应的养老服务管理政策和法律体系，对养老服务管理的相关法律关系进行调整。

进入 21 世纪以来，国务院及有关部委陆续出台了一系列与养老服务管理相关的政策法规，主要围绕"放管服"、智慧养老、医养结合和标准化建设几个方面，形成了包括法律、行政法规、行政规章、地方性法规和规章在内的养老服务管理法制化发展路径，内容涵盖老年人权益保障、养老机构和队伍建设、养老服务标准化规范、养老服务纠纷处理和法律责任等多方面。在未来，我国养老服务管理政策体系及法制化建设将坚持统筹规划、科学布局、明确目标、补足短板及综合施策，推进养老服务管理体系结构优化，为养老服务业的发展保驾护航。

第一节　养老服务管理政策

养老服务管理政策是指政府为促进养老服务、保证老年人生活质量而出台的政策，具有导向、调控和分配养老服务资源的功能。

一　养老服务管理政策概述

新中国成立到改革开放阶段的养老服务主要由家庭和单位承担，市场和社会在养老服务中的作用微乎其微。改革开放后，计划经济时期建立的单位福利体制被打破，很多企业退休职工和下岗人员的养老服务需求被推向社会。同时，计划生育政策的实施弱化了家庭养老的功能。面对汹涌而来的养老服务需求，国家开始着手社会福利改革。2000 年，中共中央、国务院发布了《中共中央 国务院关于加强老龄工作的决定》。2001 年 7 月，国务院制定了《中国老龄事业发展"十五"计划纲要（2001～2005）》，健全了老龄工作体系。2006 年，国务院新闻办公室颁布了《中国老龄事业的发展》白皮书。同年，国务院办公厅转发了全国老龄办和民政部等部门的《关于加快发展养老服务业的意见》，开始逐步建立以居家养老为基础、社区服务为依托、机构养老为补充的服务体系。2008 年，全国老龄办、民政部等部门出台了《关于全面推进居家养老服务工作的意见》，该意见指出在城市社区建立居家养老网络服务体系。2011 年，为积极应对人口老龄化，国务院制定了《社会养老服务体系建设规划（2011～2015 年）》，该规划强调，改善居家养老环境，健全居家养老服务支持体系，加强养老服务信息化建设，依托现代技术手段，为老年人提供高效便捷的服务，规范行业管理，不断提高养老服务水平。

2013 年 9 月 6 日，国务院颁发了《国务院关于加快发展养老服务业的若干意见》（国发〔2013〕35 号），对加快发展养老服务业做出了系统安排和全面部署。这是指导当前及今后一个时期内我国养老服务业发展的纲领性文件，为养老服务事业发展做出了总的规划设计。2015 年 11 月 18 日，国务院办公厅以国办发〔2015〕84 号转发卫生计生委、民政部、发展改革委、财政部、人力资源和社会保障部、国土资源部、住房城乡建设部、全国老龄办、中医药局的《关于推进医疗卫生与养老服务相结合的指导意见》，提出："建立健全医疗卫生机构与养老机构合作机制，支持养老机构开展医疗服务，推动医疗卫生服务延伸至社区、家庭，鼓励社会力量兴办医养结合机构，鼓励医疗卫生机构与养老服务融合发展。"

2016 年，习近平总书记就应对人口老龄化、发展养老服务业做出一系列重要指示。2016 年 2 月，习近平指出，有效应对我国人口老龄化，事关国家发展全局，事关亿万百姓福祉。[①] 要立足当前、着眼长远，加强顶层设计，完善生育、就业、养老等重大政策和制度，做到及时应对、科学应对、综合应对。此事要提上重要议事日程，"十三五"期间要抓好部署、落实工作。2016 年 5 月，习近平主持中央政治局第三十二次集体学习并发表重要讲话，就积极应对老龄化问题指出：要借鉴国际有益经验，搞好顶层设计，不断完善老年人家庭赡养和扶养、社会救助、社会福利、社会优待、宜居环境、社会参与等政策，增强政策制度的针对性、协调性、系统性；要完善老年人权益保障法的配套政策法规，统筹好生育、就业、退休、养老等政策；要建立老年人状况统计调查和发布制度、相关保险和福利及与救助相衔接的长期照护保障制度、老年人监护制度、养老机构分类管理制度，制定家庭养老支持政策、农村留守老人关爱服务政策；要着力发展养老服务业和老龄产业；要积极发展养老服务业，推进养老服务业制度、标准、设施、人才队伍建设，构建居家为基础、社区为依托、机构为补充、医养相结合的养老服务体系，更好地满足老年人养老服务需求。[②] 2016 年 10 月，习近平在主持全面深化改革领导小组第二十八次会议研究《关于全面放开养老服务市场　提升养老服务质量的若干意见》时，再次指出，养老服务业既是关系亿万群众福祉的民生事业，也是具有巨大发展潜力的朝阳产业。要紧紧围绕老年群体多层次、多样化的服务需求，降低准入门槛，引导社会资本进入养老服务业，推动公办养老机构改革，提升

---

① 《习近平对加强老龄工作作出重要指示》，http://www.cncaprc.gov.cn/contents/2/89351.html，最后访问日期：2019 年 3 月 6 日。

② 《习近平在中共中央政治局第三十二次集体学习时强调党委领导政府主导社会参与全民行动推动老龄事业全面协调可持续发展》，http://www.cncaprc.gov.cn/contents/2/174584.html，最后访问日期：2016 年 5 月 29 日。

居家社区和农村养老服务水平，推进养老服务业制度、标准、设施、人才队伍建设，繁荣养老市场，提升服务质量，让广大老年人享受优质养老服务。①

2017 年，在政府和社会力量的共同努力下，养老服务管理政策体系建设取得了显著的进展，国家层面出台养老政策 16 个。2017 年 2 月，《智慧健康养老产业发展行动计划（2017～2020 年）》提出，运用互联网、物联网、大数据等信息技术手段，推进智慧健康养老应用系统集成，对接各级医疗机构及养老服务资源，建立老年健康动态监测机制，整合信息资源，为老年人提供智慧健康养老服务。《关于开展养老院服务质量建设专项行动的通知》及《养老机构服务质量基本规范》的发布标志着全国养老机构服务质量迈向标准化管理的新时代。十三个国家部委联合制定的《关于加快推进养老服务业放管服改革的通知》则要求进一步调动社会力量参与养老服务业发展。《"十三五"国家老龄事业发展和养老体系建设规划》更是为"十三五"时期中国老龄事业和养老服务业的发展绘制了宏伟蓝图，分别从"健全完善社会保障体系""健全养老服务体系""健全健康支持体系""繁荣老年消费市场""推进老年宜居环境建设""丰富老年人精神文化生活""扩大老年人社会参与""保障老年人合法权益"等方面进行了规划，既形成了老龄事业和养老体系的整体布局，也规划了发展养老服务体系所需要的外围环境，为发展养老服务业提供了支撑。

除国家层面外，许多地方政府意识到养老问题的紧迫性以及养老服务管理的重要性。2017 年，宁夏、江西和重庆分别出台了养老服务的地方性标准，旨在提升社区居家和养老护理服务质量。截至 2017 年 12 月，全国有 26 个省份已开展地方养老服务标准建设工作，北京、山东、安徽出台的标准数量最多，领先于其他省份。而全国养老服务的企业标准化建设在北京以及东部沿海地区的山东、江苏、浙江等地较为领先。与此同时，上海、青岛、成都等 14 个城市出台了《关于开展长期护理保险制度试点的指导意见》的具体实施文件，吉林、山东两个重点联系省份也印发了文件

---

① 《深改组：全面放开养老服务市场》，http://www.cncaprc.gov.cn/contents/2/177719.html，最后访问日期：2019 年 3 月 6 日。

并做出部署，各地结合自身实际，就参保筹资、待遇保障、管理服务等开展积极探索。另外，居家和社区养老服务改革试点工作有了实质进展，第一批 26 个改革试点城市中的 19 个城市已出台实施方案或意见，其中居家和社区养老服务设施建设及其社会化、连锁化运营是重点工作内容。

2018 年，全国各地养老服务管理政策又有了新进展。2018 年 1 月 2 日，江苏省人民政府办公厅印发《省政府办公厅关于制定和实施老年人照顾服务项目的实施意见》，提出要加大医养结合推进力度，建立健全与以居家为基础、社区为依托、机构为补充、医养相结合的养老服务体系相适应的，覆盖城乡、规模适宜、功能合理的医养结合服务网络。2018 年 1 月 12 日，安徽省人民政府办公厅印发《安徽省人民政府办公厅关于全面放开养老服务市场提升养老服务质量的实施意见》，提出到 2020 年时，养老服务市场全面放开，养老服务和产品有效供给能力大幅提升，供给结构更加合理，养老服务政策法规体系、行业质量标准体系进一步完善，信用体系基本建立，市场监管机制有效运行，服务质量明显改善，群众满意度显著提高，养老服务业成为促进经济社会发展的新动能。2018 年 1 月 25 日，广东省政府办公厅印发《关于全面放开养老服务市场提升养老服务质量的实施意见》，坚持放管结合并重推进，在土地、税费、人才队伍建设等方面提出了多项优惠政策，同时加强监督管理，通过开展专项行动、利用信息化手段提升养老服务质量。2018 年 2 月 6 日，山东省政府办公厅发布《山东省人民政府办公厅关于支持社区居家养老服务的若干意见》，提出要加快推进"互联网＋养老"、加快推进医养结合、加快标准化建设、加强质量评估监督。

这些政策的制定不仅限于单一领域，强调更多的是部门间合作、区域间合作，涉及整个经济和社会的协调、全面发展。根据养老服务管理政策的不同任务目标与重点内容，可以将其分为机构管理、标准化和统计、人才培养和就业、医养结合、居家和社区养老服务管理、智慧养老和健康大数据六个方面。

二　养老机构管理政策

养老机构是指依照《养老机构设立许可办法》设立并依法办理登记的

为老年人提供集中居住和照料服务的机构，主要包括老年社会福利院、敬老院、老年公寓等。养老服务业与其他服务业相比具有明显的不同之处，其服务对象是老年人群体，服务内容涉及老年人所需要的生活照料、医疗保健、康复护理、精神慰藉和文体娱乐等各个方面，涵盖老年人群体在日常生活中的各种需求。因此，针对养老机构的法律监管和政策引导尤为重要。为使老年人安享晚年生活，从养老机构的审批设立开始，到服务标准的监督核查，每一个环节都离不开法律法规的制度保障和政策支持。相关政策具体包含机构设立、安全管理、服务技术规范、融资和补贴、税费支持、养老设施用地和老年人社会福利机构管理七个类型。

（一）养老机构设立相关政策

除《养老机构设立许可办法》和《养老机构管理办法》两部具体的法规之外，民政部联合其他相关部委陆续下发了《民政部关于贯彻落实〈养老机构设立许可办法〉和〈养老机构管理办法〉的通知》《民政部关于印发〈养老机构设立许可证〉式样的通知》《民政部等六部门印发关于开展养老院服务质量建设专项行动的通知》《民政部关于开展公办养老机构改革试点工作的通知》《商务部　民政部关于香港、澳门服务提供者在内地举办营利性养老机构和残疾人服务机构有关事项的通知》《商务部　民政部关于鼓励外国投资者在华设立营利性养老机构从事养老服务有关事项的公告》。这些通知和公告进一步具体化了民政部门养老机构行业管理职责，确保养老机构设立合法合规和日常管理工作顺利开展，全面指导养老机构内部管理行为，确保居住在养老机构里的老年人的权益得到落实。

在地方层面，为鼓励引导社会力量参与发展养老服务事业，激发公办养老机构活力，2016年2月，浙江省民政厅颁布《浙江省民政厅关于推进养老机构公建民营规范化的指导意见》，就规范养老机构公建民营工作对公建民营机构的定性、社会主体的遴选原则和方式提出了建议。广州市则拟降低养老市场的准入门槛。2018年2月23日，《广州市促进健康及养老产业发展行动计划（2017～2020年）》由市府办公厅印发实施，提出到2020年时，全市健康及养老产业发展规模超5000亿元，形成规模化经营的养老服务企业和社会组织500家。在健康产业方面，要建设高端医疗产业集群，同时鼓励成立医生集团；在养老产业方面，要降低养老机构的准入门槛，并出台相关优惠政策，吸引更多民间资本参与。此外，河北省为加快推进医疗领域"放管服"改革，将对养老机构内部设置诊所、卫生所（室）、医务室、护理站的符合相关条件者取消行政审批，实行备案管理。天津市则加大推进医养结合力度，全面提升机构层面的医养结合水平，相关养老机构可根据服务需求和自身能力，按相关规定申请开办老年病医院、康复医院、护理院、中医医院等。

（二）养老机构安全管理相关政策

安全是养老机构管理工作的重中之重。在养老机构的一切工作和活动中，必须坚持"安全第一"的原则，实行安全工作"一票否决"制。2016年12月9日，《中共中央　国务院关于推进安全生产领域改革发展的意见》发布，突出强调："安全生产是关系人民群众生命财产安全的大事，是经济社会协调健康发展的标志，是党和政府对人民利益高度负责的要求。"《养老机构安全管理》《民政部办公厅关于做好民政服务机构安全隐患排查工作的通知》《民政部　公安部关于组织开展社会福利机构消防安全专项治理工作的通知》《民政部　公安部关于印发〈社会福利机构消防安全管理十项规定〉的通知》《民政部　公安部关于加强社会福利机构消防安全工作的通知》《民政部关于开展社会福利机构消防安全大检查的通知》《关于积极推动发挥独立式感烟火灾探测报警器火灾防控作用的指导意见》等文件均为养老机构安全管理领域内的重要指导意见。其中，《养老机构安全管理》规定了养老机构的安全管理体系、设备设施安全、食品安全、消防安全、医疗护理安全、人身安全、财产安全、信息安全、突发事件应急管理和安全教育与培训的要求。同时规定，养老机构的安全责任人应是机构法定代表人或主要负责人。养老机构应依法建立安全管理部门，安全管理部门由安全责任人、安全管理人员、相关部门和具体实施安全工作的专（兼）职人员组成，主要负责本机构的安全管理工作。

在地方层面，各省市养老服务也都强调安全优先，从严监管。2018年，北京市第一次明确要求建立养老服务机构突发事件应急处置和报告机制。凡养老服务机构发生的重大突发事件，必须逐级上报上级主管部门。

机构重大突发事件报告和综合责任险出险报告须相互印证、定期分析，在不断解决问题且建立针对性预防机制的过程中保障老年人安全。此外，推进养老服务机构视频监控系统安装。除公共区域外，对失能老人及无民事行为能力和表达能力的老人加强室内技术监控，防止欺老虐老现象发生。未来养老机构的安全问题将成为监管重点，对于安全不达标、整改不到位的服务机构，北京市民政局将在妥善安置老人的基础上，依法取缔一批、关停一批、撤并一批。2018年5月2日，广东省民政厅发布文件《关于做好2018年养老院服务质量建设专项行动的通知》，要求对标《全国养老院服务质量大检查指南》，巩固排查整治成效，确保所有养老机构的基础性指标全部合格，消除重大安全隐患。

（三）养老机构服务技术规范相关政策

发展养老服务业，关键是提升养老服务质量，重中之重就是要补齐质量短板，以标准化建设促进养老服务质量的提升。2017年12月29日，国家质检总局、国家标准委发布了《养老机构服务质量基本规范》，这一关于养老服务质量标准体系建设的重要文件，为养老机构服务质量的判定提供了重要"依据"。该规范对养老机构服务提出了基本要求，规定了服务项目与质量要求以及服务评价与改进，适用于养老机构的服务质量控制。在此之前，《民政部关于应用全国养老机构业务管理系统加强养老机构发展监测的通知》、《养老机构康复服务规范（征求意见稿）》以及《养老机构预防褥疮服务技术规范（征求意见稿）》对养老机构服务技术规范都给出了相应建议，包括基本要求、管理要求、服务内容要求、场地要求、设备要求、服务人员要求、安全要求和禁忌等方面。

（四）养老机构融资和补贴相关政策

《国务院关于加快发展养老服务业的若干意见》（国发〔2013〕35号）明确指出要进一步完善养老机构的投融资政策，要通过完善扶持政策，吸引更多民间资本，培育和扶持养老服务机构和企业发展。该文件对未来养老服务业的发展做出了全面部署，提出了要全面建成功能完善、规模适度、覆盖城乡的养老服务体系，以及养老服务产品更加丰富、市场机制不断完善、养老服务业持续健康发展的目标。国务院有关部门亦出台了若干配套文件，提出了明确的支持举措，多措并举助力养老服务业又好又快发展。例如，在鼓励社会力量参与方面，民政部、国家发改委等部门出台了《关于鼓励民间资本参与养老服务业发展的实施意见》；在价格政策方面，民政部、国家发改委出台了《关于规范养老机构服务收费管理促进养老服务业健康发展的指导意见》；在创新投融资方面，国家发改委出台了《养老产业专项债券发行指引》。中国人民银行、民政部、中国银监会、中国证券监督管理委员会、中国保险监督管理委员会等部委联合发布的《关于金融支持养老服务业加快发展的指导意见》提出，到 2025 年，基本建成覆盖广泛、种类齐全、功能完备、服务高效、安全稳健、与我国人口老龄化进程相适应、符合小康社会要求的金融服务体系。

在地方层面，山东省明确要求对养老服务机构落实财政补贴政策。对符合条件的城市社区老年人日间照料中心和农村幸福院，省财政厅继续按照《山东省人民政府关于加快发展养老服务业的意见》（鲁政发〔2014〕11 号）、《山东省人民政府办公厅关于印发山东省养老服务业转型升级实施方案的通知》（鲁政办字〔2016〕22 号）的规定，给予一次性建设补助和开办补助。由专业机构和服务组织托管运营的城乡社区养老服务设施，按照鲁政办字〔2016〕22 号文件规定继续给予经费奖补。县级可视当地农村幸福院运营状况，按入住老年人数量给予一定扶持。在山西，民办养老服务机构的建设补助资金按床位数、补助标准和建设情况等因素进行分配。床位数以养老机构建设实际建筑面积、国家规定的新建和改造床平均面积标准进行核定，申报床位数超出核定床位的，按核定床位数进行补贴；申报床位数少于核定床位数的，按申报床位数进行补贴。补助标准为：新建每床位补助 5000 元，改造每床位补助 3000 元。补助资金用于养老机构基础设施建设、维修，设备设施配置，等等。

（五）养老机构税费支持相关政策

近年来，我国养老服务业快速发展，以居家为基础、社区为依托、机构为补充的养老服务体系初步建立。国家诸多税收优惠政策也立足于助推养老服务的发展，为社会养老服务注入了新的动力。各地制定和完善支持民间资本投资养老服务业的税费优惠政策，引导社会力量兴办养老机构，对非营利性养老机构建设免征有关行政事业性费用，对营利性的养老机构减半征收，并且对养老机构提供养老服务也适当减免行政事业性费用。早在 2013 年，《国务院关于加快发展养老服务业的若干意见》即指出，落实好国家现行支持养老服务业的税收优惠政策，对养老机构提供的养护服务免征营业税，对非营利性养老机构自用房产、土地免征房产税、城镇土地使用税，对符合条件的非营利性养老机构按规定免征企业所得税。2015 年，江苏省发布的《关于加快养老服务产业发展的若干意见》指出，对于企业事业单位、社会团体和个人通过非营利性社会团体及政府部门对非营利性养老机构的捐赠，符合相关规定的，准予在计算其应纳税所得额时按税法规定比例扣除。养老机构用水、用电、用气、用热按居民生活类价格执行。养老机构安装电话、有线（数字）电视、宽带互联网免收一次性接入费，有线（数字）电视的基本收视维护费按当地居民用户终端收费标准减半收取，有条件的地区应当加大优惠力度。

（六）养老设施用地相关政策

目前，各类养老服务设施的建设用地需求十分旺盛，用地供需矛盾异常突出，养老服务设施普遍存在用地难题。一些养老服务设施地处城区，由于用地限制，缺乏扩建或改造的余地，就会出现床位少、空间小、老人入住需排队的现象，远远不能满足养老需求。另外，由于缺乏规划保障，许多养老服务设施不得不建在位置偏僻、交通不便的郊区，会不同程度地存在入住率低、效益低等问题。民办养老服务设施基本上无法取得划拨用地，只能通过出让的方式获取，结果就是过高的地价使得大多数民间资本望而却步，严重影响了养老服务设施的供给。为此，《国务院关于加快发展养老服务业的若干意见》（国发〔2013〕35 号）明确指出，将通过土地供应政策倾斜吸引更多的社会资金扶持养老服务业发展。为贯彻落实该意见精神，国土资源部于 2014 年 4 月 17 日下发文件《养老服务设施用地指导意见》，在用地范围、土地用途和年限、供地计划、供地政策、鼓励租赁供地、分类用地监管、鼓励盘活存量用地、利用集体建设用地等方面分别做出了规定，从土地政策上大力支持养老服务业发展。经养老主管部门认定的非营利性养老服务机构，其养老服务设施用地可通过划拨方式获得。民间资本开办的非营利性养老服务机构中经养老主管部门认定后同意变更为营利性养老服务机构的，其养老服务设施用地应当在经市、县人民政府批准后，方可办理协议出让（租赁）土地手续，补缴土地出让金（租金）。

除此之外，《住房和城乡建设部　国土资源部　民政部　全国老龄工作委员会办公室关于加强养老服务设施规划建设工作的通知》《国土资源部　国家发展和改革委员会　财政部等八部门关于扩大国有土地有偿使用范围的意见》《民政部　发展改革委　教育部　财政部等十一部门关于支持整合改造闲置社会资源发展养老服务的通知》等对养老设施用地也做出了相应规定。2018 年，广东省政府办公厅印发《关于全面放开养老服务市场提升养老服务质量的实施意见》，明确落实土地支持政策。各地要将各类养老服务设施建设用地纳入土地利用总体规划和年度用地计划，按照养老床位建设目标，预留养老服务设施建设用地。利用社会闲置资源兴办养老服务机构，经有关部门批准临时改变建筑使用功能从事非营利性养老服务且连续经营 1 年以上的养老机构，其土地使用性质 5 年内可暂不作变更。对在养老服务领域采取政府和社会资本合作（PPP）方式的项目，可以利用国有建设用地使用权作价出资或者入股建设。

（七）老年人社会福利机构管理相关政策

老年社会福利机构是由国家出资举办、管理的为综合接待"三无"老人、自理老人、介助老人、介护老人[①]安度晚年而设置的社会养老服务机构，设有生活起居、文化娱乐、康复训练、医疗保健等多项服务设施。2001 年，民政部批准发布的《老年人社会福利机构基本规范》适用于各类、各种所有制形式的为老年人提供养护、康复、托管等服务的社会福利服务机构，有效促进了老年人社会福利事业的健康发展。与此同时，各地方也非常重视对老年人社会福利机构的规范化管理工作。自 2017 年 8 月 1

[①]　根据民政部 2001 年颁布的《老年人社会福利机构基本规范》，随着衰老和疾病的影响，老年人的生活自理能力将逐渐衰退，因此，从生活照料的角度来看，我国一般将老年人划分为以下几种类型：自理老人，指日常生活行为完全自理，不依赖他人护理的老年人；介助老人，指日常生活行为依赖扶手、拐杖、轮椅和升降等设施帮助的老年人；介护老人，指日常生活行为依赖他人护理的老年人。

日起施行的《广东省民办社会福利机构管理规定》提出，鼓励自然人、法人或者其他组织依法举办社会福利机构，支持民办社会福利机构的发展。民办社会福利机构按照国家和本省规定享受扶持和优惠政策。2014 年 1 月，江苏省发布《社会福利机构管理暂行办法》实施细则，要求社会福利机构必须进行科学管理，提供生活护理、康复休养、文娱教育等优质服务，且社会福利机构应当根据设施条件、管理水平和服务质量设立收费项目，制定收费标准，对于管理混乱、有章不循、存在的事故隐患未得到改进的机构，民政业务主管部门可以给予 1~6 个月的暂缓年检。

统观我国养老机构管理政策可以看出，养老机构的设立需获得许可，依法提供服务并接受监督检查。养老机构的服务应符合相关质量规范，任何工作活动与安全发生抵触，必须首先保证安全，把安全放在第一位。建筑消防未验收合格、设施未经安全检查的养老机构，不能入住老人；设备未经安全验收不能使用；老人活动安全措施不落实，活动不能开展。国家鼓励及支持社会力量参与养老服务机构的建设和发展，并在税收及养老设施用地方面给予社会资金以扶持兴办养老服务机构，立足于完善养老服务市场机制，推动养老服务持续健康发展。老年人社会福利机构是我国养老机构的重要组成部分，既享受扶持和优惠政策，又承担遵守国家法律、法规和政策，坚持社会福利性质，保障服务对象合法权益的义务。

三 养老标准化和统计政策

这里所说的标准是对重复性事务所做的统一规定，它以科学、技术和实践经验的综合成果为基础，经有关方面协商一致，由主管机构批准，以特定形式发布，成为各相关方共同遵守的准则和依据。标准化则是指在经济、技术、科学及管理等社会实践中，对重复性事务通过制定、发布和实施标准，使其达到统一，以获得最佳秩序和社会效益的活动。行业标准和市场规范是推进养老服务工作的重要基石，是更好地提供养老服务、加强行业管理的准则和依据。加快行业标准化建设事关行业健康发展和广大老年人的切身利益，是关系到养老服务业发展的长远性、基础性、战略性工程，是贯彻落实《老年人权益保障法》《养老机构管理办法》的重要内容，是保障老年人合法权益和共享改革发展成果的要求。统计工作则是养老服务管理工作的重要内容，准确、及时、全面地反映养老服务业发展的规模、水平、行业结构等基本情况需要完善的养老服务业统计调查体系。

（一）养老服务管理标准要求

目前，我国有上万家养老服务机构，以及数以万计的养老相关服务提供商，如何确保日益多元化的养老服务在供给和消费两侧形成应有的共识和默契，是我国要重点关注的问题。在养老产业的发展过程中，标准可以提升服务的质量，促进其内部管理水平的提升，帮助养老服务提供商或相关企业降低风险、减少成本。《国务院关于加快发展养老服务业的若干意见》（国发〔2013〕35号）、《民政部、国家标准委、商务部、质检总局、全国老龄办关于加强养老服务标准化工作的指导意见》（民发〔2014〕17号）、《国务院关于印发深化标准化工作改革方案的通知》（国发〔2015〕13号）、《民政部、国家标准委关于加快推进民政标准化工作的意见》（民发〔2015〕238号）、《民政部、公安部、国家卫生计生委、质检总局、国家标准委、全国老龄办关于开展养老院服务质量建设专项行动的通知》（民发〔2017〕51号）、《民政部　国家标准委关于印发〈养老服务标准体系建设指南〉的通知》（民发〔2017〕145号）等共同构成了我国养老机构服务质量标准和评价体系的政策依据，涵盖了养老服务涉及的人员、场所、设施、安全等各类管理要素。其中，《民政部、国家标准委、商务部、质检总局、全国老龄办关于加强养老服务标准化工作的指导意见》（民发〔2014〕17号）明确提出：要加紧制定和实施养老机构等级划分与评定、养老服务质量评估和等级评定等标准，统筹推进等级评定、合格评定和标准示范建设工作；要按照职能转变要求，尽快启动养老服务机构与组织的等级评定，加强第三方评估，建立养老服务评估专家库，不断提高养老机构的规范化建设水平；要积极借鉴国际及其他行业的经验做法，积极开展服务质量满意度测评；鼓励相关养老机构开展质量管理体系建设，并积极申请第三方认证，以逐步提高内部管理的规范性和透明度；要在养老机构等服务单位开展认证认可和检验检测活动。

近年来，全国各省市加速推进养老服务管理标准化建设，"老有所乐"衡量标尺更为精确。上海市将养老机构设施与服务要求纳入上海地方标准，先后发布《上海市民政局关于贯彻实施上海市地方标准〈老年照护等级评估要求〉的通知》和《上海市民政局关于贯彻实施上海市地方标准〈养老机构设施与服务要求〉的通知》，对养老服务机构人员、安全、服务质量监督和服务质量评价与改进等方面提出了明确的管理要求。

（二）养老服务统计政策

《民政部 国家工商行政管理总局 国家统计局关于开展养老服务业统计工作的通知》以及《全国老龄办 民政部 财政部关于开展第四次中国城乡老年人生活状况抽样调查的通知》等文件明确了各相关部门在养老服务统计方面的职责以及统计内容、任务及工作要求。文件指出，各相关部门要建立本系统和本行业服务业统计数据质量控制和分级责任制，建立健全各项数据质量管理办法和制度，做好本部门统计数据质量的评估和检查工作，加强统计数据管理，对统计调查中获得的能够识别或推断单位统计调查对象身份的资料和商业秘密严格保密。统计内容包括机构养老、社区养老、居家养老、综合养老四个方面，其中综合养老包括社会保障服务、金融理财商业保险服务、医疗健康服务、老年人维权等内容。统计对象包括从事养老服务业生产经营或业务活动的企事业单位、社会组织和个体工商户。各地老龄、民政部门要充分利用调查和统计数据，为各级党委、政府统筹制定应对人口老龄化的战略、规划和政策提供科学支撑和数据支持。

四 养老人才培养和就业政策

我国老年人口群体庞大，这使得养老服务业需要大量专业服务人才，而各种层面的养老服务专业人才严重短缺已成为养老服务业健康发展的一大制约因素。为加快发展养老服务业，不断满足老年人持续增长的养老服务需求，养老服务管理的一个重要方面就是做好养老服务人才的培养与就业落实工作。早在 2006 年，《中国老龄事业的发展白皮书》中就提到了养老人才的职业建设与规范。自 2014 年起，养老服务人才培养的国家级专项政策开始出现，教育部、民政部等九部门联合印发《关于加快推进养老服务业人才培养的意见》，进一步明确了加快推进养老服务业人才培养的总体思路、工作目标、任务措施和组织保障。

（一）国家层面相关政策

《国务院关于加快发展养老服务业的若干意见》（国发〔2013〕35号）、《国家教育事业发展"十三五"规划（2017）》、《国务院关于印发"十三五"国家老龄事业发展和养老体系建设规划的通知》（国发〔2017〕13号）、《国务院办公厅关于全面放开养老服务市场提升养老服务质量的若干意见》（国办发〔2016〕91号）、《人力资源和社会保障部关于加强高校毕业生职业培训促进就业的通知》（人社部发〔2012〕20号）、《民政部关于印发〈全国民政人才中长期发展规划（2010～2020年）〉的通知》（民函〔2011〕265号）、《国务院关于加强职业培训促进就业的意见》（国发〔2010〕36号）、《国家中长期人才发展规划纲要（2010～2020年）》《高技能人才队伍建设中长期规划（2010～2020年）》《人力资源和社会保障部　国家发展和改革委　财政部关于进一步实施特别职业培训计划的通知》（人社部发〔2010〕13号）等均包含和养老服务人才培养与就业相关的政策内容。《教育部办公厅　民政部办公厅　国家卫生计生委办公厅关于公布首批全国职业院校养老服务类示范专业点名单的通知》（教职成厅函〔2016〕31号）、《教育部办公厅　民政部办公厅　国家卫生计生委办公厅关于遴选全国职业院校养老服务类示范专业点的通知》（2015）、《民政部职业技能鉴定指导中心关于印发〈养老护理员培训大纲〉（试行）的通知》（2014）、《教育部办公厅　国家卫生计生委办公厅　国家食品药品监管总局办公厅　国家中医药管理局办公室关于公布首批全国职业院校健康服务类示范专业点名单的通知》（教职成厅函〔2016〕32号）则是专门针对养老人才培养和就业的政策规定。

从全国性养老服务人才培养的相关文件内容可以看出，我国养老人才培养的目标主要为扩充数量规模、培育多元专业人才、提升服务人才职业技能与道德素养；养老服务人才的培养方式主要为政府支持与补贴，以职业院校的学历教育为主，以职业培训与资格认证教育为辅；养老人才的就业保障主要包括职业技能等级与薪酬待遇挂钩、从业人员奖惩机制、享受城市积分入户与培训补贴，以及提高职工工资及福利待遇。从2014年教育部等九部门颁布的《关于加快推进养老服务业人才培养的意见》可以看出，未来我国将继续推进高质量、高素质养老服务人才学历教育。"中职、高职教育＋应用型本科教育＋研究生教育"的学历教育体系将成为未来几年我国养老服务人才队伍学历教育的主要形式。到 2020 年，我国将基本建立以职业教育为主体，应用型本科教育和研究生教育层次相互衔接，学历教育和职业培训并重的养老服务人才培养培训体系。

（二）地方层面主要政策

2016 年 12 月，广州市发布的《关于印发〈广州市加强养老服务人才队伍建设行动方案〉的通知》要求，到 2020 年，广州养老护理人员要达到 20000 名，全市养老服务机构一线护理、康复工作人员培训率达到 100%，养老护理员中级以上职业资格占 20% 以上、技师占 2%。基于养老服务人才培养的需求，广州市未来将构建"职业技能培训为主、职业教育为辅、用人单位在岗培训外加社会继续教育"的链条式、一体化养老服务人才培养体系，着重从扶持老年服务与管理专业、建立养老从业人员持续教育机制、建设养老服务培训实训平台、确定一线护理人员最低薪酬制度、设立养老服务人力资源工作站、加强养老护理员各项社会福利保障、建立养老服务人员就业和岗位补贴等方面入手，改善养老服务人才的就业环境。

2017 年 1 月，北京市出台《关于加强养老服务人才队伍建设的意见》（京民福发〔2016〕527 号），从"打造梯级养老人才队伍结构、健全人才职业体系、提高服务人才综合素质、提升服务人才社会地位"4 个层面入手，共提出 15 条举措，以推进养老服务人才专业化、职业化发展为目标，进一步建立健全养老服务人才吸引培养、职级晋升、登记注册、教育培训、薪酬待遇、激励评价等机制制度，努力打造一支规模适度、结构合理、素质优良、尊老敬业的养老服务人才队伍，为养老服务业快速发展奠定坚实的人才基础。

2017 年 1 月，上海市发布的《关于加快推进本市养老护理人员队伍建设的实施意见》（沪民老工发〔2017〕2 号）指出，到 2020 年，上海市养老服务机构（包括养老机构、社区居家养老服务机构和组织）规划新增养老护理人员 4.5 万人，全员持证上岗率在 95% 以上，其中，国家职业资格等级证书持证率在 30% 以上。该文件从"加强培训力度、加大投入与保障力度、建立健全管理机制"三方面给出了未来几年养老服务人才建设的主要举措，着重进行人才队伍的专业化、职业化与社会化建设。

五　医养结合政策

医养结合是近几年逐渐兴起的一种新型养老模式。其将现代医疗服务技术与养老保障模式有效结合，实现了"有病治病、无病疗养"的养老保障模式创新，已经成为政府决策部门及学者共同关注的热点话题。医养结合不仅是将传统养老保障与现代医疗有机结合的一种新型养老方式，还意味着一种跨越式的养老新理念。从保障目的来看，与传统养老模式一样，医养结合旨在为老年人提供老年生活服务，使老人安度晚年；从参与主体来看，它联合传统养老机构与医疗机构，旨在通过多元化的参与主体，为老年人提供一种新型的养老服务；从服务内容来看，由于引入了现代医疗技术，它能够提供更加专业、便捷的养老服务，能有效提高老年人的晚年生活质量；从保障对象来看，它尤其适合处于大病康复期、慢性病、易复发病患者等无法在传统养老模式中得到良好照料的失能、半失能老人。从广义上说，一切将医疗服务与养老服务相结合的养老服务供给方式实践，都可以被界定为属于医养结合的范畴，它打通了养老机构与医院之间资源割裂的状态，可以形成双赢甚至多赢的局面，但也为养老服务管理带来了机遇和挑战。

（一）国家层面相关政策

《国务院关于加快发展养老服务业的若干意见》（国发〔2013〕35 号）提出要推动医养融合发展。各地要促进医疗卫生资源进入养老机构、社区和居民家庭，卫生管理部门要支持有条件的养老机构设置医疗机构。医疗机构要积极支持和发展养老服务，有条件的二级以上综合医院应当开设老年病科，增加老年病床数量，做好老年慢性病防治和康复护理工作。要探索医疗机构与养老机构合作新模式，医疗机构、社区卫生服务机构应当为老年人建立健康档案，建立社区医院与老年人家庭之间的医疗契约服务关系，开展上门诊视、健康查体、保健咨询等服务，加快推进面向养老机构的远程医疗服务试点。医疗机构应当为老年人就医提供优先优惠服务。

《国务院关于促进健康服务业发展的若干意见》（国发〔2013〕40号）提出要推进医疗机构与养老机构等加强合作，在养老服务中充分融入健康理念，加强医疗卫生服务支撑，建立健全医疗机构与养老机构之间的业务协作机制，鼓励开通养老机构与医疗机构的预约就诊绿色通道，协同做好老年人慢性病管理和康复护理工作，增强医疗机构为老年人提供便捷、优先优惠医疗服务的能力，推动二级以上医院与老年病医院、老年护理院、康复疗养机构等之间的转诊与合作。各地要统筹医疗服务与养老服务资源，合理布局养老机构与老年病医院、老年护理院、康复疗养机构等，形成规模适宜、功能互补、安全便捷的健康养老服务网络。

《国务院办公厅关于印发全国医疗卫生服务体系规划纲要（2015～2020年）的通知》（国办发〔2015〕14号）提出要推动医疗机构与养老机构等加强合作，推动中医药与养老结合，充分发挥中医药的"治未病"和养生保健优势。再次重申，2013年出台的《国务院关于促进健康服务事业发展的若干意见》中强调机构间的业务合作和健康养老服务网络的建立。

《国务院办公厅关于印发中医药健康服务发展规划（2015～2020年）的通知》（国办发〔2015〕32号）提出要发展中医药特色养老机构。鼓励新建以中医药健康养老为主的护理院、疗养院；有条件的养老机构设置以老年病、慢性病防治为主的中医诊室；推动中医医院与老年护理院、康复疗养机构等开展合作；促进中医药与养老服务结合；二级以上中医医院开设老年病科，增加老年病床数量，开展老年病、慢性病的防治和康复护理工作，为老年人就医提供优先优惠服务；支持养老机构开展融合中医特色健康管理的老年人养生保健、医疗、康复、护理服务；有条件的中医医院开展社区和居家中医药健康养老服务，为老年人建立健康档案，建立医疗契约服务关系，开展上门诊视、健康查体、保健咨询等服务。

《十部委关于鼓励民间资本参与养老服务业发展的实施意见》（民发〔2015〕33号）指出，支持有条件的养老机构内设医疗机构或与医疗卫生机构签订协议，为老年人提供优质便捷的医疗卫生服务。各级卫生计生行政部门要对养老机构设立医务室、护理站等医疗机构给予大力支持，积极为其提供便利，按规定进行设置审批和执业登记。同时，对于民间资本投资举办的护理型养老机构，在财政补贴等政策上要予以倾斜。要将养老机构内设医疗机构及其医护人员纳入卫生计生行政部门进行统一指导，在资格认定、职称评定、技术准入和推荐评优等方面，将其与其他医疗机构同等对待。

《九部委关于推进医疗卫生与养老服务相结合指导意见》明确了五方面的重点任务。一是建立健全医疗卫生机构与养老机构合作机制。鼓励养老机构与周边的医疗卫生机构开展多种形式的协议合作，通过建设医疗养老联合体等多种方式，为老年人提供一体化的健康和养老服务。二是支持养老机构开展医疗服务。养老机构可根据老年人服务需求和自身能力，按相关规定申请开办医疗机构，提高养老机构提供基本医疗服务的能力。三是推动医疗卫生服务延伸至社区、家庭。推进基层医疗卫生机构和医务人员与社区、居家养老结合，与老年人家庭建立签约服务关系，为老年人提供连续性的健康管理服务和医疗服务。四是鼓励社会力量兴办医养结合机构。在制定医疗卫生和养老相关规划时，要给社会力量举办医养结合机构留出空间，鼓励有条件的地方提供一站式便捷服务。五是鼓励医疗卫生机构与养老服务融合发展。统筹医疗卫生与养老服务资源布局，提高综合医院为老年患者服务的能力，提高基层医疗卫生机构康复、护理床位占比，全面落实老年医疗服务优待政策。

《民政部、卫生计生委关于做好医养结合服务机构许可工作的通知》（民发〔2016〕52号）要求，对于申办人拟举办医养结合服务机构，民政、卫生计生部门应当在接到申请后，按照首接责任制原则，及时根据各自职责办理审批，不得将彼此审批事项作为审批前置条件，不得互相推诿。支持医疗机构设立养老机构，支持养老机构设立医疗机构。各地民政、卫生计生部门要高度重视做好医养结合服务机构许可工作，加强沟通、密切配合，打造"无障碍"审批环境。

《民政部、卫生计生委关于确定第一批国家级医养结合试点单位的通知》（国卫办家庭函〔2016〕644号）中确定了北京市东城区等50个市（区）作为第一批国家级医养结合试点单位。通知要求，各试点单位要结合实际，统筹各方资源，全面落实医养结合工作重点任务；在各省级卫生计生部门和民政部门的指导下，制订年度工作计划，建立部门协作、经费保障和人员保障机制，加强管理，确保试点工作取得积极进展，收到良好社会效果。同时指出，各省（区、市）要积极探索地方医养结合的不同模式，并积极协调解决各模式存在的困难和问题，2016年底前各省份至少启动1个省级试点，积累经验、逐步推开。国家卫生计生委和民政部将会同相关部门适时组织督导调研。

《人力资源和社会保障部办公厅关于开展长期护理保险制度试点的指导意见》（人社厅发〔2016〕80号）明确要求协同推进长期护理服务体系的建设和发展。积极推进长期护理服务体系建设，引导社会力量、社会组织参与长期护理服务，积极鼓励和支持长期护理服务机构和平台建设，促进长期护理服务产业发展。充分利用促进就业创业扶持政策和资金，鼓励各类人员到长期护理服务领域就业创业，对其中符合条件的人员按规定落实相关补贴政策。加强护理服务从业人员队伍建设，加大护理服务从业人员职业培训力度，按规定落实职业培训补贴政策。逐步探索建立长期护理专业人才培养机制。充分运用费用支付政策对护理需求和服务供给资源配置的调节作用，引导保障对象优先利用居家和社区护理服务，鼓励机构服务向社区和家庭延伸，鼓励护理保障对象的亲属、邻居和社会志愿者提供护理服务。

（二）地方层面主要政策

陕西省人民政府办公厅印发的《关于制定和实施老年人照顾服务项目的意见》指出，鼓励医疗卫生与养老服务融合发展，支持养老机构开办老年病院、康复院、医务室等医疗卫生机构，将符合条件的老年人纳入城乡基本医疗保险定点范围。推进基层医疗卫生服务延伸至社区、家庭，全面推行家庭医生与辖区老年人签约服务，提供定期体检、上门巡诊、康复护理、健康管理等服务。逐步扩大老年人常用药品和医疗康复项目的基本医疗保险支付范围，减轻老年人的医疗康复负担。倡导社会力量兴办医养结合机构，鼓励有条件的医院为社区失能、半失能老年人设立家庭病床，建立巡诊制度。鼓励通过基本公共卫生服务项目，免费为老年人建立电子健康档案，每年为 65 岁及以上的老年人免费提供包括体检在内的健康管理服务。

四川省人民政府办公厅印发的《关于制定和实施老年人照顾服务项目的实施意见》提出，制定完善医养结合优惠扶持政策，建立健全医疗卫生机构与养老机构的业务合作机制。制定完善养老机构按规定开办康复医院、护理院、临终关怀机构和医务室、护理站等支持政策。建立执业医师到养老机构设置的医疗机构多点执业管理办法。对于养老机构设置的医疗机构，符合条件的按规定纳入基本医疗保险定点范围。取消养老机构内设诊所的设置审批，实行备案制管理。加快推进基本医疗保险全国联网和异地就医结算，使符合规定的跨省异地安置老年人实现住院费用直接结算。

天津市人民政府办公厅印发的《关于制定和实施老年人照顾服务项目实施方案的通知》明确提出，养老机构可根据老年人服务需求和自身能力，按相关规定申请开办老年病医院、康复医院、护理院、中医医院等。养老机构中的内设医疗机构为门诊部、诊所、医务室、护理站的，应当去当地行政审批部门办理备案手续。鼓励有条件的医疗机构兴办老年护理院和康复医院，二级以上综合医院开设老年病科。鼓励养老机构与周边的医疗卫生机构开展多种形式的协议合作，开展签约服务。鼓励具备家庭病床服务资格的医疗机构、养老机构内设的医疗机构为行动不便且有特殊需求的老年人建立家庭病床。加大医保扶持力度，对于养老机构开办的医疗机构中符合基本医疗保险服务协议定点受理条件的，优先纳入医保协议定点管理；对于家庭医生上门为居家老年人提供的医疗服务项目中符合本市医疗保险规定的，纳入医疗保险支付范围。

六　居家和社区养老服务管理政策

居家和社区养老是我国传统家庭养老的延伸，其内涵随着经济、社会、文化的发展而不断拓展，是提高老年人生活质量的重要保障模式，是养老服务管理的重要方面。这种模式的特点在于让老人住在自己家里，在继续得到家人照顾的同时，由社区的有关服务机构和人士为老人提供上门服务或托老服务。相关管理政策主要体现在服务基本要求、设施设备配置、组织机构设置以及人员队伍建设上。

（一）国家层面相关政策

《关于全面推进居家养老服务工作的意见》（全国老龄办发〔2008〕4号）的发布是我国首次就居家养老服务单独发文，助推居家养老服务走上专业化、规范化的轨道。该意见就居家养老服务提出了八项保障举措：（1）制定居家养老服务发展规划；（2）加大政府投入力度，合理配置资源；（3）贯彻落实支持居家养老服务的优惠政策；（4）整合资源，建立和完善社区居家养老服务网络；（5）加强专业化与志愿者相结合的居家养老服务队伍建设；（6）积极培育和发展居家养老服务组织；（7）建立居家养老服务管理体制；（8）切实加强对居家养老服务工作的领导。

《关于全面放开养老服务市场提升养老服务质量的若干意见》（国办发〔2016〕91号）提出，要大力提升居家社区养老生活品质，推进居家社区养老服务全覆盖。开展老年人养老需求评估，加快建设社区综合服务信息平台，对接供求信息，提供助餐、助洁、助行、助浴、助医等上门服务，提升居家养老服务的覆盖率和服务水平。依托社区服务中心（站）、社区日间照料中心、卫生服务中心等资源，为老年人提供健康、文化、体育、法律援助等方面的服务。鼓励建设小型社区养老院，满足老年人就近养老的需求，方便亲属照护探视。

《民政事业发展第十三个五年规划（2016）》提出，要推进居家和社区养老服务，强化居家和社区养老服务功能，积极开展智慧养老服务和互助养老服务，提升居家和社区养老服务能力，为有需求的城乡老年人提供便利的社区居家养老服务。加强社区养老服务设施建设，在老年人日间照料中心、托老所、老年人活动中心、互助式养老服务中心等社区养老场所中配备医疗护理、康复辅具、文娱活动等设备。新建城区和新建居住（小）区要按要求配套建设社区日间照料机构，并与住宅同步规划、同步建设、同步验收、同步交付使用。老城区和已建成居住（小）区中无社区日间照料机构或现有设施没有达到规划要求的，要通过购置、置换、租赁等方式建立社区日间照料机构。鼓励和支持各类企业、社会组织和个人从事社区养老服务。统筹社区范围内的各类养老服务机构、医疗卫生服务机构、社会工作服务机构、志愿服务组织和服务性企业，提高社区居家养老的服务能力和质量。

《社区老年人日间照料中心建设标准》由民政部、国家标准委、质检总局联合制定，首次将老年人社区日间照料系列服务上升为国家标准。符合标准的居家养老服务中心应当具有相对独立、固定、专用的卫生间、备餐间、浴室；应制定老年人意外伤害和突发疾病应急预案以及火灾应急预案，并定期组织演练；对于有午休需求的老人，应为其提供午休场所，并配备被褥毛毯；个人照护服务应包括助浴、理发、衣物洗涤、测量血压、测量血糖等内容。同时，该标准还对居家养老服务中心的工作人员提出了相关准入要求。

（二）地方层面主要政策

安徽省《关于全面放开养老服务市场提升养老服务质量的实施意见》要求推进居家社区养老服务全覆盖。研究出台家庭养老支持政策，重点关注失能、伤残等能力缺失的老年人的特殊需求。加快构建社区居家养老服务网络，以老年人养老服务需求评估体系建设为核心，均衡配置城市养老服务设施资源，大力发展县级居家养老指导中心、街道养老服务指导中心、社区养老服务站"三级中心"，打造 20 分钟居家养老服务圈。鼓励以县（市、区）为单位对社区养老服务统一打包，交由社会力量投资、建设或运营，实现区域内的社区养老服务统一标准、统一运营。优先支持发展社区嵌入式中小型养老机构，2018 年全省重点支持建设 50 所社区嵌入式"示范性长者照护之家"。

江苏省《关于制定和实施老年人照顾服务项目的实施意见》提出，推动各地建立健全居家养老扶持政策，制定居家养老基本服务清单，不断扩大政府购买养老服务的范围，积极探索建立失能、失智和高龄独居老年人的家庭照护支持政策，引导老年人优先选择居家养老。改善社区居家养老服务供给结构，努力实现服务供给与老年人需求的精准对接，积极培育发展基层为老服务组织，立足社区，上门为行动不便的老年人提供助浴、助医、助洁、助购等服务。到 2020 年，城乡社区居家养老服务实现全覆盖，90% 以上的街道开展日间照料服务，90% 的城市社区开展助餐服务，享受政府购买服务的老年人占老年人总数的 10% 以上。鼓励邻里互助养老和老年人之间的互助服务，鼓励低龄健康老年人为高龄、独居、空巢老年人提供服务。

天津市《关于制定和实施老年人照顾服务项目实施方案的通知》提出，大力推行居家养老政府购买服务，推动专业化居家社区养老机构发展。鼓励有条件的社区通过委托管理等方式，将社区养老服务设施交由专业化居家社区养老服务项目团队运营。鼓励与老年人日常生活密切相关的各类服务行业为老年人提供优先、便利、优惠服务。推进智能居家养老模式落地社区，鼓励相关企业和社会组织通过"互联网＋养老"模式，为老年人提供精准、个性、专业的生活照料、医疗康复和紧急救援、精神慰藉等服务。鼓励养老服务机构提供延伸服务，为居家的行动不便、空巢和失能老年人提供临时或短期托养照顾服务。

七 智慧养老和健康大数据政策

中国社会面临的老龄化问题不仅包括老年人的经济保障问题，也包括社会交往、医疗护理、人身安全、交通出行、文化娱乐等方面的问题。实现"老有所养、老有所医、老有所为、老有所学、老有所乐"，既需要加大传统涉老基础设施的建设力度，又需要借助互联网、物联网、大数据、云计算、下一代移动通信网络等信息通信技术在老年服务领域内的应用。智慧健康养老服务利用信息技术、智能健康养老产品和创新模式，为民众提供新型健康养老服务，包括慢性病管理服务、居家健康养老服务、个性化健康管理服务、互联网健康咨询服务、生活照护服务、养老机构信息化服务六大类。为适应智慧健康养老产业的发展趋势，养老服务管理模式应不断创新、发展，满足家庭和个人多层次、多样化的健康养老服务需求。《国务院关于积极推进"互联网＋"行动的指导意见》（国发〔2015〕40号）、《国务院办公厅转发卫生计生委等部门关于推进医疗卫生与养老服务相结合指导意见的通知》（国办发〔2015〕84号）、《国务院办公厅关于全面放开养老服务市场提升养老服务质量的若干意见》（国办发〔2016〕91号）等文件都对智慧健康养老服务管理做了政策指引。

（一）国家层面相关政策

《工业和信息化部 民政部 国家卫生计生委关于印发〈智慧健康养

老产业发展行动计划（2017～2020）〉的通知》指出，要运用互联网、物联网、大数据等信息技术手段，推进智慧健康养老应用系统集成，对接各级医疗机构及养老服务资源，建立老年健康动态监测机制，整合信息资源，为老年人提供智慧健康养老服务。发展健康养老数据管理和智能分析系统，实现健康养老大数据的智能判读、分析和处理，从而为老年人提供便捷、精准、高效的健康养老服务。

《关于印发"十三五"国家老龄事业发展和养老体系建设规划的通知》（国发〔2017〕13 号）要求实施"互联网＋"养老工程。支持社区、养老服务机构、社会组织和企业利用物联网、移动互联网和云计算、大数据等信息技术，开发应用智能终端和居家社区养老服务智慧平台、信息系统、App 应用、微信公众号等，重点拓展远程提醒和控制、自动报警和处置、动态监测和记录等功能，规范数据接口，建设虚拟养老院。

《国务院办公厅关于促进和规范健康医疗大数据应用发展的指导意见》（国办发〔2016〕47 号）指出，要加强对深化医药卫生体制改革的评估监测，加强对居民健康状况等重要数据的精准统计和预测评价，有力支撑健康中国的建设规划和决策。综合运用健康医疗大数据资源和信息技术手段，健全医院评价体系，推动深化公立医院改革，完善现代医院管理制度，优化医疗卫生资源布局。加强医疗机构监管，健全对医疗、药品、耗材等收入构成及变化趋势的监测机制，协同医疗服务价格、医保支付、药品招标采购、药品使用等业务信息，助推医疗、医保、医药联动改革。

（二）地方层面主要政策

四川省《关于制定和实施老年人照顾服务项目的实施意见》要求，加快全省老龄大数据服务平台建设，逐步建立全省老年人数据库。

《江苏省政府关于全面放开养老服务市场提升养老服务质量的实施意见》要求，以"一键化、一体化、综合化"为目标，提升智慧养老服务平台的软硬件水平。加快推行"虚拟养老院"和居家养老服务智能化，努力构建以居家和社区养老服务为重点的信息支持系统。依托养老服务信息平台，拓展服务功能，整合家政预约、医疗保健、商品代购、信息提示、紧急救助等线上线下服务资源，建立老年人、家庭成员、乡镇（街道）、社区、养老机构和各类服务组织的多方联动机制，不断充实"互联网＋养老服务"的发展内涵。到 2020 年底，全面实现养老服务信息平台的多级互通互联和全天候、全方位覆盖。

综上，我们可以看到，各级政府和相关职能部门推出了一系列务实政策和改革举措以推进我国养老服务事业的发展。这些政策涉及养老机构的设立、养老服务业的综合改革与发展，以及鼓励和引导社会参与等各个方面。以《国务院关于加快发展养老服务业的若干意见》（国发〔2013〕35号）为指导，养老服务管理当前需要发展的重点领域以及与此相适应的政策措施变得更加明确和完善。然而，从总体上看，养老服务管理的相关政策仍然比较零散，呈碎片化状态，欠缺系统性，且原则性、笼统性内容较多，具体、可操作的内容较少。存在的问题有：一是缺乏对一些综合性政策文件的配套实施方案；二是缺乏对不同经济发展水平的分类指导；三是缺乏对不同人群差异化养老服务需求的满足；四是缺乏对政策实施的跟踪检查和监督评估；五是缺乏对政策实施效果的奖惩机制。这些问题也直接影响了政策实施的效果和地方落实政策的积极性。

第二节　养老服务管理法制化建设

法律是由享有立法权的立法机关（全国人民代表大会和全国人民代表大会常务委员会）行使国家立法权，依照法定程序制定、修改并颁布，并由国家强制力保证实施的规范性条款的总称，根据效力等级可依次划分为宪法、法律、行政法规、地方性法规以及自治条例和单行条例。历史原因使我国各地经济社会发展不平衡，在最高国家权力机关集中行使立法权的前提下，为了使我国的法律既能通行全国，又能适应各地方的不同情况，遵循在中央集中统一领导下充分发挥地方主动性、积极性的宪法原则，我国逐步确立了统一而又分层次的立法体制，既有全国人大及其常委会制定的法律，也有国务院制定的行政法规，还有地方人大及其常委会依据法定权限制定的地方性法规。概括地说，宪法是统帅，法律是主干，行政法规和地方性法规是对国家法律的细化和补充。宪法具有最高法律效力，一切法律、行政法规、地方性法规、自治条例和单行条例、规章都不得同宪法相抵触。法律的效力高于行政法规和地方性法规、规章。国务院行政法规的效力高于地方性法规、规章。法律、行政法规、地方性法规中如果有超越权限或下位法违反上位法规定的情形的，将依法予以改变或者撤销。法律的这些规定就是要求下位法与上位法相衔接、相协调、相配套，从而构成法律体系的有机统一整体，有效地调整社会关系，保证社会生活的正常秩序。

改革开放四十年来，中国立法机关明显加快了规范养老服务的立法进度，立法的透明度和全民参与的程度也在不断提高。2013 年，《养老机构设立许可办法》《养老机构管理办法》颁布实施；2015 年，全国人大修订施行《老年人权益保障法》；2015 年，《北京市居家养老服务条例》《浙江省社会养老服务促进条例》等地方性法规陆续出台，为中国养老服务的相关管理工作提供了法律依据。当前，我国形成了包括法律、行政法规、行政规章、地方性法规及地方性规章在内的养老服务管理法制化格局，内容涵盖老年人权益保障、养老机构和队伍建设、养老服务标准化规范、养老服务纠纷处理和法律责任等多方面。

一 老年人权益保障

新中国成立后，在《中华人民共和国宪法》（以下简称《宪法》）、《中华人民共和国民法通则》（以下简称《民法通则》）等诸多法律中，关于赡养老人的责任和义务都有明确表述。特别是《中华人民共和国老年人权益保障法》（以下简称《老年人权益保障法》）的出台和修订，进一步保障了老年人的合法权益。老年人权益保障的内容广泛，涉及社会生活的各个方面。除了《老年人权益保障法》这部专门性的法律外，在《中华人民共和国婚姻法》（以下简称《婚姻法》）、《中华人民共和国刑法》（以下简称《刑法》）及相关的司法解释中，均有关于保障老年人合法权益的规定。《宪法》第四十五条第一款规定："中华人民共和国公民在年老、疾病或者丧失劳动能力的情况下，有从国家和社会获得物质帮助的权利。国家发展为公民享受这些权利所需要的社会保险、社会救济和医疗卫生事业。"第四十九条第四款规定："禁止虐待老人、妇女和儿童。"这些规定为老年人的权益保障奠定了法律基础。《民法通则》第一百零四条第一款规定：

"婚姻、家庭、老人、母亲和儿童受法律保护。"《婚姻法》第二十一条第一款及第三款规定:"子女对父母有赡养扶助的义务。""子女不履行赡养义务时,无劳动能力的或生活困难的父母,有要求子女付给赡养费的权利。"第三十条规定:"子女应当尊重父母的婚姻权利,不得干涉父母再婚以及婚后的生活。子女对父母的赡养义务,不因父母的婚姻关系变化而终止。"除此之外,《福建省老年人权益保障条例》《江苏省老年人权益保障条例》《上海市老年人权益保障条例》等地方性法规都对本省市行政区域内的老年人权益保障以及相关工作做出了具体规定。

(一)人身权利

根据《宪法》《民法通则》《刑法》《中华人民共和国民事诉讼法》等相关法律规定,人身权包括生命健康不受侵犯、人身自由不受侵犯、人格尊严不受侵犯、住宅不受侵犯、通信自由和通信秘密不受侵犯、隐私受法律保护等,是公民基本权利的重要组成部分。对于养老机构中的老年人来说,人身权可以分为以下几项子权利。

生命健康权。《民法通则》第九十八条规定:"公民享有生命健康权。"养老机构应当保障老人依法享有生命健康权,为老人的日常生活提供照料服务,在老人突发疾病和意外情况时有义务对老人进行救助,这些是养老机构维护老人生命健康权的具体体现。以目前养老机构与入住老年人产生的纠纷类型来看,这方面存在的问题比较严重。

从国家和社会获得物质帮助的权利。根据《老年人权益保障法》,国家的帮助包括:提供养老保险,保障老年人的基本生活;通过基本医疗保险制度,保障老年人的基本医疗需要;开展长期护理保障工作,保障老年人的护理需求;老年人无劳动能力、无生活来源、无赡养人或扶养人(或抚养人无能力),由地方各级人民政府依照有关规定给予供养或者救助;建立完善老年人福利制度,根据经济社会发展水平和老年人的实际需要,增加老年人的社会福利。社会的帮助包括:慈善组织以及其他组织和个人为老年人提供物质帮助,如各级慈善总会发放困难补助金等;负有抚养义务的组织或者个人,按照遗赠扶养协议享受遗赠后,应该承担该老年人生养死葬的义务;等等。

人身自由权。人身自由权是指权利主体在法律范围内自主支配行动的权利，是行动自由权，亦称行动权。养老机构中老年人的人身自由权主要是针对自理以及半自理的老年人而言的，这一类老年人在入住养老院后，人身自由权受法律保护，他们有权利参加与其能力相适应的社会活动，在入住养老机构期间依法享有人身自由权。

人格尊严不受侵犯。老年人在养老机构中应该过有尊严的生活，得到服务人员和养老院的尊重。养老服务和相关管理人员不得随意侮辱、辱骂老人，不得给老人起外号，不得挑动第三方对老人进行有辱人格尊严的活动。在老人的人格尊严受到侵犯时，相关人员应及时制止不法侵害。同时，也应当保障老年人的隐私权。隐私权作为一种基本人格权利，是指公民"享有的私人生活安宁与私人信息依法受到保护，不被他人非法侵扰、知悉、搜集、利用和公开的一种人格权"。对于养老机构中老年人隐私权的保障，主要体现在：养老机构有义务对入住的老年人的身份信息资料进行保密；维护和尊重男女有别的社会秩序，提高对老年人性别意识的保护；保护老年人的通信自由和通信秘密，不私拆、截留老年人的信件。

（二）财产权利

《老年人权益保障法》第二十二条第一款规定："老年人对个人的财产，依法享有占有、使用、收益和处分的权利，子女或者其他亲属不得干涉，不得以窃取、骗取、强行索取等方式侵犯老年人的财产权益。"养老机构中老年人的财产权所面临的威胁主要来自养老机构的工作人员以及入住养老机构的其他老年人。养老机构中老年人的财产权不单单体现在对其所有物品、财产的占有、使用、收益和处分上，还体现在对养老机构各项服务的选择权以及收费标准、收费明细的知情权等方面。

（三）其他权利

除人身权和财产权外，老年人还依法享有社会服务和社会优待的权利、参与社会发展和共享发展成果的权利、得到司法援助的权利和继续受教育的权利。因此，要想全方位地保障养老机构中老年人的各项权益，不能单纯止步于保障老年人吃饱、穿暖，更应该注重老年人精神层面的需求。改变生活在养老机构中的老年人精神孤独的状态,最好的办法就是丰富他们的精神生活,将"精神养老"提上日程,用健康向上的文化氛围感染他们,使老年人心胸开朗、心情舒畅。养老机构中应该配备适合老年人娱乐的设施,为老年人提供文化活动场所,有条件的还可聘请专业人员指导老年人进行娱乐活动。

二 养老机构和队伍建设

《养老机构设立许可办法》《养老机构管理办法》《老年人社会福利机构基本规范》是规范养老机构和队伍建设的重要法律依据。《养老机构设立许可办法》由民政部于2013年6月28日发布,自2013年7月1日起施行。同年,民政部为加强养老机构管理,制定了《养老机构管理办法》,分六章三十六条。《老年人社会福利机构基本规范》由民政部社会福利和社会事务司起草并发布,目的是加强老年人社会福利机构的规范化管理。

(一) 养老机构设立许可与登记

养老服务机构的服务对象是老年人群体,服务内容涉及老年人生活照料、医疗保健、康复护理、精神慰藉和文体娱乐等各个方面,涵盖老年人群体在日常生活中的各种需求。因此,对养老机构进行法律监管尤为重要,从养老机构的审批设立开始,到服务标准的监督核查,每一个环节都离不开法律法规的制度保障。《养老机构设立许可办法》《中华人民共和国公司法》《民办非企业单位登记管理暂行条例》是主要的法律依据。《养老机构设立许可办法》第六条规定,设立养老机构应当符合下列条件:①有名称、住所、机构章程和管理制度;②有符合养老机构相关规范和技术标准,符合国家环境保护、消防安全、卫生防疫等要求的基本生活用房、设施设备和活动场地;③有与开展服务相适应的管理人员、专业技术人员和服务人员;④有与服务内容和规模相适应的资金;⑤床位数在10张以上;⑥法律、法规规定的其他条件。

(二) 养老服务人员人才培养、使用、评价和激励制度

《老年人权益保障法》提出,"国家建立健全养老服务人才培养、使

用、评价和激励制度，依法规范用工，促进从业人员劳动报酬合理增长，发展专职、兼职和志愿者相结合的养老服务队伍"。民政部在关于学习宣传贯彻《老年人权益保障法》的通知中指出，大力推行养老服务职业资格证书制度、养老机构院长资质培训制度和养老护理员持证上岗制度，全面提升养老服务的职业化、专业化、规范化水平。各地政府在推进养老服务体系建设的过程中，积极探索养老服务人才工作建设规划，加大资金投入力度，完善评价和激励制度，发挥自身的主导和推动作用。《老年人社会福利机构基本规范》提出，在城镇地区和有条件的农村地区，老年人社会福利机构应有1名大专学历以上、社会工作类专业毕业的、专职的社会工作人员和专职康复人员，为介护老人服务的机构应有1名医生和相应数量的护士。《江苏省养老护理员培训实施方案（2012~2015）》提出，对包括民办养老机构在内的养老机构护理人员给予免费培训，省财政承担中、高级养老护理员的培训经费，并对各地承担的初级护理员培训费给予补助。福建省出台《养老机构护理服务规范》，提出养老机构护理服务人员应包括注册护士和养老护理员，养老护理员应在注册护士的指导下开展养老护理服务工作。服务对象为完全不能自理老年人的养老机构，其养老护理员和老年人的配比不应低于1:4，其他不应低于1:10。山东省《社区居家养老服务人员管理规范》规定，服务组织应定期对护理员进行满意度调查，以检验护理员的工作情况和服务质量。对于优秀的护理员，宜制定相应的奖励或晋级措施。对于不合格的护理员，根据情节的严重程度，宜采取批评告诫、再培训、降低执业等级、解除劳动合同等措施。

三　养老服务标准化规范

2017年，民政部、国家标准委印发《养老服务体系建设指南》，提出建立通用基础标准12项、服务提供标准23项、支撑保障标准33项。同年，为落实民政部、国家标准委、商务部、质检总局、全国老龄办印发的《关于加强养老服务标准化工作的指导意见》（民发〔2014〕17号），全国社会福利服务标准化技术委员会在调研和论证的基础上，形成了《养老机构服务标准体系建设指南》《养老机构社会工作服务规范》《养老机构老年人健康档案技术规范》三项标准。养老服务机构的标准化建设和规范化管理的目的是，促进养老服务机构运行管理活动科学化、程序化、规范化和文明化，以提高服务质量和工作效率，获得最佳社会效益和经济效益。相关法律规范主要从以下三个方面促进养老服务标准化的建立、应用和落实。

（一）强化标准意识

标准是一种规范，是一种制度，也是一种文化。法律对于标准化理念的确认可以使养老服务管理人员加深对标准化的认识程度，自觉支持和参与机构标准化建设。当前，不少养老机构在运营和发展中存在不少客观制约因素，即使面临很多困难，养老机构也要认识到推进标准化工作的必要性，只有认真实施标准化，才能破解发展中的各种难题，从而带动机构服务管理效能和水平的提升。

（二）构建标准体系

养老服务标准体系包括养老服务基础通用标准、服务技能标准、服务机构管理标准、居家养老服务标准、社区养老服务标准、老年产品用品标准等。其中，基础通用标准包含养老机构分类与命名、养老服务基本术语、养老服务图形符号等。在养老机构管理服务方面，包含养老机构设施设备配置规范、养老机构内设医疗机构服务质量控制规范等标准。在社区养老服务方面，包含社区养老服务基本规范、社区老年人日间照料中心服务基本规范等标准。在养老服务专业人才建设方面，包含养老服务从业人员基本要求、养老服务人员职业培训规范等标准。标准体系建设还包括养老服务信息化的相关标准。按照《国家标准管理办法》《行业标准管理办法》等有关规定，我国将进一步加强对养老服务地方标准化工作的协调与指导，建立地方标准的信息报送制度，支持地方标准上升或转化为国家标准或行业标准。

（三）建立评价机制

按照《老年人权益保障法》中关于建立健全养老机构分类管理和养老服务评估制度的要求，以及《民政部关于在民政范围内推进管理标准化建设的方案（试行）》（民发〔2010〕86号）和《国家质检总局 国家标准委关于加强服务业质量标准化工作的指导意见》（国质检标联〔2013〕546

号），国家和地方层面正在加紧制定和实施养老机构等级划分与评定、养老服务质量评估和等级评定等标准，统筹推进等级评定、合格评定和标准示范建设工作，借鉴国际及其他行业的经验做法，开展服务质量满意度测评，加强第三方评估，建立养老服务评估专家库，提高养老机构规范化建设水平。

四　事故纠纷处理和法律责任

养老服务是一种特殊的老年公共服务产品，直接关系到人身健康、生命财产安全。养老服务机构的环境与设施设备要符合要求，工作人员要专业技能过硬，要做好消防安全保障等工作。养老机构的事故处理，尤其是人身伤害事故的处理非常重要，处理不当就可能引起纠纷和诉讼，甚至影响养老机构的正常工作，必须高度重视。

（一）事故纠纷处理

第一，把抢救生命放在第一位。在养老人员发生意外伤亡事故时，养老机构应在第一时间全力组织抢救老人生命，包括护理员、护士和医生的现场抢救，也包括拨打"120"急救电话，请救护车将老人送医院抢救。养老机构不可轻易放弃抢救，更不可为了保护现场而耽误对老人生命的抢救。同时，及时通知老人的亲属。

第二，按规定及时向上级报告。对于事故严重的，应视不同情形按规定向民政部及有关部门报告。

第三，调查掌握第一手资料。养老机构应及时成立事故调查处理小组，组织医护、安全、管理等方面的专业人员参与事故调查，搜集相关第一手资料，包括值班记录、监控录像、抢救记录、有关病例和设备检修记录等。

第四，安抚伤者和死者家属。领导要及时看望慰问伤者，安抚死者家属，积极帮助伤者、死者家属申请保险公司理赔。

第五，协商、调解纠纷。有纠纷情况出现时，应首先争取协商解决。协商无法解决的，可主动向街道、乡镇司法部门汇报，争取基层司法调解。协商、调解均不能解决的，应聘请了解养老行业的专业律师，做好法律诉讼准备工作。

（二）养老机构及其工作人员违法行为的处罚

根据《老年人权益保障法》《养老机构设立许可办法》《养老机构管理办法》《治安管理处罚法》，以及各地方的具体规定，对养老机构及其工作人员违法行为的处罚规定如下。

一是养老机构违反许可设立规定的行为及处罚。养老机构应当取得许可并依法登记。在未获得许可和依法登记前，养老机构不得以任何名义收取费用、收住老年人。设立许可证有效期 5 年。在设立许可证有效期届满30 日前，养老机构应当持设立许可证、登记证书副本、养老服务提供情况报告到原许可机关申请换发许可证。养老机构设立分支机构，应当依照《养老机构设立许可办法》第八条、第九条和第十条的规定，到分支机构住所地的县级以上人民政府民政部门办理申请设立许可手续。养老机构变更名称、法定代表人或者主要负责人、服务范围时，应当到原许可机关办理变更手续。养老机构自行解散，或者无法继续提供服务时，应当终止服务，并将设立许可证交回原许可机关，办理注销手续。许可机关应当建立健全养老机构设立许可信息管理制度，及时公布养老机构设立许可相关信息。民政部发布的《2016 年政务公开工作要点》指出，推进行政审批、行政许可等事项办理信息公开；对民政部许可的养老机构违法行为实施的行政处罚信息予以公开，主动公开被处罚当事人名称、主要违法事实和处罚种类、依据，并及时回应社会关切。根据《养老机构设立许可办法》，对于养老机构中未依法履行变更、终止手续的，以及涂改、倒卖、出租、出借、转让设立许可证的，许可机关应当依法给予警告，并处以 3 万元以下罚款；构成犯罪的，依法追究刑事责任。未经许可设立养老机构的，由许可机关责令改正；造成人身、财产损害的，依法承担民事责任；违反治安管理规定的，由公安机关依照《治安管理处罚法》的有关规定予以处罚；构成犯罪的，依法追究刑事责任。许可机关及其工作人员在养老机构设立许可申请、受理、审查、决定和监督检查时滥用职权、玩忽职守、徇私舞弊的，由上级机关责令改正；造成严重后果的，对直接负责的主管人员和其他直接责任人员依法给予处分；构成犯罪的，依法追究刑事责任。另外,《老年人权益保障法》规定:未经许可设立的养老机构,由县级以上人民政府民政部门责令改正;符合法律、法规规定条件的养老机构,依法补办相关手续;逾期达不到法定条件的,责令停办并妥善安置其收住的老年人;造成损害的,依法承担民事责任。

二是养老机构及其工作人员违反服务管理规定的行为和处罚。养老机构及其工作人员未与老年人或者其代理人签订服务协议,或者协议不符合规定的;未按照国家有关标准和规定开展服务的;配备人员的资格不符合规定的;向负责监督检查的民政部门隐瞒有关情况、提供虚假材料或者拒绝提供反映其活动情况的真实材料的;利用养老机构的房屋、场地、设施开展与养老服务宗旨无关的活动的;歧视、侮辱、虐待或遗弃老年人以及有其他侵犯老年人合法权益的行为的;有擅自暂停或者终止服务的行为以及法律、法规、规章规定的其他违法行为的:均要承担相应的法律责任。《养老机构管理办法》规定,养老机构中有上述行为之一的,由实施许可的民政部门责令改正;情节严重的,处以3万元以下的罚款;构成犯罪的,依法追究刑事责任。宁波市还制定了《养老机构行政处罚裁量权细化量化参考标准》,把违法行为划分为较轻、一般、严重三个等级,并明确了各等级的具体适用情形以及处罚种类和幅度。《老年人权益保障法》规定,侮辱、诽谤老年人:构成违反治安管理行为的,依法给予治安管理处罚;构成犯罪的,依法追究刑事责任。养老机构及其工作人员中侵害老年人人身和财产权益,或者未按照约定提供服务的,依法承担民事责任;有关主管部门依法给予行政处罚;构成犯罪的,依法追究刑事责任。

概括来说,养老服务管理的法制化进程有助于我国养老服务的规范和可持续发展。立法设定养老服务管理各相关主体的权利义务从而为养老服务管理提供刚性法律保障,司法为老年人权利的实现提供底线救济,执法则可以提升养老服务管理的质量和效果。目前,在我国养老服务管理领域内,主要是国务院各部委规章和地方性法规起到规范作用。各地规范性文件的制定主体和规范内容差别较大,各部门权限缺乏内在衔接和协调整合。《老年人权益保障法》的规定仍缺乏可操作性和实施细则。老年人的基本权利以及权利被侵犯时的救济途径和方法仍需进一步明确。

第三节　养老服务管理政策法规中的基本原则

我国养老服务管理的基本原则是从养老服务管理政策与法规中提炼出来，集中反映我国养老服务管理要求、规律和本质的指导原理和准则，是政策法规内部和谐统一的重要保障。在实施的过程中，这些基本原则对政策与法规的解释与推理、强化政策法规的调控能力，可以防止不合理规则带来的不良后果。从现有的相关养老服务管理政策法规中可以看到，当前我国养老服务管理包括专业化管理、分类管理、按需管理和信息化管理四项基本原则。

一　专业化管理原则

专业化管理原则主要包含人才专业化和服务标准化两个方面。在人才专业化方面，《老年人权益保障法》第四十六条规定，国家建立健全养老服务人才培养、使用、评价和激励制度，依法规范用工，促进从业人员劳动报酬合理增长，发展专职、兼职和志愿者相结合的养老服务队伍。国家鼓励高等学校、中等职业学校和职业培训机构设置相关专业或者培训项目，培养养老服务专业人才。《教育部　民政部　国家发展改革委员会等九部门关于加快推进养老服务业人才培养的意见》指出，要注重提升养老服务从业人员整体素质。重点依托相关职业院校、开放大学和本科院校，开展多样化的学历和非学历继续教育；鼓励养老服务业业务骨干在职攻读相关专业学位。开放大学要充分发挥办学优势，开设养老服务相关专业，加快信息化学习资源和平台建设，积极发展现代远程教育，探索建立面向养老服务从业人员的教学及支持服务模式。积极开展养老机构从业人员、社区养老服务人员和社区工作者的培训工作，提高从业人员的专业能力和服务水平。

在服务标准化方面，根据《中华人民共和国国民经济和社会发展第十三个五年规划纲要》、《"十三五"国家老龄事业发展和养老体系建设规划》以及《民政部　国家标准委关于印发〈养老服务标准体系建设指南〉的通知》（民发〔2017〕145 号），养老服务标准体系建设的总体目标是：

到 2020 年，基本建成涵盖养老服务基础通用标准，机构、居家、社区养老服务标准、管理标准和支撑保障标准，以及老年人产品用品标准，国家、行业、地方和企业标准相衔接，覆盖全面、重点突出、结构合理的养老服务标准体系；基本形成规范运转的养老服务标准化建设工作格局；标准制定、实施和监管水平明显提升；标准化试点示范工作和专业人才队伍建设逐步完善，行业标准化意识和规范化意识显著增强，安全、便利、诚信的养老服务消费市场环境基本形成。

二　分类管理原则

当前，我国养老服务行业的管理方式仍然偏向粗放，大多数养老机构还属于混合型养老机构，收养对象参差不齐，涵盖从能基本生活自理到长期卧床不起甚至患有精神疾病或智力缺陷的老人。在划分养老机构类型的时候，往往不是按照养老机构的功能分类，而是按照其行政级别、设施规模、所有制形态等分类。从目前我国养老机构的功能来看，除卫生部门主管的老年护理医院（也称"老年护理院"）与民政部门主管的老年公寓在收养老人的需照料程度上有明显差别外，一般的社会福利院、敬老院均未进行功能定位。这些养老机构只是在机构内部按收养老人需照料程度的不同，分成专门护理、一级护理、二级护理、三级护理等类别，实行分部或分区管理，尚无专门收养需专门护理和一级护理的老人的养老机构。这种不加区别的管理方式会直接影响养老机构服务的效果和管理的效率。

分类管理是指对不同的养老服务组织，根据其适用不同的登记条件、设立标准、服务与管理标准、补贴与税收政策，赋予其不同的权利与义务。为进一步鼓励社会力量参与养老服务业，推进养老服务企业登记的规范化和便利化，提高养老服务管理的效率与针对性，广州市和上海市对养老服务企业分类管理给出了明确的规定。2018 年 1 月，《上海市老年照护统一需求评估及服务管理办法》出台，对有照护需求且符合规定条件的老年人，按照全市统一的评估标准，依申请对其失能程度、疾病状况、照护情况等进行评估，确定评估等级。在申请人确定服务机构后，该服务机构根据申请人评估等级，结合评估机构出具的服务计划建议制订服务计划，并告知申请人可享受的长期护理保险待遇和养老服务补贴政策。2018 年 9 月，广州市民政局、工商局印发《关于进一步规范广州市养老服务企业登记管理的通知》（以下简称《通知》），对养老服务企业登记管理、经营范围等做出规定，并明确了养老服务企业依法享受的税费优惠、产业扶持等一系列优惠政策。《通知》规定，养老服务企业分为养老机构企业、社区居家养老服务企业和综合养老服务企业三类，实行分类登记管理。养老机构企业是指从事为老年人提供集中居住和照料护理服务活动的经营性养老机构；社区居家养老服务企业是指从事为居家老年人提供生活照料、助餐配餐、康复护理、精神慰藉、紧急救援等活动的经营性社区居家养老服务机构以及其他相关组织；综合养老服务企业是指从事养老机构业务、社区居家养老服务等活动的养老服务机构。

三　按需管理原则

根据中国老龄科学研究中心发布的《中国城乡老年人生活状况调查报告（2018）》，38.1% 的老年人需要上门看病服务，12.1% 的老年人需要上门做家务服务，11.3% 的老年人需要康复护理服务，10.6% 的老年人需要心理咨询或聊天解闷服务，10.3% 的老年人需要健康教育服务。目前，我国部分养老机构普遍存在设施简陋、功能单一的问题，服务内容仅限于吃、住等简单的生活照料，缺少健身、文化娱乐、医疗保健等设施，直接影响了老人入住率。为此，我国养老服务管理政策法规明确按需管理原则，特别关注人文、跨界、个性、可持续等需求要素。2018 年，北京市朝阳区通过建立区、街乡、社区三级养老服务体系，以及建设第一家街乡养老照料中心、第一家共有产权试点养老社区、第一家 PPP 模式养老机构等多种探索，使辖区内 60 万名老人实现了按需养老。老人的需求在哪里，有需求的老人在哪里，养老服务就跟进到哪里。在朝阳区，老人不用出门，助餐、助浴等"四进"服务就可以送到家；想就近养老，社区养老服务驿站抬脚就到；需要医养结合，配备医院的养老机构、街乡养老照料中心可供其选择；买房养老，共有产权养老社区也欢迎老人们入住。为落实按需管理原则，还需要注意做好老年人需求调查工作，以便更好地实现需求与供给的匹配。

四　信息化管理原则

养老服务信息化管理原则支持社区、养老服务机构、社会组织和企业利用物联网、移动互联网和云计算、大数据等信息技术，开发应用智能终端和居家社区养老服务智慧平台、信息系统、App应用、微信公众号等，以提高管理的水平和效率。信息化管理是解决我国人口老龄化快速发展背景下养老服务资源结构性短缺、劳动密集型养老方式困难重重的必然选择，具有规范、高效、透明的特点。对于养老机构而言，信息化管理可以缓解全国养老服务人才短缺的现状，提供更加及时、精准的服务，减少安全事故的发生。对于养老服务行业来讲，运用信息化管理系统，可以有效整合资源，全面了解养老服务行业现状，为行业研究、行业机构考核评估和资质认证、专业队伍建设提供信息支持，也为行业管理、质量监控和督导提供基础依据，有力促进养老服务行业标准化水平的提升。对于社会公众来讲，信息化管理为公众开辟了了解和选择养老服务机构、服务方式或老年用品的便捷途径。

我国养老服务管理的政策法规鼓励和指导信息化管理路径的建设和实施，《民政部办公厅关于开展国家智能养老物联网应用示范工程的通知》指出，要建设养老机构智能养老物联网感知体系。为养老机构配置环境监控设备、老人健康护理设备、老人日常生活服务设备等，完成养老机构物联网感知体系建设。建设老人体征参数实时监测系统、老人健康障碍评估系统、专家远程建议和会诊系统、亲情视频沟通系统、物联网监控与管理系统等，提供入住老人实时定位、跌倒自动监测、卧床监测、痴呆老人防走失、行为智能分析、自助体检、运动计量评估、亲情视频沟通等智能服务。同时，要依托养老机构建设养老机构物联网信息管理系统，对周边社区老人提供信息采集、医疗救助、健康体检等服务，探索开展养老服务、医疗服务新模式。

第四节　养老服务管理主要制度

制度一般指依照法律、政策制定的具有法规性或指导性与约束力的要求大家共同遵守的办事规程或行动准则。基于我国现有的养老服务管理政策法律规范，我国养老服务管理形成了老年人社会优待、老年宜居环境和老年人参与社会发展三方面的主要制度，普遍适用于养老服务管理的各个流程及各个部门。

一　老年人社会优待制度

老年人优待作为老年社会福利的重要任务，是指国家和社会为了安定老年人生活、维护老年人健康、充实老年人精神文化生活而提供的相应设施和服务的一套政策措施，它们构成了我国老年人社会优待制度。2012 年修订的《老年人权益保障法》将"社会优待"专设成章。2013 年发布的《关于进一步加强老年人优待工作的意见》是全国老龄办会同 23 个部门在 2005 年发布的《关于加强老年人优待工作的意见》的基础上形成的，该意见要求政府和社会在做好社会保障和基本公共服务的基础上，在医、食、住、用、行、娱等方面，积极为老年人提供各种形式的经济补贴、优先优惠和便利服务。优待范围涵盖政务服务、卫生保健、交通出行、商业服务、文体休闲、维权服务六个方面，并要求各级涉老主管单位规范服务，加强管理，督促各优待服务场所、设施和窗口设置优待标识，公布优待内容。在《老年人权益保障法》和《关于进一步加强老年人优待工作的意见》的基础上，我国各省市因地制宜，出台老年人社会优待政策，合理确定本行政区域内的优待对象和优待标准，在交通出行、文体休闲、卫生保健、商业服务等方面对老年人实行优待。老年人社会优待制度已然成为我国养老服务管理的核心价值取向。

截至 2015 年 8 月，全国有 19 个省份建立了高龄津贴制度，23 个省份建立了经济困难老年人养老服务补贴制度。全国普遍推广实施老年意外伤害保险制度、计划生育特殊家庭老年人扶助制度。各省均出台了老年人社会优待政策，在交通出行、医疗卫生服务、文体休闲等方面对老年人实行优待。北京市发布了《关于进一步加强北京市老年人优待工作的意见》，针对老年人的优待政策从之前的九项增加至六个大类共四十四项，受益老人也从此前的北京市户籍老人拓展到在京常住的外埠老年人，外埠老人可享 36 项优待。60 岁及以上的本市户籍老年人和常住外埠老年人，持北京通——养老助残卡，可享受各项优待政策。这些优待政策包括优先进行危房改造、家庭无障碍改造、优先缴纳水电燃气费等；为失智老年人配备防走失手环，为失独老人提供心理咨询、情绪辅导、定期寻访等精神关怀服务；提供维权服务优待；等等。

二 老年人宜居环境制度

老年人宜居环境制度主要包括公共环境的无障碍建设、适老化社区建设和老年人居家环境无障碍改造三个方面，是养老服务管理的重要内容。无障碍环境指的是一个既可顺畅通行又易于接近的理想环境，包括物质环境、信息和交流的无障碍。物质环境无障碍主要是指城市道路、公共建筑物和居住区的规划、设计、建设应方便残障人士通行和使用，如城市道路应方便坐轮椅者、挂拐杖者和视力残疾者通行，建筑物应考虑在出入口、地面、电梯、扶手、厕所、房间、柜台等设置残障人士可使用的相应设施以方便残障人士通行，等等。信息和交流的无障碍要求公共传媒应使听力言语和视力残疾者能够无障碍地获得信息、进行交流，如影视作品、电视节目的字幕和解说，电视手语，盲人有声读物，等等。《中华人民共和国残疾人保障法》《老年人权益保障法》《城市道路和建筑物无障碍设计规范》《方便残疾人使用的城市道路和建筑物设计规范（试行）》《关于做好城市无障碍设施建设的通知》《关于贯彻实施方便残疾人使用的城市道路和建筑物设计规范的若干补充规定的通知》《关于加强老年人家庭及居住区公共设施无障碍改造工作的通知》等相关法律规定与政策共同构筑了中国的老年人宜居环境制度。《中国老年宜居环境发展报告（2015）》披露，当前的中国老年宜居环境建设在政策、实践、市场等方面取得了较快发展，但整体而言，我国老年宜居环境建设仍然处于初步阶段，存在诸多突出问题，主要包括：公共政策支持体系尚待完善、老年宜居环境建设区域发展失衡、老年宜居项目偏离市场需求、适老性公共环境远未形成、社区老年宜居水平亟待提升、老年宜居相关标准规范有待完善等。2012年修订的《老年人权益保障法》中专门新增了宜居环境的有关章节，使加强老年宜居环境建设和管理上升到立法高度。

三 老年人参与社会发展制度

随着我国老龄化进程的加快，老年人队伍越来越庞大。如何让他们释放余热，充分发挥作用，成为参与社会发展的重要力量，已成为老龄工作的重要课题，也是我国养老服务管理的重要方面。原《老年人权益保障法》将我国老年人参与社会发展的主要途径分为八个方面，包括传授文化和科技知识、提供咨询服务、从事经营和生产活动、兴办社会公益事业等，但只是笼统地指出"国家应当为老年人参与社会主义物质文明和精神文明建设创造条件"，并无具体的支持举措。2012 年，《老年人权益保障法》修订，在保留"参与社会发展"一章的基础上，将原来的老年人接受教育的权利及国家采取措施保障的条款并入该章，并增加了以下条款：老年人可以依法成立自我管理、自我服务、自我保护、自我教育的组织；国家制定法律、法规、规章和公共政策，涉及老年人权益重大问题的，应当听取老年人和老年人组织的意见；老年人和老年人组织有权向国家机关提出老年人权益保障、老龄事业发展等方面的意见和建议。

在养老服务管理中，政府十分注重发挥老年人的作用，积极鼓励老年人参与社会发展并为老年人参与社会发展提供条件，包括拓宽科技咨询渠道、拓宽教育传授渠道、拓宽卫生健康渠道、立足社区建构"家门口"的老年社会参与平台、建立奖励机制等。养老机构的服务人员应当利用国家和社会提供的条件，协助老年人实现社会参与，在这一过程中，应注意以下环节：一是根据老年人的能力和身体状况，选择合适的社会参与活动，应避免将老年人置于危险的环境中；二是发挥老年人的才智和积极性，让老年人获得充分的自我价值感；三是依托社会支持网络，为老年人开展社会活动创造良好的平台。

本章小结

为积极应对人口老龄化，我国自 21 世纪以来在短期内高密度出台了一系列养老服务管理相关的政策法规。本章按照内容分类介绍了我国主要养老服务管理相关的政策、法律和制度，并基于既有政策法规的规定，提炼出我国养老服务管理需要遵循的基本原则。

思考题

1. 我国养老服务管理政策体系按照不同的任务目标与内容,可以分为哪些方面?

2. 怎样认识我国养老服务管理法制化建设?

3. 我国养老服务管理政策法规中体现了哪些基本原则?

4. 我国养老服务管理政策法规中确立了哪些主要制度?

5. 请依据适老社区相关文件中的建筑标准,对你所居住的环境进行测量和评估,既包括室内的过道、走廊、卫生间等室内设施,也包括所在小区的坡道、电梯等公共设施。假定有一位耄耋老人在这样的环境中生活,请你写出相应的环境评估报告,并给出相应的环境改造建议。

扩展阅读

三部委再次明确产业政策 智慧健康养老迎发展黄金期

人民网北京1月22日电（张晓赫）随着新一代信息技术的飞速发展,智慧健康养老正成为我国化解养老资源供需矛盾的可行途径和必然选择。

未来的智慧健康养老产业将如何发展。在昨日举办的第二届智慧健康养老产业发展大会上,工信部、民政部、国家卫生健康委再次对相关的产业政策及发展路径进行明确,为该模式的广泛推广再添动力。

工业和信息化部党组成员、副部长罗文指出,发展智慧健康养老产业为应对人口老龄化提供了有力的科技支撑,为扩大国内市场提供了重要的消费引擎,为电子信息产业转型升级提供了难得的发展契机。

智慧健康养老该如何把握"智慧"主线,找准主攻方向。罗文指出,各试点示范单位要着力在四个层面上下功夫、做文章,即在智能产品上下功夫、在"互联网+"上做文章、在线上线下融合上练内功、在商业模式上谋创新。

下一步,工业和信息化系统开展智慧健康养老产业发展工作将如何做，罗文提出四点建议。

一是加强政策协同。加强工业和信息化部、民政部、国家卫生健康委的跨部门、跨领域协同合作，推动相关政策资源形成合力，形成智慧健康养老与医养结合、养老服务等工作互相促进的良好局面。

二是推进试点示范。充分发挥智慧健康养老示范企业、示范街道（乡镇）、示范基地的示范引领作用，加大对示范单位的培育支持力度。

三是推广优秀产品和服务。指导督促入围"智慧健康养老产品及服务推广目录"的企业切实履行主体责任，保证入围产品和服务的质量水平，加大对优秀产品和服务的宣传推广力度。

四是加强行业引导服务。加强市场培育和规范，营造良好环境，加强行业交流合作，支持公共服务平台和行业组织建设，夯实产业发展基础。

民政部党组成员、副部长高晓兵就加强养老服务与信息技术、健康服务融合创新也提出四点建议。

一是坚持以人民为中心的发展思想，提高智慧养老产品技术的适用性。高晓兵表示，各示范地区和单位要更加突出以老年人为中心的产业发展方向和研发路径，紧紧围绕养老服务难点、痛点、堵点，尤其是照护失能老年人的相关智慧技术难关，加强政产学研用协作和大数据支撑，研发出更多老年人、老年家庭和养老服务人员想用、会用的智慧产品技术。

二是要加强基础数据标准研究和协调，促进智慧养老的绿色发展。要更加突出绿色共享发展理念，推动智慧养老领域的基础数据标准研究，打造可以兼容、能够共享的基础平台或通用技术标准，解决小、碎、散现象和相同功能产品各自为政、互为壁垒的现象。

三是不断降低成本、提高效益，创造老年人用得起、用得上的智慧养老产品技术。要充分发挥中国老年人口多、市场容量大的优势，鼓励更多企业着力于普适性、普及型、接地气的智慧养老产品技术研发推广，积极将一些价格适中、质量过硬、作用明显的智慧养老产品纳入政府购买服务范围和推广范围。

四是坚持真抓实干，推动智慧养老工作见实效。各级民政部门要配合工信部、国家卫生健康委进一步实施好智慧健康养老行动计划，依托民政部门的"金民工程"项目，推动建立全国互联互通的养老服务平台，推动形成行业统一的基础数据标准，指导好本地区示范单位的培育和示范工作，继续深化养老服务业"放管服"改革，营造良好的营商环境、创新环境。

当前各部门密切配合、扎实推进，智慧健康养老工作取得明显成效，智慧健康养老政策体系不断健全，智慧健康养老服务模式不断优化，智慧健康养老服务供给不断增加。

为抓住机遇，主动作为，加快推进智慧健康养老工作，国家卫生健康委党组成员、副主任王贺胜提出三点建议。

一是加强组织领导，制定完善新政策。各地卫生健康部门要高度重视智慧健康养老工作，主动与工信、民政等部门建立沟通协作机制，完善政策措施，统筹各方资源，大力支持智慧健康养老产业发展。

二是加强改革创新，培育服务新业态。各地要以老年人健康需求为导向，充分发挥市场主体作用，鼓励政企联动、开放融合，引导社会资本投入，培育智慧健康养老服务新业态。依托"互联网＋医疗健康"和"互联网＋养老"，开展智慧健康养老试点，搭建技术服务、信息共享和创新孵化平台，创新智慧健康养老服务模式，不断提升服务质量和水平。

三是加强示范引领，推动取得新成效。要进一步发挥示范企业、示范街道（乡镇）及示范基地的示范引领作用，认真总结示范经验，并大力推广、广泛复制，推动当地智慧健康养老产业快速健康发展，提升老年人共享科技发展成果的获得感和幸福感。

（资料来源：《三部委再次明确产业政策 智慧健康养老迎发展黄金期》，http://finance.people.com.cn/n1/2019/0122/c1004 - 30585461.html ，最后访问日期：2019 年 1 月 22 日）

第三章
养老服务计划

《《《《《 **学习目标**

1. 了解养老服务计划的分类、基本原则，养老服务需求预测的程序及方法。

2. 熟悉我国养老服务的多元参与主体、职责和参与方式。

3. 能够使用逻辑框架法制订养老服务项目计划，能够对老年个人和群体做养老服务需求评估。

《礼记·中庸》中写道："凡事预则立，不预则废。"哈罗德·孔茨也提出："计划工作是一座桥梁，它把我们所处的此岸和我们要去的彼岸连接起来，以克服这一天堑。"① 这些名言都是在告诉我们计划的重要性，养老服务计划也是如此。

计划是对未来行动的一种说明，计划是减少浪费、提高效益的方法。它告诉管理者和执行者，未来的目标是什么，要采取哪些步骤来达成目标，要在什么时间范围内、按照什么进度来达到目标，以及由谁来进行。养老服务计划工作的一项重要任务就是要使未来的养老服务活动均衡发展。通过认真制订与实施养老服务计划，提高工作效率，提高资源利用效率，避免缺乏计划而造成损失。

---

① 哈罗德·孔茨：《管理学》（第十版），郝同华译，经济科学出版社，1998。

第一节　养老服务计划概述

养老服务计划是组织为实现养老服务目标而确定的未来养老服务行动方案，是组织未来活动的指导性文件和行动蓝图，是管理者和工作人员的行动依据。计划对组织的有限资源进行优化配置，并对管理活动的各个方面做出事先安排，综合平衡，减少重复和浪费。计划有助于合理配置养老资源，提高管理效率。同时，养老服务管理控制中的标准也来自计划所设立的目标和标准，没有养老服务计划就没有对养老服务管理的控制。

一　养老服务计划分类

计划的种类很多，可以根据不同的标准对养老服务计划进行划分，表3－1给出了依不同分类标准划分的计划类型。

表 3 – 1　养老服务计划类型

分类标准	类型
职能范围	综合性计划、专项计划（业务计划、人力资源计划、财务计划等）
时间跨度	短期计划、中期计划、长期计划
具体化程度	具体性计划、指导性计划

（一）按职能范围分

按照计划所涉及职能范围的不同，有综合性计划和专项计划之分。

综合性计划是针对整体的，对机构或地区养老服务及管理的发展方向、主要活动和保障性措施进行总体策划，涉及多方面职能。专项计划则是针对某一方面工作进行的策划。如业务计划，对养老服务组织未来一段时间内的服务项目开发、销售推广、服务提供和储备进行设计。又如人力资源计划，专门对人员的引进、激励和培训等做出事先安排。

（二）按时间跨度分

按时间跨度长短，计划可分为长期计划（long-term plan）、中期计划（middle-term plan）和短期计划（short-term plan）。

长期计划的时间跨度大多在五年或五年以上，一般用来描述机构在较长时期内的养老服务发展方向和方针，以及规定机构的各个部门在较长时期内从事养老活动或管理应达到的目标和要求，有五年规划、十年规划等。

短期计划一般是指一年以内的计划，是根据中长期计划规定的目标和当前的实际情况，对各种养老活动或管理做出的详细说明和具体安排，为机构在近期内的行动提供依据。短期计划有年度计划、季度计划和月计划等。

中期计划则介于短期计划和长期计划两者之间，起到衔接长期计划和短期计划的作用。

近年来，长期计划越来越受到养老企业的重视。一个养老企业如果在人才开发、新产品开发、市场开发等方面没有长期规划的话，往往会产生很多短视的行为，不利于企业的发展。

（三）按具体化程度分

计划按其具体化程度可分为具体性计划（specific plan）与指导性计划（directional plan）。

具体性计划有明确的目标、活动、人员、资源等安排，内容具体明晰。指导性计划只规定一些一般性的方针，大多会指出指导思想、基本原则和重点措施，但一般不限定非常具体的目标和特定的行动方案。例如，一个增加养老服务提供的具体计划，可能规定在未来 3 个月内，将养老床位增加 50 张、空床率降到 20% 以内等，而指导性计划只提出未来 3 年内计划将营业额增加两倍等。指导性计划具有灵活性，但也有缺乏具体措施的缺点，机构需要根据执行部门的能力进行权衡。

二 养老服务计划内容

管理学把计划管理的内容概括为"5W1H"，养老服务计划制订的基本内容也可以借用这一模式：

（1）做什么（What）：规定养老服务的目标与内容，即预先决定做什么，明确活动的内容与要求；

（2）为什么做（Why）：原因，即明确养老服务计划的宗旨、目标和战略，并论证其可行性；

（3）谁去做（Who）：人员，即规定养老服务计划由哪些部门和人员负责实施；

（4）何地做（Where）：地点，即规定养老服务计划的实施地点和场所，合理安排计划实施的空间；

（5）何时做（When）：时间，即规定养老服务计划中各项工作的开始时间和完成的进度，以便进行有效的控制和对资源进行平衡；

（6）怎么做（How）：方式、手段，即制订养老服务实施计划的途径、方法和手段。

三　养老服务计划制订基本原则

（一）目标性原则

目标是指组织在一定期限和范围内，计划完成的任务或拟取得的成效。一定时期的综合目标或某项工作的具体目标都是在组织发展宗旨的指导下提出的，它具体规定了组织及其各个部门的经营管理活动在一定时期内需要达到的效果。养老服务计划中的各项内容，如活动策划、人员安排、经费安排等都必须围绕如何实现养老服务目标而设计。

（二）限制因素原则

限制因素是指妨碍组织目标实现的关键因素，亦即在其他因素不变的情况下，仅仅改变这些或某个因素就可以影响养老服务组织目标的实现程度。限制因素原则指在选择备选方案时，准确识别并解决那些妨碍既定目标实现的关键性因素，选择最有利于解决这些问题的备选方案。

限制性因素原则所遵循的基本原理是"木桶原理"，其含义是木桶能盛多少水，取决于桶壁上最短的那块木板。编制计划的人员必须发现影响计划目标实现的主要限定因素，有针对性地进行计划。如对于一些地方养老产业发展的规划来说，可能当前最主要的限制性因素为养老服务资源不足，发展规划就需要针对如何动员社会资源参与养老服务；又如对于某个养老机构来说，年度计划中完成目标的限制性因素可能是其服务质量相对较差，那么这一年度的计划就应该在人力资源计划中增加相关的措施，重点应对这一问题。

（三）弹性原则

弹性原则是指养老服务机构在制订养老服务计划时需要留有一定的余地，当组织出现一些意外情况时，可以及时调整而避免付出太大的代价，计划留有一定的弹性会减少突发事件带来的风险。

在机构承担的任务重而目标计划期限长的情况下，弹性原则的作用会更为突出。但机构在执行弹性原则时也需要注意：弹性是有范围的，计划制订者往往需要做出一个权衡，保持适度的弹性，当突发事件影响过大，超出计划本身所容许的弹性时，还可以通过组织的战略方案调整或重大变更处理来解决。

（四）效率原则

在计划工作中，效率指一项计划对其目标的贡献程度，是通过将实现组织的总目标和一定时期的具体目标所得到的利益，扣除掉制订和执行计划需要的费用和其他预计不到的损失之后的余额来测定的。

计划工作的任务，不仅要确保实现目标，而且要从众多方案中选择最优的资源配置方案，以合理利用资源和提高效率。判断计划是否有效，核心标准之一为计划方案实施以后的实际效益。对于养老服务来说，在评价效率时，还要注意到服务效益既包括经济效益，也包括社会效益。

（五）系统性原则

养老服务计划的制订需要根据组织内外部环境状况，收集和整理有效、准确且翔实的信息和数据，再依据准确的服务需求和供给的数据，进行科学的定性与定量的分析与预测。合理的养老服务计划要依据预测结果，结合相关技术及标准，充分考虑实际情况，制定有目的、有意义、有价值的行动方案。

第二节　养老服务计划制订方法

一　养老服务计划制订程序

管理人员编制计划所要遵循的步骤大致相同，只是小型计划相对简单、大型计划相对复杂而已。养老服务计划制订的工作步骤包括如下内容：环境分析、目标制定、备选方案拟定、评估并选择方案和最终计划制订。

（一）环境分析

任何组织都是在一定的环境中生存发展，分析环境提供的机遇与挑战是养老服务计划中的首要工作。诸葛亮"草船借箭"的故事众人皆知，其高明之处就在于他注意分析作战时的环境，并正确预见到三天后江上会起雾，而曹军有不习水性不敢迎战的缺点，因而神奇般地实现了其战略目标。养老计划制订需要对组织的内部条件和外部环境进行客观真实的分析与评价，发现可能出现的机遇，预测可能出现的挑战。

养老服务机构的环境分为外部环境和内部环境。外部环境主要有：国家和地区的养老政策环境、养老服务相关技术发展、养老服务行业发展现状及趋势、养老服务相关资源供应、老年人口及其家庭的养老习俗、养老观念和经济情况等。内部环境因素包括：发展战略，资金、人员和设备等资源情况，养老服务的数量、成本、利润信息，管理制度与管理文化，等等。

养老组织发展环境还可以按其可控程度分为不可控、部分可控和可控三种环境。外部环境大多数为不可控和部分可控的，而内部环境大多数是可控的。不可控的环境越多，不确定性越大，就越需要通过预测工作确定其发生的概率和影响程度的大小，做好不同环境下的备选战略方案，以便环境发生变化时，及时调整养老组织行为。

（二）目标制定

目标是指期望达到的效果，它描绘了组织未来的状况，为组织整体、各部门和各成员指明了方向，并且其作为标准可用来衡量组织、部门和成员工作绩效。计划的主要任务，就是在环境分析的基础上，为整个组织及其所属的下级单位确定目标，将组织目标层层分解到各个部门、各个活动环节，形成组织的目标结构体系。组织的总目标将成为所有行动的指南，各个领域的分目标和各个部门的具体目标必须反映总目标的要求，通过各领域、各层次目标的相互支持、相互协调，形成一个完整的目标系统。

在确定养老服务计划目标的时候，应该遵循 SMART 原则：

（1）Specific（具体）：指目标要具体明确，指向清楚，不易产生歧义；

（2）Measurable（可测量）：目标要可度量，一般要有对应的具体测量指标；

（3）Attainable（可达到）：目标要具有可行性，通过努力能够达到；

（4）Related（相关性）：计划的多个目标间要有一定的相关性；

（5）Time-bound（时限性）：明确规定什么时间实现。

（三）备选方案拟定

通常实现某一个既定目标会有多个可供选择的行动方案，因此，在拟定计划阶段，往往需要先草拟可供选择的多套行动方案，可供选择的方案数量越多，最终被选方案的相对满意度越高，计划往往越有效。在制定备选方案阶段，要充分发扬民主，调动机构管理人员和服务人员广泛参与，聆听目标服务老人的意见与建议，必要时邀请机构内外的养老服务专家，通过养老服务各相关利益者的广泛参与、献计献策，既充分吸取既往养老服务的成功经验与失败教训，又勇于开拓创新，制定出多组实现计划目标的行动方案。

（四）评估并选择方案

根据环境分析和计划目标，对备选方案进行逐一评估，比较其优缺点，排除那些成功希望最小的方案，挑出最有希望的方案，以备从中选优。方案评估要在要素分析的基础上，综合权重后得出总体评价。在多数情况下，需要同时考虑多方面的可变因素和限制条件，评估时可以借助运筹学、计算机软件模拟等方法对备选方案进行选择。

（五）最终计划制订

完成最终方案选择后，计划制订者要将所选择的方案再行完善，清楚地确定和描述计划的"5W1H"的所有内容。对于一些大型的养老服务计划，在完成主计划的同时，可能还需制订一些派生计划，如养老服务的推广计划、资金筹集计划、养老服务人员培训计划等，这些派生计划通常由职能部门或下属单位制订。

二 养老服务计划制订常用方法

下面介绍养老服务计划制订中可能用到的方法，包括滚动计划法、逻辑框架法和网络计划技术。

（一）滚动计划法

滚动计划法是一种动态编制计划的方法，是按照"近细远粗"的原则制订一定时期内的计划，然后按照计划的执行情况和内外部环境变化，调整和修订未来的计划，并逐期向前推移，从而使短期计划和中期计划结合起来的一种方法。滚动计划法不像静态分析那样，等计划全部执行完了之后再编制下一个时期的计划，而是在每次制订计划时，均将计划按时间向前推进一个周期，对距离现在较远时期内的计划编制得较粗，是概括性的，以便之后根据计划因素的变化进行调整和修正，而对较近时期内的计划制订得比较详细和具体。图3-1举例说明了滚动计划法的编制方法。

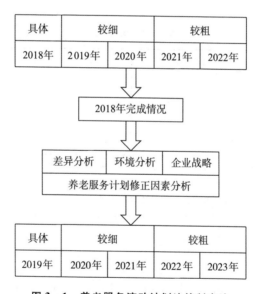

图3-1 养老服务滚动计划法编制方法

滚动计划法体现了计划的动态适应性，可以使短、中、长期计划衔接起来，从方法上解决各阶段计划的衔接问题，有助于解决计划的相对稳定性和实际情况的多变性这一矛盾，使计划更好地发挥指导作用。需要指出的是，滚动间隔期的选择要适应机构的具体情况，如果滚动间隔期偏短，则计划调整较频繁，优点是有利于计划符合实际，缺点是降低了计划的严肃性。一般情况下，需求比较稳定且数量较大的养老服务产品的计划宜采用较长的滚动间隔期，需求不太稳定且数量较少的养老服务产品的计划则可考虑较短的滚动间隔期。

（二）逻辑框架法

逻辑框架法（Logic Frame Method，LFM）是一种科学思维方法，是以目标（结果）为导向的项目管理方法，适用于养老试点项目计划的制订、管理和评价。LFM 由美国国际开发署在 1970 年开发，很多组织，尤其是国际组织会把它作为项目的计划、管理和评价方法。

LFM 的结果为项目逻辑矩阵，包括横向的逻辑（分级目标—测量指标—测量手段—风险与假设）和纵向的逻辑（总目标—项目目标—项目产出—项目活动与投入）（见表 3 - 2）。

表 3 - 2　逻辑矩阵

分级目标	测量指标	测量手段	风险与假设
总目标			
项目目标			
项目产出			
项目活动与投入			

注：（1）宏观目标，宏观目标即一般超越了项目的范畴，是指国家、地区、部门或项目组织的整体目标，项目目标贡献于宏观目标，但并不一定能够完成宏观目标；（2）项目目标，指项目的直接效果，目标的实现由项目本身的因素来确定；（3）产出目标，即项目的建设内容或投入的产出物；（4）项目活动与投入，该层次是指项目的实施过程及内容，主要包括资源和时间等投入。

LFM 的操作步骤可以分为三步，具体如下。

（1）分析问题，构建"问题树"。计划制订团队首先确定项目拟解决的核心问题，然后对核心问题逐级展开原因和结果分析。核心问题向上逐级展开，得到影响及后果，向下逐层推演，得到引起问题的原因，分析完毕即得到所谓的"问题树"。图 3 - 2 给出了某地老年健康服务水平低下"问题树"分析示例。

（2）将"问题树"转换为"目标树"。将"问题树"描述的因果关系转换为相应的手段——目标关系，得到所谓的"目标树"。对应的转换为：

结果→总目标；问题→项目目标；第一层原因→手段；第二层原因→项目活动。对应图 3-2 分析示例的"目标树"如图 3-3 所示。

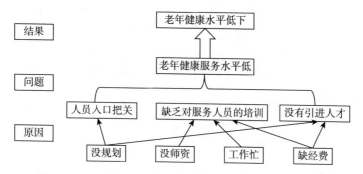

图 3-2 某地老年健康服务水平低下"问题树"分析示例

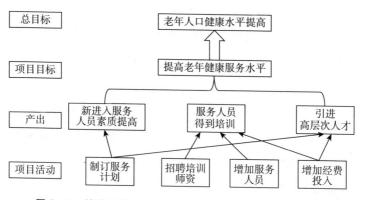

图 3-3 某地提高老年健康服务水平"目标树"分析示例

（3）创建逻辑框架。将"目标树"的内容填入逻辑框架的纵向逻辑框架中，再分析完成横向逻辑框架，即对应的指标、指标来源和风险分析（见表 3-3）。

表 3-3 某地提高老年健康服务水平逻辑矩阵

分级目标	测量指标	测量手段	风险与假设
总目标：提高老年人口健康水平	10 年后 60 岁以上人口预期期望寿命提高 1 岁	人口普查资料	
项目目标：提高老年健康服务水平	1 年内老年健康服务满意率上升到 90%	服务机构出口调查	

分级目标	测量指标	测量手段	风险与假设
项目产出 产出1：新进入服务人员素质提高 产出2：服务人员得到培训 产出3：引进高层次人才	指标1：服务人员业务考核合格率100% 指标2：一年内50%的服务人员得到5天以上的业务培训 指标3：一年内引进高级职称服务人员3名	服务观察 文献查阅	当地不发生重大自然灾害；国家和地区养老产业发展政策不发生重大变化；机构主要领导人不发生变化
项目活动与投入 活动1：制定服务规划 活动2：招聘培训师资 投入1：增加服务人员 投入2：增加经费	指标1：有年度服务规划 指标2：一年内招聘培训师资10人以上 指标3：一年内增加服务人员5人 指标4：一年内增加100万元经费投入	机构文献查阅	

因为逻辑框架主要解决的是项目目标和活动的设计，所以制定出项目的逻辑框架后，一般情况下还需进一步制作出项目实施方案，细化项目活动和相关保障，补充和完善项目计划的时间、经费、人员等其他内容。

LFM更多地适用于满足某一特定老年服务需求，或者是为解决养老机构某一特定重大问题而开展的项目的实施方案制定。

（三）网络计划技术

网络计划技术通常用于养老服务项目计划的制订，特别是活动较多、活动间关联度较大、时间和资源都较为紧张的项目计划制订。网络计划技术是利用统筹法，并通过网络图的形式，表达计划的安排，组织协调和控制生产进度和费用，使其达到预定目标的一种科学管理方法。这一方法是20世纪50年代末发展起来的，依其起源有关键路径法（Critical Path Method，CPM）与计划评审法（Program Evaluation and Review Technique，PERT）之分。

1. 关键路径法

CPM是一种用来分析预测影响项目完成时间的网络分析技术。所谓的"关键路径"是指项目完成时间最长的路径，如图3-4所示，路径A—E—F—D耗时29天，在所有路径中耗时最长，即为关键路径。有时候，一个项目可以有多个并行的关键路径。确定关键路径时一般同时考虑项目活动之间的逻辑依赖关系和资源约束情况。

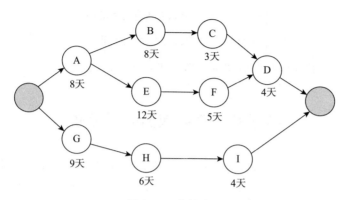

图 3 - 4　关键路径

关键路径的工期决定了整个项目的工期，即使很小的浮动也可能直接影响整个项目的完成时间，关键路径上的任一活动的时间延迟都会影响项目的整体进度。

2. 计划评审法

计划评审法是利用网络分析制订计划以及对计划予以评价的技术，最早是在美国海军计划和控制北极星导弹的研制时发展起来的。在现代计划的编制和分析手段上，PERT 被广泛使用，是现代化管理的重要手段和方法。PERT 所绘制的图形是一种类似流程图的箭线图。它描绘出项目包含的各种活动的先后次序，标明每项活动的时间或相关的成本，确定时间之间的依赖关系，辨认出潜在的可能出问题的环节。借助 PERT 还可以方便地比较不同行动方案在进度和成本方面的效果，能协调整个计划的各道工序，合理安排人力、物力、时间、资金，加速计划的完成。

在 PERT 中，一个关键的技术为项目活动时间的估计，在项目活动中，当一些活动时间不能肯定时，PERT 引入概率计算，假设各项工作的持续时间服从 β 分布，近似地用三时估计法估算出三个时间值，即最短、最长和最可能持续时间，再加权平均算出一个期望值作为工作的持续时间，把三时估计变为单一时间估计，其计算公式为：

$$t_i = \frac{a_i + 4c_i + b_i}{6}$$

式中：

t_i 为 i 工作的平均持续时间；

a_i 为 i 工作最短持续时间（亦称乐观估计时间）；

b_i 为 i 工作最长持续时间（亦称悲观估计时间）；

c_i 为 i 工作正常持续时间（为既往平均工作时间）。

第三节　养老服务需求分析

通常情况下，养老服务资源是一定的、有限的，而养老服务需求却是波动的。对养老服务行业来说，其不可能像生产制造业那样运用库存管理来调节供需矛盾，所以养老服务需求与服务供给能力的平衡是服务经营和服务管理面临的重大挑战。在制订养老服务计划时，需要在分析需求的基础上，根据需求来计划服务供给，以提高养老服务效率。

一　养老服务供需关系

对比供应和需求关系，可以将养老服务供需关系大致分为三种基本类型：需求过剩型、需求供给平衡型和供给过剩型。

（一）需求过剩型

养老需求超过养老机构的服务能力被称为需求过剩，需求过剩可分为两种情形。

一是需求略超过机构的养老服务能力。这时，机构仍然可以为消费者提供服务，消费者可能也没有离开，但由于消费者过多，服务环境拥挤，服务质量开始下降，消费者不满的现象开始增加。例如，当社区组餐点订餐或等待的老人过多时，老人的饭菜质量和数量可能被打折扣，也可能有老人没有座位吃饭，或者老人买到的饭菜已经不够热了，老人因此得不到最优质的服务。在这种状态下，老人们感受到机构的服务缺陷，机构就需要提高顾客的感知质量，以留住老人。

二是需求超过了机构的最大服务能力。这时，部分消费者的需求无法得到满足，得不到服务的部分消费者就会离开。如医养结合的养老机构，在秋冬季老人更容易慢性病发作的时段，床位利用率可能会达到100%，消费者需求超出了机构最大容量。这时，没有得到服务的消费者会对机构产生不满，还可能会对社会产生抱怨。

（二）需求供给平衡型

需求供给平衡是指养老服务能力与服务需求达到匹配状态，员工和设备没有超负荷运营，消费者能够得到良好服务，服务资源能够得到充分利用。在这种状态下，从养老机构角度来说，服务设施没有闲置，服务人员的配置也刚好满足了顾客的需求；从老人角度来说，服务质量有所保障，老人可以得到优质的服务，对服务满意度较高。

（三）供给过剩型

养老服务的需求不足，造成养老服务资源没有得到充分利用，服务设施闲置，服务人员过剩，机构服务效率下降。如当前的一些高端养老服务机构，由于超出大部分老人及其家庭的支付能力，老人服务需求不足，形成了资源闲置而机构养老成本增加的现象。

二　养老服务需求的特殊性

由于养老服务产品的无形性，服务生产与消费的同步性以及不可储存性等特征，供求失衡是养老服务企业经常出现的问题。

（一）服务生产与消费同步

养老机构提供的服务与消费是同步的，服务只有在消费者到场后才开始，服务在产生的同时就被消费掉了。这种特性使得服务机构不能像有形产品那样，先把产品生产出来，过一段时间再卖给消费者。养老服务具有不可储存性，例如，某日某位老人的居家护理服务不能直接转让给他日另外一位老人。养老服务不能像一般生产企业一样用库存调节供求失衡。

（二）服务需求难以预测

养老服务需求往往难以预测。老年人及其家庭对某些服务的需求可能是根据当时的环境临时决定的，这些需求如老人去医院看急诊、订餐、陪聊等。对于某一养老服务机构而言，这类需求变化比较频繁，时间不确定性也较大，不容易进行预测。

（三）服务供给的最大能力缺乏弹性

一般情况下，养老服务机构的最大服务供应量不具有弹性。如一家养老院的床位数、体检机构每天提供的老人体检数量等都是有最大量的限定。这些挑战会使养老服务机构面临决策的困境：一方面，机构会避免因服务规模过大而出现资金占用多、收益率低的问题；另一方面，如果机构服务能力不足，无法满足老人需求，则会影响服务质量，造成服务满意度下降。

三　养老服务需求评估

老年人的服务需求按内容大致可以分为生活照料、医疗、康复、精神/心理和临终关怀等几个方面。养老服务需求评估是推进社会养老服务体系建设，提升养老服务水平，保障经济困难的孤寡、失能、高龄、失独等老年人服务需求的需要，合理配置养老服务资源，充分调动社会力量参与，提升养老机构服务质量和运行效率的重要手段。

根据养老需求评估目的和对象的不同，可以将养老服务需求的评价分为两类：一类是以个人或家庭为单位的照护需求评估，用于确定不同家庭的分级社会化综合养老服务；另一类是特定老年群体或某一地域的养老服务需求总体评估，用于特定机构或地区的养老服务规划的制订。

（一）个人/家庭养老照护需求评估

一些已经建立起长期照护保险的国家，大多也相应建立了照护服务需求的评价标准体系，这类评价主要是面向家庭的评估，评估的对象是失能、半失能老人，根据评估结果，老年人及其家庭会得到相应等级的社会化养老服务。下面介绍几个典型国家的养老照护需求评估体系。

1. 日本养老照护需求评估

日本政府于 1997 年颁布了《长期照护保险法》，并于 2000 年正式启动了长期照护保险制度。日本长期照护保险覆盖 65 岁及以上的所有老年人和 40~64 岁患有相关疾病（包括肿瘤末期、脑血管疾病、骨质疏松、帕金森等 16 种疾病）的人群。日本中央政府建立了全国统一的、对所有人都适用的需求评估系统。老年人要想得到长期照护服务，必须得到官方认证。首先，老年人或他们的照护人向市政府（市/町/村）照护保险认定的审查机构提交申请书。接到申请的保险机构指派工作人员到申请人家中调查，了解申请人的身体、精神状况、诊疗情况以及家庭照护能力。调查表为全国统一的"要介护认定"调查表，对申请人的生活、运动能力等83项指标进行详细调查。其次，根据调查结果，由计算机软件计算申请者身体和精神共7个维度的标准得分，估计需要9类服务（理发/洗澡、吃饭、大小便等）的时间，对照"支持需要"1、2级和"照护需要"1~5级的标准，对申请者需要照护的等级进行第一次评定，确定照护需要等级或拒绝申请。日常生活功能如步行、吃饭、睡觉、沐浴可独立完成，但生活仍存在困难、需协助的被保险人一般被评定为"支持需要"1、2级，若上述生活功能无法独立完成而需他人协助，一般被评定为"照护需要"1~5级，数字愈大所需照护程度愈高。需要支持者可接受居家照护服务、社区整合性服务及照护预防服务，需要照护者可接受居家照护服务、机构照护服务、社区整合性服务和照护预防服务。最后，审查机构将等级评定结果和医生诊断书送至照护认定审查委员会（The Nursing Care Needs Certification Board）进行审查认定（第二次评定）。审查委员会是由保险、医疗、福利领域的医生、护士、健康和社会服务专家组成的，综合考虑申请人初级保健医生的意见以及家访记录，决定最初的评估是否恰当，如果有必要，他们可以调整最初的认证等级。最终结果会在30天内反馈给申请者。申请者如对认定结果存在异议，可以向县级政府"照护保险审查会"提出申请，要求重新评定。认证并非永久有效，6~24个月后需要重新认证。

2. 德国养老照护需求评估

德国于1994年立法通过了《长期照护保险法》，并将其纳入社会保险体系和编入德国社会法典，1995年开始实施居家照护，1996年开始实施机构照护。德国的长期照护保险的服务对象是身体、精神或心理上存在疾病或残障，需要6个月以上日常照料的长期照护需求人口。因此，受益人资格以失能情况为基准，不受年龄的限制，只要符合资格就可提出申请。但实际上，超过80%的符合条件者是65岁以上的老年人口。德国有两家机构负责申请人资格评定，评定的标准是统一的。德国医疗评审委员会负责评定法定社会保险申请人资格，而医疗审查有限公司负责评定私人长期照护保险申请人资格。两家评估机构采用日常生活能力评价量表（Activities of Daily Living，ADL）和工具性日常生活能力评价量表（Instrumental Activities of Daily Living，IADL）对申请人进行调查，从卫生护理（洗漱、淋浴、坐浴、牙齿护理、梳头、刮胡子、排尿与排便）、营养膳食（备食、辅助进食）、个人移动（自行起床、睡觉与变换姿势、穿衣与脱衣、站立与行走、爬楼梯、离家与回家）与家务劳动（购物、做饭、做清洁、清洗家具、换洗衣服、取暖）四个领域对个人照护需求程度进行评估。在此基础上，评估机构依照照护需求者所需照护项目和照护时间划分出来三个不同的照护等级。第一个等级为显著照护需求，指照护需求人在身体护理、食物营养、活动领域中，为了完成一个领域或者多个领域的两种日常事务，每天至少需要一次帮助且在一周当中额外需要多次家务服务的帮助。第二个等级为严重照护需求，指照护需求人在身体护理、食物营养、活动领域中，每天在不同时间需要三次帮助且在一周中额外需要多次家庭服务的帮助。第三个等级为最严重照护需求，是指照护需求人在身体护理、食物营养、活动领域中，全天性的 24 小时都需要帮助且在一周中额外需要多次家庭服务的帮助。

3. 美国养老照护需求评估

1965 年，美国在老年人法案颁布以后，成立了专门负责老龄工作的老龄管理局。20 世纪 70 年代，美国长期照护的次级委员会成立。1974 年美国社会福利法案通过立法，1989 年立法通过了老年人法案，由政府主办的老年人照护设施、机构和组织也蓬勃发展起来。美国长期照护服务制度由政府主导的公共长期照护保险、医疗救助和商业保险三部分构成，覆盖所有年龄段的人口。其中，老年照护主要被政府主导的公共长期照护保险中的医疗保险所覆盖，主要针对 65 岁以上的老人及部分重度失能者，美国商业保险公司也会根据老年参保人发生给付条件时的实际身体状况提供相应的照护服务，但是商业保险公司往往会先对有参保意向的对象进行严格的身体健康状况检查，通常不与身体状况不佳、经济能力较差的对象签订长期照护保险合同。在美国的老年照护需求评估中，对于参保人身体状况的评估主要从洗浴、穿戴、进食、如厕、自制力、转移力 6 个维度来判断需要提供的照护服务内容，美国医疗保险协会将这 6 个维度划分为 3 个照护等级,其中有 1~2 个维度不能独立完成的被保险对象被定义为"轻微失能者",有 3~4 个维度不能独立完成的被定义为"重度失能者",有 5~6 个维度不能独立完成的被定义为"严重失能者"。当被保险对象提出照护需求时,保险公司会根据其实际失能等级给予不同的照护服务。除此之外,照护服务的提供也根据医生对于参保人的病情认定以及参保人的入院治疗记录来决定。

4. 我国养老照护需求评估

我国的长期护理保险制度虽尚未建立,但已经在试点和推广的进程中。2015 年,国务院办公厅转发的《关于推进医疗卫生与养老服务相结合的指导意见》中明确指出,要探索建立多层次长期照护保障体系。2016 年 5 月,习近平总书记在主持学习《推动老龄事业全面协调可持续发展》时强调,要着力完善老龄政策制度,建立与福利及救助相衔接的长期照护保障制度。2016 年 6 月,人力资源和社会保障部办公厅印发《关于开展长期护理保险制度试点的指导意见》,指出要在全国 15 个省市探索建立长期护理保险制度,重点解决重度失能人员的基本生活照料和与基本生活密切相关的医疗护理等所需费用。

我国目前还缺乏全国统一标准的老年长期照护需求评估工具,不过,民政部已经开始了相关推进工作。2013 年 7 月发布的《民政部关于推进养老服务评估工作的指导意见》要求各省试点先行,不断完善工作步骤和推进方案,建立符合本地区养老服务发展特点和水平的评估制度,并逐步扩大试点范围。要把推进养老服务评估工作与做好居家社区养老服务、机构养老等工作紧密结合,建立衔接紧密、信息互联共享的合作机制。同年,民政部又出台了《老年人能力评估》行业标准,用于评估需要接受养老服务的老年人,规定了评估对象、评估指标、评估实施及评估结果判断,为各地的老年服务评估提供了基本的依据。

在各地的试点中,上海走在全国前列。2014 年,上海市制定了《上海市老年照护统一需求评估办法(试行)》,2016 年发布了《市政府办公厅印发关于全面推进老年照护统一需求评估体系建设意见的通知》,这些文件对上海市的老年照护需求评估进行了基本原则、适用对象、主要任务、评估流程到具体要求等方面较为详细的、统一的规定。

（二）特定群体/地域养老服务需求评估

与以家庭为单位的照护需求评估不同，特定群体/地域的养老服务需求评估的目的在于掌握某一特定老年群体或一定地域内的老年群体的服务需求，为各类养老机构的发展规划制订提供依据，亦可用于全国或各地区的养老服务体系建设规划。

特定群体/地域的养老服务需求评估的基本步骤如下。

1. 确定养老服务需求评估的目的

明确养老服务需求评估要回答什么问题，是要了解某一方面的养老服务需求，还是要全面掌握养老服务需求；还要确定评估目的是了解现状以制订短期计划，还是进行需求预测以制订长期规划。

2. 制定养老需求评估方案

根据评估目的，确定养老服务需求的评估范围、评估内容、评估方法、评估对象、评估实施机构、质量监督计划、时间进度计划和经费来源与经费预算等。

3. 实施养老服务需求评估

养老服务需求评估可以由计划制订的机构来实施，也可以聘请外部机构来实施。一般情况下，需求评估需要做一些以老年人或其家庭为对象的调查，根据老年人的特点，调查可采用入户调查、当面访问式调查方法，调查时间以半个小时以内为宜。

4. 分析养老服务需求评估结果

对实地调查结果进行定性和定量分析，推导养老服务需求的内容、种类与特征。

5. 得出结论，提出养老服务供给建议

养老服务需求评估的目的是科学规划养老服务的供给。在评估得出养老服务的需求内容、种类与特征后，还需结合包括政府、部门、社会组织、企业等在内的养老服务供给方的发展战略、服务能力等，综合多种因素后提出养老服务供给建议。

四 养老服务需求评估方法

养老服务需求评估方法可以分为定量和定性两种。定量评估法又分为

问卷调查法、大数据分析法等，定性评估法主要有访谈法、观察法、专题组讨论法等。在需求评估中，这些方法既可以单一使用，也可以多种方法组合使用。方法的选择要结合评估问题、样本的数量与性质、评估经费和评估时间等因素权衡。

（一）定量评估法

定量评估法是对养老服务需求或其影响因素，按照某种量化标准，测定其数量特征，进而描述养老服务需求状况或发展变化规律。较为常用的定量评估方法有以下几种。

1. 问卷调查法

问卷调查法是最为常用的需求评估方法，可以直接从被调查样本那里收集资料，并通过对调查结果的统计分析来了解总体的需求及其影响因素。

问卷调查法有三个基本特征。

（1）调查对象数量较多。往往要采用抽样的方法，从评估对象的总体中抽取一部分对象进行调查。当总体数量较少，或经费充足并需要了解总体中每个个体的需求信息时，也会采取全部调查或普查的方法，对每一个对象进行调查。

（2）问卷为调查工具。调查问卷的设计要清晰明了、通俗易懂、适合调查对象、避免诱导用语和模糊性问题等，选项设计需要具有完备性和互斥性、按照同一标准分类、贴合对象实际等，问题和选项的数量和顺序也要适合被调查对象的答题心理，合理选择与排序。

（3）调查结果量化分析。将问卷调查结果录入 Excel、SPSS、STATA、R 语言等统计分析软件中，在计算机的辅助下完成资料的统计分析，最后得出研究结论。

2. 文献研究法

文献研究法是通过收集和分析现存的文献资料，探讨和分析各种社会行为、社会关系和社会现象的研究方法。在养老服务需求评估中，可以利用已有的服务数据、统计数据和调查数据来量化分析相关需求，这属于文献研究法中的定量分析方法。

（1）服务数据。在一些养老服务中，需要有相关的服务记录。如在我国基本公共卫生服务中，对 65 岁以上老人每年一次的健康管理服务，要求每次健康检查后及时将相关信息记入健康档案。对这些服务档案中的数据进行分析，既可以判断当地老年群体的健康状况、主要健康问题和变化趋势，也可以作为健康教育、临床、康复等保健服务需求的信息来源。

（2）统计数据。现存的统计数据，既可以直接拿来作为养老服务需求的信息，也可以进行二次分析以进一步判断养老服务需求。如国家统计年鉴数据中的人口年龄构成及抚养比、人口平均预期寿命、城乡居民主要疾病和死因、城乡居民养老保险情况等。

（3）既往专题调查数据。一些已有的专题调查数据，也可以成为老年需求评估的信息来源，在能够得到原始数据库的情况下，可以根据需求评估的目的，再行统计分析。我国有多项全国跟踪性老年专题调查，如北京大学的中国健康与养老追踪调查（China Health and Retirement Longitudinal Study，CHARLS），CHARLS 全国基线调查于 2011 年开展，覆盖 150 个县级单位、450 个村级单位，约 1 万户家庭中的 1.7 万人。又如，中国人民大学的中国老年社会追踪调查（China Longitudinal Aging Social Survey，CLASS）也是一个全国性、连续性的大型社会调查项目，CLASS 项目分别于 2011 年和 2012 年进行了两次试调查，于 2014 年开展第一次全国范围的基线调查，共完成居民问卷 11511 份，以后每两年追踪一次。除了这些可申请的老年专题调查外，还有一些国家性调查中含有老年样本的数据，可以提取其中的老年样本数据进行需求评估，如卫生和健康委员会每五年一次的全国卫生服务调查（National Health Services Survey in China）中有调查前两周伤病情况、调查上一年内住院情况的调查表，中国家庭追踪调查（China Family Panel Studies，CFPS）中有经济活动、教育成果、家庭关系与家庭动态、人口迁移、健康等主题。

3. 大数据分析法

麦肯锡全球数据分析研究所（Mckinsey Global Institute）在 2011 年发表的一篇论文中将大数据定义为：大数据是指大小超出了典型数据库软件工具收集、存储、管理和分析能力的数据。大数据具有体量巨大（Volume）、类型繁多（Variety）、价值密度低（Value）和处理速度快（Velocity）的"4V"特征。养老服务的典型大数据有：社区老年服务系统的大数据平台信息、老年智能照护设备终端所收集到的信息、医疗机构信息平台的老年就医信息、购物平台的老年产品消费信息等。

广义的大数据分析是指从大数据挖掘、数据清洗到数据分析的全过程，狭义的大数据分析仅指对挖掘清洗后的数据所进行的分析，包括随机森林树、人工神经网络、支持向量机、高维回归等方法。目前，在我国养老服务中，一些智慧养老服务机构已经能够通过养老服务信息平台收集养老服务需求信息，同时借助互联网技术、大数据技术和物联网技术，为养老服务需求与供给的即时匹配提供可能，提高了养老服务的及时性和可及性。

（二）定性评估法

定性评估法是指采用访谈、观察、实物分析等方法，对评估对象的某种特征进行深入探究，通过观察或与评估对象的互动，对其行为和意义加以理解与解释的方法。相较于定量评估，定性评估的对象数量往往较少，但评估更为深入和个性化。较为常用的定性评估方法有以下几种。

1. 访谈法

访谈法是指通过口头交流的方式收集资料，并通过对这些资料的分析来理解和解释现象的方法。相较于问卷而言，访谈提纲的灵活性很高，往往不事先设定非常具体的访谈问题，但一般会事先准备一组"主题标题"，访谈者临场结合访谈对象的实际进行交流，围绕访谈目标现场提出具体问题，问题的顺序和具体提问内容可因人而异。访谈的效果对访谈者能力的依赖度很高。

访谈法根据访谈对象的多少可以分为个别访谈法和集体访谈法，后者又常常被称为专题组讨论法。在集体访谈中，不仅存在访谈人员和访谈对象之间的互动，访谈对象之间也有互动，访谈难度更大，因此访谈人员要有更为熟练的访谈技巧和组织会议的能力。为了取得较好的集体访谈效果，对于集体访谈的参与对象也要有一定的要求：（1）人数通常以 5~7 人为宜；（2）相互之间要有共同语言；（3）要了解情况并敢于发言；（4）处于同一个社会层级。

2. 观察法

观察法是指带着明确的目的，用评估人员的感官和辅助工具直接和有针对性地了解正在发生、发展和变化的现象的方法。

在观察评估中，观察者可以以不同的角色进行评估，根据布瑞曼的"四种角色说"，分别有完全参与者（观察者身份不为被观察者所知悉，混在被观察者中，是观察背景中的一个完全真实的角色）、作为观察者的参与者（观察者是观察背景中的完全真实的角色，但其评估者身份被人们所知晓）、作为参与者的观察者（观察者部分参与到观察背景中，主要是一个观察者）、完全观察者（研究者不与观察背景中的人们互动，人们也不知道观察者的存在）。观察者在观察评估中的角色不同，对评估的结果也会产生一定的影响，分析结果时需要注意这点。

3. 选题组讨论法

选题组讨论法是一种程序化的小组讨论方法，主要目的是把发现的问题按重要性进行排序。在养老服务的需求评价中，特别是在缺乏有代表性的定量数据时，这一方法可以用来对需求按重要性进行排序。

以养老服务的需求评估为例，选题组讨论的流程如下。

（1）主持人宣布讨论养老服务范畴，每位参与讨论者给出简练的养老服务需求信息；

（2）主持人汇集需求信息，合并相同项，列出需求清单；

（3）在可能存在歧义或不能理解时，邀请参与者解释所列出的养老服务需求信息，相互间不做讨论与点评；

（4）每位参与者根据自己的理解，按优先顺序对养老服务需求进行排序；

（5）主持人按参与讨论者的意见汇总计算每类养老服务需求的分值，并将结果反馈给参与讨论者，若参与讨论者有不同的意见，可现场讨论，直至达成一致意见。

选题组讨论法的主要优点是每位参加讨论的人员都有平等、独立表达自己意见的机会，受他人的影响较小，并且每次讨论时都有一个肯定的结果；主要缺点是参加讨论的内容往往受参与者的认识能力、理解能力的限制。

五　养老服务需求预测

对养老服务需求进行预测是做好养老服务资源规划和服务能力建设工作的前提。

（一）掌握养老服务需求变化规律

了解养老服务需求及变化规律，包括以下几个方面。

（1）了解服务需求的规律性。养老服务需求是有规律可循的。

（2）分析养老服务需求的变动趋势及影响因素。如老年人口的数量变化、消费习惯等。

（3）养老服务需求的细分市场。分析每个细分市场需求变化及影响因素，弄清每个细分市场需求变化的规律。

（4）分析养老服务需求特征。如果呈现无规则的变化，应注意分析其需求突增或突减的情形与原因。

（二）养老服务需求预测方法

养老服务需求存在一定的规律性，可以运用一些需求预测方法来预测养老服务需求。

1. 德尔菲法（Delphi Method）

德尔菲法又名专家意见法，是采用匿名发表意见的方式，即被调查专家之间不互相讨论，不发生横向联系，只与调查人员发生联系，经过多次填写问卷，最后集结专家共识作为预测结果的一种技术。德尔菲法是在 20 世纪 40 年代由 Olaf Helmer 和 Rand 首创。1946 年，兰德公司首次用这种方法进行预测，后来该方法被迅速广泛采用。在预测养老服务需求时，德尔菲法主要适用于规律寻求阶段，用于掌握需求的影响因素和作用规律。

德尔菲法的基本操作流程如下。

第一步：确定预测的具体内容、预测的具体主题和主要的预测目标。

第二步：进行调查问卷的设计工作，还需要提供详细的背景资料，包括之前的情况、现在的情况以及未来的目标等数据。

第三步：根据预测的主题、目标和内容，结合背景资料，选择合适的预测专家来配合调查。

第四步：将设计好的调查问卷以及相关资料发放给选择出来的专家，并且讲明调查时间与资料寄回信息。

第五步：进行第一轮的问卷调查数据汇总，并进行专业的数据分析。

第六步：将第一轮的汇总结果罗列出来，并且提出新的问题，请预测专家进行解答，且给出一定的理由，这也是第二轮的调查问卷内容，要发送给预测专家，要求同上，在一定时间内完成并寄回。

第七步：按照以上情况再发送第三轮的调查问卷，这样反复三次之后，预测专家就会有一个大体一致的意见，倘若选择的预测专家之间还存在很大的分歧，那么可以按照这种顺序再进行第四轮，甚至第五轮、第六轮调查，直到意见比较统一为止。

第八步：对所有的数据进行整理、分析，并得到预测结果。

区别于其他专家预测方法，德尔菲法具有匿名性、反馈性、易于统计的特点，能较好发挥参与专家的作用，做到集思广益。但这一方法的操作过程比较复杂，花费时间较长。实施德尔菲法时，预测问题要清晰明确；问题的数量不能太多，一般要能在两个小时内答完；要求专家独立回答；要忠于专家的回答，调查者在任何情况下不得表露自己的倾向；对于不熟悉这一方法的专家，要事先解释清楚这一方法的过程和特点。

2. 访谈讨论法（Interview and Discussion Method）

访谈讨论法是以口头形式，与被访谈对象交流与讨论养老服务需求的相关问题的方法。在缺乏足够的历史统计数据时，这一方法特别适用，成本相对较低。基本流程如下。

第一步：确定主题，明确目标。组织者需要明确或大致明确要了解哪个/哪些方面的养老服务需求、服务的定位和目标人群，明确访谈讨论要解决哪些具体问题，可以事先准备访谈交流提纲。

第二步：选择访谈讨论对象。可以一对一访谈讨论，也可以集体访谈讨论。访谈讨论对象可以为服务对象、服务提供者、服务管理者等。事先通知对象访谈主题，必要时事先提供提纲。集体访谈对象要注意选择同类同层次对象一同交流，避免出现对象间无共鸣与交流，或个别对象话语垄断等情况。

第三步：做好访谈讨论相关准备。如场地确定，场地布置利于平等交流；准备好记录员和主持人，记录员要有速记的能力，忠实记录原始信息，必要时辅以录音/录像。主持人要熟悉话题领域，有丰富的访谈和讨论经验，能够做好引导与追询。

第四步：现场访谈与讨论。与一般的访谈研究方法不同的是，这一方法需要访谈者在充分听取意见的基础上，开展讨论，相互发表意见，以达到更为深入、全面的思考。但是，这样容易造成访谈者间的冲突与意见屏蔽，因此主持人的现场控制能力很关键。

第五步：意见汇总、分析与总结。汇总所有访谈讨论结果，将主张与意见分类，定性和定量分析访谈讨论问题，最后形成调研结论，对养老服务的需求做出判断。

访谈讨论法的优点是：简单易行，成本相对较低。但这种方法的科学性不如一些定量的预测方法。同时，对象间有可能存在相互干扰的问题，有些人也可能会碍于情面，不愿发表与众不同的意见，客观性可能会差于德尔菲法。

3. 时间序列分析法（Time Series Prediction Method）

时间序列预测法是一种历史资料延伸预测的方法，也称历史引申预测法，是以时间数列所能反映的社会经济现象的发展过程和规律性，进行引申外推，预测其发展趋势的方法。

时间序列预测的基本程序如下。

第一步：时间序列编制。收集历史资料，加以整理，编成时间序列，并根据时间序列绘成统计图。时间单位可以根据养老服务需求影响因素的变化特点，选择天、月、季度、年等，必要时还需要多种时间单位编制时间序列，以便于探测其中的规律。

第二步：确定时间序列的成分。时间序列中每一时期的数值都是由许许多多不同的因素同时发生作用后的综合结果。时间序列分析通过计算时间序列的长期趋势、季节变动和不规则变动相关指标值，确定时间序列的成分，通常把各种因素作用的结果分为四种成分：①长期趋势；②季节变动；③循环变动（周期性）；④随机变动。

第三步：建立预测模型。根据时间序列的组成成分及变动特点，选择不同的预测模型。一般情况下，在仅有随机变动的成分时，可以选择简单移动平均法、移动平均法和指数平滑法；在存在长期趋势时，根据趋势的特征，选用线性趋势预测法、非线性趋势预测法、自回归模型预测法等；在有循环变动成分时，计算出变动周期，并找出周期内变动的成分；在有季节变动成分时，则需选择季节预测法。

第四步：评估预测方法。通过计算平均绝对误差、均方误差、平均百分比误差等误差指标，对模型的预测效果进行评估，有些时候还会利用评估结果选择最终的预测模型。

第五步：利用预测模型进行预测。如果只存在随机变动成分，或随机成分合并后存在长期趋势、季节变动、循环变动成分中某一成分时，只需采用单一模型计算。但是当存在两种以上的成分时，需要将其充分剥离，分别进行计算，再予以组合，获得最终预测结果。

利用时间序列预测法得知养老服务需求的优点在于预测结果精度较高，如果基础数据可靠的话，往往预测的准确度也较高。但是，时间序列预测法的要求也比较高，一方面要求真实可靠的历史数据，另一方面要求预测者具备较高的统计分析能力。

4. 因果关系预测法

因果关系预测法是利用事物发展的因果关系来推测事物发展趋势的方法，一般根据过去掌握的历史资料找出预测对象的变量与变量之间的关系，从而建立相应的因果预测的数学模型，通过对数学模型的求解来进行预测。因果关系预测的具体方法有：回归分析法、经济计量模型、投入产出法等。其中，回归分析法最为常用，在此对其做一简单介绍。

回归分析预测法是通过分析变量间的关系和相互影响程度进行预测的方法。回归分析模型就是反映被解释变量与解释变量之间因果关系的分析式。回归分析包括线性回归和非线性回归。其中，线性回归又可分为一元线性回归、单因变量的多元线性回归和多因变量的多元线性回归；非线性回归又可分为一元、多元和分阶段的非线性回归。回归分析的步骤和时间序列预测法相似：先进行模型变量选择，再通过样本数据建立预测模型，最后利用模型进行预测，必要的时候对预测的结果进行质量评估。

第四节　我国养老服务规划

　　1994 年 12 月，国家计委、民政部等部门联合制定了《中国老龄工作七年发展纲要（1994～2000 年）》，这是新中国成立以来的第一个有关老龄工作的专项规划。其后，国家每五年就会制订老年事业发展的专项规划。"十三五"期间，国务院先后出台了《老年教育发展规划（2016～2020 年)》和《"十三五"国家老龄事业发展和养老体系建设规划》，国家卫生健康委员会也联合其他十二个部门/组织发布了《"十三五"健康老龄化规划》。一系列规划明确了我国"十三五"时期老年服务与老年服务管理的重点内容。

一　养老服务重点内容

（一）老年健康服务

　　老年健康促进服务。健康老龄化理念和医疗保健知识宣传普及进社区、进家庭，增强老年人的自我保健意识和能力。对老年人健康生活方式和健身活动进行指导，提升老年人健康素养水平。基层医疗卫生机构为辖区内 65 岁以上老年人普遍建立健康档案，开展健康管理服务。加强对老年人心脑血管疾病、糖尿病、恶性肿瘤、呼吸系统疾病、口腔疾病等常见病、慢性病的健康指导、综合干预。指导老年人合理用药，减少不合理用药带来的危害。面向老年人开展中医药健康管理服务项目。对老年严重精神障碍患者进行社区管理和康复服务。

　　老年医疗与康复护理服务。开展家庭医生签约服务，为老年人提供连续的健康管理和医疗服务。落实老年人医疗服务优待政策，为老年人特别是高龄、重病、残疾、失能老年人就医提供便利服务。各级医疗卫生机构和医务工作志愿者为老年人开展义诊活动，提供偏瘫肢体综合训练、认知知觉功能康复训练等老年康复护理服务。

（二）老年教育服务

　　各级各类学校开展老年教育，部门、行业企业、高校举办的老年大学进一步提高面向社会办学的开放度，支持鼓励各类社会力量举办或参与老年教育。实施社会主义核心价值观培育、老年教育机构基础能力提升、学习资源建设整合、远程老年教育推进等计划。到 2020 年，基本形成覆盖广泛、灵活多样、特色鲜明、规范有序的老年教育新格局。全国县级以上城市应至少有一所老年大学。

公共文化服务设施向老年人免费或优惠开放，为老年人开展文化活动提供便利。文化信息资源共享、农村电影放映、农家书屋等重大文化惠民工程增加面向老年人的服务内容和资源。广泛开展群众性老年文化活动，培育老年文化活动品牌。鼓励创作发行老年人喜闻乐见的图书、报刊以及影视剧、戏剧、广播剧等文艺作品。制作适合微博、微信等新媒体传播的优秀老年文化作品。加强数字图书馆建设，拓展面向老年人的数字资源服务。

（三）老年心理关爱服务

家庭成员应加强对老年人的情感关怀和心理沟通。依托专业精神卫生机构和社会工作服务机构、专业心理工作者和社会工作者开展老年心理健康服务试点，为老年人提供心理关怀和精神关爱。企事业单位、社会组织、志愿者等社会力量开展形式多样的老年人关爱活动。城乡社区为老年人精神关爱提供活动场地、工作条件等支持。

（四）老年生活服务

城乡社区定期上门巡访独居、空巢老年人家庭，帮助老年人解决实际困难。加强居家养老服务信息汇集，引导社区日间照料中心等养老服务机构依托社区综合服务设施和社区公共服务综合信息平台，以失能、独居、空巢老年人为重点，整合建立居家社区养老服务信息平台、呼叫服务系统和应急救援服务机制，方便养老服务机构和组织向居家老年人提供助餐、助洁、助行、助浴、助医等服务。

社区、养老服务机构、社会组织和企业利用物联网、移动互联网和云计算、大数据等信息技术，开发应用智能终端和居家社区养老服务智慧平台、信息系统、App 应用、微信公众号等，重点拓展远程提醒和控制、自动报警和处置、动态监测和记录等功能，规范数据接口，建设虚拟养老院。

有条件的地方可扶持残疾、失能、高龄等老年人家庭开展适应老年人生活特点和安全需要的家庭住宅装修、家具设施、辅助设备等建设、配备、改造工作，对其中的经济困难老年人家庭给予适当补助。大力推行政府购买服务，推动专业化居家社区养老机构发展。

（五）老年志愿服务

引导老年人树立终身发展理念，始终保持自尊、自爱、自信、自强的精神状态，积极面对老年生活，参与社会发展，发挥正能量，做出新贡献。老年人可以参加社区邻里互助养老活动，参与养老服务。支持老年人积极参与基层民主监督、社会治安、公益慈善、移风易俗、民事调解、文教卫生、全民健身等工作。发挥老年人的优良品行传帮带作用，支持老党员、老专家、老军人、老劳模、老干部开展关心教育下一代的活动。深入开展"银龄行动"，组织医疗卫生、文化教育、农业科技等方面的老专家、老知识分子参与东部援助西部、发达地区援助落后地区等志愿服务。推行志愿服务记录制度，鼓励老年人参加志愿服务。

二　养老服务管理重点工作

（一）完善医养结合机制，支持养老机构开展医疗服务

统筹落实医养结合优惠扶持政策，深入开展医养结合试点，建立健全医疗卫生机构与养老机构合作机制，建立养老机构内设医疗机构与合作医院间的双向转诊绿色通道，为老年人提供治疗期住院、康复期护理、稳定期生活照料以及临终关怀一体化服务。

大力开发中医药与养老服务相结合的系列服务产品，鼓励社会力量开办以中医药健康养老为主的护理院、疗养院。支持养老机构按规定开办康复医院、护理院、临终关怀机构和医务室、护理站等。鼓励执业医师到养老机构设置的医疗机构进行多点执业，支持有相关专业特长的医师及专业人员在养老机构开展疾病预防、营养、中医养生等非诊疗性健康服务。对于养老机构设置的医疗机构，符合条件的按规定纳入基本医疗保险定点范围。

（二）加快公办养老机构改革，支持社会力量兴办养老机构

推进具备向社会提供养老服务条件的公办养老机构转制为企业或开展

公建民营。实行老年人入住评估制度，优先保障特困供养人员的集中供养需求和其他经济困难的孤寡、失能、高龄等老年人的服务需求。完善公建民营养老机构管理办法，鼓励社会力量通过独资、合资、合作、联营、参股、租赁等方式参与公办养老机构改革。政府投资建设和购置的养老设施、新建居住（小）区按规定配建并移交给民政部门的养老设施、党政机关和国有企事业单位培训疗养机构等改建的养老设施，均可实施公建民营。

贯彻全面放开养老服务市场、提升养老服务质量的政策要求，加快推进养老服务业"放管服"改革。对民间资本和社会力量申请兴办养老机构进一步放宽准入条件，加强开办支持和服务指导。落实对民办养老机构的投融资、税费、土地、人才等扶持政策。鼓励采取特许经营、政府购买服务、政府和社会资本合作等方式支持社会力量开办养老机构。允许养老机构依法依规设立多个服务网点，实现规模化、连锁化、品牌化运营。鼓励整合改造企业厂房、商业设施、存量商品房等用于养老服务。

（三）提升养老机构服务质量，丰富养老服务业态

加快建立全国统一的服务质量标准和评价体系，完善安全、服务、管理、设施等标准，加强养老机构服务质量监管。建立健全养老机构分类管理和养老服务评估制度，引入第三方评估，实行评估结果报告和社会公示。加强养老服务行业自律和信用体系建设。支持发展养老机构责任保险，提高养老机构抵御风险的能力。

发展养老服务企业，鼓励连锁化经营、集团化发展，实施品牌战略，培育一批各具特色、管理规范、服务标准的龙头企业，加快形成产业链长、覆盖领域广、经济社会效益显著的养老服务产业集群。支持养老服务产业与健康、养生、旅游、文化、健身、休闲等领域内的产业融合发展，丰富养老服务产业的新模式、新业态。鼓励金融、地产、互联网等企业进入养老服务产业。

（四）强化基础，多措并举，保障养老服务规划实施

1. 加强社区养老服务设施建设，壮大人才队伍

统筹规划发展城乡社区养老服务设施，新建城区和新建居住（小）区

按要求配套建设养老服务设施，老城区和已建成居住（小）区中无养老服务设施或现有设施未达到规划要求的，通过购置、置换、租赁等方式建设。加强对社区养老服务设施与社区综合服务设施的整合利用。支持为社区养老服务设施配备康复护理设施设备和器材。国家鼓励有条件的地方通过委托管理等方式，将社区养老服务设施无偿或低偿交由专业化的居家社区养老服务项目团队运营。

推进涉老相关专业教育体系建设，加快培养老年医学、康复、护理、营养、心理和社会工作、经营管理、康复辅具配置等方面的人才。建立以品德、能力和业绩为导向的职称评价和技能等级评价制度，拓展养老服务专业人员职业发展空间。推动各地保障和逐步提高养老服务从业人员的薪酬待遇。

2. 推进信息化建设，加强督促检查

落实促进大数据发展行动纲要，在切实保障数据安全的前提下，着力推动各有关部门将涉及老年人的人口、保障、服务、信用、财产等基础信息分类分级互联共享，消除"信息孤岛"。在此基础上推动搭建全国互联、上下贯通的老龄工作信息化平台，加强涉老数据、信息的汇集整合和发掘运用，建立基于大数据的可信统计分析决策机制。支持各地积极推动为老服务综合信息平台实现在城市社区全覆盖、在农村地区扩大覆盖，推进信息惠民服务向老年人覆盖、数据资源向社会开放，更好地服务于保障改善老年人民生和大众创业、万众创新。

搭建社会监督平台，健全第三方评估机制，适时对规划的执行情况进行评估，向社会公布评估结果。县级以上地方政府要确保责任到位、工作到位、投入到位、见到实效。鼓励各地积极探索、勇于创新，创造性地实施规划。

3. 加强组织领导，完善投入机制

坚持党对老龄工作的统一领导，发挥各级党委总揽全局、协调各方的领导核心作用，为规划实施提供坚强保证；强化各级政府落实规划的主体责任，将本规划主要任务指标纳入当地经济社会发展规划，纳入为民办实事项目，纳入政府工作议事日程和目标责任考核内容。健全老龄工作体制机制，形成推进规划实施的合力。加强专家支持系统建设，建立多学科、

多领域专家参与的专家顾问制度，为规划实施提供技术咨询、评估和指导。

各级政府根据经济社会发展状况和老年人口增长情况，建立稳定的老龄事业经费投入保障机制。民政部本级彩票公益金和地方各级政府将社会福利事业的彩票公益金的 50% 以上用于支持发展养老服务业，并随老年人口的增加逐步提高投入比例。落实和完善鼓励政策，引导各类社会资本投入老龄事业，倡导社会各界对老龄事业进行慈善捐赠，形成财政资金、社会资本、慈善基金等多元结合的投入机制。

本章小结

计划是管理的关键环节，制订并实施养老服务计划，可以明确养老服务的目标，提高工作效率，有效利用养老资源。

本章首先明确了养老服务计划的分类、内容、基本原则，其次讲述了计划制订的程序，滚动计划、逻辑框架和网络计划技术等计划制订的常用方法，介绍了养老服务需求的特性、评估内容、评估和预测方法，最后对我国"十三五"时期的养老服务规划进行了综述。

思考题

1. 养老服务计划制订的原则有哪些？

2. 养老服务计划制订的步骤有哪些？有哪些计划方法可以用于养老服务计划的制订？

3. 养老服务需求与供给的关系有哪些类型？不同机构的养老服务可能会产生怎样的影响？

4. 养老服务需求预测的基本步骤有哪些？可以使用哪些方法来预测养老服务的需求？

5. "十三五"时期，我国养老服务管理有哪些重点工作？

×××县老年人群 2018 年度活动计划

计划拟定时间<u>2017</u> 年<u>12</u> 月<u>13</u> 日

一、五年期项目目标和项目产出

目标层次	目标	指标（目标值）
项目目标	老年人群形成健康的行为习惯	1. 老年人群自觉表示要养成健康行为习惯的比例达到 60%； 2. 老年人自主采取自我健康保健活动的比例达到 60%
产出（成果）	1. 提升老年人群的保健服务能力	1－1 县老年人服务中心能满足全县 60% 的老年人的保健需求； 1－2 县站服务人员取得执业医师比例达到 50%、营养师执业资质比例达到 30%
	2. 加强对老年人群健康知识的宣教，提高老年人群保健意识	2. 50 岁以上老年人健康知识宣传覆盖率达到 80%
	3. 为老年人群提供多种形式的健康检查服务，并建立健康管理档案，强调预防保健指导	3－1 老年人定期主动参加体检的比例由原来的 6.4% 提高到 30%； 3－2 监测范围内的新增疾病人群干预率 80%；预防保健指导 95%
	4. 加大健康咨询的服务力度，建立健全咨询服务平台	4－1 健康咨询覆盖率达到 85%； 4－2 老年人接受健康咨询的比例达到 60%

二、前一年度的问题及优势分析，本年度的活动方向

2017 年度的整体老年人群活动已经完成，总结下来仍有几个问题。

1. 服务能力不足。县、乡服务人员总量不足、素质不高，虽然每年都会举办各类培训班，但还不能够更好地承担对群众的健康教育、健康咨询职能，需强化专业培训，提高服务人员的业务水平。

2. 资金支持不足。×××县启动实施中日家保项目后，每年对 15 余万人次进行健康教育、健康咨询、健康检查服务，项目前期投资 230 万元，每年正常运转资金需 800 万元，除了×××县财政资金支持外，仍有较大资金需求。

优势分析如下。

1. 加强领导，为活动开展提供组织保障。×××县委、县政府将中日合作家庭保健项目列入了 2017 年政府工作报告。由主管副县长牵头，计生、卫健、教育、民政、财政、妇联等部门为成员的项目指导委员会。各成员单位全部确定了主管领导，明确了工作职责、分工及管理制度。多次召开专门会议，反复研究谋划活动方案，并在活动前召开任务分工协调会议。

2. 财政列支，为活动开展提供经费保障。把项目经费列入县政府财政预算，有效强化了项目行政推动力。

3. 专家指导，为活动开展提供技术保障。自项目实施以来，每半年对项目工作进行一次自我评估；在国家、省、市各位专家的指导下，项目指导委员会对各项活动开展评估、验收，对项目取得的成绩和存在的问题进行了分析、研究，并提出了改进意见和建议，极大地促进了项目的深入开展。

4. 人性化服务，为活动开展提供信誉保障。人性化服务包括：体检服务车免费接送；体检过程中设有休息区、饮水机，还有电视循环播放保健知识；体检结束后提供免费早餐；导诊员协调参检群众，避免排队检查时间过长等问题。以上服务细节为活动的开展提供了信誉保障。

5. 全方位健康管理，为活动的开展提供效果保障。利用乡级服务平台根据 2016 年体检档案进行定向管理，筛选疾病人员、高危人员，开展回访工作，进行深入的健康教育和再次体检。本次活动的开展改变了以往单纯健康体检的量的积累，而是对已经参加体检的群众全部建立健康档案，分类进行干预。

针对问题和优势，我们在 2017 年的基础上进行了增进和提升。对 2018 年老年人群的活动方向进行了定位。① 在提高服务能力方面，计划于 2018 年初出台老年人群服务人员的相关激励政策，建立绩效考核制度；在硬件建设方面，依托健康养生馆，面向全县老年人群，提供中医特色的健康保健服务。② 扩大对老年人群健康保健知识的宣教覆盖面。③ 提供专业化、人性化的服务，扩大健康检查覆盖面。④ 注重多元化的健康咨询服务，在各项活动中增加健康咨询环节。

三、今年（2018 年）活动计划

（一）年度项目目标、产出及指标

目标层次	目标	指标（目标值）
项目目标	促进老年人群形成健康的行为习惯	1. 老年人群自觉表示要养成健康行为习惯的比例达到 40%； 2. 老年人自主参加自我健康保健活动的比例达到 40%
产出（成果）	1. 提升对老年人群的保健服务能力	1－1 县乡服务人员老年保健知识培训率 100%； 1－2 县家保中心老年服务人员取得执业医师资格证的比例达到 70%、营养师执业资质比例达到 70%； 1－3 目标干预对象服务满意率 90%
	2. 加强老年健康保健知识的宣教工作，扩大老年人群健康知识普及面	2－1 目标干预对象健康知识普及率达到 80%； 2－2 干预对象健康知识知晓率达到 80%
	3. 为老年人群提供多种形式的健康检查服务，并建立健康管理档案，强调预防保健指导	3－1 老年人定期主动参加体检的比例由原来的 6.4% 提高到 20%； 3－2 监测范围内的新增疾病人群干预率 80%；预防保健指导 80%
	4. 加大健康咨询的服务力度，建立健全咨询服务平台	4－1 目标干预对象健康咨询覆盖率达到 50%； 4－2 目标干预对象接受健康咨询的比例达到 50%

（二）每个活动的概要

产出（成果）	活动名称	时间	实施对象	负责人（实施单位）	协作单位	预算（元）
产出 1 提升对老年人群的保健服务能力	1－1 健康养生馆，开展以中医特色为主的健康保健服务	1～12 月	老年人群	孙俪	服务站	
	1－2 县老年服务大楼设立棋牌室、保健理疗室、健康宣教室、阅览室、书画室	1～12 月	老年人群	孙俪	服务站	
	1－3 建立教育培训制度	3 月	家保、乡服务人员	胡立双		

产出 （成果）	活动名称	时间	实施 对象	负责人 （实施单位）	协作 单位	预算 （元）
产出1 提升对老年人群的保健服务能力	1-4 服务人员专业培训	3月	家保、乡服务人员	马金英	服务站	500
	1-5 营养师资培训	4月	家保、乡服务人员	马金英	天津——附院营养中心	3000
	1-6 开展乡村医生老年保健知识、咨询技能、基础体检培训	5月	乡村医生	邱艳兵	服务站	6000
	1-7 季度督导	3、6、9、12月上旬	家保、乡服务人员	胡立双		500
	1-8 根据督导结果召开会议	3、6、9、12月中旬	家保、乡服务人员	胡立双		500
产出2 加强老年健康保健知识的宣教工作，扩大老年人群健康知识普及面	2-1 县"心连心"课堂进乡村，举办"关爱老年健康"保健知识讲座	4~10月	老年人群	许英华	各工作站	3000
	2-2 健康保健操/分期推广——倡导健康生活方式，师资培训及音像设备发放	3~12月	老年人群	张宁	各工作站	22万
	2-3 "科学养生"村村通广播——常见慢性病防治	3、6、9、11月	老年人群	顾美华	广播局	10000
	2-4《清河报》《清河人口》开设"关爱老人健康、倡导科学健身"专版，系统化地刊登老年人群健康保健知识	3、6、9、11月	老年人群	张春华	报社	20000
	2-5 "健康知识进万家"家保项目老年人群健康保健知识展板编制、悬挂	8月	老年人群	张春华	广告公司	10000
	2-6 10月20日世界骨质疏松日，举办以"骨质疏松的预防"为主题的宣教、义诊、咨询活动	10月	老年人群	胡立双	城管局	6000

产出 （成果）	活动名称	时间	实施 对象	负责人 （实施单位）	协作 单位	预算 （元）
产出 3 为老年人群提供多种形式的健康检查服务，并建立健康管理档案，强调预防保健指导	3-1"防治老年白内障"健康检查与健康教育、健康咨询活动。	9 月	老年人群	胡立双	服务站	6000
	3-2"健康夕阳红"老年人群健康体检活动	2～12 月	老年人群	滕红霞	各工作站	468 万
	3-3 依托体检中心对老年人群体检档案进行评估，重点针对心、脑血管疾病进行干预性健康指导	2～12 月	老年人群	滕红霞	各工作站	30000
	3-4 依托乡卫生院对当地老年人开展体格检查服务，建立健康档案	2～12 月	老年人群	李少卿	各工作站	20000
	3-5 结合体格检查结果，开展常见病、多发病的保健宣教和健康指导	2～12 月	老年人群	李少卿	各工作站	20000
产出 4 加大健康咨询的服务力度，建立健全咨询服务平台	4-1 干预对象体检中（后）进行健康咨询	2～12 月	老年人群	滕红霞	服务站	2000
	4-2 县乡两级建立健全老年人群健康咨询服务	2～12 月	老年人群	孙俪各工作站	服务站各工作站	4000

资料来源：本书编者项目工作资料。

第四章
养老服务组织管理

《《《《《 **学习目标**

1. 了解养老服务组织的类型、养老服务组织结构的具体形态、权力的合理配置以及养老服务组织的创新。

2. 熟悉我国养老机构的"三层五级"管理模式、养老服务组织的运行管理。

3. 掌握养老服务组织层级的设计。

我国养老服务市场始于 20 世纪 90 年代初期，相较西方发达国家而言，起步时间短。经过 20 多年的发展，尽管产业化趋势在不断增强，但我国养老服务业发展水平仍然不高，无论是宏观层面的产业规模、供需平衡、资金支持，还是微观层面的产品种类、养老服务质量、养老服务效益等，均还有很大提升空间。

第一节　养老服务组织类型

组织是人们为了有效地达到特定目标而建立起来的共同活动集体。一般来讲，组织有清楚的界限、明确的目标，内部实行分工并建立旨在协调成员活动的关系结构。养老服务组织是指为老年人提供饮食起居、清洁卫生、生活护理、健康管理和文体娱乐活动等综合性服务的机构，也被称为养老服务机构，或者养老机构。养老机构既可以是独立的法人机构，也可以是附属于医疗机构、企事业单位、社会团体或组织、综合性社会福利机构的一个部门或者分支机构。

养老服务与其他服务相比有较大的特殊性。养老机构既要满足老人的衣、食、住、行等基本生活照料需求，又要满足老人的医疗保健、疾病预防、护理与康复以及精神文化、心理与社会等需求，甚至要负责老人从入住到走完人生的全程服务。

一　国外养老服务组织的类型

（一）美国

美国根据养老机构的功能将其分为三类：一是技术护理照顾型养老机构，收养需要 24 小时全天提供技术护理的老人；二是中级护理照顾型养老机构，收养没有严重疾病且需要 24 小时监护护理，但不需要技术护理的老人；三是一般照顾型养老机构，主要收养需要提供膳食和个人帮助但不需要 24 小时护理的老人。从经营目的来看，分为营利性私立养老机构、非营利性私立养老机构和公立养老机构。其中，营利性私立养老机构占 66%，非营利性机构占 27%，其余 7% 的机构为政府或其他慈善机构所开办。

（二）日本

日本的养老院根据服务的内容分为养老护理福利机构、护理保健机构、医疗护理机构。养老护理福利机构主要为需要特殊照顾的老年人提供特殊服务，通常提供日常照料、肢体锻炼等服务，医疗护理的程度最轻。护理保健机构主要针对长期不能自理而需护理的老年人，为其提供日常照顾、医疗管理服务，必要时提供治疗照顾。医疗护理机构为老人提供康复管理、护理照顾、个人看护等其他医疗照护。按经营目的划分，一是非营利性养老福利机构，由社会福祉法人、医疗法人、公益法人等设置和运营，当地政府对非营利性养老机构的日常运作有一定的补助；二是营利性养老护理机构，由财团法人等设置与运营。

（三）瑞典

瑞典是北欧福利型模式的创始者。按照瑞典《社会福利法》的规定，市级地方政府须根据老年人的特殊需要兴建老年福利机构。各地在建设老年福利机构时都遵循政策所强调的"尽可能让老年人独立生活在自己的寓所"的原则，竭力做到使福利机构中的老年人像生活在自己的家里一样。瑞典的老年福利机构主要分为四种类型。一是入户服务公寓，入住老年人居住1室1厅或2室1厅的单元房，由市政府社会工作部门根据他们的需要提供各项入户服务。二是老年公寓，主要用于收养生活不能完全自理，并需要经常性照料的老年人，可租住面积不大但带卫生间、客厅和餐厅的单人间。工作人员将提供24小时的照料服务，定时提供膳食。三是疗养院，配备训练有素的护士专门照料患阿尔茨海默病、晚期重症以及需要经常性医疗护理的老年人。四是类家庭，主要收住存在认知障碍的老年人。一个类家庭通常入住6个老人，各自有独立的房间，有专业工作人员和他们生活在一起，并提供24小时服务。目前，瑞典全国有7%的65岁以上老人长期生活在各类福利机构中，80岁以上的高龄老人中选择机构养老的比例更是高达17%。

（四）加拿大

加拿大政府有关老年人经济保障、住房保障、医疗保障、环境保障的政府职责十分明确。老年人的住房选择方式非常多，普通的老年人公寓有成年人生活社区、终身租赁退屋、退休屋；对于低收入老年人，有可负担住房、租金补助房、联营房、扶助房等。加拿大的养老机构主要有三种类型。一是老年人公寓，主要为能够自理的老年人提供住房。加拿大老年人在达到退休年龄且符合一定条件后即可申请入住老年人公寓。老年人公寓为老年人提供专业化、标准化的全方位服务。二是老年人生活服务辅助机构，居住在老年人生活辅助机构中的老年人不需要专业性强的护理，所以老年人生活辅助机构主要侧重于日常生活看护服务，也被称为老年人日间照料中心。老年人日间照料中心主要为高龄、体弱、有慢性病的老年人服务，提供日间护理、助餐、康复训练等服务，服务对象明确是高龄和自理能力较差的老年人。老年人日间照料中心有的与社区活动中心结合在一起，有的与老年人护理院结合在一起。三是老年人护理康复院（介助型和特护型），老年人护理康复院主要为高龄、失能、失智的老年人提供长期照护服务、康复服务和临终关怀服务。

二　中国香港养老服务组织的类型

我国香港地区的养老机构从服务内容来看有四种类型：长者宿舍，面向有自理能力的老年人，提供 24 小时支援服务；安老院，面向有自理能力或轻度失能的老人，提供住宿、饮食及有限度的起居照顾服务；护理安老院，面向身体残疾、健康欠佳、认知能力欠佳的中度受损且无法自我照顾的老年群体；护养院，面向身体残疾、健康欠佳、认知能力欠佳的重度受损不能自理者，提供起居照顾、膳食、定期基本医疗、护理等服务。不过，香港社会福利署自 2003 年起就停止接受入住长者宿舍及安老院的申请，这两类养老机构逐渐向长期护理服务转型。按经营目的划分，一是非营利性机构，根据是否受到政府资助又分为政府资助养老机构和自负盈亏养老机构；二是私营机构，目前私营养老机构已经成为香港养老机构的主体，尤其在长者宿舍、安老院、护理安老院的供给中占主体地位。

此外，香港特别行政区政府还通过购买服务提供养老保障，主要方式如下。一是"改善买位计划"。社会福利署向私营机构或非营利机构举办的自负盈亏养老机构购买空置床位，旨在通过政府的资助提高养老院的质量。二是合约院舍。社会福利署采用公开竞标的方式，选取合适的民办机构，为身体机能中度至严重受损的长者提供护理服务。这种方式主要集中在护理安老院及护养院中，尤其是在护养院中，合约院舍占主导地位。

上述养老机构的功能定位较明确。多数养老机构是依据老年人的身体、心智、经济、家庭状况进行分类的，这样的分类可以为有不同需求的老年人口提供更专业的服务。

三　中国内地养老服务组织的类型

从养老机构来看，除了卫生部门主管的老年护理医院与民政部门主管的老年公寓在收养的老人需要照料的程度上有明显差别外，一般的福利院、敬老院均未进行功能定位，这些机构收养的老人涵盖从基本生活能自理到长期卧床不起的，再到需要临终关怀的老人，是一种混合型管理模式，这些养老机构提供的服务也是多元化的，既包括生活照料，也包括医疗护理、康复训练、文化娱乐、临终关怀等。目前内地大部分养老机构在功能定位和服务对象上存在交叉现象，难以清楚地按照老年公寓、护理院或者康复机构、临终关怀机构进行分类，多数养老机构采取在机构内部分类的方法，将收养老人按照需要照料的不同程度进行分类，分为专门护理、一级护理、二级护理、三级护理等，最终实行分部或分区管理。

内地养老机构如按照经营目的，可分为非营利、营利两类。非营利是指盈余不用于分配，而用于事业发展；营利是指盈余可分配给机构所有者和股东。按照产权和运营模式，养老机构可分为公办公营、公办民营、民办公助、民办民营四类。公办是指政府投资建设，且拥有产权；民办是指非政府投资建设，且拥有产权；公营是指事业单位性质，或由隶属于政府的组织运营管理；民营是指非事业单位性质，由市场主体、社会主体运营管理；公助是指由公共财政资金或福利彩票公益金给予养老机构一定的建设补助、运营补贴等。

国内养老服务机构的名称繁多，如敬老院、福利院、养老院、老年公寓、护老院、护养院、护理院等，不同名称的养老机构在功能上还是有差别的。

（一）敬老院

敬老院是指在城市街道社区、农村乡镇、村组设置创立的供养"三无""五保"老人、残疾人员和接待社会寄养老人安度晚年的养老服务机构。敬老院一般设有生活起居、文化娱乐、康复训练、医疗保健等多项服务设施。

（二）福利院

福利院是国家、社会及团体为救助社会困难人士、疾病患者而创建的用于为上述人员提供衣食住行或医疗条件的爱心福利场所。它依服务对象的不同可分为社会福利院与老年社会福利院两种类型。

（1）社会福利院。社会福利院是指收养城市市区"三无"老人，以及孤残儿童、弃婴，实行养、治、教并举的工作方针，以保障弱势群体合法权益、维护社会稳定的场所。

（2）老年社会福利院。老年社会福利院专指享受国家一定数额的经济补助，为接待老年人安度晚年而设置的社会养老服务机构。它一般设有起居生活、文化娱乐、医疗保健等多项服务设施。老年社会福利院主要服务城市中无法定赡养人、无固定生活来源、无劳动能力的"三无"老人。

（三）养老院

养老院是指具有相对完整的配套服务设施，供老年人集体居住，专为接待自理老人或综合接待自理老人、介助老人、介护老人安度晚年而设置的社会养老服务机构。养老院一般设有生活起居、文化娱乐、康复训练、医疗保健等多项服务设施。

（四）老年公寓

老年公寓是指专供老年人集中居住，符合老年人体能心态特征的公寓式老年住宅。老年公寓一般具备餐饮、清洁卫生、文化娱乐、医疗保健服务设施，是功能较为齐全、管理任务综合的住宅类型。老年公寓是既能体现老年人居家养老特征，又能使老人享受到社会提供的各种服务的老年住宅，属于机构养老的范畴。在北京、上海等大城市，老年公寓已经相当普遍，而且呈现低、中、高的不同等级与不同档次。

（五）护老院

护老院是指专为接待介助老人①安度晚年而设置的社会养老服务机构。护老院一般设有生活起居、文化娱乐、康复训练、医疗保健等多项服务设施。

（六）护养院

护养院又被称为"护理养老机构"，是指专为接收生活完全不能自理的介护老人并使其安度晚年的社会养老服务机构。护养院一般设有起居生活、文化娱乐、康复训练、医疗保健等多项服务设施。

（七）护理院

护理院是指由医护人员组成的，在一定范围内为长期卧床老年患者、残疾人、临终患者、绝症晚期和其他需要医疗护理的老年患者提供基础护

---

① 介助老人是指生活行为依赖扶手、拐杖、轮椅和升降设施等器具帮助的老年人。

理、专科护理，根据医嘱进行支持治疗、姑息治疗、安宁护理、消毒隔离技术指导、社区老年保健、营养指导、心理咨询、卫生宣教和其他老年医疗护理服务的医疗机构。根据中国老龄事业发展基金会的爱心护理工程，各地均有专业爱心护理院服务于各类老年人群。爱心护理院专门为失能老人提供了各类专业护理、生活照料服务。

第二节　养老服务组织结构

组织结构是组织为实现组织目标，在管理工作中进行分工协作，在职务范围、责任、权利方面所形成的结构体系，是整个管理系统的"框架"。组织结构的本质是为实现组织战略目标而采取的一种分工协作体系。

一　组织结构设计的目的和任务

（一）组织结构设计的目的

组织结构设计是指对一个组织的结构进行规划、构造、创新或再构造，以便从组织结构上确保组织目标的有效实现。个体劳动者、作坊式的手工业组织或人数较少的社会组织不存在组织结构设计的问题。然而，一个现代化的大型组织，管理者由于能力和精力的有限性，根本无法直接安排组织内部所有的活动，无法安排组织中每一个人的每一项具体工作。这就必须通过组织结构设计对组织的活动进行细分，通过进一步区分管理工作的类型和相互关系，确定有效的组合方法。

（二）组织结构设计的任务

组织结构设计的任务是设计清晰的组织结构，规划和设计组织中各部门的职能和职权，确定组织中职能职权、参谋职权、直线职权的活动范围，并编制职务说明书。

组织结构可以分解为纵向和横向两种结构形式。组织纵向结构设计的结果是决策的层级化，即确定了由上到下的指挥链以及链上每一级的权责关系；组织横向结构设计的结果是组织的部门化，即确定了每一部门的基本职能、每一位主管的控制幅度、部门划分的标准以及各部门之间的工作关系。

职务说明书要求能简单、明确地指出：该管理职务的工作内容、职责与权利，该职务在组织中与其他职务之间的区别与联系，职务人员具备的专业背景、知识结构、工作经验、管理能力等基本条件。

为了达到组织结构设计的理想效果，组织结构设计者需要完成以下几项工作。

1. 职能与职务的分析与设计

组织首先需要将总的任务目标进行层层分解，分析并确定完成组织任务究竟需要哪些基本的职能与职务，然后设计和确定组织内从事具体管理工作所需要的各类职能部门以及各项管理职务的类别和数量，分析每位职务人员应具备的资格条件、应享有的权利范围和应负的职责。如养老服务组织内部组织机构可以按照机构内部行政、业务和后勤等职能部门进行设计和人员配置。

在组织创建时，可以根据组织的宗旨、任务目标以及组织内外环境的变化，自上而下地确定组织运行所需要的部门、职位以及相应的权责。另外，组织结构设计也可以根据组织内部的资源条件，依照组织管理任务的要求，设置工作岗位和管理职务，在组织目标层层分解的基础上从基层开始自下而上地进行，逐级确定纵向管理层次。

2. 部门设计

根据每位职务人员所从事的工作的性质以及职务间的区别和联系，划分横向管理部门。按照组织职能相似、活动相似或关系紧密的原则，将各个职务人员聚集在"部门"这一基本管理单位内。如养老机构不仅需要满足老人的衣、食、住、行等基本生活照料需求，还要满足老人的医疗保健、疾病预防、护理与康复以及精神文化、心理与社会等需求，因而养老服务组织可以设置老年生活照料服务管理部门、老年医疗服务管理部门、老年康复服务管理部门、老年娱乐服务管理部门等。

3. 层级设计

在职能与职务设计以及部门划分的基础上，设计各类职务和各管理职位之间的相互关系，使担任管理职位的人了解自己的职责和权限，应该向谁负责和可以指挥谁，以及通过什么途径与有关部门建立工作联系，等等。通过规范化的制度安排使各个职能部门和各项职务形成一个协同运作的完整系统，既符合组织工作任务和性质特点的要求，又符合高效率运行以实现组织目标的要求。

（三）组织结构设计的成果

在组织结构设计完工之后，组织结构图和职务说明书就是组织设计的成果。组织结构图和职务说明书共同规范了组织中的职位设置和权责关系，并且在一定程度上制约着组织管理模式的选择。

1. 组织结构图

组织结构图是用来表示组织结构关系的框架体系，它具有层次关系清楚和职务分工一目了然的特点。

2. 职务说明书

职务说明书用于说明每一个管理职务的工作任务、职责和权限，尤其是与上下级和同级其他部门、其他职务的关系。例如，哪些问题需要向上级部门请示汇报，哪些问题可以自主决定并执行，哪些问题需要事先同其他部门协商，哪些问题只要在完成之后通报就可以了，等等。此外，职务说明书还应当说明具体担任该职务者所具备的基本素质、技术水平、工作能力等。

二 组织结构设计的原则

养老服务组织业务主要涉及生活照料与护理、营养与膳食、疾病预防与保健、临床医疗与康复、休闲娱乐等方面，其内部组织机构设置应当根据养老服务组织机构的性质、规模、所开展的服务项目等科学安排，在符合国家、行业与地方政策法规、管理规范的前提下，其内部组织机构设置应遵循以下原则。

（一）任务与目标原则

养老服务组织设计的根本目的是实现组织战略任务和为经营目标服务。这是一条最基本的原则。因此，组织结构设计要从这一原则出发，体现一切设计为组织目标服务的宗旨。当组织的任务、目标发生重大变化时，例如，养老服务组织的业务内容由服务于生活能够完全自理的老人向不仅服务于生活能够完全自理的老人，也收养患有阿尔茨海默病和中风瘫痪等慢性病的生活完全不能自理的老人转变时，组织结构必须做出相对应的调整和变革，以适应任务、目标变化的需要。

（二）专业分工和协作的原则

无论组织内部设置多少个部门，每一个部门都不可能承担组织所有的工作。组织内部的各部门之间应该是分工协作的关系，也就是说，组织中除了主营业务之外，要有管财务、管人力资源的，要有做后勤保障的，还要有主导业务流程中各个环节的部门。因此，组织结构在设计时把握好分工协作原则至关重要。

（三）有效管理幅度原则

管理幅度是指一个上级管理者可以直接管理的下属的人数。这个数目是有限的，当超过这个限度时，管理的效率就会随之下降。因此，主管人员要想有效地领导下属，就必须认真考虑自身究竟能直接管辖多少下属的问题，即管理幅度问题。有效管理幅度原则说明一名上级领导直接指挥下属的人数应该有一定的限度，并且是有效的。如果管理的人数过多，就需要考虑增加管理层次。

管理层次就是指在职权等级链上所设置的管理职位的级数，当组织规模相当有限时，一个管理者可以直接管理每一位作业人员的管理层次活动，这时的组织就只存在一个管理层次。而当规模的扩大导致管理工作量超出了一个人所能承担的范围时，为了保证组织的正常运转，管理者就必须委托他人来分担自己的一部分管理工作，这使管理层次增加到两个层次。随着组织规模的进一步扩大，受托者又不得不进而委托其他人来分担自己的工作，依此类推，形成了组织的等级制或层次性管理结构。如一些规模较小的养老机构只设一名院长管理全院的工作，而大型国办养老机构目前多实行"三层五级"的管理模式。

传统组织理论强调权力集中，对下属进行严密的指导和监督，因而管理幅度偏小。现代管理日趋复杂，管理幅度过小势必使管理层次增多。现代管理理论主张组织成员民主参与组织决策，通过分权、授权等措施，加强自主管理、自我控制，因而倾向于适当扩大管理幅度以控制管理层次的增加。一般来说，上层的管理幅度是 4 ~ 8 人，下层的管理幅度是 8 ~ 15 人。随着信息技术在社会组织管理中的广泛使用，每个管理者对知识和信息的掌握以及实际运用的能力普遍提高，使得管理幅度有扩大的可能。判断管理幅度与管理层次合理与否，关键在于管理幅度和管理层次是否与组织的具体环境和条件相适应。只要两者均衡协调，并与组织的整体管理协调，且具有良好的实践效果，就是合理的。

对养老服务组织来说，确实需考虑以下影响因素。

1. 计划的完善程度

事先有良好、完整的计划，可以使工作人员明确各自的目标和任务，清楚自己应从事的业务活动，主管人员就不必花费过多的精力和时间从事指导和纠正偏差工作，那么主管人员的管理幅度就可以大一些，管理幅度大，管理层次就相对少一些；反之，计划不明确、不具体，就会限制一个管理人员的管辖范围，管理幅度就相对较小。

2. 工作任务的复杂程度

若介护区的护理班长面临的任务较复杂，解决起来较困难，对工作质量要求较高，则其直接管辖的人数不宜过多；反之，自理区的护理班长则可加大管理幅度，减少管理层次。

3. 组织员工的经验和知识水平

当管理人员的自身素质较强、管理经验丰富时，在不降低效率的前提下，可适当增加其工作量，加大管理幅度；同样，下属护理人员训练有素，具有多年的涉老服务和护理经验，而且工作自觉性高，也可采用较大的管理幅度，让他们在更大程度上实行自主管理，发挥护理人员的创造性。

4. 完成工作任务需要的协调程度

如果工作任务要求各部门或一个部门内部协调的程度较高，则应减小管理幅度，以锥形结构为宜。

5. 组织信息沟通渠道的状况

当组织沟通渠道畅通、通信手段先进、信息传递及时时，可加大管理幅度。

（四）集权与分权相结合的原则

在设计组织结构时，既要有必要的权力集中，又要有必要的权力分散，两者不可偏废。集权有利于保证组织的统一领导和指挥，有利于人力、物力、财力的合理分配和使用，而分权是调动下级积极性、主动性的必要组织条件。合理分权有利于基层根据实际情况迅速而正确地做出决策，也有利于上层领导摆脱日常事务，集中精力抓重大问题。因此，集权与分权是相辅相成的。

（五）稳定性和适应性相结合的原则

稳定性是指组织抵抗干扰，保证其正常运行；实用性是指组织调整运行方式，以保持其对内外环境变化的适应能力。在进行组织结构设计时，既要保证组织在外部环境和企业任务发生变化时能够继续有序地正常运转，又要保证组织在运转过程中能够根据已变化的情况做出相应的变更。组织应具有一定的弹性和适应性，为此，需要在组织中建立明确的指挥系统、责权关系及规章制度，同时又要选用一些具有较好适应性的组织形式和措施，使组织在变动的环境中具有一种内在的自动调节机制。

三　组织结构设计的内容

组织结构设计包括职能设计、框架设计、协调设计、规范设计、岗位设计、激励设计等。

（一）职能设计

职能设计是指组织的经营职能和管理职能的设计。养老服务机构内部的职能设计主要是指养老机构内部行政、业务和后勤等部门所从事的活动和所需完成的任务的设置。职能设计的目的是为入住老人提供安心和安全的服务，核心业务包括营养配餐服务、生活照料服务、康复护理及医疗服务、休闲娱乐服务等。

（二）框架设计

框架设计是组织设计的主要部分，主要是纵向分层次、横向分部门。从纵向划分来看，我国公办养老服务组织大多实行"三层五级"管理模式，即分为决策层、管理层、操作层和院长级、科级、区主任级、班组级、员工级，形成阶梯形的层级结构。从横向划分来看，分为行政、业务和后勤等职能部门。

养老服务组织的业务种类繁多，管理内容庞杂。为了提高管理与服务能力，越来越多的养老服务组织建立信息管理系统，对养老人员入院、护理、诊疗、膳食、出院、费用结算等多个环节进行信息化管理，这些也属于组织框架设计的一部分。一般来说，养老服务信息管理系统主要包括以下子系统。

（1）接待管理子系统。包括：来访登记、接待登记、看房登记、入住申请、床位状况查询、老人信息查询、员工信息查询、收费标准查询等。可以应用触摸屏等设备，方便人们查询。

（2）收费管理子系统。包括：订房办理、入住办理、试住办理、退住办理、老人信息查询、安排房间床位、老人用餐登记、收费处理、催款、退费、存款管理、老人费用结算、收据管理等。

（3）老人档案管理子系统。包括：老人健康档案、入住情况分析、满意度调查、试住老人分析、退住情况分析、入住老人分析等。

（4）护理系统。包括：评测老人身体状况、制定护理方案、临床护理活动安排、老人反馈评价等。监护支持系统、护士呼叫系统、紧急报警系统等属于护理系统的子系统。

（5）生活服务系统。包括：当班信息汇总、护理员个人总结、护理日志、休闲娱乐及其他活动的组织、康复活动、日常生活照料等。

（6）医疗服务系统。包括：医疗管理、病志管理、入院病志管理、护理病志管理、日常配药、事故经验与教训总结等。

（7）人事管理系统。包括：员工入职、员工档案管理、员工离职、员工变动、员工升迁等。

（8）库存管理系统。包括：出入库处理、有效期管理、库间调拨、库存查询等。

此外，还有报表管理系统、基础管理子系统等。

（三）协调设计

协调设计是指协调方式的设计。框架设计主要研究分工，有分工就要有协作。协调方式的设计就是研究分工的各个层次、各个部门之间如何进行合理的协调、联系、配合，以保证部门工作的整体效应。

（四）规范设计

规范设计就是管理规范的设计。管理规范就是组织的规章制度，结构设计最后要落实并体现为规章制度。管理规范保证了各个层次、部门和岗位，按照要求和标准进行配合和行动。养老服务组织的规章制度，主要包括行政部门、后勤部门和业务管理部门的规章制度。行政部门规章制度是指办公室、人事部门和财务部门的规章制度，如会议制度、值班制度、查房制度、人事管理制度、财务管理制度等。后勤部门规章制度是指设施设备维护与保养、物资采购与供应、食堂管理、园林绿化与保洁、安全卫生与院方管理等规章制度。业务管理部门规章制度是指出入院管理、护理管理和医务管理等规章制度。

（五）岗位设计

根据《中华人民共和国职业分类大典》和养老服务组织的具体情况，养老机构内部岗位分为三大类别，分别是管理类岗位、专业技术岗位和工勤岗位。从工作特征来看，可以分为行政岗位、医护岗位、护工岗位、医技岗位、社工岗位、工勤岗位等。

行政岗位：主要负责管理工作。该类岗位包含养老院院长、老年公寓寝室主任、养老院膳食主任、老年娱乐会所管理、养老院后勤管理、养老机构社工管理、养老机构物业管理等。

医护岗位：主要负责养老机构中老人的健康管理、社区保健、健康咨询、康复指导、预防保健等工作。该类岗位包含医生、护士和药剂师等。

护工岗位：护工岗位是基于老人养老的生活照顾需求而设立的，主要负责养老机构中老人的生活照料、健康与医疗照护等工作。

医技岗位：主要负责养老机构中老人的生活保健、医疗保健以及心理/精神支持等工作。该类岗位包括心理咨询师、康复保健师、护理保健师、营养师等。

社工岗位：主要负责为老人提供陪同就医、咨询（包括心理咨询、法律咨询等）、代办服务等工作。目前，专门设立该岗位，并将其与护工等相关岗位区分开来的养老机构还比较少。

工勤岗位：工勤岗位主要是为养老机构环境卫生的保洁与维持、就餐饮食、物业维修等设计的。主要包括厨师、保洁员、勤杂工等。

（六）激励设计

激励设计就是设计激励制度，对工作人员进行激励。激励包括工资、福利、奖励等。激励制度有利于调动工作人员的积极性。目前针对养老服务组织发展的现状，可以采取普通员工缴纳社会保险、高忠诚度员工给予工龄工资、高成长度员工进行分红等激励措施。

四 组织结构设置的类型

养老机构可根据具体部门的划分、岗位职能的划分绘制组织结构图。组织结构主要有以下几种类型。

（一）直线制组织结构

直线制组织结构是一种集权式的组织结构形式，也被称为军队式结构。直线制组织结构是指养老机构中没有职能结构，从最高管理者到最基层，实行直线垂直领导，如图 4 - 1 所示。

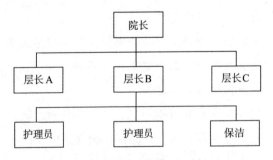

图 4 - 1 直线制组织结构

特点：不设职能部门，由直线指挥人员全权负责。具有统一指挥、垂直领导等优点，但对组织中的最高领导人要求高。

直线制一般在小型养老公寓中比较常见，要求管理人员具备较强的综合管理能力，不适用于工作人员较多、管理工作复杂的大中型养老机构。

（二）职能制组织结构

随着组织规模的扩大，组织会变得更为专门化、正式化，工作分工变得细致，这时组织会将同类工作归并在一起建立部门。通过按职能和产品划分部门，就产生了两种最普遍的科层制设计，即职能型结构和事业部型结构。

优点：适应组织机构规模大、管理复杂的环境。缺点：各职能部门之间协调比较困难。适用范围：大型企业、多品种生产。这种组织结构在养老服务组织中很少被采用。

（三）直线职能制组织结构

直线职能制组织结构是指在组织内部既设置纵向直线指挥系统，又设置横向职能部门系统，并以直线指挥系统为主体的两维组织结构。该类型为大多数组织所采用，部分大中型养老机构也采用这种组织结构，如图4-2和图4-3所示。

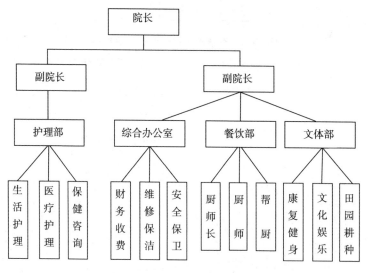

图4-2　国内某养老机构的组织结构

优点：克服了职能制多头领导的缺陷。缺点：职能层与管理层协调困难。适用范围：大中型组织，适用范围很广。

（四）事业部制组织机构

随着养老机构的发展，出现了连锁形式的养老机构，这些养老机构按照地域或者服务对象，在直线职能制的基础上，设置独立核算、自主经营的事业部，在总公司的领导下，统一政策，分散经营。这是一种分权化体制，如图4-4和图4-5所示。

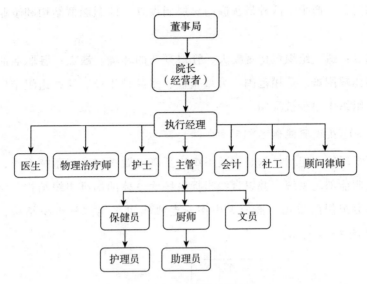

图 4 - 3　香港乐天护老院的组织结构

资料来源：李健、石晓燕主编《养老机构经营与管理》，南京大学出版社，2016，第 145 页。

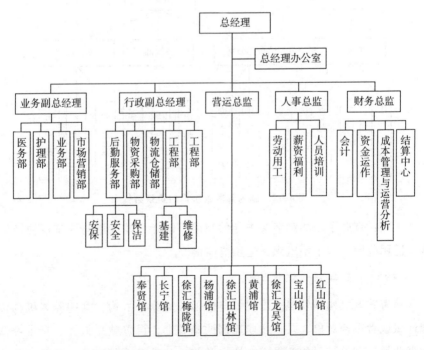

图 4 - 4　上海兰公馆养老院总部组织结构

资料来源：兰公馆官网，http://www.langongguan.com.cn/constwuct。

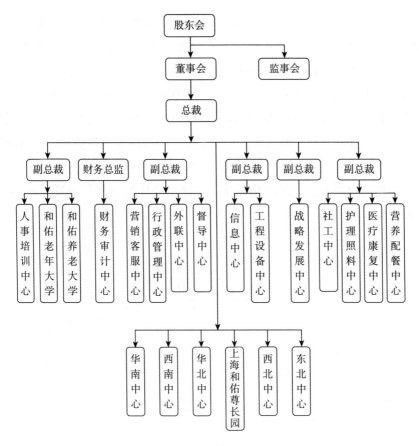

图4-5　上海和佑养老集团组织架构

资料来源：李健、石晓燕主编《养老机构经营与管理》，南京大学出版社，2016，第147页。

优点：有利于组织高层领导摆脱日常事务，有利于事业部的发展。缺点：机构分散，不易管理，事业部易滋生本位主义倾向。适用范围：规模较大、跨地域经营的企业。

（五）国内养老院常用组织结构形式

我国内地大型国办养老机构多实行"三层五级"管理模式，即包含决策层、管理层、操作层和院长级、科级、区主任级、班组级、员工级在内的组织结构，由此形成阶梯形的领导与被领导关系。中小型养老机构的组织结构则比较灵活。例如，上海市许多街道养老机构（拥有150张床位左右），一般只设一名院长，不设副院长，其下属配备一名院长助理和数名管理人员，分工明确，职责清晰，分别承担全院的行政、业务、后勤等管理工作，同样管理得井井有条，没有出现工作互相推诿、人浮于事的现象。中小型养老机构更强调部门综合，管理人员一专多能，管理人员（包括院长）是机构的管理者，但也从事一些具体的、操作性的工作，这一点在农村敬老院和民办小型养老机构中表现得尤为突出。例如，某养老服务中心主要为介助和介护老人提供托养服务，项目总投资3亿元，占地面积4.27万平方米，建筑面积3.57万平方米，床位600张。同时，该养老服务中心还对社会承担一定的培训任务。该养老机构的部门设置如图4-6所示。

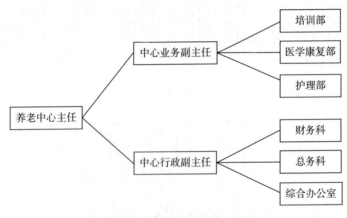

图4-6　养老机构部门设置

五　组织结构的发展趋势

在当今全球化、市场化和信息化的背景下，组织环境呈现更加复杂多变的趋势，组织结构形式也呈现多样化的趋势。

（一）扁平化

在古典组织理论的影响下，经过长期的演变过程，组织逐渐形成了一套等级森严的组织体系，致使组织对外反应迟钝，缺乏应变和适应能力。自20世纪80年代以来，企业等营利性组织进行了大胆的改革，加大管理幅度，减少管理层次，使组织结构呈现扁平化的趋势。从养老服务组织管理的角度来看，依托社区发展，规模控制在300张床位左右的小型养老机构将是未来发展的主要模式。

（二）网络化

随着市场竞争的日趋激烈，许多组织缩减规模、精简机构，专注于核心能力的建设，构成以横向一体化为主要特征的网络化组织形式，以网络化的形式把若干休戚相关的组织联结在一起。传统的等级制组织结构的基本单元是指组织指挥链条上的层次，而网络化组织形式的基本单元是基本独立的经营单元。网络组织作为一个整体，表现出技术专业化、市场反应能力高以及灵活性强等多方面的优点。借鉴这种发展趋势，可以整合全社会的资源，构建养老服务平台，将养老服务分解成各个专项业务，如家政服务、康复护理、精神慰藉等。如广州市民政局打造"市中心城区 10 - 15 分钟，外围城区 20 - 25 分钟"的助餐配餐服务网络，采取"中央厨房 + 中转配送 + 社区就餐、送餐、助餐"的方式，通过规模化的经营、有效的成本控制和合理的助餐补贴，实现自我造血功能，持续地为居家老年人提供健康、营养、方便、快捷的"大配餐"服务。

（三）开放化

在竞争全球化和信息化的现代社会，一个行业、一个组织只依靠自身的力量很难赢得市场竞争的胜利，只能跨越行业、组织的外部边界，对外开放，寻找更好的合作伙伴，实施组织间战略合作，将不同组织所拥有的互补资源整合起来，增进和供应链其他环节的合作关系，增强组织的创新能力，在产品和服务的质量、成本、时间和柔性等方面获得更大的竞争优势。2018 年 7 月 18 日，国务院取消养老机构设立许可等 17 项行政许可事项，"无门槛"开放投资养老机构，吸引更多民间资本进入养老领域，结束了养老领域准入难，跨区域经营难，康复、护理、健康管理等医养结合领域门槛高的局面，有效地调节了养老机构供需不平衡的局面。

（四）全球化

随着现代信息技术的发展，企业等社会组织经营走向全球化，包括与国际养老专业品牌接轨，引入外资或运营管理团队，共同开发养老产品。例如，欧洲一些国家的养老服务成本非常高，他们希望能在劳动力相对低廉的国家拓展市场，选择地域和气候条件较好的地区建立养老设施，让老人在比较健康的年龄段到这里来养老。

（五）二元化

创新能力是组织参与市场竞争的重要能力。二元化组织模式在推动创新的过程中，一方面，继续在主流组织中运用运营管理的理念来稳定发展；另一方面，成立独立的创新部门，进行有关创新活动，为未来的发展做准备。二元化组织模式强调在组织结构和组织文化上保持创新和运营的分离，也就是在组织内部设置一个"特区"，为组织探寻新的机会。如一些公办养老机构，可以在承担政府"兜底"功能的基础上，合理利用闲置资源，承担社会养老职能。

第三节　养老服务组织运行

组织结构仅仅是一个"框架"。要想使组织更好地运行，还要对组织中各种岗位的人员赋予职能与职权。从实际操作角度来看，养老服务组织运行还包括养老服务机构开设前论证、开设申报、行政审批以及开业以后的运行管理等。

一　职权的划分与运用

（一）职位、职权、职责

职位即岗位，是指组织中处于特定位置的人需要承担的一个或数个任务。

职权是权力的一种形式，职权是指由于占据组织中的职位而拥有的权力。与职权相对应的是职责，职责是担当组织职位而必须履行的责任。职权是履行职责的必要条件和手段；职责则是行使权力所要承担的责任与义务。职权是构成组织结构的核心要素，是组织联系的主线，对组织的合理构建与有效运行具有关键性的作用。

（二）职权的分类

1. 直线职权

直线职权即指挥权，指管理者指挥其下属工作的权力。正是这种上下级关系贯穿了组织的最高层到最低层，才形成了所谓的指挥链。在指挥链的每个连接处，拥有直线职权的管理者均有权指挥下属人员工作，并且无须征得他人意见而是独立做出某些决策。当然，指挥链中的每个管理者也都要听从其上级主管的指挥。

有时，直线一词也被用来区分直线管理者与参谋人员、直线职能部门与参谋职能部门。在这种场合中，"直线"一词被用来强调对组织目标的实现具有直接贡献的那些组织职能的管理者（或部门）。如在制造企业中，直线管理者通常指生产与销售职能的人员，而人事和财会职能的管理人员则被看作参谋管理人员。在饭店中，直线职能部门是指客房部和餐饮部。在养老服务组织中，直线职能部门则是指生活护理、医疗护理、保健服务等部门。在具体组织中，一位管理者的职能究竟是属于直线还是参谋，还要视组织的具体目标而定。

每个管理者都对其下属拥有直线职权，但并非每个管理者都处于直线职能或职位中。后者的确定取决于该项职能是否直接贡献于组织的目标。

2. 参谋职权

当组织规模得到扩大并变得复杂时，直线管理者就会发现他们没有足够的时间、全面的技能或办法使工作得到有效完成。为此，他们往往通过配置参谋职权职能来寻求支持和协作，为他们提供建议，并减轻他们的信息负担。养老院院长可能发现自己的工作负担过重，需要一位助理，当他设置助理职位来协助自己工作时，他就增加了一个参谋职位。参谋的种类有个人与专业之分。前者即参谋人员，他们是直线人员的咨询人，协助直线人员执行某项职权。后者即专业参谋人员，他们常为一个单独的组织或部门，即通常所说的"智囊团"或"顾问班子"，聚合了一些专家，通过运用集体智慧，协助直线主管进行工作。典型的参谋职权的特点是，参谋人员或参谋部门只对直线主管负责，没有指挥权，是一种辅助性的职权。

3. 职能职权

职能职权介于直线职权与参谋职权之间，是组织职权的一个特例。职能人员不直接参与组织的业务活动，而是为直线职能部门提供各种支持和帮助。

设置参谋职权，虽有助于直线管理者的正确决策，但毕竟决策需要直线主管做出，直线主管仍需要对具体事项进行具体的指导和监督。为了进一步改善和提高管理效率，主管人员可能对职权关系做某些变动，把一部分属于自己的直线职权授予参谋人员或某个部门的主管人员，这样便产生了职能职权。例如，一个公司的总经理可能授权财务部门直接向生产经营部门的负责人传达关于财务方面的信息和建议，也可能授予人事、采购、公共关系等顾问以一定的职权，让其直接向直线组织发布指示，等等。因此，职能职权是参谋人员或某部门的主管人员所拥有的原属于直线主管的一部分权力。

概括地讲，直线职权意味着做出决策、发布命令并付诸实施，是协调组织资源、保证组织目标实现的基本权力。参谋职权则仅意味着协助和建议的权利，是保证直线主管人员正确做出决策的重要条件。职能职权是直线职权的一部分，因此也具有直线职权的特点，但其职权范围小于直线职权，同时，职能职权的行使者多为具有业务专长的参谋人员，因此有助于提高业务活动的效率。

在图 4-7 中，某养老服务组织主管业务的副院长对医务部主任、护理部主任、保健咨询部主任拥有的是直线职权，医务部主任对医疗护理主管拥有的是职能职权，营销部主任对主管行政的副院长拥有的是参谋职权。

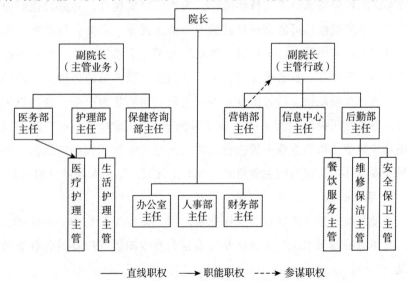

图 4-7 直线职权、参谋职权和职能职权示意

二　授权

授权是指上级管理者随着职责的委派而将部分职权委让给对其直接报告工作的部属的行为。授权的本质含义是：管理者不要去做别人能做的事，而只做必须由自己来做的事。任何一个管理者的时间、精力、知识和能力或多或少是有限度的，一个人不可能事必躬亲去承担实现组织目标所必需的全部任务。授权可以使管理者的能力在无形中得以延伸。真正的管理者必须知道如何有效地借助他人的力量去实现组织的目标。从养老服务组织管理角度来说，不仅要在组织内部进行授权，更应该从政策层面进行授权、放权。

近年来，我国养老机构设立许可的申请、受理、审查、决定和监督检查等是按照《养老机构设立许可办法》（民政部令第48号）执行的。社会力量从事养老服务存在两大"门槛"。一是申办养老机构的前置审批。社会力量申办养老机构受到城乡建设、规划、国土资源、环保、公安消防等部门的严格审批，有关部门依据各自的规定办法，相互设置前提条件和高门槛，使养老机构举办者无法拿到许可办法要求的各种证件，进而无法取得养老机构许可证，无法合法开展养老服务，更无法享受相关优惠政策和资金支持。二是不同营利性质、不同所有制养老机构的不公平竞争。首先是营利性机构与非营利性机构的不公平竞争。目前政府制定的绝大多数优惠政策面向非营利性机构，这样的政策导向造成绝大部分社会力量选择成立非营利性机构运营养老机构，但享受优惠政策的同时又受制于非营利性机构不能贷款抵押、分红、连锁经营的要求，无法向品牌化、连锁化、规模化方向发展。此外，鼓励非营利机构的政策要不无法调动想追求长期稳定收益的民间资本进入的积极性，要不使其进入后搞关联交易。其次是公办养老机构和民办养老机构的不公平竞争。公办养老机构在土地划拨、设施建设、人员编制、运营补贴等方面享受倾斜，其建设成本和部分运营成本由财政承担，但许多公办机构实际入住的"三无对象""五保户"连5%都不到，低价面向社会老人提供服务，造成公办机构"一床难求"和民办机构"空床率高"的不公平竞争。同时，受制于财政、编制、物价等条件和入住老人的思想认识，公办机构改革困难重重。最后是医养结合中的不公平竞争。在民政、卫生、人社等部门都鼓励医养结合的背景下，社区医院、厂矿医院、护理院等医疗机构积极向政府申请养老床位建设和运营补贴，同时利用医保定点资格，增加入住老人医护项目和内容，这样做既大大增加了医保负担，又严重挤压了不具备医保定点资格的养老机构，特别是长期照护机构的生存空间。一般养老服务机构虽然有医生、护士，但由于其没有医保定点资格，入住老人的医疗康复护理不能享受医保报销，因而增加了患者的负担。这两个门槛的解决都需要国家从政策层面放开养老服务市场，充分放权授权。为了进一步促进养老服务业深化"放管服"改革，2018 年 7 月 18 日，国务院常务会议决定取消养老机构设立许可等 17 项行政许可事项。

三　建设论证

养老服务业是一个投资较大、回收周期较长、存在较大经营风险的行业。为此，养老服务组织在开办之前需要进行市场调查、分析论证。

（一）论证目的

养老服务组织建设项目论证的目的是理清发展思路、确定市场定位、规避运营风险，为养老服务组织正常运行、平稳发展奠定基础。

1. 理清发展思路

养老服务组织建设是一项政策性很强的工作，必须熟悉政府和行业的要求。目前，我国为了积极应对人口老龄化，在"十三五"国家老龄事业发展和养老体系建设规划中提出大力发展居家社区养老服务，加强社区养老服务设施建设，加快公办养老机构改革，支持社会力量兴办养老机构，全面提升养老机构服务质量等建议，使养老服务业具有广阔的发展前景。有了发展前景，还需要找准服务定位，明确可利用的国家和地方的优惠政策、扶持补贴政策等资源。

2. 确定市场定位

养老服务市场主要由需求市场和供给市场组成。需求市场主要由区域人口老龄化程度、家庭养老照护能力和经济承受能力等因素决定。供给市场主要是指目前本区域内的集中养老资源总量（床位数）。养老服务定位包括服务层次定位和服务对象定位。集中养老需求有层次之分，多数情况下是由老年人的经济来源、支付能力决定的。在目前的国情背景下，城市与农村、经济发达地区与经济欠发达地区差距较大。服务对象定位主要指判断新建的养老机构是以生活自理老人为主，还是以部分自理和完全不能自理老人为主；服务标准是以中低档为主，还是以中高档和高档为主；等等。

3. 规避运营风险

养老服务业是一个投资经营风险较高的行业，可能的风险主要有以下三个方面。

（1）投资回报期长、亏本风险。主要是养老机构入住率不高，经营成本（包括建设成本、房租、人工费、水电费等）不能得到有效分摊，导致机构开办数年仍然处于净投入、亏损状态，不能实现资产的良性循环，从而带来投资回报期长、亏本等风险。

（2）意外伤害风险。老年人属于意外伤害和疾病突发死亡事件的高发人群，一旦发生意外，容易引发纠纷、诉讼，即使调解也会给养老服务组织带来沉重的负担与损失。

（3）入住老人续费风险。老年人的经济来源单一，尤其是一些仅依靠微薄退休金维持生计的，或者完全依靠子女赡养的老人，一旦经济生活中出现了不可避免的物价水平大幅度上涨，或其子女经济状况恶化，那么出现赡养纠纷时，很难保证入住老人能按时交清相关费用，因此养老服务组织还存在较大的续费风险。

（二）论证内容

主要是市场调查分析和项目建设方案论证。

1. 市场调查分析

对当地的养老市场进行调查分析，找准自己的经营定位。可以按照以下步骤进行。

（1）养老环境调查。利用 PEST 分析方法，从政策、经济、社会、技术四个方面调查当地养老环境。

①政策：在了解国家政策的基础上，重点调查当地政府在养老方面出台了哪些政策，对养老机构的支持力度有多大，一次性建设补贴和运营补

贴有多少，未来政策支持的方向是什么，等等，最大可能地争取当地政府的支持。

②经济：从当地的 GDP、人均可支配收入等方面入手，了解当地的经济发展情况。同时可从民政或其他政府部门了解当地的退休公务员、教师等的工资水平，了解整个社会的养老支付能力。

③社会：了解当地的老龄化率，老年人口、高龄人口、空巢老人数量，以及老龄化趋势，计算当地的养老市场容量。

④技术：可根据当地养老的智能化程度、服务技术水平等，了解当地养老服务市场处于一个什么样的层次，了解当地养老机构的发育程度。

（2）养老机构调查。调查分析当地现有及潜在养老机构、康复机构、护理院、养老社区等养老相关实体的发展运营情况。重点分析哪种类型的机构已经发育成熟且饱和，哪种类型的机构还处于空白阶段，以此为后期的项目定位提供依据。

（3）养老需求调查。调查分析当地老年人的养老需求、养老意愿、付费方式和可支付能力，为后期项目的服务产品设计和价格制定，以及商业模式的设计做好准备。

（4）项目的市场定位。确定服务对象、服务层次和机构性质。

①服务对象定位：确定是以自理老人、部分自理老人、完全不能自理老人为主。

②服务层次定位：确定住养条件是以中低档、中高档或高档为主。

③机构性质定位：确定是公共属性（公办公营）、准公共属性（公办民营、公建民营、民办公助）、社会属性（民办民营）。

2. 项目建设方案论证

主要包括建设规模、项目选址、机构命名、经营方式、投资成本、资金来源、回报周期等内容。

（三）论证方法

1. 收集资料

主要收集以下资料：

（1）本地区社会经济发展基本概况、居民收入水平；

（2）本地区人口资料，特别是人口老龄化资料；

（3）本地区集中养老需求调查资料；

（4）本地区养老机构数量、规模、分布、性质、服务定位、经营情况等；

（5）本地区地价、物价、房屋租赁价格、劳动力成本价格、水电煤气价格等；

（6）本地区交通、气象及地质灾害资料；

（7）本地区兴办老年社会福利机构的优惠、补贴和扶持政策。

2. 实地考察

实地考察本地区现有养老机构的建设、经营、管理状况。

3. 文献调研

主要收集以下两方面资料：

（1）国家、地方有关社会福利事业发展的政策法规、服务标准、管理规范；

（2）相关的设计标准、规范，如《老年人建筑设计规范》《老年人居住建筑设计标准》《中华人民共和国消防法》等。

4. 问卷调查

深入社区，对老年人生活状况、集中养老需求进行调查，包括老人家庭结构、居住状况、照护方式、经济状况、入住需求、需求层次、需求内容和经济承受能力等。

5. 老人座谈

在深入社区进行问卷调查的同时，可与社区老人进行座谈，以便更直接、更深入、更详细地了解老年人的真实愿望与需求。

6. 专家咨询

向当地民政部门、设计部门、消防安全部门等进行技术咨询，充分听取行业主管部门和政府职能部门的专家意见与建议。

四　开设申报与行政审批

养老服务组织的开办不仅要符合一定的条件，而且要履行筹建申报、审批及注册登记等一系列程序。

（一）筹建申报及审批

根据《社会福利机构管理暂行办法》（1999 年）第七条、第八条规定，具备相应的条件且依法成立的组织或具有完全民事行为能力的个人（以下称"申办人"），可依照规定向社会福利机构所在地的县级以上人民政府民政部门提出举办社会福利机构的筹办申请，并提交以下材料：

（1）申请书、可行性研究报告；

（2）申办人的资格证明文件；

（3）拟办社会福利机构资金来源的证明文件；

（4）拟办社会福利机构固定场所的证明文件。

香港、澳门、台湾地区的组织和个人，华侨以及国外的申办人采取合资、合作的形式举办社会福利机构，应当向省级人民政府民政部门提出筹办申请，并报省级人民政府外经贸部门审核。

民政部门应当自受理申请之日起 30 日内，根据当地社会福利机构设置的规划和基本标准进行审查，做出同意筹办或者不同意筹办的决定，并将审批结果以书面形式通知申办人。

（二）开业审批

1. 设置的基本标准

根据《社会福利机构管理暂行办法》（1999 年）第十条、第十一条规定，经同意筹办的社会福利机构在具备开业条件时，应向民政部门申请领取《社会福利机构设置批准证书》。

申请领取《社会福利机构设置批准证书》的机构，应当符合社会福利机构设置的基本标准：

（1）有固定的服务场所、必备的生活设施及室外活动场地；

（2）符合国家消防安全和卫生防疫标准，符合《老年人建筑设计规范》和《方便残疾人使用的城市道路和建筑物设计规范》；

（3）有与其服务内容和规模相适应的开办经费；

（4）有完善的章程，机构的名称应符合登记机关的规定和要求；

（5）有与开展服务相适应的管理和服务人员，医务人员应当符合卫生行政部门规定的资格条件，护理人员、工作人员应当符合有关部门规定的健康标准。

2. 开业审批

经申请地民政部门做出同意筹办决定的社会福利机构在申请领取《社会福利机构设置批准证书》时，应当提交下列文件：

（1）申请《社会福利机构设置批准证书》的书面报告；

（2）民政部门给予的社会福利机构筹办批准书；

（3）服务场所的所有权证明或租用合同书；

（4）建设、消防、卫生防疫等有关部门的验收报告或者审批意见书；

（5）验资证明及资产评估报告；

（6）机构的章程和规章制度；

（7）管理人员、专业技术人员和护理人员的名单及其有效证件的复印件，以及工作人员的健康状况证明。

五 运行管理

养老服务组织的运行管理分为行政管理、业务管理和后勤管理。

（一）行政管理

养老服务组织的行政管理包括组织机构管理、大政方针管理以及规章制度管理。

1. 组织机构管理

养老服务组织的科室设置、人员配备应当根据养老机构的实际工作需要，进行统筹规划、合理设置和配备。这方面的工作包括科室设置、岗位设置、人员配备、部门职能、岗位责任、人事聘用和档案管理等。

2. 大政方针管理

养老服务组织的领导者要研究组织生存与发展的大政方针性问题，如办院宗旨、使命、服务定位、发展方向、发展目标与发展规划等。

3. 规章制度管理

规章制度是员工的行为规范、工作准则，也是行政、业务管理的重要依据。领导者应当亲自主持制定并颁布本机构各部门的岗位职责、服务标准、操作规程与流程以及管理工作制度。

(二) 业务管理

业务管理主要是针对养老服务组织所开展的各项业务活动进行的管理。主要包括出入院管理、护理管理和医疗服务管理等。

1. 出入院管理

出入院管理是养老服务组织正常运行的重要保障。入院管理包括接待咨询、登记预约、健康体检、家庭调房、入住审批、协议签订、试住等工作。出院管理包括出院手续办理等工作。

2. 护理管理

护理管理是养老服务组织工作的核心内容。护理直接关系到入住老人的生活质量与安危。护理管理要重视服务态度,提高服务水平与质量,满足老人需求,确保老人入住安全。护理管理包括健康评估、护理等级评定或变更、生活护理、心理护理、疾病护理、康复护理、老人安全和文化娱乐体育活动组织以及入住老人健康和个人档案建立等。

3. 医疗服务管理

较大型的养老服务组织会附设医院或医务室,一些小型养老服务机构也会配备一至数名医务人员。但是,养老服务组织的医疗服务技术力量、装备、服务条件有限,面对病情复杂多变、身体衰弱的老年人时,开展医疗服务会存在很大风险。为此,养老服务组织必须强化医疗服务管理,明确自己的医疗服务范围,在规定的范围内开展医疗服务。入住老人如发生重大突发性疾病,应在现场急救的同时,及时通知其亲属。在没有救治条件的情况下,要配合老人亲属将老人送往医院救治,紧急情况下可直接拨打120急救电话,寻求外援帮助。此外,还应做好医务人员职业资格管理,药品、处方管理和病历档案管理等工作。

(三) 后勤管理

养老服务组织后勤保障管理涉及环境绿化、美化和卫生,房屋及水、电、煤气、采暖等设备维修,食品采购、加工制作,车辆的使用与维护,消防安全以及保卫等工作。一般后勤服务人员可归口行政部门进行管理,如司机、安全保卫人员可由院办公室管理,房屋及水、电、煤气设施维修和膳食工作人员可由总务科管理。后勤服务人员多的部门可成立相应的班组，实施班组管理。

第四节　养老服务组织创新

服务创新、管理创新、科技创新已经成为世界主题、世界潮流、世界趋势，也成为管理者面临的一个突出现实。在信息技术广泛应用和全球化快速发展的动态环境中，社会组织要发展，就必须创造出新的产品和新的服务。

一　创新与组织创新

（一）创造力和创新

1. 创造力

创造力是一种能够通过独特的方式将各种思想综合在一起或者能够在各种思想之间建立起独特联系的一种能力。一个富有创造力的组织具有独特的工作方式以及解决问题的新方法。

2. 创新

创新是指形成一种创造性思想并将这种思想转换为有用的结果。通常所说的将组织变革成更有创新性的组织，主要就是指培养组织的创新能力，激发和培育创新。如在杰夫·贝佐斯创建亚马逊公司时，他发明了一种通过互联网购买书籍的新的购书方法，这就是一种创新。

3. 创新的重要性

随着经济全球化和竞争的加剧，社会组织所处的环境已经变得越来越动荡，创新不仅对一个新成立的组织十分重要，而且对一个已经存在的组织同样非常重要。一个成功的组织如果总是停留于过去的成功上，变得骄傲自满而不努力创新的话，则竞争对手迟早会把公司的顾客都吸引过去，这样就会使组织衰落甚至消亡。诺基亚和柯达公司都是很好的教训，诺基亚由于满足于其过去在手机业务上的辉煌，不愿创新，而随着智能手机技术的发展，其最终被苹果公司和三星公司超越，从而失去了在智能手机业务上全球老大的宝座。柯达公司则沉迷于其过去在胶卷相机上的成功，随着数码相机技术的发展，最终落得破产的境地。由此可见创新对于一个组织的重要性。

创新是一个组织生存和发展的灵魂。创新包括技术创新、体制创新和思想创新等。对于一个企业来说，技术创新可以提高生产效率和降低生产成本；体制创新有利于企业的管理，使企业日常运作更具有秩序，同时也可以使企业摆脱旧体制的弊端；思想创新则是更重要的一个方面，领导者的思想创新能够保障企业沿着正确的方向发展，员工思想创新可以增强企业的凝聚力，发挥员工的创造性，为企业带来更好的效益。面对我国日益增长的养老需求，唯有创新才能有效地满足。

（二）组织创新

1. 组织创新的内涵

组织创新是指通过调整优化人、财、物、时间、信息等资源配置结构以提高管理的效能。组织创新是企业管理创新的关键。其方向就是要建立现代企业制度，真正做到产权清晰、权责明确、政企分开、管理科学。企业的组织创新要考虑企业的经营发展战略，要对未来的经营方向、经营目标、经营活动进行系统筹划，要不断优化各项生产要素组合，开发人力资源，在注重实物管理的同时，应加强价值形态管理，注重资产经营、资本的积累。养老服务组织管理可以借鉴企业管理的理论、方法以及比较成熟的经验进行组织创新。

2. 组织创新的目标

组织创新的目标主要包括以下三个方面。

（1）使组织更具环境适应性。除改变环境外，组织要更多地考虑如何适应环境，在多变的环境中不断调整自己的目标、组织结构、人员配备等，以便把握发展的机会，求得组织的生存和发展。

（2）使管理更有效率。管理效率是组织生存竞争的保证。组织创新能使决策更科学、指挥更灵活有效、员工的个人积极性和工作能力得到提高、信息沟通更快捷、控制更有效。

（3）为员工发展提供更好的工作环境。组织目标的实现最终体现在员工的工作成果上。通过组织创新，为员工决策提供足够的信息和决策权力、为员工设计更科学的工作岗位、为整合各个岗位的贡献设置更合理的部门化形式等，这些都为员工施展个人才能提供了一个很好的工作环境。

3. 组织创新内容

组织创新具有互动性和系统性，内容十分丰富。由于组织类型的不同，面临的环境不同，创新的内容和重点也不同。总体来说，组织创新的具体内容主要有以下几个方面。

（1）岗位设置和人员的变革。为了更好地完成工作任务，要设置合适的岗位，对员工的构成和数量、员工的技能、员工的工作态度等进行调整，对组织成员在权力和利益等资源方面进行重新分配。组织应针对员工的职业生涯规划和社会需求，使得组织目标和个人目标尽可能一致，使员工的个人价值充分发挥，使组织目标得到更好的实现。

（2）业务流程的变革。客户的需求、员工的工作需要以及信息技术的发展，都是业务流程变革的理由。组织紧密围绕其关键目标和核心能力，对业务流程进行重新构造。

（3）组织结构的变革。主要包括选择组织结构形式、集权分权决策、部门化形式选择等。组织结构改革常常是多个方面的同时变革，甚至是整个组织结构的全新改革，使得组织更加灵活、易于协调。

（4）运营模式的变革。运营模式是商业模式的核心层面。运营模式的变革包括组织内部人、财、物、信息等各要素的结合方式以及运营战略、新产品开发、产品设计、采购供应、生产制造、产品配送直至售后服务等各个环节的变革。如呼叫应急养老服务模式（虚拟模式），利用现代通信与相关服务机构系统结合，为居家老年人提供全天候、全方位、全过程的呼叫应急服务；机构延伸养老服务模式（虚拟模式），将专业养老机构的服务功能进行延伸，为附近的老人提供日常照护、医疗保健、配餐就餐、健康讲座等服务，让在家的老人如同住进虚拟养老院，得到专业化服务。

（5）组织文化的变革。组织文化的变革是对保守、僵化、阻碍组织发展和影响管理效率的组织文化进行变革。随着组织发展战略的变化和发展阶段的不同，与之相伴随的组织文化也要不断创新、丰富和发展。

4. 组织创新过程

组织创新的过程分为创新理念的开发、应用、上市、成长、成熟和衰退六个阶段，图4-8描述了组织创新过程。

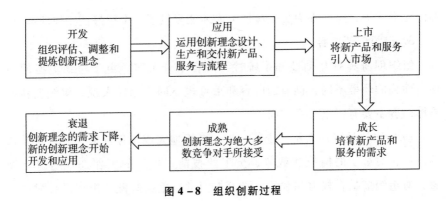

图 4 - 8　组织创新过程

二　养老组织创新的动因

推动组织创新的主要原因可以归结为外部环境因素和内部环境因素两个方面。

(一) 外部环境因素

外部环境因素主要包括以下几个方面。

1. 整个宏观社会经济环境的变化

整个宏观社会经济环境的变化，诸如政治、经济政策的调整，经济体制的改变，以及市场需求的变化，等等，都会引起组织内部深层次的调整和变革。

我国多年来沿用的社会养老服务体系是"以居家养老为基础，社区养老为依托，机构养老为支撑"。近年来，全国各地开办了相当数量的养老服务组织，在借鉴美国、英国等发达国家养老服务经验的基础上，我国养老服务组织正朝着投资主体多元化、机构细分化、服务专业化和企业集团化的方向发展。

(1) 投资主体多元化。近年来，我国社会养老服务体系投资主体多元化的趋势日渐明显，已经形成政府投入、民间投资、港澳及国际资金共同投资建设的局面。养老组织模式也呈现多元化发展趋势，养老与地产、养老与旅游等的结合越来越多，酒店式养老、公寓式养老和休闲度假式养老等形式日渐多样化。投资这些养老项目的主体，除传统的房企、保险集团和基金会外，还有旅游酒店集团、国企下属物业公司和金融集团等。社会资本的投入对于活跃养老产业、探索新的养老模式、满足老年人的多层次需求等，都具有极大的推动作用。

（2）机构细分化。过去的养老机构设施雷同，管理模式也相同，人性化和个性化服务不足。随着经济社会的发展，老年人经济状况存在显著差异，对养老服务的需求存在较大差别。当前我国省级平均养老金水平最大差距可达几千元，2017年，各省市调整月人均养老金水平后，最低的重庆市约为1817元，最高的西藏自治区则达到4071元。① 整体来看，老年人购买服务的能力逐年增强，对舒适养老环境的需求日渐强烈，单一类型的养老机构不可能满足各个层次老年人的不同需求，这就需要多样性机构针对不同老年群体提供差异化的养老服务。此外，不同年龄段老年人的需求也不尽相同，不同身体状况的老年人的需求也不相同。

浙江省已经提出要根据老人身体状况，分类建设护理型、助养型和居养型养老服务组织，并确立以护理型为重点、助养型为辅助、居养型为补充的机构养老服务模式。这是养老服务组织建设的重大创新。从功能定位来看，护理型养老服务组织主要负责照护失能、失智老人；助养型养老服务组织负责照护半失能老人、部分自理老人；居养型服务组织负责照护健康老人。目前，护理型养老床位严重不足，国务院发布的《"十三五"国家老龄事业发展和养老体系建设规划》预测，到2020年，全国60岁以上老年人口将增加到2.55亿人左右，占总人口的比例将提升到17.8%，高龄老人将增加到2900万人左右，独居和空巢老人将增加到1.18亿人左右。这为各类医疗机构进入养老机构提供了契机。

（3）服务专业化。养老服务组织为入住者提供专业化的服务是基本要求。日本采用第三者评价的方式来对老年福利机构的服务过程、服务质量进行评价，达到改善服务质量、提高服务水平的目的。2012年，日本有2974所带有护理服务性质的收费养老院，可接纳17万名老人入住，已有10万名以上的老人住进老年人院，工作人员9.6万人，基本实现1∶1配比服务。德国则建立了护理质量发展网络体系（DNQF），通过该网络使专业

---

① 《2017年各省市养老金排行榜》，http://top. askci. com/news/20170425/10395796723. shtml，2017年4月25日。

的护理人员在护理问题上可以找到标准化的解决方案。DNQF 的工作是通过一个由护理行业专业人士组成的质控委员会开展的，工作内容涉及护理、管理、培训和实习。我国目前也在大力提高养老服务人员的专业化程度，北京、上海、浙江、江苏等省市采取多种措施提高养老服务队伍的专业化水平，对养老行业服务人员开展专业教育和职业培训，部分高等院校和中等职业学校增设养老服务相关专业和课程，浙江省自 2013 年起安排财政专项资金对老年服务与管理类专业的毕业学生给予入职奖励。

（4）企业集团化。养老服务组织出于业务扩张或竞争的需要而选择走集团化发展的道路，以期降低运营成本。美国公众健康协会（ASHA）在 2007 年的一份调查报告中指出，在美国排名前 50 位的业主和管理公司中，前 10 位业主占了 58% 的床位数，前 10 家管理公司占了 55% 的床位数。其中，排名第一的业主公司为假日退休公司（Holiday Retirement），拥有 33490 个床位、285 项资产；排名第一的管理公司为布鲁克代尔老年公寓公司（Brookdale Senior Living Inc），管理着 51638 个床位、549 家物业，规模巨大。近年来，诸如英国规模最大的四季养老集团、日本排名前十的木下介护等国外大型养老集团纷纷进军中国市场，而中国本土的大型养老机构也在向规模化、集团化方向发展，走连锁化运营模式，如上海和佑养老集团、杭州的"在水一方"等知名养老服务连锁集团。

2. 科技进步的影响

科技进步的影响包括：在知识经济的社会，科技发展日新月异，新产品、新工艺、新技术、新方法层出不穷，对组织的固有运行机制构成了强有力的挑战。

传统的养老服务方式通常停留在人工养老服务的阶段。虽然人工养老服务具有面对面、直接性、互动性的特点，但目前我国养老服务领域的人力资源还无法满足日益庞大的老年人群的养老需求。借助现代信息技术可以弥补人力养老服务资源的不足。如通过便捷呼叫器、心电监测仪等设备实时监测老年人的血压、心率、血氧等生理指标状况，并将所监测到的数据直接传送到所属医疗服务中心，一旦出现异常，智能系统将立即启动远程医疗程序，满足老年人的医疗服务需求。在日常生活中，老年人做饭忘记关闭炉灶时，自动传感器会发出警报，超过一定时限还会自动关闭燃气，防止事故发生。对残障老年人可安装 GPS 全球定位系统，若发生走失状况可迅速查明其下落。目前，我国许多城市正在积极开发基于信息化的城市智能养老服务系统。2010 年 11 月，南京市鼓楼区开始试点利用物联网技术的智慧养老方案，物联网系统覆盖紧急呼叫、社区家政、远程医疗等内容，通过与家中的主要电器及各种感应监测器件进行无线连接，实现远程监控。这套养老服务物联网系统对老年人，特别是空巢独居老年人的服务需求发挥了重要作用。

此外，还可以借助智慧城市建设的理念，加强社会养老服务体系建设，如建立养老服务信息管理中心。养老服务信息管理中心可发挥以下几个方面的作用。第一，对老年风险和老年需求进行预测预警。通过对大量老年人的生理数据进行监控和分析，可以对易发生同类疾病人群的病理特征进行归纳，提取相似的发病状况与机理变化，对相应的老年人群发出预警，提醒其注意预防相关疾病。第二，为政府养老服务相关决策提供依据。政府部门可以根据养老服务信息管理中心提供的信息，调整相应的养老服务政策的方向和重点，以更好地满足老年人的养老需求。第三，为养老服务机构提供服务指导。

3. 资源变化的影响

资源变化的影响包括：组织发展所依赖的环境资源对组织具有重要的支持作用，如原材料、资金、能源、人力资源、专利使用权等。

老年人的需求包括经济援助、生活照护、精神慰藉等方面。一般而言，老年人个人或家庭的养老能力越强，对外界服务的依赖性越小，反之越大。

目前的养老服务多为点对点或包对包的模式。所谓点对点的服务模式，即老年人在家中接受上门服务，如请一个钟点工或保姆进行一对一服务。点对点的服务模式针对性较强，能够满足老年人的个性化需求，但成本较高，且需要较多的人力服务资源。包对包的服务模式是指将老年人集中在一起，提供统一的养老服务。这种服务模式能够实现规模效应，但服务半径有限，并且难以满足不同老年人的养老需求。智慧养老的模式就是为了打破点对点、包对包这两种固有的养老服务模式，实现包对点的服务。可运用相关技术将养老资源集成到芯片上，该芯片一边连接着个人，即服务点，另一边连接着各式服务终端，即服务包，这样就可通过网络技术和信息技术，实时满足老年人的生活照护服务需求。

4. 竞争观念的改变

全球化的市场竞争将越来越激烈，竞争的方式也多种多样，组织若想适应竞争的要求，就必须在竞争观念上顺势调整，争得主动权，这样才能在竞争中立于不败之地。

基于全球化的市场竞争的现实，未来养老产业将实行市场细分。有条件的养老服务组织应该率先探索细分市场，办出不同特色的养老机构，供有不同养老需求的人群选择。如以"温暖＝一碗汤的距离"为理念的社区嵌入式养老模式、旅游养老模式等。对于社区开设的养老服务机构，为了解决投入不足的问题，需要借助体制政策创新来推进社会化养老服务的发展。如有些社区养老服务组织在运营中，采取代购商品与厂家分成、优惠体检与医院分成、组织休闲养生旅游与旅行社分成等措施，既满足了老年人的服务需求，又弥补了政府投入的不足，实现了"福利"与"盈利"之间的良性循环。

（二）内部环境因素

内部环境因素主要包括以下几个方面。

（1）组织机构适时调整的要求。组织结构的设置必须与组织的阶段性战略目标相一致，必要时根据环境的变化调整机构。养老服务组织在开办初期一般规模较小、服务和基础设施较简陋、管理简单，随着不断发展，机构规模扩大，收养人数增多，服务内容复杂，就需要对组织结构进行适时调整。

（2）保障信息畅通的要求。组织决策对信息的依赖性很强，保障信息沟通渠道畅通就非常重要。养老服务组织的各个部门之间的信息能够自由流通、完全透明，对组织有效运转具有关键作用。

（3）克服组织低效率的要求。组织长期运行可能会出现某些低效现象，原因既可能是机构重叠、权责不明，也可能是人浮于事、目标分歧。组织只有及时变革，才能进一步制止组织效率的下降。

（4）快速决策的要求。决策的形成如果过于缓慢，组织就可能错失良机。为了提高决策效率，养老服务组织一方面可以完善决策过程中的各个环节，保证决策信息的真实、完整；另一方面可建立计算机管理信息系统、决策支持系统等，提高决策水平。

（5）提高管理水平的要求。组织管理水平高低是竞争力的重要体现。为了进一步提高养老服务组织的管理水平，可以对养老服务过程中的各个因素进行分析，如决策中的分权程度、员工参与组织管理的积极性、流程中的业务衔接、业务规范化程度、管理层级之间或职能部门之间的关系协调等。

三　养老服务组织的创新

（一）理念创新

1. 养老服务政策理念创新

养老服务政策具有导向、调控和分配养老服务资源的功能。新中国成立以来，我国养老服务政策经历了由政府和家庭承担主要养老服务阶段（新中国成立到改革开放初期），政府责任收缩，家庭、个人独担养老服务阶段（20世纪80年代到1999年），政府主导养老服务体系化建设阶段（2000年至2012年），以及政府创新养老服务供给方式、提高养老服务质量阶段（2013年至今）四个发展阶段。依据政府责任伦理，未来的养老服务政策需要确立两个基本理念：第一，所有的老年人都应当享有获得国家社会保障的平等权利；第二，养老服务应满足老年人的多样化需求。

2. 养老服务理念创新

目前，我国的养老方式主要有三种：第一种是传统的家庭养老模式；第二种是把老年人送到国家和社会兴办的养老机构托养，由养老机构为老年人提供住养、生活护理、保健医疗等综合性服务，被称为"机构养老"；第三种是老年人住在家里，由政府和社会力量依托社区，帮助家庭为居家的老年人提供生活照料、家政服务、康复护理和精神慰藉等方面的服务，被称为"居家养老"。居家养老模式是目前正在推广的一种新型社会化养老模式，它是以家庭为核心、以社区为依托、以上门服务和社区日托为主要形式，并引入养老机构专业化服务方式的居家养老服务体系，是一种资源整合的社会化养老模式。发达国家养老服务值得借鉴的经验有三个方面：一是让大多数老人仍住在自己家里，同时发展为老人上门服务的业务；二是适度发展老年公寓，按类型可分为普通型老年公寓、养老院型老年公寓和医护型老年公寓三种；三是在经济上使个人支付与社会保障相结合。除传统的家庭养老外，社会化的养老组织在运营中需要注意服务理念创新。

A. 以需求为导向的养老服务理念

"机构养老""居家养老"的核心是服务，服务的核心是"人"。从关注入住老人出发，营造以需求为导向的养老服务理念。以需求为导向包括以生理需求为导向，照顾老年人的日常生活；以社会心理需求为导向，提升老年人成就感；以健康需求为导向，医养结合；等等。

以生理需求为导向，可以从老年人的日常生活入手，保证其睡眠质量、饮食营养、洗浴方便，注重各种生活设施的人性化细节设计，如卧室光照充足，每个床位都可以照到阳光，老人活动区间内到处设有扶手，等等。以社会心理需求为导向，强调住宅、家、社区的概念，可以从提高老年人的成就感着手，充分尊重老年人渴望独立、渴望融入社会和家庭的心理愿望，鼓励和辅助老人力所能及地做一些事情，让他们在活动中找到自己的角色，从而维持老人的自立能力，通过安排各种活动器械、提供各种休闲物品，方便老人进行休闲活动和交友。以健康需求为导向，关注医养结合、养护结合，如每周有医生定时到养老院查房，设立高危病区，危急时刻可直接呼叫救护中心送就近医院，等等。

B. 注重体验的养老服务理念

基于马斯洛的需求层次论，通常将一个行业的发展划分成三个层级：产品经济时代、服务经济时代、体验经济时代。虽然目前我国养老行业发展很快，但可能仍然处于产品经济时代，主要解决的是生理和安全的需求，服务理念具体表现为：

第一，我们更强调专业照护，保障老人身体护理、康复；

第二，我们更强调医养结合，为老人安全保驾护航；

第三，我们更强调老人营养餐，解决老人"吃好的问题"；

第四，我们更强调"适老化"设计，为老人营造安全的环境。

这是养老服务的产品经济时代，通过提供产品让客户获得更好的照顾和安全感。

服务经济时代应该解决归属的需要，让客户认同，产生归属感。这时候重要的是客户在这里生活得舒服，回归到人性层面，就是尊重和社交，客户在这里得到了真正的尊重，同时有一群志同道合的老伙伴，这里是指通过服务让老人得到"真正的快乐"。体验经济时代，关注的是自我实现的需要，通过高层级的服务体验，实现老人的自我成长。当然，不同档次定位的客户群体可以实现不同层次的自我成长。在体验经济时代，通过服务让老人发现自我未发现的价值，感受生命的美好。在产品经济时代，需要专业的服务，需要更多的专业照顾医生、护士、康复师等。在服务经济时代和体验经济时代，可能还需要增加更专业、高素质的社工、心理咨询师、生活规划师等。

（二）管理创新

1. 政府养老服务责任转变

A. 政府责任转变的表现

我国政府在养老服务中的责任正处于转变之中，具体表现为三点。

①政府责任对象覆盖全体老人

在相当长的时间里，政府养老服务的责任对象局限为少数没有经济能力、没有家庭支持、没有生活自理能力的"三无"人员。随着老龄化程度的加深，中央政府和地方政府开始不断拓宽老年基本公共服务的覆盖对象，《"十三五"国家老龄事业发展和养老体系建设规划》中提出：城镇职工和城乡居民基本养老保险参保率达到90%，基本医疗保险参保率稳定在95%以上；基层医疗卫生机构为辖区内65岁以上老年人普遍建立健康档案，开展健康管理服务，到2020年实现65岁以上老年人健康管理率达到70%。政府责任的对象扩大至"全体老人"。

②从"单一"政府责任目标提升到"多元生活保障"

在"福利救济"型政府的领导下，养老服务中的政府责任目标较为单一，主要是生存救济，服务提供以老年人的伙食、衣被、医药等生存性需求为主。但2015年第二次修订的《中华人民共和国老年人权益保障法》第四条对政府的责任目标进行了扩展，责任目标被提升为"多元生活保障"，具体提法为：积极应对人口老龄化是国家的一项长期战略任务。国家和社会应当采取措施，健全保障老年人权益的各项制度，逐步改善保障老年人生活、健康、安全以及参与社会发展的条件，实现老有所养、老有所医、老有所为、老有所学、老有所乐。上海、江苏等省份的养老服务规划中还提出了更为具体的助餐、助洁、助急、助行、助浴、助医、助乐、助安、助聊、助学等多元居家养老服务内容。

③政府责任法律约束机制不断完善

完善老龄事业法规政策体系是国家保障老年人合法权益的重要举措之一。1985 年以前，国家层面没有发布养老服务政策，其后至 2010 年所发布的养老服务政策仅有 10 项，但自"十二五"以来，国家层面发布了 59 项政策，占总文本数量的 84.3%，国家对发展养老服务业的政策支持力度大幅提升，2014 年发布的这方面政策高达 11 个，而在 2016 年至 2017 年 5 月不到一年半的时间里，国家层面发布了 16 项养老服务政策，这反映出政府养老服务战略的调整。不仅如此，"十二五"时期，国家两次修订《中华人民共和国老年人权益保障法》。2013 年，为加快发展养老服务业，中央发布了《国务院关于加快发展养老服务业的若干意见》这一具有里程碑意义的专项政策文件。总体来看，我国养老服务领域已经逐步形成了法律、法规、部门规章的完善体系。

B. 政府养老责任实现方式

①政策引导支持社会力量兴办养老机构

"十三五"以来，国家加快推进养老服务业"放管服"改革，全面放开养老服务市场，提升养老服务质量。这方面的国家政策包括：一是鼓励社会力量通过独资、合资、合作、联营、参股、租赁等方式参与公办养老机构，对民间资本和社会力量申请兴办养老机构放宽准入条件，落实好相关扶持政策；二是大力发展养老服务业，培育一批龙头企业，加快形成产业链长、覆盖领域广、经济社会效益显著的养老服务产业集群；三是强调混业运营战略理念，支持养老服务产业与健康、养生、旅游、文化、健身、休闲等产业融合发展，鼓励金融、地产、互联网等企业进入养老服务业；四是重视老龄用品市场发展，推动科技融入老年用品市场，提升老年用品科技含量，加强对老年用品产业共性技术的研发、创新以及成果转化应用，落实相关税收优惠政策，引导支持相关行业、企业围绕健康促进、健康监测可穿戴设备、慢性病治疗等重点领域，推进老年人适用产品、技术的研发和应用；五是鼓励社会力量举办以中医药健康养老为主的护理院、疗养院，建设一批中医药特色医养结合的示范基地。

②通过政府购买服务的方式推广社区居家养老

通过政府购买服务，推动专业化居家社区养老机构发展。统筹规划城乡社区养老服务设施建设，新建城区和新建居住（小）区按要求配套建设养老服务设施，老城区和已建成居住（小）区中无养老服务设施或现有设施未达到要求的，通过购置、置换、租赁等方式建设。加强对社区养老服务设施与社区综合服务设施的整合利用。支持为社区养老服务设施配备康复护理设施、设备和器材。鼓励有条件的地方通过委托管理等方式，将社区养老服务设施无偿或低偿交由专业化的居家社区养老服务项目团队运营。

③以多元手段维护和强化家庭养老功能

《中华人民共和国老年人权益保障法》中提出，"老年人养老以居家为基础，家庭成员应当尊重、关心和照料老年人"，明确规定赡养人应当：履行对老年人经济上供养、生活上照料和精神上慰藉的义务，照顾老年人的特殊需要；使患病的老年人及时得到治疗和护理，对于经济困难的老年人，应当提供医疗费用；妥善安排老年人的住房，不得强迫老年人居住或者迁居条件低劣的房屋；关心老年人的精神需求，不得忽视、冷落老年人；义务耕种或者委托他人耕种老年人承包的田地，照管或者委托他人照管老年人的林木和牲畜，等等，收益归老年人所有。

除了通过法律规定老年人家庭成员的赡养义务、维护家庭养老功能以外，国家还通过健全家庭养老支持政策，鼓励家庭成员与老年人共同生活或者就近居住，为老年人随配偶或者赡养人迁徙提供条件，为家庭成员照料老年人提供帮助。国家还提倡将孝老、养老纳入社会公德、家庭美德和个人品德建设，纳入文明家庭考评，鼓励各地利用春节、清明节、中秋节、重阳节等传统节日，开展创意新、影响大、形式多的宣传教育活动，推动家庭发扬敬老养老的优良风尚。

2. 建立养老服务机构分类管理的政策体系

目前，我国养老服务组织从公办－民办、营利－非营利的角度来看，可划分为公办公营、公办民营、公建民营、民办公助、民办民营等类型，依据政府主体介入程度的高低又可分为公共属性（公办公营）、准公共属性（公办民营、公建民营、民办公助）和社会属性（民办民营）。对此，我国应当建立养老服务机构分类管理的政策体系。

（1）公共属性养老机构。公办养老机构定位于"保基本、兜底线"，优先保障最为特殊的老年人群体。民政部发布的《养老机构管理办法》明确指出，政府投资兴办的养老机构，应当优先保障孤老优抚对象和经济困难的孤寡、失能、高龄等老年人的服务需求。这既符合机构养老最初的设计定位，也符合公共伦理价值。

（2）准公共属性的"三类"养老机构。这是对公办机构的补充，服务对象为一般失能、高龄老人。由于其存在不同程度的"公共属性"，发挥了为部分特殊老人提供"托底"服务的作用，实现了对公办机构的补充。《养老机构管理办法》明确指出，政府要对这类机构给予一系列补助，包括建设补贴、运营补贴、养老服务补贴等。

（3）社会属性养老机构。民办养老机构面向社会所有老年人进行市场化运作。对于社会属性养老机构，政府给予政策、税收等各项优惠，降低准入门槛，简化创办登记手续，等等。

3. 养老服务多元参与

为了应对人口老龄化带来的挑战和压力，目前我国正在动员全社会力量，构建"居家为基础、社区为依托、机构为补充、医养相结合"的养老服务体系。

A. 社区养老服务

社区（community）这一名词由德国社会学家 F. 滕尼斯于1881年首次使用，20世纪30年代初，费孝通先生将这一名词引进中国。尽管社会学家迄今为止对社区的定义还没有完全达成一致，但一般认为社区具有以下特征：一定数量的人口、一定范围的地域、一定规模的设施、一定特征的文化、一定类型的组织。社区是一个"聚居在一定地域范围内的人们所组成的社会生活共同体"。社区的主要功能体现在为社区居民生活需求提供各种服务，包括生活服务、医疗服务、教育服务、咨询服务等。

①社区养老相关任务

当前，社区承担的养老相关任务主要有以下几点。

a. 定期上门巡访空巢老年人家庭，帮助老年人解决实际困难。

b. 发挥供需对接、服务引导作用。加强居家养老服务信息汇集，引导社区日间照料中心等养老服务机构依托社区综合服务设施和社区公共服务综合信息平台，创新服务模式，提升质量和效率，为老年人提供精准化、个性化、专业化的服务。

c. 激励和组织老年人参加社区邻里互助养老活动。推动扶持残疾、失能、高龄等老年人家庭开展适应老年人生活特点和安全需要的家庭住宅装修、家具设施、辅助设备等建设、配备、改造工作，对其中的经济困难老年人家庭给予适当补助。

②社区居家养老服务

社区居家养老服务是指社区利用各种社会资源在社区中开展的居家养老服务，社区组织正规服务机构、社区志愿者及社会支持网络为有需要的老人提供帮助，使他们能在熟悉的环境中维持自己的生活。社区居家养老保留了传统的在家养老的形式，同时利用社区和社会的力量和资源，为老年人提供就近且便利的服务，让老年人不离开熟悉的场所就能得到养老服务，既减轻了老年人家庭的日常照料负担，又弥补了社会养老机构的不足。近年来，社区居家养老服务得到广泛认可，国家在养老服务体系发展的规划中提倡大力发展居家社区养老服务。

从居家养老消费者的需求、市场供给的角度来看，可以从以下五个方面进行创新。①

第一，建立社区养老管理人制度和居家巡访制度。我国居家养老服务在配套建设方面才刚刚起步，对于如何把养老服务与医疗护理服务、社会工作相结合，可以借鉴英国、日本居家养老服务的成功经验，建立社区养老管理人制度，将原本的直接服务提供者转变为专业的资源组织者和养老需求识别者，通过养老管理人直接将老人的需求与资源对接，避免老人可能存在的需求自我识别能力弱的问题造成沟通成本的增加和公共资源的浪费。同时，通过居家巡访制度实时掌握老年人群的需求变化情况，以提供

---

① 《中国居家养老服务的突破与创新》，http://www.sohu.com/a/148373682_825955，最后访问日期：2018 年 11 月 26 日。

能够适应养老需求的服务产品。

第二，实现社区居家养老的服务性"医养"结合。居家养老服务的"医养"结合模式与传统意义上的养老项目"医养"结合不同，前者更加强调服务的"医养"无缝对接，即老人无论在家或在医院均可享受同样质量的服务，避免老人因就医环境变化而引发情绪不安，或因适应能力弱而诱发其他不良反应。实现服务性"医养"结合，可以使老人无论在家或就医均能体会到熟悉的"家"的感觉。

第三，打造社区养老服务综合平台。首先，应从老年人的服务需求出发，梳理、整合并优化包括个人、社区组织、社区团体和机构等在内的社区资源，将"社区资源"与"服务需求"有机对接，加强同质性资源间的合作，挖掘和整合异质性资源，实现社区资源有效配置的综合化与多元化。其次，要围绕老年人的食、住、行、医、养等方面汇聚资源，打造养老服务综合平台。养老服务综合平台应该引入信息化和智能化设施设备，并与医院、旅游机构和娱乐机构等互联互通，以此提高自身养老服务供给的效率和水平。

第四，通过居家养老数据系统，建立虚拟"医—养—护"平台。以前的居家养老的数据化运用还处于初级阶段，没有能够实现养老群体的整体数据对接，数据之间的联动作用几乎为零。今后在居家养老平台上运用数据系统建立居家养老群体档案，同时双向对接其就医就诊、养老服务、护理需求记录，运用大数据分析居家养老群体的生活、就医、养护情况，预判未来可能出现的潜在"医—养—护"风险及可能由此产生的养老服务需求的变化。根据每位老人的不同情况在众多的服务产品或项目中筛选合适的产品组合，形成居家养老服务包，为老人提供定制化和特色化的服务。

第五，通过精神慰藉的方式提高老人的独立性，增强其尊严感。提高老人独立性有利于老人在养老阶段不脱离社会，不为社会标签化，尊严感的提升更加有利于老人的心理健康。独立性和尊严感可以借助精神慰藉的方式加以实现。精神慰藉不仅仅是心理辅导，还包括通过一系列的方式增强老人的社会参与感，帮助老人实现自身的晚年价值。

B. 机构养老服务

国家在"十二五"时期加大了养老机构的建设力度，主要包括以下几点。

第一，清晰定位公办养老机构的保障托底作用。各地公办养老机构要重点为"三无"（无劳动能力，无生活来源，无赡养人和扶养人或者其赡养人和扶养人确无赡养和扶养能力）老人、低收入老人、经济困难的失能、半失能老人提供无偿或低收费的供养、护理服务。

第二，改革公办养老机构体制。鼓励社会力量通过独资、合资、合作、联营、参股、租赁等方式参与公办养老机构改革。政府投资建设和购置的养老设施、新建居住（小）区按规定配建并移交给民政部门的养老设施、党政机关和国有企事业单位培训疗养机构等改建的养老设施，均可实施公建民营。

第三，支持社会力量举办养老机构。推进养老服务业"放管服"改革，对民间资本和社会力量申请兴办养老机构放宽准入条件，加强开办支持和服务指导，落实对民办养老机构的投融资、税费、土地、人才等扶持政策，采取特许经营、政府购买服务、政府和社会资本合作等方式支持社会力量举办养老机构，允许养老机构依法依规设立多个服务网点，实现规模化、连锁化、品牌化运营，鼓励整合改造企业厂房、商业设施、存量商品房等用于养老服务。

第四，全面提升养老机构服务质量。加快建立全国统一的服务质量标准和评价体系，完善安全、服务、管理、设施等标准，加强养老机构服务质量监管。建立健全养老机构分类管理和养老服务评估制度，引入第三方评估，实现评估结果报告和社会公示。加强养老服务行业自律和信用体系建设。支持发展养老机构责任保险，提高养老机构抵御风险的能力。

在此基础上，可以从健全养老机构运营机制、提升养老机构服务能力、提高从业人员专业化水平等方面进行管理创新。

C. 医养结合

2013 年，国务院发布的《关于加快发展养老服务业的若干意见》中提出了"推动医养融合发展"的理念，其后，"医养结合"一词被广泛使用。医养结合是指医疗资源与养老资源相结合。其中，"医"包括医疗康复保健服务，如医疗服务、健康咨询服务、健康检查服务、疾病诊治和护理服务、大病康复服务以及临终关怀服务等；"养"包括生活照护服务、精神心理服务、文化活动服务等。当前我国医养结合模式主要有以下几种。

一是在原有的医疗卫生机构中开展养老服务。在现有的医院、社区医疗服务中心中，有条件的可开展养老服务。结合公立医院改革，医疗机构可以转变成康复医院或护理医院，为周围社区提供综合的、连续的养老医疗服务。

二是在养老机构中增设医疗服务。养老机构可根据老人养老服务需求和自身能力，按相关规定申请开办医疗机构，提高养老机构提供基本医疗服务的能力。2014 年，国家卫生和计划生育委员会印发了养老机构医务室、护理站的基本标准，对设置在养老机构内的医务室、护理站，从人员、房屋、设备、制度等方面做出规定。只要有一个医生、一名护士，就可以申请开办医务室，门槛大大降低。国家鼓励有条件的养老机构开设老年病医院、专科医院、护理医院、康复医院等专业医疗机构。支持养老机构按规定开办康复医院、护理院、临终关怀机构和医务室、护理站等。鼓励执业医师到养老机构设置的医疗机构多点执业，支持有相关专业特长的医师及专业人员在养老机构开展疾病预防、营养、中医养生等非诊疗性健康服务。将养老机构设置的医疗机构中符合条件的按规定纳入基本医疗保险定点范围。

三是医疗机构与养老机构协议合作提供养老服务。养老机构与周边的医疗卫生机构开展多种形式的协议合作，通过建设医疗养老联合体等多种方式，建立养老机构内设医疗机构与合作医院间双向转诊绿色通道，为老年人提供治疗期住院、康复期护理、稳定期生活照料以及临终关怀一体化服务。

四是医疗卫生服务延伸至社区、家庭。基层医疗卫生机构和医务人员与社区、居家养老结合，与老年人家庭建立签约服务关系，为老年人提供连续性的健康管理服务和医疗服务。

D. 志愿养老服务

志愿服务是指在不求回报的情况下，为促进社会进步而自愿付出个人的时间及精力所做的服务工作。民政部印发的《中国社会服务志愿者队伍建设指导纲要（2013～2020 年）》中指出：我国将进一步加快社会服务志愿者队伍建设，预测到 2020 年，注册社会服务志愿者占居民总数的比例将达到 10%。面对养老服务的巨大需求，将传统志愿服务扩大到社会养老服务领域，将志愿服务和养老服务结合起来，探索政府管理与全民参与的社会协同养老，为低成本、高效率的养老服务供给提供了一个补充途径。

任何人志愿贡献个人的时间及精力，在不为获取任何物质报酬的情况下参与社会养老服务，即可以成为养老服务的志愿者。目前，参与到志愿养老服务中的主要群体有以下几种。

一是学生群体。特别是大学生群体参与较多，大多是通过学校团委或学生社团组织参与到养老机构、社区、社会组织的养老服务中，多为临时性或短期的参与。

二是低龄健康老年群体。低龄老人服务于高龄老人，相较其他志愿服务群体来说，更易于让受助对象接受。低龄健康老年群体往往有时间充裕、生活经历丰富、服务热情等特点，让他们服务于高龄老人，不仅有助于解决养老服务力量不足的问题，还可使他们更好地发挥余热，实现"老有所为"。为鼓励"以老帮老、以老扶老"的自助养老模式，上海、江苏、广东等地已经开始试点"时间银行"。江苏省还将发展"时间银行"纳入地方的立法进程，自2016年3月1日起施行的《江苏省养老服务条例》中首次提出（第四十九条）：鼓励、支持发展相关养老服务志愿组织，建立志愿服务时间储蓄等激励机制。志愿者或者其直系亲属成为老龄群体后根据其志愿服务时间储蓄，优先、优惠享受养老服务。

三是其他有组织群体。一些企业、事业单位或社区工作人员，在节假日或周末为老人提供义诊、法律咨询、知识讲座等短期或一次性志愿服务，有的还通过结对子形式，为社区居家老人或机构老人提供较为长期的志愿服务。

（三）实践创新

我国从2014年开始出台了多个政策文件，鼓励社会力量参与发展养老服务业，并通过试点推动实践创新。目前养老领域八个方面的试点情况如表4－1所示。

表4－1　养老服务领域八个方面试点情况

序号	牵头部委	试点项目
1	民政部、国家发改委	42个养老服务业综合改革试点
2	民政部、国家发改委、工信部等六部委	养老服务和社区服务信息惠民工程试点

序号	牵头部委	试点项目
3	民政部	公办养老机构改革试点
4	国家发改委、民政部、国家卫生计生委	养老机构远程医疗服务试点
5	商务部、财政部	以市场化方式发展养老服务产业的试点
6	保监会	老年人住房反向抵押保险试点
7	国家卫生计生委	计划生育家庭养老照护试点
8	民政部	国家智能养老物联网的应用示范工程试点

1. 养老服务业综合改革试点

国家民政部、发改委联合确定了上海浦东新区等 42 个地级地区作为综合改革试点地区，从健全养老服务体系，引导社会力量参与养老服务，完善养老服务政策，强化城市养老服务设施布局，创新养老服务供给方式，培育养老服务产业集群，加强养老服务队伍建设，强化养老服务市场监管八个方面开展试点。

2. 全国公办养老机构改革试点

民政部在全国 28 个省级行政区确立了 124 家试点单位（其中浙江、湖北和四川是公办养老机构改革试点最为集中的省份），通过发挥托底作用，增强服务功能，推行公建民营，探索转企改制等方式，激发公办养老机构的发展活力和内在动力。

3. 养老信息惠民工程试点

2014 年 11 月，民政部、国家发改委、工信部、财政部、公安部、国家卫生计生委六部门联合下发《关于开展养老服务和社区服务信息惠民工程试点工作的通知》，以养老服务为切入点，优先支持居家和社区养老项目，吸纳社区志愿服务和商业服务资源，建设一体化社区信息服务站。通过开展试点工作，推动 200 个养老机构实现养老信息化管理服务，450 个社区实现以居家社区养老服务为重点的社区信息一体化服务，进一步完善"资源共享、协同服务、便民利民、安全可控"的社区服务信息化发展格局，健全社区公共服务、志愿服务和便民利民服务衔接配套的社区服务信息化体系。

4. 养老机构远程医疗服务试点

2014 年 6 月，民政部、国家发改委、国家卫生计生委联合下发通知，确定在北京市第一社会福利院等 5 家福利院、首都医科大学宣武医院等 3 家医院，开展养老机构远程医疗相关工作试点，并研究制定养老机构远程医疗服务的相关政策。试点医院面向合作养老机构开放优质医疗资源，开展以视频会诊、病理诊断、影像诊断、远程监护、远程门诊和远程查房等为主要内容的远程医疗服务和双向转诊服务。

5. 国家智能养老物联网试点

2014 年 6 月，国家发改委、民政部等十四部门印发了《关于印发 10 个物联网发展专项行动计划的通知》，在全国开展国家智能养老物联网的应用示范工程试点。在北京市第一社会福利院、北京市大兴区新秋老年公寓、河北省优抚医院、江苏省无锡市失能老人托养中心、河南省社区老年服务中心中州颐养家园、安徽省合肥庐阳乐年长者之家、四川省资阳市社会福利院 7 家养老机构开展国家智能养老物联网应用示范工程试点工作。

试点之一的北京市大兴区新秋老年公寓，也是国家远程医疗试点单位。该公寓大力推广科技养老、标准化养老、智能化养老，引进国际领先的日本认知症照护服务经验和中国台湾养老护理服务经验。江苏省无锡市失能老人托养中心自 2013 年 12 月起，为提升管理和服务水平，聘请恒东信息科技无锡有限公司全力打造"物联网智能托养云服务平台"，平台包括个人工作平台、托养人员信息管理、养护管理、院务管理、人事管理、采购管理、餐饮管理、绩效管理、统计分析、系统配置、GIS 平台等模块。安徽省合肥庐阳乐年长者之家初步实现智能化，房间内拥有无线门窗磁感应器、门用无线云智能锁、无线电动窗帘、无线红外入侵探测器、无线烟雾探测器、无线光照传感器、无线空气质量传感器、无线云抽屉锁、无线墙面开关、无线墙面智能安全插座等高科技装备，使老人的生活变得安全便利。专业护理床拥有无线紧急按钮、翻身检测传感器、睡眠监测传感器、下床监测传感器等智能装备。

6. 养老服务业反向抵押保险试点

2014 年 6 月，中国保监会出台《关于开展老年人住房反向抵押养老保险试点的指导意见》，标志着以房养老保险试点正式启动。北京、上海、广州、武汉被确定为首批试点城市，自 2014 年 7 月 1 日起开始推进以房养老保险试点工作。反向抵押养老保险是一种将住房抵押与终身养老年金保险相结合的新型商业养老保险业务，即拥有房屋完全产权的老年人，将其房产抵押给保险公司，继续拥有房屋的占有权、使用权、收益权和经抵押权人同意的处置权，并按照约定条件领取养老金直至身故。老年人身故后，保险公司获得抵押房产处置权，处置所得资金将优先用于偿付养老保险相关费用。

2015 年 3 月，保监会批复了幸福人寿的《幸福房来宝老年人住房反向抵押养老保险（A 款）》保险条款。这也是国内首个保险公司获批以房养老产品。依据保监会批复的产品条款，"房来宝"投保人须为 60～85 岁（含 85 岁）的老人。老人与保险公司签订合同时，双方将确定基本养老保险金额，这一金额设定要考虑房屋折旧、预期增值、预期的老年人平均生存年限等，金额一经确定，将不能变更。不过，老年人每月拿到的养老金要在基本养老金额中扣除必要的费用，如部分房屋评估费、律师费、保单管理费等。为了保证抵押物的安全，条款要求投保人不能再行处置房产和擅自改变房产主体结构，要履行房屋维护义务，并购买相应的房屋财产保险。

对于房价变动和房屋收益问题，"房来宝"产品条款明确保险公司不参与分享房产增值收益，但承担房屋下跌风险和长寿给付风险。也就是说，投保后，老年人即可终身领取养老金，不受房价下跌的影响。由于产品比较复杂，保监会要求幸福人寿在使用上述保险条款和保险费率时，应加强销售管理，明确说明保险责任、责任免除、合同解除等事项，确保消费者正确理解保险合同。同时，该产品还设置了 30 天的"犹豫期"，比一般保险产品 10 天的犹豫期延长了"反悔权"时间。

7. 以市场化方式发展养老服务产业试点

2014 年 8 月，财政部、商务部印发了《关于开展以市场化方式发展养老服务产业试点的通知》，在内蒙古、吉林、江西、山东、安徽、湖北、湖南、甘肃 8 个省（自治区）开展以市场化方式发展养老服务产业的试点工作。中央财政下拨服务业发展专项资金 24 亿元，支持以市场化方式发展养老服务产业试点，每个省份将获 3 亿元试点引导资金。

2014 年 11 月，商务部印发《关于推动养老服务业发展的指导意见》，要求在健全家政服务体系建设的基础上，加快推动居家养老、社区养老和集中养老的发展，探索以市场化方式发展养老服务产业的新途径、新模式，培育一批带动力强的龙头企业，富有创新活力的中小企业，竞争力强、经济社会效益显著的服务机构和产业集聚群以及知名养老服务品牌。

内蒙古制定的《内蒙古自治区以市场化方式发展养老服务产业试点工作实施方案》提出，通过搭建基金平台和体制创新，采取股权入股、政府购买社会服务等方式，引导社会各方面加大投入力度，建立以社会化、市场化、商业化方式促进养老服务业发展的长效机制。借鉴"家政服务体系建设试点城市"的建设经验，通过养老服务产业发展基金支持，引导民间资本和各类社会主体参与居家养老、社区养老服务，鼓励发展养老服务中小企业，扶持发展龙头企业，实施品牌战略，提高创新能力。安徽获批世界银行1.4亿美元的优惠贷款，用于养老设施建设，试点建设安徽养老信息平台、智能养老物联网等。此贷款的首个养老示范项目落在安徽省宿州、芜湖等5个城市，采取"中心＋网点"的建设布局，以集中住养机构建设为中心，在城市开展社区养老服务网点、信息化平台建设，改造升级农村敬老院，系统推进养老服务设施建设。

8. 计划生育家庭养老照护试点

2014年9月，国家卫生计生委下发《关于开展计划生育家庭养老照护试点工作的通知》，从2014年9月开始持续到2016年上半年，每个省选出1个地级市作为试点单位，开展5项试点工作：制定试点方案、开展需求调研、组织技能培训、主动上门服务和进行评估督查。经过制定方案、调研和培训，根据需求对计划生育家庭开展一年期的上门服务。

2015年3月，国家卫生计生委确定了北京市西城区、黑龙江省大兴安岭地区、上海市闵行区、山东省潍坊市、青岛市市南区、总参管理保障部、北极寺老干部服务管理局等37个地区（单位）为计划生育家庭养老照护试点单位。试点单位计划生育家庭的养老照护主要依托于基层卫生计生部门及相关工作人员和家庭成员，通过对他们进行分级培训，开展有针对性的生活照料、家庭保健、照顾护理、精神慰藉、紧急救援等活动。

本章小结

通过建立养老服务组织结构，规定职务或职位，明确责权关系，等等，能够有效实现组织目标。本章主要阐述了养老服务组织的类型、养老服务组织结构的具体形态、权力的合理配置。介绍了我国养老服务组织的"三层五级"管理模式、养老服务组织的运行管理。提出了从理念创新、管理创新、实践创新三个方面解决我国养老服务组织管理面临的新问题。

思考题

1. 如何进行养老服务组织部门的划分？
2. 如何对养老服务机构进行组织层级的设计？
3. 养老服务组织中直线职权与参谋职权的含义是什么？
4. 现代养老服务组织常用的组织结构形式有哪些？各有何优缺点？
5. 当前我国养老服务中的政府责任发生了哪些转变？政府可以通过哪些手段实现其责任？

扩展阅读

养老机构等级评定有了"国标"
分为五个等级　级数越高表示综合能力越强

养老机构的好与坏，事关老年人晚年生活质量。可是，如何挑选养老机构，除了公立、民办之分，很难有一个比较客观的标准帮助老年人及其家属衡量养老机构的质量。自7月1日起，挑选养老机构将有标准可依。昨日记者从市民政局获悉，新发布的《养老机构等级划分与评定》国家标准，根据综合能力将养老机构分为五个等级，级别越高证明养老机构的"实力"越强。

此次发布的《养老机构等级划分与评定》国家标准，将养老机构的评定分为五个等级，从低到高依次为一级、二级、三级、四级、五级，级数越高，表示养老机构在环境、设施设备、运营管理、服务方面的综合能力越强。养老机构申请等级评定需满足一定的基本条件，包括具备有效执业证明、空间配置满足要求、一年内无责任事故发生、达到一定的机构入住率等。在满足申请条件的基础上，等级评定的总分为1000分，包括环境120分、设施设备130分、运营管理150分、服务600分。在具体的评定内容与分值上，设置了交通便捷度、院内无障碍、出入院服务、居家上门服务等40个打分项。自颁发证书之日起计算，等级标志的有效期为三年。到期后，养老机构应向评定机构申请复核。

新标准还对养老机构的空间配置进行了规定，要求老年人居室内床位平均可使用面积不低于6平方米，单人居室使用面积不低于10平方米。同时，居室、卫生间、浴室空间应设置紧急呼叫装置或为老年人配备可穿戴紧急呼叫设备。

据市民政局相关负责人介绍，出台《养老机构等级划分与评定》填补了养老机构等级划分与评定国家标准的空白。通过客观公正透明的评价，有利于引导养老机构提供优质服务，减少养老服务的信息不对称现象，方便人们选择满意的养老机构，有利于保护老年人的合法权益。

1. 养老机构分五个等级

从低到高依次为一级、二级、三级、四级、五级，级数越高，表示养老机构在环境、设施设备、运营管理、服务方面的综合能力越强。

2. 等级评定的基本条件

包括具备有效执业证明、空间配置满足要求、一年内无责任事故发生、达到一定的机构入住率等。

3. 评定设置40个打分项

等级评定的总分为1000分，包括环境120分、设施设备130分、运营管理150分、服务600分。设置了交通便捷度、院内无障碍、出入院服务、居家上门服务等40个打分项。

4. 等级标志有效期为三年

自颁发证书之日起计算，等级标志的有效期为三年。到期后，养老机构应向评定机构申请复核。

（资料来源：韩雯：《养老机构等级评定有了"国标"分为五个等级 级数越高表示综合能力越强》，《天津日报》2019年2月25日）

第五章
养老服务人才管理

《《《《《《 学习目标

1. 了解养老服务人才管理的定义和内涵。

2. 了解养老服务人才的类型及识别方式、养老服务机构招聘的类型和具体措施。

3. 熟悉养老服务人才甄选的方式及步骤，养老服务机构管理人才的技术技能，养老服务人才的开发思维和战略选择，以及养老服务关键人才的留任方式。

4. 系统掌握招聘、识别、发展、管理和留任养老服务人才的有效技术和管理手段。

日益兴起的人才管理领域，旨在帮助组织制定更佳的决策，选择更为有效的方法，使其吸引和聘用的人才发挥出最大价值。中国老龄化问题日益凸显，老年服务人才队伍建设不足，因此加大老年服务人才供应力度，杜绝老年服务人才的严重流失势在必行。目前少有养老服务组织会在人才管理的实践中反映出自身有关人才价值的真正理念，然而人才的挖掘、培养、任用等工作却越发紧迫。本章将从养老服务人才及人才管理的内涵界定开始，探讨养老服务人才的吸引与甄选、培养与开发以及激励和留任活动及其实施的效果。

第一节　养老服务人才管理内涵

管理是一种社会文化现象，只要存在人类社会就会存在管理。管理活动自始至终在每一个环节上都是与人打交道，因而其必然包括人力管理，而人才管理是人力资源管理的一个重要组成部分。本节将对养老服务人才及人才管理进行分析和界定，并且在对人才管理研究趋势进行分析的基础上，从组织战略的层面系统介绍人才管理。

一　养老服务人才管理的定义

（一）人才

究竟什么样的人才能被称为人才？《现代汉语词典》将人才定义为"德才兼备的人"，《现代牛津英语词典》将人才定义为"掌握某种禀赋或技能的人"，因而人才往往被认为是拥有特定技能的人。最初的麦肯锡报告特别强调管理人才的雇用和留用，但也有观点认为管理人才只是组织取得成功的重要一环，并不是唯一的人才保证。因而渐渐有人将人才的范围扩大到组织劳动力中的多数群体，认为他们作为具备一定能力且业绩稳定的员工，对组织的贡献不可忽视。此外，第三种观点认为人才是因自身直接的贡献或长期表现出的巨大潜力而有助于提升组织绩效的个体。因此人才可以是任何掌握独特技能的人，或者从一个更独特的意义上来讲，人才仅限于那些表现出优异绩效或潜能的人。由此可见，组织内的人才狭义上指的是有抱负的精英群体，广义上指的是所有员工，而从综合角度来看，指的是核心员工或对组织成功起关键作用的人员。对于不同的使用目的，人们会采用不同的定义，因而我们在这里所理解的人才也并不是广义上囊括所有人的人才，而是更多倾向于狭义的人才。

（二）人才管理

迄今为止，人才管理领域的研究一直关注当前的组织实践，缺乏对"人才管理"一词的统一理解，例如，关于人才管理是不是关于管理所有员工，或者仅仅是将对象定位于高潜力或高绩效的员工，还存在诸多争议，从而导致相关研究缺乏明确的定义和理论框架。事实上，缺乏一致的定义似乎是现实中存在三种不同解释路径的原因。根据对人才的不同理解，人才管理被不同的人用于不同的地方，它可能仅仅被看作普通人力资源实践的新术语（"新瓶装旧酒"），也可能暗指组织继任计划的相关实践，或者可以更一般地指代对有才能的员工的管理。

然而，尽管不同学者和组织对人才管理的描述存在差异，但是其核心都是描述同一目标，即通过一套流程和方法招聘及发展人才来满足组织的战略需要。斯坦顿认为，人才管理是指在适当的环境下，适当的角色由适当的人员扮演，并在适当的管理者领导下达到最佳绩效。马克·艾伦将人才管理理解为"管理者为最大限度发挥组织内最棒的资产——人才的价值，而执行的一系列管理实践"。有人认为，人才管理是一个外部招聘、筛选和内部发展与保留人才的连续过程；有人认为，人才管理是为了保证依据战略经营目标将合适的人、工作及时间连接起来的人才供应链；也有人认为，人才管理是确保组织现在及将来能够吸引、留用、激励、开发自身需要的优秀人才所采用的系列性管理活动，目的是确保人才的持续供应，牢记人才是公司的重要资源。有人将人才管理定义为，"对有利于组织可持续竞争优势的关键职位进行系统性识别，开发高潜力和高绩效的现有人才库以填补这些角色，以及开发差异化的人力资源架构以便与有能力的在职人员一起填补这些职位，并确保他们继续致力于对组织持续承诺的活动和过程"。罗伯特·希尔泽和本·道威尔在《战略驱动型人才管理》中将人才管理定义为"组织为吸引、发展、利用和留用人才，实现战略目标以及满足未来业务需求所指定的一整套流程、程序和文化准则的综合体系"。

显然，人才管理涉及一系列的活动，而这一套活动会形成更加连贯统一的整体，有助于使各部分相互协调、彼此支持、共同实施，从而帮助组织获取并留住所需的优秀人才。因而，人才管理可以简单地被定义为吸引、留用、识别、开发、参与、雇用与配置管理人才及其他对组织有特殊价值的优秀人员的系统性活动。

（三）养老服务人才及其管理

一般看来，养老服务行业涉及三类人才：专业型人才、战略型人才和管理型人才。专业型人才是指为入住机构的老人们提供日常生活照料服务的基层工作人员和医务人员。专业人才的缺乏可谓养老服务行业的普遍现象。当前养老人才资源配置不合理，相关专业毕业的人才太少，很难满足养老需求，目前最缺的仍是专业护理员。

战略型人才往往是指具有战略眼光的投资人。他们不仅要眼光独到，能够看到理想的"丰满"，也要看到现实的"骨感"，还要下定决心迎着风险、实实在在地投入真金白银。这类人才几乎是不流动的，他们是在成就事业，已经站在了需求层次的制高点，他们是民办养老机构的柱石，未来必将成为社会化养老行业的坚实基础。

管理型人才是指熟知养老服务行业及具备各项管理能力的各级管理人才。从国内的情况来看，养老机构中管理人才的来源主要有四种。一是在福利系统中担任过养老机构管理人员的退休者。他们具有一定的管理经验，往往能够为一个新建机构的运营启动工作提供极大的帮助，也能为其后的运营打下一定基础。但受福利系统管理体制所限，他们对于社会化和市场化养老机构的企业化运作体系缺乏深入理解和思考，尤其在市场营销、成本管理和客户感受方面缺乏必要的常识与技能。二是医疗机构中做过护理管理工作的退休者，这是当前养老行业必谈"医养结合"的最好说辞与注脚。他们熟悉医疗护理的专业和细节，能够为入住机构的老人们提供医护需求的"定心丸"。但受医疗系统的习惯性思维影响，他们往往会在养老机构的客户感受方面重视不足，这种不足因体现在潜意识中而不易被觉察。三是近年来对国内养老市场高度关注的国内外养老运营管理机构的派出者，以日本、美国等为主。他们有极强的客户服务理念和市场意识，也有一整套在国外运营得很成熟的管理标准和流程，这些标准和流程代表了世界先进水平。四是在其他企业或组织担任过管理职位的人才。虽然专业人才的匮乏情况很严重，但中国养老服务行业管理人才的缺乏亦是一个极为严重的现实，且在很大程度上容易被忽视。

由于养老专业人才和战略人才的培养更多需要依托教育机构的人才培养，这里我们倾向于遵循对人才的狭义理解，将人才管理与传统人力资源管理的对象区分开，将养老服务人才定位于中高级管理人员及具有一定潜力的"典型"员工。这些员工或高级管理人员具有无限的潜力，可以确保组织进行下一次合理的职业转移（水平或垂直取决于等级结构）。

基于此，养老服务人才管理可以被定义为，养老服务机构通过有效的技术和管理手段，招募、识别、发展、管理和留任管理型人才及其他对组织有特别价值的个人，从而帮助机构及个人充分地发挥长期优势，为组织持续供应人才，这些个人可能是具有"高潜力"的人才，也可能是正担任关键职位的人才。

专栏 5.1　独特的"人才开发"模式

近年来，荷兰面临两大难题：一是老年护理和陪伴人员紧缺；二是房价不停地上涨，租金越来越贵，年轻人只能望洋兴叹。结合这种情况，荷兰一家名叫 Humanitas home 的养老院决定把院里多余的房间租给当地大学生，并且完全免费。要求是他们每个月至少要花 30 个小时陪伴这里的老人。

在这段时间里，学生们可以带老人出去散步，教他们用电脑，一起看电视，让他们用罐装颜料在纸板上喷涂，认识什么是涂鸦艺术……这种"代代沟通"的模式，受到了大家的欢迎。随着年轻人的入住，老人脸上的笑容越来越多。然而，对于住在这里的年轻学生们，还不得不面对一件事，那就是死亡。死亡在养老院里是很常见的。年轻学生们到了这里才感觉到，原来死亡离自己这么近。他们现在正是做事冲动、挥霍青春、对未来充满憧憬的年纪，而老人的离去让他们明白了生命的短暂和脆弱，教会了他们要珍惜当下的生活，要有意义地过好未来的每一天。

年轻学生们入住养老院，为老人的余生带去了乐趣。他们正值青春年华，富有活力，一个笑容、一句话，就可以轻松驱赶老人的孤独和压抑。而年轻学生们通过和老人的相处，获得了生活经验和智慧，明白了生命可贵。

思考：

1. 面对养老服务产业人才紧缺的现象，你还知道哪些创新的"人

才开发"模式？

　　2. 国内是否可以借鉴这种模式？

　　3. 上述案例中的大学生是否属于上文所提及的几类人才？

二　人才管理的研究趋势

　　对于人才管理的研究似乎可以归为现象驱动，而不是理论驱动。传统的理论驱动研究遵循一种过程，即根据当前实践知识中检测到的差距提出假设——根据既定的定义、操作过程和方法进行引导。现象驱动的研究则面临两大问题：一是目前没有可用的理论能有足够的空间来解释这一现象；二是在探索这一现象的不同方面时，没有优于其他研究的任何研究设计或方法。考虑到上述情况，人才管理差不多花费十年才成为学界广泛感兴趣的学术话题。

　　人才管理最早的研究焦点包括招聘（尤其是高层管理人员之外的招聘）、吸引和甄选优秀人才的重要性以及对成功的管理特征的认可和评估。然而，随着时间的推移，随着人力资源领域的发展，出现了一些更精确的定义，从而使人才管理包含了更具系统性的一整套活动。人才管理系统首先应确定关键的组织职位或关键任务角色。这一假设愿意承认组织内部存在战略角色，并且假定应该开发人才库来填补这些职位。因此，招聘是根据相关角色任务或目标而进行的择人活动，一般通过"内部开发和外部择人"的组合来实施。此外，组织应该致力于培养员工的工作动机、组织承诺和卓越绩效，以便从他们的才能中获得最大的收益并避免人员流动。斯塔尔等人确定了对人才管理两种截然不同的理解：差异化路径（仅限于高潜力员工）和包容化路径（适用于所有员工）。总的来说，结果表明每个组织都应该使其人才管理实践与其战略和价值观保持一致。

　　虽然原则和实践的融合是显而易见的，但每个组织仍然必须根据自己的特定情况采用"最佳"做法。"最佳实践"是一个开始，最终每个组织都必须采用"最适合"的人才管理实践。总之，人才管理理论受到以下假设的推动：最大化员工才能是持续竞争优势的源泉。这导致人才管理与组织中的人力资源管理（HRM）实践广泛联系，以期提高业务绩效。如表5-1所示，人才管理的概念化方式反映了这种以绩效为导向的趋势。

表5-1　定义人才管理的关键层面、背景及特定主题

关键层面/背景	特定主题
个人层面	个人或私人机构、战略、经验等
组织层面	组织全局的政策及实践，塑造人才管理的人力资源管理战略
制度背景	地区、国家及国际层面的法律、政治框架，实现人才管理招聘、教育等方面的制度化
国家、国际及部门背景	基于不同背景的人才管理分析；对人才管理实践如何得以（或未能）超越不同行业、网络和组织的国家边界的认知

三　人才管理与组织战略

人才管理是一项独特的功能，它集成了从吸引和获取人才到开发和留住人才的整个人才生命周期相关的所有活动和职责（见图5-1）。

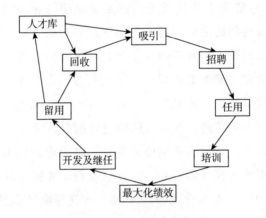

图5-1　人才生命周期

资料来源：Schiemann，W. A.，"From Talent Management to Talent Optimization，" *Journal of World Business*，2014，49（2）：281-288.

人才生命周期包含组织与其人力资本之间互动的所有阶段。其范围从建立吸引合适人才的雇主品牌到招聘、入职、开发、管理、留用甚至回收人才（见图5-1）。组织在人才嵌入组织之前、嵌入期间和之后，都会以

非常深刻的方式触动人们。人才管理是对人才生命周期进行管理的一种方式，管理生命周期的程度将决定这些人才投资的有效性水平，这需要建立系统性的流程。

　　然而，实践证明，获得制定人才管理"一整套流程"的能力是一大挑战，这是因为我们的养老服务机构性质复杂、规模很大，同时大多数机构的人才管理缺乏条理和统一性。因此，必须将人才管理看作一个战略过程，它与组织战略是紧密相关的。过去的人才管理也许仅仅是预测企业人力资本的需求并制订满足需求的计划，但现在的时代已经不同，人才成为组织竞争力的主要来源，这要求组织为达成战略目标必须遵循"人尽其才、才尽其用、人事相宜"的理念，要求企业必须采取战略手段进行人才管理。高管是组织的关键资产，他们吸引、开发和留住人才的工作至关重要，而且必须在组织战略能力的背景下理解人才管理。

　　战略性人才管理被定义为"对有利于组织可持续竞争优势的关键职位进行系统性识别，开发高潜力和高绩效的现有人才库以填补这些角色，以及开发差异化的人力资源架构以便与有能力的在职人员一起填补这些职位，并确保他们继续致力于对组织持续承诺的活动和过程"。制定明确的人才管理战略可以解决三类问题。第一类问题涉及哪种工作人员能够通过更有目的性的方法来培养，从而发展潜在的岗位。第二类问题包括考虑在组织内部或外部为目标角色找到合适的人员，组织需要培养这些人员以便他们在竞争目标角色时成为优秀的候选人。例如，拥有强大中层管理人员的组织可能会关注一些有潜力成为熟练高级经理的现有员工。但是，如果一个组织的初级管理人员群体较弱，那么在职业生涯早期开始人才管理干预并改善其招聘可能会很好。第三类问题涉及组织希望实现的发展目标。如果一个组织不了解其在员工发展方面的目标，那么启动任何人力资源计划或确定此类计划的潜在参与者将毫无意义。目标设定对人才至关重要，因为目标将指导人才的识别和招聘。一个组织如果要从其队伍中培养高级管理人员，那么它可以为一些优秀的中层管理人员提供更广泛的职业经历，这将使中层管理人员成为未来高级管理人员职位空缺的更佳候选人，并使他们在获得这样的职位时能够表现得更好（见表5-2）。

表 5 – 2　适用于人才管理的战略理念

人才管理的外部招聘与内部培养	人才管理是一种投资而不是一项权利。人才储备的成本很高，因此养老服务机构会降低对人才需求的预期，并计划从外部市场招聘以填补空缺。某些职位相对更容易从外部招聘来填补空缺，所以养老服务机构在投入资源开发员工能力方面会尤为慎重
适用人才需求的不确定性	由于人才需求的不确定性，小型养老服务机构应该想办法来应对这种不确定性。一种方式是将员工开发计划分解成一些更小的计划。例如，将所有部门的员工组织起来进行 12 个月通用技能的培训，然后再让其返回各自岗位进行专业化培养，而不是普遍地对管理培训生实施三年的功能性培训。另一种方式就是建立一个全组织的人才库，在有需要的时候人才可以在各业务部门之间进行合理配置
提高员工开发的投资回报	增加回报的一种方式是让员工分担开发成本，这意味着让员工在自愿的基础上承担额外的任务，另一种方式是与之前的雇员保持良好的关系，期待他们有一天可能返回企业，为企业当初的培训投入带来回报
通过平衡雇员和雇主两者的利益来保护投资	优秀雇员离开组织的主要原因是他们在其他地方找到了更好的发展机会。这使得人才管理成为一种不容易保存的商品。最大限度地保持在员工开发计划方面投资的关键在于，让雇员和雇主共享人员提升计划所带来的收益，以此平衡双方的利益

资料来源：Cappelli, P., "Talent Management for the Twenty – first Century," *Harvard Bussiness Review*, 2008, 86（3）：74 – 81。

对于任何一个养老服务机构而言，人才管理战略的制定有助于推动人员规划活动，包括从外部招聘足够的优秀人才，以及通过对组织现有人员的留用、配置、参与等，充分利用内部劳动力资源。规划的制定基于对组织未来需要的人员数量和技能的预测情况，以及对组织现有的人员、技能和外部劳动力市场供给的预测情况。这些规划将有助于组织在内部招聘和外部招聘之间取得最佳平衡。

一般而言，在我国依据老年人生活居住形式可以将养老服务区分为机构养老服务和居家养老服务。这些养老服务都依托于特定的机构，在我国，这些机构包括敬老院、托老所、老年公寓、民办福利院、民办社会服务中心（站）以及一些专门提供福利服务的私人机构等，有些属于公办机构，有些属于民办非企业单位，有些属于企业。很多组织为了激励、开发员工和保留关键技能，更倾向于采取内部招聘的形式来填补空缺职位，然而这种方式特别需要组织在人员的培训与开发上进行较大投入，并且需要有侧重识别员工能力和保持员工忠诚度的绩效管理体系的支持。但是，由于内部招聘来源有限，所以内部招聘的潜在问题是组织未必能找到适合工作的最佳人选。外部招聘能够为养老服务机构引入全新的思想和风格迥异的工作方式，但是这种渠道又常常表现为一种短期视角，各个机构不愿意或不能够为现有劳动力进行投资。很多组织不愿意进行内部培训与人力开发，因为它们担心对员工投入了高额开发费用却导致员工更容易流失。此外，未来环境的变化会对员工的长期就业能力和晋升机会提出挑战，组织需求的不断变化意味着往往来不及由组织培养所需要的技能。实际上，许多组织会依照要填补的职位空缺和组织内部的技能状况将内部招聘和外部招聘两种方式综合运用。人才管理的核心要素如图 5 - 2 所示。

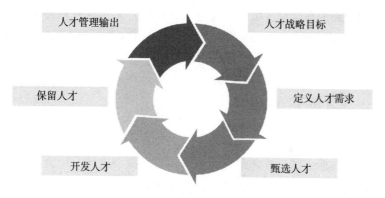

图 5 - 2 人才管理的核心

说明：人才战略目标：制定相应的人才战略，确立目标；

定义人才需求：确定能够吸引并招聘到适合组织需求的人才；

甄选人才：通过适当的方法对人才进行合理的甄选；

开发人才：通过 360 等技术，来提供人才的能力；

保留人才：通过流程与方法，提升满意度，降低员工的离职率等。

人才管理工作的核心是保障适合的人，在适合的时间，从事适合的工作，从而保障公司战略实施过程中连续的人才供应。经过如图 5 - 2 的过程一方面可以确保人才战略目标得以实现，另一方面可以根据实际情况重新调整人才战略目标。

实证研究表明，很少有养老服务机构对人才管理采取战略方针。虽然大多数组织认为人才管理经验至关重要，但是调查数据显示，超过一半的机构都没有制定正式的人才管理战略，而绝大多数组织都没有对人才管理进行明确定义。不管人才管理是一种战略性的还是即时性的过程，如图5-2所示，人才管理的核心要素都离不开人才的吸引、识别、开发、留用管理。因此，下面将从三大模块，即养老服务的人才吸引与甄选、人才培养与开发、人才激励和留用，对人才管理活动依次阐述。

第二节　养老服务人才吸引与甄选

在我国，养老服务行业的人才短缺是一个极为普遍的现象，国内养老服务行业所需要的人才虽然纳入了中国高等职业院校设置的专业中，但培养的人才属于职业技术型，严重缺乏相应的管理人才，并且其数量远不能满足日益增长的养老服务需求。面对人才短缺，尤其是管理型人才短缺的情况，对于养老服务机构而言，其首先需要具备吸引和甄选外部优秀劳动力的能力。

一　人才吸引

目前，人才吸引主要从外部劳动力市场着手，利用招募和甄选手段识别所需要的技能，然后选择最符合组织人力资源需求的合适人选。招聘和甄选是贯穿一体的，虽然招募结束和甄选开始的临界点仍存在争议，但区分两者之间的关系十分重要。招募活动往往被视作积极的活动，它能够提供一份具有潜力的优秀候选人的名单，而不是消极的甄选过程。因此招募往往被定义为在大量优质的劳动力市场中搜寻并获得可能的候选人，以便组织挑选出符合工作要求的最适合人选。甄选则被认为是预测哪些候选人能够为组织当前及未来做出更大的贡献，甄选也会影响组织吸引合适的应聘人选的能力，因为如果甄选过程不公平或不专业，合适的人选就会被排除在外。

（一）定义人才需求

人才管理的第一步是对人才的招聘，人才招聘的第一步在于界定组织所需的人才。传统的做法往往是，首先，对空缺职位进行整体的描述，以便应聘者准确地了解空缺职位的工作目标、任务、工作职责以及在组织结构中的位置；其次，基于工作描述人员任职资格，以明确能够顺利完成该项工作任务所应具备的个人特质。个人特质描述通常置于一个包含若干大项的框架之中，常用的两个框架是七点计划和五类评分系统，它们常常被用来区分工作的必备要求和期望要求。

不管任职资格体系的准确形式是怎样的，精确的形式是怎样运用的，它都为招聘广告的确定奠定了基础，能够确定最有效的甄选方式，运用得当的话，将能够保证甄选决策的合理有效。人员要求的编写则需要特别仔细。只有预先考虑到所有可能的要求，并确保它们的公平性，才能使用预先确定的标准进行有效的招聘和甄选。相较于满足特定的顾客、同事或者既定的组织文化的需求而言，根深蒂固的态度、偏见或假设都会产生与工作不相关的个人需求，不管是有意识的还是没意识的。例如，对资格或经验的强求，而这些资格或经验与工作内容并没有关系。

工作描述在很多时候显得不够灵活。它无法体现重要工作任务的潜在变化，对任务和职责的描述过于局限，尤其对于实行团队管理的组织而言更是如此。在科层制分明的组织中，一旦专注于某个特定工作及其在组织汇总中的位置，就不利于培养组织长期发展所需要的技能与能力。为了适应更具灵活性的要求，并鼓励员工拓展"职责之外"的工作，许多组织采用更加通用简洁的工作描述方式，概述工作的若干"要点"或职责。

对于养老服务机构而言，为了招聘到既能够填补工作空缺又有助于组织目标在更大程度上实现的人员，可以综合采用工作导向和人员导向两种方式。组织可以借助胜任力模型，胜任力的定义有很多，但通常指的是"个人具备的与工作相关的特质、知识、经验、技能与价值观，这些要素有助于工作任务的达成"。胜任力反映的是组织中的绩效语言，它能清晰地指出个人努力将取得的预期成果和完成任务的方式。基于胜任力的招聘与甄选旨在识别组织中重要的一组能力，例如计划与组织能力，人际关系管理能力，收集、分析信息的能力和决策能力，把不同能力分成不同的水平，再把不同的能力水平与某个特定工作的要求相匹配。

基于胜任力的方法对招聘与甄选的贡献主要表现在：

第一，胜任力分析的过程有助于明确组织对人才资源的需求，并进一

步明确招聘与甄选可以发挥的作用;

第二,基于胜任力的招聘与甄选体系的实施有助于组织直接获取极大的实际效益;

第三,这些体系与胜任力联系在一起,使公平性、有效性、合理性变得易于评价。

然而,这一模型在实践中很难被应用,主要原因在于:

第一,管理者未认识到胜任力模型的益处,且在应用方面未获得充分的培训;

第二,管理者对于该模型与组织目标实现之间的联系尚未明确;

第三,许多胜任力模型只是将不同概念掺杂在一起,使得模型臃肿而难以被应用。

基于胜任力的方法还让组织发现,招聘并不总是有效的解决方法。一个特定的胜任力组合通常可以采取多种策略,而没有所谓"正确"的方式。例如,如果专业技能稀缺,组织会采用新技术、培训既有员工或者有需要时聘请专家顾问来代替高薪雇用长期管理人才的形式。招聘和甄选恰当的话,基于胜任能力的方法可以形成一套清晰的标准,这些标准能够为系统、公正、持久的决策奠定基础。

(二)积极的招聘过程

人才招聘的过程是识别在技能、经验以及各种特质方面符合组织需求的申请者,而识别的方法通常以工作为中心,即首先发现空缺职位,然后找到最符合工作要求的人选。近来,识别方法开始转向以人为中心,即找到在行为和态度上具备关键特质的优秀人员,再对其进行培训以适应工作提出的要求。

国内不少养老服务机构更倾向于采取内部招聘的形式来填补空缺职位,然而现实情况却需要组织多从外部招聘入手。外部招聘的过程意在了解组织需要的技术和能力,并采取有效的招聘手段吸引足够合适的人选。它的范围不能局限于一小块区域,而应面向国内以及国际人才市场。

养老服务机构需要考虑人才的数量、技能、经验和招聘过程中发生的各项成本及预期收益。养老服务机构的外部招聘常常会遇到一些问题,如应聘者缺乏必备的专业技能、希望获得更高的薪水、缺乏丰富的工作经历，甚至没有应聘者。为了应对这些问题，一些调查显示可以采取以下应对策略：聘用有发展潜力但当下不具备全部组织所需要的能力的人员；拓宽考察的范围，更多地考察个人的能力而不只是资格条件等；对工作性质重新进行界定；提高入职薪水或福利水平；对于推荐候选人的员工实施奖励；等等。对于养老服务机构而言，发挥外部招聘积极作用的方法还包括：提供真实工作预览，创建雇主品牌作为招聘工具，以及采用多元化招聘。

1. 真实工作预览

真实工作预览的目的主要是增强组织的真实性，帮助准求职者更好地了解工作要求、组织文化及价值观。这可以提高雇员期望和组织期望之间的匹配程度，减少工作一段时间之后离开企业的员工数量。呈现真实工作预览的方式有很多，如在线问卷调查、播放视频及参观工作场所等。真实工作预览中所包含的信息应该对多数的应聘者是重要的，是组织外部所不熟知的，并应该包括新入职人员的离职原因。研究显示，那些接受了真实工作预览的应聘者相比其他人而言，面对工作中的突发情况更能具备做出明智决策的能力，组织更能从中受益。就目前而言，国内的养老服务机构很少有实施真实工作预览的。

专栏 5.2　真实工作预览的设计案例

在真实工作预览中列出老年护理日常工作所面临的一些场景，同时询问应聘者在工作中面对这些情况时会用什么样的行为应对。每完成一种工作情景，应聘者都会获得对自身表现的反馈意见。应聘者基于这些反馈意见再斟酌做出决定，是申请这一职位还是继续寻找与自身技能和工作兴趣更加匹配的职位。真实工作预览工具的设计思路包括：

第一，对该职位的工作人员、直线经理和职位的主要工作关系进行分析；

第二，对问题及反馈进行专业的设计；

第三，由组织内部相关人员进行审议。

案例场景：你已经开始了老年护理的工作。你正在对一位刚刚呕吐的老人进行照顾，呕吐物喷溅到病人身上、床上和地板上。气味异常难闻，要求你去打扫干净残渣。对此你有何感受？

①我不介意清扫干净，那正是我的工作职责。

②我不介意清理干净，因为我是这里的新人，新来的员工通常要做这些劳累的工作。

③我知道这是一份令人不快的工作，但我知道我必须完成。

思考：

1. 对于组织及应聘者而言，在线真实工作预览有什么优缺点？

2. 还有其他什么方式能够给应聘者提供关于工作要求的准确描述？

2. 创建雇主品牌

员工技能的缺乏和面临的经济环境迫使养老服务机构之间展开激烈的竞争，竞相吸引并留住高技能人才，然而组织往往局限于以提高工资薪酬的方式来达到目的。从其他行业的发展经验来看，应对这一困难的一种有效方式是提升品牌知名度，这样市场就会为组织提供现成的、有潜力的雇员。雇主品牌建立所采取的策略与商人吸引消费者并维持顾客对品牌的忠诚度是一样的，只不过对象由顾客变成了雇员而已。

雇主品牌往往被定义为："一组无形的特性与品质，可以使组织与众不同、脱颖而出，能够确保为员工带来一段特别的工作经历，并能够吸引到在组织文化中得到快速成长且表现出众的人。"[1] 所有的组织都拥有自己的雇主品牌，不管组织是否有意识地去进行开发。潜在雇员、现有员工和离职员工把组织看作一个"工作场所"，他们对此的评价是形成雇主品牌的基础。雇主品牌的开发包括塑造积极的企业形象并使员工及潜在的员工

---

[1] 殷志平：《雇主品牌研究综述》，《外国经济与管理》2007 年第 10 期，第 32 ~ 38 页。

认可它的价值与意义。因此，一个强大的雇主品牌与组织的价值观、人力资源管理战略及组织品牌息息相关。

雇主品牌也关系到人员的招聘与甄选，因为这是一种社会性的活动，企业与应聘者之间是可以双向选择的。从根本上来讲，创造取胜的环境需要建立让员工引以为豪的价值观和品牌形象，并以此来推动组织取得更大的发展。同时安排给员工的工作应该有更大的自由度，能够让员工有机会烙上个人标签并为其带来持续的工作激情。领导也要将扩展、许可、下放工作权限作为常态，而不能约束、限制、缩小员工权限。

3. 多元化招聘

外部招聘所使用的方式和媒介会发挥积极的作用，鼓励那些合适的申请者去申请职位并坚持自己的选择。对于组织而言，可以选择多种方式筛选人才，包括：

（1）广告，包括传统纸质传媒和新媒体工具；

（2）网络，如公司网站、求职网站、社交网站、邮件咨询、博客招聘等；

（3）公告，分为内部公告和外部公告；

（4）外部机构，如就业中心、中介机构、猎头公司等；

（5）正式及非正式的个人接触，如员工推荐、招聘会、口头宣传等。

依照职位空缺的程度及职位对于组织而言重要程度的不同，适合的招聘方式亦有所区别，但目前的一大趋势是鼓励组织采用多种方式而非一种。影响招聘方式选择的因素还包括组织内可利用的人力资源和资金资源、已知目标群体和组织对内外部招聘的态度。人力资源管理理论强调建立完善的内部劳动力市场的必要性，从而对员工的晋升、培训和职业发展进行合理安排，这就意味着许多空缺职位可以也应该由内部员工来填补。虽然绝大多数养老服务机构声明其对内部和外部求职者一视同仁，但据调查，很多组织会优先选择内部候选人。

近年来，技术在招聘中的应用日益增加，网络招聘为组织节约了招聘的时间和成本，并搜罗了更多优秀的人才。新技术对招聘过程的影响会有所差异，这种差异取决于我们将网络招聘看作对传统方法的补充还是替代。一般而言，网络招聘的优势有以下几点：

（1）加快招聘进程，提高管理效率；

（2）节约招聘成本；

（3）获得更多的招聘者；

（4）强化雇主品牌；

（5）长期为组织储备人才；

（6）使各部门及时了解内部的职位空缺；

（7）建立覆盖全球的实时人才网；

（8）掌握目标群体的状况，以制定人才吸引战略。

但日益普遍的网络招聘也面临一些问题：

（1）带来过量申请，招致很多不符合要求的申请；

（2）将那些不会上网或不愿意上网的求职者排除在外；

（3）导致招聘过程太过程式化；

（4）对网站设计和技术维护要求较高。

二　人才甄选

人才招募旨在使组织形成拥有众多优秀申请人的人才库，接下来则需要进行人才甄选，对候选人与职位匹配性进行有效评估。

（一）确定人选

甄选的首要步骤是将职位申请人分为极有可能、适合和不适合三类，因为不可能所有的候选人都能够满足组织的要求。我们可以将申请表或个人简历的信息与预先确定的甄选标准进行比较进而分类。详细的任职资格标准可能清晰，也可能模糊，实践中采用书面拒绝方式的组织越来越少，并且许多申请表已经提示候选人，如果到了确定日期仍未收到面试通知就可以认定求职失败。

一般而言，组织希望减少从众多求职者中筛选候选人所花费的时间和精力。第一种方式是鼓励那些不合适的候选人自动退出。前面讨论过真实工作预览的应用，它尤其适合养老服务这种特殊行业，它要求候选人提交求职申请之前填写网络问卷，他们能够看到自己的回答和自身与职位匹配性的反馈。有组织尝试在网络申请的特定阶段使用特殊问题，一旦出现错误答案即中止求职。第二种方式是使用软件包将个人简历与甄选标准进行对比,将符合组织标准的人选与不符合标准的人选进行分离。这种方式有助于消除决定候选人所内生的主观性,但这种优势的存在取决于甄选标准在一开始就被设计得十分精准。第三种方式是通过随机甄选的方式来减少申请者的数量,虽然这会违背机会均等的原则,但有人认为比起长期使用错误的甄选标准或不能持续采用正确的甄选标准进行的人为干预方式,这种方法会得到更好的筛选结果。

(二)甄选手段

对于组织而言,甄选人才的手段多种多样,最常见的甄选手段包括各种面试、测试和评价中心等,如结构性面试、基于胜任能力或个人简历的面试、电话面试、专业技能考评、能力测试、网络测试、语言或数字测试等。

1. 面试

面试依然是最常用的甄选方式,它被认为是一种带有目的性且可掌控的对话方式,但是这种界定太过宽泛,涵盖了多种不同的方式。但近几年,人们对面试的认可度不高,认为这种方式太过主观,容易存在个人偏见,因此不能准确预测候选人的未来业绩。此类批评特别针对非结构化面试,为此组织开始采用更规范的结构性面试或使用较客观的甄选工具来弥补非结构化面试的这一不足。结构化面试的共同之处在于:

(1)尽可能使用标准化的互动方式;

(2)所有候选人必须回答相同系列的问题;

(3)面试官根据事先确定的评价尺度进行评定;

(4)制定规范的、可操作的评价标准。

对于养老服务机构而言,最常见的结构化面试是行为面试和情景面试。这两种面试都是采用关键事件分析法来明确工作行为,以区分有效的工作行为与无效的工作行为,其差异在于行为面试强调过去已发生的行为,而情景面试强调未来可能发生的行为。

2. 测试

在人才甄选中使用测试已经有很长的历史,随着甄选过程越来越复杂和严格，近十年来测试在甄选中的应用呈现明显上升的趋势。对于养老服务机构而言，可用于甄选的测试类型可以是多样化的，如使用能力测试、能力倾向测试、智力测试、人格调查问卷等。能力测试主要是测试个人已获得的技巧和能力。能力倾向测试，如数字推理能力、语言推理能力等，强调个人具备能承担特定任务的潜能。智力测试强调个人整体的心智能力。人格调查问卷是对影响工作业绩的个性特质进行量化，而这些个性特质很难通过其他方法来衡量。

测试有助于对个体的个性特征进行客观的衡量，一个好的测试应当具备四个特点。

（1）灵敏的，它应是能明确区分各个项目的灵敏测量工具。

（2）标准化的，选择一定规模且有代表性的一组样本，然后对样本进行标准化处理，这样任何个体测试得到的结果都可以与他人的情况进行对比和解释。

（3）可靠的，测量的总是同一个项目。一项旨在测量某种特质的测试在同一时间面向不同的人或在不同时间面向相同的人时，测量的都是同样的特质。

（4）有效的，测量的结果正是测量本身想要得到的。因此，智力测试要衡量的应当是智力而不是口头表达能力。

近年来，网络测试的应用日益广泛，网络测试存在降低投递成本的潜力，因而测试也能同样被应用于低收入职位的筛选。然而，这也存在一些潜在的劣势，如无法掌握进行测试的地点、候选人身份的核实问题以及候选人对使用私人相关信息的需求。

3. 评价中心

越来越多的组织使用评价中心来评定管理人员。评价中心不是一个工作地点，而是一组人员在其他人观察下进行测试和训练的过程，观察者要对他们的技能、扮演特定角色的适应程度以及他们的发展潜力进行评价。评价中心一般具有以下特点：

（1）进行一系列个人或小组训练，其中至少有一种是对工作情景的模拟；

（2）有多个评估人员，这些评估人员在参加评估之前已经受过培训，通常是一个评估人员评价两个候选人；

（3）甄选决策要借助评估人员所获得的综合信息和评价技术做出；

（4）评价中心评价的是通过工作分析识别出的行为方式和个人特质。

养老服务机构可以通过评价中心观察候选人与工作相关的行为，典型的方式包括自我介绍、角色扮演、小组讨论以及面试和心理测试。综合使用小组讨论与个人训练的方式能够提高甄选过程的一致性与客观性。另外，如果掌握得当，这种复杂技术的应用能够向潜在的候选者展现良好的组织形象。这种方式的劣势主要在于所需成本较高和对内部资源有较高要求。因此，公共部门和较大型私营企业更倾向于使用评价中心这种甄选方式。

4. 其他

除了上述几种方式，很多时候还可以从原雇主、学术导师、同事或者熟人那里获取有关候选人的补充信息，但这种信息的准确性是会变化的。一些学者认为，推荐信中对求职者有事实依据的信息描述（如从前工作的经历、在职时间、离职原因、工资水平、学术成就等）是关键，而关于性格及工作匹配度的评价信息的可信度则要低些，因而"个人推荐显然完全没有必要，所能证明的也只是申请者至少有一两个朋友而已"①。

调查显示，大多数的组织会接受申请人的推荐信，它可以在甄选过程中的不同阶段被使用：不少情况下组织会在提供工作职位之后用于核实选定候选人的详细信息，而有一些组织则会要求入围候选人在面试之前提供推荐信。推荐信的形式可以是电话咨询得到口头证明，也可以是比较正式的书面证明，但组织往往会要求候选人回答一些特定的结构化问题或针对候选人的工作表现和适应性做出评价。

除此之外，还有一些非常规或有争议的筛选工具，如笔迹学，它认为一个人的笔迹可以体现一个人的性格和特质。它在现实中的应用并不广泛，但其作为一种甄选工具的有效性是争论的焦点。

（三）甄选决策

决定甄选方式的因素在于它是否能准确预测候选人与特定职位的匹配

---

① Armstrong, M., Ebrary, I., "Strategic Human Resource Management: a Guide to Action," *General Information* 13 (2), 2006: 59－71.

度。不同甄选方式预测真实工作绩效的准确度存在差异。研究表明，使用单一的甄选方法，不管它设计得多么完美、实施得多么谨慎，都无法做出准确无误的甄选决策，无法对个体能否胜任某个特定工作岗位有确凿的判断。

虽然面试依然被视为适用于所有职业的最有效的甄选方式，但是越来越多的组织开始使用更加准确的甄选方式，如评价中心和专选测试，这有助于提高甄选过程的效率。为了提高甄选的准确性，组织开始更多采用结构化面试的形式并辅以测评、工作模拟的方式。一项针对甄选测评的调查显示，这一方式的频繁使用更多缘于组织希望自身在甄选过程中免受法律纠纷的意愿，以及人力资源部门日益提升的专业性，而非出于使测评具有较高的可靠性及预测效度的考虑。

空缺职位的层级对甄选方式的选择亦存在影响。对于养老服务机构的管理职位而言，评价中心的方式更加适用，这表明组织愿意将更多的精力投放在未来的管理者身上而不是其他劳动者身上，也可能是考虑到候选人的期望值及组织想为关键职位吸引到最优秀人才的需要。

此外，甄选手段的成本也是影响决策的重要因素。招募和甄选都是非常耗费成本的，如评价中心就需要大量的资源投入，特别是测评人员对时间的承诺有较高的要求。在决定哪种方式最划算的时候，必须将"前期投入"的费用和错误决策所耗费的成本综合考虑进去，根据资历和经营风险，这个数额被估计为 5000 ~ 50000 美元。

人才招募和甄选整个过程的目的是获取充分的信息，让招聘人员能够区分能胜任工作的人员和不能胜任的人员。规范的做法是依据任职要求所描述的甄选标准对每个候选人进行考量，而不是将候选者两两比较以做出最终的录用决定。面试官在决策过程中无可避免地会存在一些个人偏见，包括：趋同效应，即面试人员会因为应聘者与自己个性相似或经历相似等而提升对他们的评价；晕轮效应，即候选人一方面的特质会影响面试人员对候选者其他方面的判断，从而提升对候选者的整体评价；犄角效应，会过度关注候选人的某些负面特征，从而削弱对他的整体评价。因而，综合使用不同的甄选方式和增加客观性的甄选手段能够扩大候选人信息的覆盖面，并进一步提升决策信息的有效性。

第三节　养老服务人才培养与开发

组织的成功之道首先是培养人才，培养是一个让员工不断学习的过程，学习与开发是一个既无止境又不可替代的人才管理过程。人才培训与开发是指组织通过各种方式使人才具备完成现在或将来工作所需要的知识和技能，并改变他们的工作态度，以提升其在现有或将来职位上的工作业绩，并最终实现企业整体绩效提升的一种计划性和连续性的活动。

一　人才培养

（一）学习与开发

学习和绩效提升一直是人才管理的重要组成部分，培训是一个学习的过程，员工学习与开发对组织乃至整个行业和经济体都有至关重要的战略意义。人们终生都在不断地学习，无论是主动的还是被动的，并且人们学习的过程是没有界限的：在一个领域的学习会对另一个领域产生交叉强化，从而对知识有更广泛的理解，获得更精细的技能。对隐性和显性知识的创造、传播及应用成为组织可利用的一种重要战略资源，它掌握着开启某种组织能力的钥匙，拥有这种能力的组织，其学习速度快于环境变化的速度，因此学习与开发也被视为人才管理的内核。

学习不仅仅是一个以符号形式吸收信息的认知过程，还是一个有效的物理过程，我们的情感、神经和肌肉都参与了这个过程。学习或多或少都能有效进行，但是在有意识地集中注意力时更为有效。开发是一个凭借学习和成熟而变得日益复杂、更加细致和差异化的过程，是一个兼具连续性和非连续性的过程，是一个量变到质变的过程。总体而言，学习有助于开发，但它不是开发的代名词，如果缺乏某种形式的学习，那么开发便不会发生。终身学习意味着连续不断地调整和适应，知识的不断增长和技能的不断提高增强了个体适应和改变环境的能力。外部变化将进一步促成内部变化，使个体的发展出现新的可能。并且，这些变化满足了个体的自尊心和自信心，提高了其社会地位，因此学习使个体产生了意义深远的变化，促进了对人的开发。

学习与开发的结果是人们思考、感知和解释这个世界的方式，是其看待自己、形成自信和自尊的方式，也是其回应并融入特定环境的能力。因此，学习与开发是对个人和组织都至关重要的经验。学习与开发是我们都会经历的过程，也是我们主动参与的互动过程，我们不可能让别人代替我们进行学习与开发，但我们很少有意识地关注它们，因此可能无法充分地认识和理解它们。

（二）如何促进学习与开发

组织结构的设计、组织集中化和官僚化的程度都会影响员工的学习机会。员工需要在工作中成长，并且随着不断的学习，他们的能力可能超出当前工作的要求，或者换一份新工作能够让他们继续这类开发的过程。以下举措可以有效促进人才的学习与开发。

1. 开放的管理风格

一方面，组织的管理必须尊重员工的意见并明晰不同员工需要的能力，为开发和保持这些能力提供有效支撑，并运用个性化的方式来开发员工潜质。因此，开展专门的培训，通过对个人工作绩效的反馈、鼓励、支持与资源供给，让员工获得自信，从而激发并保持其学习与开发的行动。另一方面，为了开发组织所需要的高阶技能，员工需要冒险的机会，并可能会因此犯错，这意味着不仅员工要采取冒险性和自信的方法，而且管理方法也应该具有冒险性和支持性。要想员工在组织中进行有效的学习与开发，就需要有与这种需求相匹配的管理风格。考核制度的存在和性质会对员工的学习产生积极或消极的影响，需要经常地反思与调整。

2. 成为学习型组织

学习型组织能够使人们消除隔阂，作为一种具有更多情感投入和包容性的组织形式出现在以信息为基础的组织中。它能够在不断变化的世界中，为个人和组织的学习与开发所需的高阶技能提供激励、提示和线索，并建立起一种发散式的网络文化。组织需要一种过剩的功能，使其可以为可能的创新和发展创造空间。它需要冗余的功能，而不是冗余的部门。每个部门通过使员工具有多元技能和以团队形式工作的方式拥有一种能力，这种能力可能在当前看来是冗余的，但在未来可能是必需的。这样，作为一个整体，系统便具有了灵活性，有能力反思和质疑自身的运作方式，也有能力改变自身的经营模式。此外，组织中的所有要素应该体现其所需应对环境变化的重要维度，在适当的情况下，这种多样性可以通过"多功能团队"来实现。科层组织的过度限定和控制会削弱学习型组织的灵活性并阻碍其创新，因此管理者应该仅仅界定那些非常重要的内容，侧重于便利化和边界管理，创造支持条件让系统发现自己的形式。

3. 采取导师制

尽管导师制的概念非常古老，但当前的知识管理赋予了它特别的意义。组织中的导师往往是经验丰富的管理者，他引导、鼓励和支持年轻员工、经验不足或有潜力的员工。这种关系是发展性的，导师对学生进行激发、鼓励、引导、支持和告诫，并扮演重要的榜样角色，通过自身行为让学生学习和应用技能。建立导师制的目的往往是为有潜力的人才提供支持并使其发展成为"有抱负的人"或高级管理人才。

专栏5.3　学习型养老院去向何处

上海的"海归女孩"杨磊，在浙江嘉善开办了一所寄宿制老年大学，被称为"学习型养老院"。在这个新颖的老年大学里，有不少年轻人学习护理和康复专业，并且"现学现用""活学活用"，把这里作为实习基地，为养老院的老人们提供专业的护理和康复服务。

留洋归来，用非所学，甘愿去做没有多少人愿意做的养老事业，且矢志不渝、义无反顾，着实难能可贵。但是，尽管浦东新区从多方面给予她支持，但其养老事业进展并不顺利。其中原因有很多，尤其是理念、政策、管理上人为制造的瓶颈，让居家养老模式的推广举步维艰，也妨碍了养老事业的大步迈进。

比如，杨磊用当初向父母借来的10万元，加上自己在国外打工的积蓄，作为注册资金，兴冲冲跑去工商局登记注册，却被告知：注册的类别没有"居家养老"，只有"家政"。

思考：

1. 上文所提及的养老院是否可以被认为是一个"学习型组织"？

2. 面对"银发浪潮"日高，养老事业日益显现捉襟见肘的窘态，政府各决策机构、行政部门应该如何支持养老服务行业的发展呢？

（三）人才培训

1. 人才培训的趋势

虽然成功的管理者必须在技术、人际关系和理性思维技能方面拥有高水平的专业知识，但根据管理者在组织中的水平，每项技能的重要性也各不相同。一般而言，技术技能在管理层级变得相对不那么重要，取而代之的是更强调理性思维技能。在较低的管理层面，技术技能的作用则最为明显，因为一线管理人员更接近生产过程，而生产过程中对技术专业知识的需求最大。理性思维技能对高层管理人员至关重要，因为在此级别上制订的计划，政策和决策需要能够了解一项活动的变化将如何影响其他活动的变化。但在管理层级的每个级别上，人际关系技能都同样需要且十分必要。

长期以来，对管理人才的培训都十分强调管理的技术方面，侧重于经济学、会计学、金融学和定量技术。人类行为和人际技能的课程受到的关注相对较少。慢慢地，组织发现培养管理者的人际交往能力有助于组织吸引和留住高绩效员工，理解人类行为的重要性也不断增强。需要强调的是，在当今竞争激烈且要求严苛的工作场所中，管理者不仅需要具备各种技术技能，还必须具备良好的人际交往能力。

当今世界的每个组织都投资对人才行为技能的培训，行为技能包括在正常或特定情况下行动、反应及发挥功能的方式，以及言行举止和与人交往的方式。看起来，组织似乎已经意识到关键行为的重要性及其在人才生命周期的每个阶段的相关性。最重要的是，领导者要有一定的品格。因此，每一个有关领导力的培训课程都要处理人格健全问题。不幸的是，许多组织在为员工提供最佳人际交往能力方面并不重视。注意行为技能和软技能是十分重要的，它能够保持技术技能和行为技能的平衡，而这是任何组织都得设立的重要标准。动机、领导能力、沟通技巧、团队精神和自我管理、压力管理、工作生活平衡、冲突解决等行为技能已经从原来的可有可无变成人才培训的先决条件。

2. 行为培训

上述转变并非没有道理，全球各地的组织已经意识到，员工多次离开组织并不是因为工作，而是因为老板和管理者。它表明问题在于人际关系，因为人们没有适当的行为技能。今天的员工有能力和知识，组织管理者不再期望采用高压管理策略来提高绩效。在现代工作场所中，管理者发现他们必须与员工合作，为他们提供完成任务所需的知识。为了实现组织的目标以及他们自己的目标，员工不仅需要工作技能，还需要行为技能。拥有积极的行为，即使员工对自己所做的事情没有热情，也会让其同事想和其一起工作。因此，保留和管理这些人才需要更多地重视行为训练。

行为训练的有效影响体现在以下几个方面。

一是士气。有助于提高劳动力的士气。行为培训有助于培养成功的管理人才的领导技能、动力、忠诚度、更好的态度等。培训和发展表明了组织管理者致力于使员工始终处于知识和实践的最前沿。

二是动机。每个组织的成功在很大程度上取决于员工的积极性。从某个角度来说，动机是一种强迫行为的内在动力。在目前的情况下，从外部获取动力对于员工来说确实很困难，因此需要激发内在动机。培训员通过不同的激励培训计划帮助员工发展内在动力。这就是组织重视激励培训以获得满意和内部激励员工的原因。跨文化工作环境是重视行为训练的另一个原因。应对周围人相关的变化对员工来说非常重要。不同的培训计划可帮助员工了解来自同一国家或其他国家和地区员工的文化差异，从而帮助他们轻松地实现相互合作。

三是压力。压力是向管理人才提供行为培训的另一个重要原因。工作压力可能源自老板或下属行为，也可能与工作内容或个人生活问题有关。如何处理好在员工生活中出现的压力的问题是行为培训计划的关键。

四是冲突管理技能。管理人员需要了解冲突是什么，并配备技术，以识别他们何时发生冲突，并在这些困难的情况下更有效地控制他们的行为。他们应该学习能够帮助自己和冲突中的其他人诚实并建设性地探讨问题的工具。通过行为培训可以学习冲突管理。

五是工作生活平衡。这是当前工作场所另一个讨论得很多的话题。人们越来越重视自己的个人生活，且无法将个人生活与职业生活分开。

六是领导力。只有技术知识并不能使管理者成为人的领导者，人际交往知识才是每个管理者所需要的。现在所有组织都不仅需要技术专家，而且需要具有行为素质的人才，他们可以在工作场所被证明是出色的领导者，组织因而也越来越强调情商等行为特质。

组织不仅仅关注最优秀的人才，还关注在未来可以成为领导者的员工，并且可以为未来的人才需求开发人才库。在发展过程中，不同的培训计划有助于培养组织中最优秀的人才，使其成为领导者和管理者。在这里，技术角色或能力的发展相对并不那么重要，表现出良好的个性和能力的行为方面对于组织更为重要。

有关情商、适当的文化敏感性、跨文化行为和领导力发展的行为培训计划，能够为组织工作中的未来领导者提供管理人才的战略。这种适当的行为培训有助于获得适合组织文化的适当行为，并让员工感到舒适，从而愿意留在这种环境中。这些发展计划能够提高员工的积极性，使其更加致力于工作和文化，从而有助于保留最适合组织的人员，同时还将实现组织的最终目标，即提升员工的绩效。

二　人才开发

正如前文所提，学习有助于开发，却不等同于开发。"开发"在职业生涯中往往意味着发展或进步，而组织是成人实现开发的主要场所。人才开发有利于改善员工的工作现状和未来晋升情况，对组织人才渠道的形成和人才输送的可持续至关重要，它有助于为组织的关键职位提供备选人才。

（一）人才开发与职业发展

个人开发与组织开发的相互作用是通过个人的职业生涯实现的。因此，人才的职业开发对个人和组织而言都具有重要意义。

职业生涯的核心概念表明了个人在实践和社会空间中经历的连续性和一致性，但个人可以通过实践得到改变。与一般的开发相似，每个人才的职业生涯都是内部因素和外部因素相互作用的结果，个体通过学习与开发而变得更加熟练和灵活，因此获得更多在组织内部或组织之间移动及晋升的机会。他们的学习与开发也会影响他们与雇主的关系、工作在生活中的作用、他们看待自己的方式以及别人看待他们的方式。然而，职业生涯不仅指在组织和社会结构中可以观察到的一般活动与经验，还指个人对这些经验所做出的解释以及它们对个人的重要意义。

在职业生涯中，存在各种利益相关者，包括个人、雇主、他人、政府及社会等，职业生涯可能不只是一个线性的面向未来的轨迹，更大程度上还是一个与经验拼接的过程。如今，在组织日趋扁平化和弹性化的背景下，职业生涯所处的情境也在发生一些缓慢的、深层次的变化。例如，随着时间的推移，人口变动的公平价值观与私人价值观的转变可能对个人的机会、态度和抱负产生显著影响。很多人试图了解在21世纪可能出现什么样的职业生涯，本书在此给出三种类型。

（1）官僚型职业生涯。它被定义为"进步的逻辑"，人们将很多注意力集中于这种方式上，它代指个人在组织内部的晋升生涯，也体现了我们对组织内部职业生涯的普遍看法。

（2）专业型职业生涯。它的范围超出专业机构中的成员所追求的范围，被定义为技术或技能。通过"对具有社会价值的知识的垄断"来维持和发展职业地位，并兴起"声誉"，这对个人而言是至关重要的资源。这种类型的职业生涯发展机会对于组织发展的依赖与官僚型有所不同，并且个体的满意度也不依赖于外在奖励的可得性，很多时候专业型职业生涯与用人单位之间可能只存在微弱的联系。

（3）创业型职业生涯。它通过创造新价值或新的组织能力而得以建立，其核心资源是创造有价值的输出能力。它使个人自由、独立且能控制任务和环境。实际上，虽然官僚型拥有相对的安全性，专业人士能控制劳动力市场上的专业人才价格，但企业家们拥有他们所创造和培养的一切。

职业生涯为个人提供的未来发展方向至关重要，在未来，为了被聘用并获得职业生涯发展，即具备自我设计和控制能力，个人必须保持自身的就业条件，拥有学习新知识和新技能的能力，并且要学会如何学习。为了在不完善的养老服务劳动力市场上取得成功，个人和组织都需要职业生涯方面的鼓励和支持。

（二）人才开发手段

1. 人才开发常用方式

对于养老服务机构的管理人才而言，新的工作方式不仅仅需要大量的新技能培训，更需要关于工作本身、如何做好工作及如何将两者加以联系的全新思维方式。管理人才尤其需要能够挑战传统的思维与工作方式，跳出传统工作描述的"条条框框"来思考和工作，能够在缺乏经验、明确知道和密切监督的情况下开展工作，能够具备灵活性，随时准备好做出改变，以承担新工作或者转到另一不同的组织。组织需要拥有某种"心智模型"的人才，这种人才对学习的分享和对知识的创造是组织必须具备的关键能力。

在工业化时代的大部分时间里，对高阶能力的需求主要体现在组织的高级层面，组织需要对知识型员工进行投资。经常出现在不同类型但又最成功的组织中的能力是概念性思维、整体性思维和分析性思维，虽然组织对高阶思维能力的需求并不仅仅体现在组织管理者身上，但往往还是更聚焦于管理人才。特许人事发展委员会的调查显示了关于人才开发的常用方式和受访者对其有效性的评价情况（见表5-3）。

表5-3　人才开发的常用方式及受访者评价

单位：%

活动	调查对象所占百分比	
	频繁使用的比例	认为有效或非常有效的比例
公司内部开发计划	63	95
导师计划	43	87
跨职能项目任务	26	81
高技能开发项目	26	78
外部机构开设课程	25	87

续表

活动	调查对象所占百分比	
	频繁使用的比例	认为有效或非常有效的比例
公司内部人员转岗	23	91
评价中心	20	81
360 度绩效反馈	20	81
开发中心	15	76
Mba 课程	12	83
外部工作转岗	6	69

表 5 - 3 显示，人们对人才开发方式有较高的满意度，而被受访者视为较有效的方式未必是较常用的方式。

不同的情境适用于不同的方法，所以组织在选择时必须考虑具体的情境及目的。最合适的方法会受到组织人才库的规模类别、组织人才管理的重点及组织所处的环境等因素的影响。在现实中，人才管理主要是为组织培养有潜质的人才和培养组织未来的管理人员，因此其与组织的继任计划关系密切。

2. 领导力开发

领导者和管理者必须处理由其在组织中所处职位的紧张关系引起的模糊性和复杂性。"管理"和"领导"的概念已经发生了显著变化，最近的研究表明，管理者和领导者所需的能力正在走向融合，想要清晰界定这两种角色之间的区别是不可能的。

虽然很难在管理者和领导者之间画出清晰边界，但是组织的各个层级都有领导和管理的责任。一个组织具有不同的管理层级并对应不同的职位，管理性工作、领导性工作和非管理性工作的数量在这些职位中的分配是不同的。对于一个养老服务机构而言，高层管理人员的工作主要是负责组织的整体绩效和发展方向；中层管理者通过监督和提供支持来确保主管实现组织目标，并且透明扮演链接董事会中管理整个组织的人与组织其他层级人员的角色，确保信息能够适当地上下传递；基层管理者包括主管或一线管理人员，他们负责对员工执行企业的日常操作进行管理。可以说，领导并不是组织高层的专利，而是不同层级的管理人员都需要具备的品质。领导力的开发则必须处理管理者领导角色的多样化所产生的复杂性及处于管理和领导职位上的个体所提出的多样化需求。也就是说，任何开发性投资必须与管理者的做法这一现实相一致，而不能根植于抽象的或日益增加的模型。

关于领导力开发，通常被定义为"管理者提高自身能力的不同方式，其中包括管理教育，通常是指在一定制度背景下的正式系统的学习；管理培训，通常指通过正式途径学习并获得与工作要求相关的知识和技能；此外还包括更广泛、非正式的学习过程，如从经验中学习"。组织需要将领导力开发作为长期投资，并选择一种适合其特定需求和要求的开发方法。

现实中常见的是片段式分散的领导力开发方法，它往往是一些非正式的偶然过程，它的特点包括：没有领导力开发的基础架构，未与组织战略相联系；开发往往侧重于组织的需要，而不能满足个人的学习需要和意愿；开发一味根据一系列通用的、现成的内部或外部课程来使用这样的方法会导致管理和领导力开发不能满足个人和组织的期望，不仅浪费资金、时间和精力，还可能对管理者现有的士气和承诺造成打击。

要想成功地策划和实施开发方案，就必须有明确和清晰的责任分配，同时涉及的相关人员有承担这些责任的意愿。表 5-4 描述了关键的利益相关者，他们各自承担着一份责任，为了确保领导力开发获得持续的支持并使阻力最小化，这些责任在一开始就被澄清是至关重要的。

表 5-4　领导力开发的利益相关者

支持的原因	利益相关者	反对的原因
个人发展、地位提高、职业生涯的提升、打破常规	管理者、领导者	浪费时间、不愿意承担新责任
改进管理和指导方法，体现对开发的承诺	团队	反对变革，浪费时间
加强技能培训，展示专业知识的机会，改善在组织中的政治关系	人力资源专员	可能发现更好的选择
解决绩效问题，对开发的承诺、奖励和激励	直线经理	产生直线管理问题（管理者的缺席）
向其他利益相关者展示其行动，改善财务绩效	高级管理人员	可能无法充分落实到基础

续表

支持的原因	利益相关者	反对的原因
是对员工做出承诺的具体表现，改善财务绩效	董事会	可能是有破坏性的，会导致分歧
是一种商机	外部机构和人员	对设计的有效参与

　　在领导力开发的过程中，基于胜任力的开发为开发管理者和领导者提供了一种正式和结构化的方法。胜任力框架描述了个人有效履行其职责所必需的知识、技能和行为，其优势在于接受如下观点——尽管领导力不能被传授，但领导技能和能力却可以被开发。但也有很多人质疑，胜任力在多大程度上可以超越特定的组织环境进而趋于一般化。当基于胜任力的方法不适合或与管理者在组织情境中的需求不相关时，基于胜任力的开发就会导致管理者失望或不满。有时候，在一种情境下被认为是称职的管理者在另一种情境下却被认为是不能胜任工作的。还有观点认为，胜任力加深了管理行为的性别刻板印象。

　　尽管存在诸多批判，但基于胜任力开发的观念已经立足于大部分组织领导力开发的框架之中。如果把组织的胜任力结构简单地看作一个高级别的工作分析，那么这些能力需要就可以用来预测成功的管理行为和领导行为，并且形成正式学习干预的基础，尤其是当它们不被认为是解决所有管理开发弊病的灵丹妙药，而是一种与其他方法一同使用的方法时。因此，基于胜任力的开发可以为决定开发管理者和领导者最合适的方式提供一个框架，并为政策的制定和实施提供参考。

第四节　养老服务人才激励和留用

　　组织和行业的发展离不开人才，如何让这些人才发挥好作用就关系到合适的人才激励和留任。对于关键人才的激励，强调利益激励、成就激励、感情激励和参与激励，前三个激励机制往往通过继任计划来体现，参与激励则致力于完善组织内的民主参与机制，扩大人才的参与权、知情权和自主权。在人才流动不可避免的情况下，要想留住人才就必须准确了解人才流失的原因，从而采取有效措施。

一 人才激励

(一) 继任计划

为组织建立人才渠道的一种有效方式就是继任计划。例如建立人才储备池,培养那些未来能胜任组织关键职位的员工。组织识别并培养那些能够填补关键职位的员工已不鲜见。继任计划的传统方式是找到那些在某个时机能及时接任重要职位的少数人。为了确保方法有效,需要组织提供稳定的环境和长期的职业发展计划。为了适应未知而快速变化的环境,组织的中心应该由寻找能填补特定职位的个体转向为某类职位培养人才和为不再存在的职位进行规划。继任计划可以通过为个体提供职业发展机会来留住人才,从而确保组织具备应对外部环境快速变化所需要的技能,而这种不确定性正是当前组织面临的商业环境的常态。

继任计划通常也与胜任力模型紧密相关,其挑战主要在于识别员工潜在的有利于提升组织未来绩效的能力,如构建良好关系的能力、对组织忠诚、重视信息的传递、明确组织战略的发展方向、有清晰的自我认知及展现个人信仰等,而非员工身上已被组织认可的能力。

继任计划的关键在于寻求组织内部与外部劳动力市场之间的平衡,即选择培养人才还是引进人才。继任计划是留住和激励公司核心员工的一种方式,其不利之处在于组织会因缺乏新鲜血液而逐渐老化。因此,从外部引进高级人才势在必行,这样可以使组织更加多元化,能为企业带来新的技能和经验,但不宜力度过大,以防挫败内部员工的积极性,进而导致核心人才流失。

(二) 人才参与

为了使员工的贡献实现最大化,组织不仅仅要留住员工,还要让他们积极地投入工作。因此,近年来,组织越发地关注人才参与的问题。最近的研究表明,人才管理方法需要在组织需求之间寻求进一步平衡,并且与个人的目标和期望更紧密地联系起来,以留住高潜力人才。

人才参与囊括了组织承诺及其价值,以及帮助同事解决困难的意愿,它超越了工作满意度,也不是简单的激励问题,而是员工不得不参与的劳动合同规定义务以外的范畴。虽然员工参与已经在实践中被广泛使用，但是相关的学术研究相对较少，且限于对员工参与问题的描述和对策建议，而不是分析其对组织和个人的益处。员工的参与和工作满意度息息相关，找到一份既有价值又有趣的工作对于个体而言是获益匪浅的，而拥有全力以赴、加倍努力工作的员工对组织绩效的提升作用也是不容小觑的。

通常来看，人们往往将员工参与和组织承诺相混淆，组织承诺的心态是通过日复一日的工作积累而成的，这种心态作为一种结果出现，与工作是可分离的；而员工参与是伴随着工作过程，特别是在与管理者和同事交流互动的过程中逐步形成的。所以，积极参与的员工表现出极高的组织承诺水平，但并不是所有承诺程度高的员工都能积极参与。参与度与承诺度的相关程度取决于承诺的本质。组织的承诺一般可以分为规范承诺、继续承诺和情感承诺。规范承诺指个人考虑到留在企业的收益大于离开的收益，从而选择留下；继续承诺指员工意识到终止与组织的关系会带来一系列成本损失；情感承诺指个人认为自己与企业存在情感上的联系，它更多地与参与管理直接相关，是从雇主角度来衡量的一种承诺形式。表现出情感承诺的员工会为组织做出职责以外的贡献，并且情感承诺与员工参与管理的行为息息相关，通常表现为组织公民行为。组织公民行为包含一系列不同的行为，但这些行为的共同点在于有较大的自主权，且均在工作的直接需要范围以外。这些行为通常不被纳入报酬范围，不做这些工作不会受到惩罚，但做了这些工作会有助于提升组织绩效。组织公民行为往往可以分为以下几个方面：

（1）助人行为——自愿帮助他人完成工作或者防止他人工作中不良问题的出现；

（2）组织忠诚——提高组织的知名度，共同应对外部威胁，逆境中仍然甘心为之付出；

（3）组织遵从——在没有监督的情况下依然小心谨慎地遵从组织的规章制度；

（4）个人主动性——竭尽所能地投入工作，自愿承担职责以外的责任，且鼓励他人效仿；

（5）公民道德——对参与组织的管理表现出极大热情，观察环境给组织带来的威胁及机会，设法寻找有利于组织的最佳利益；

（6）运动员精神——当事情进展不顺利时仍然保持积极态度，不因他人未听从自己意见而生气，愿意为了组织利益而牺牲个人利益；

（7）自我发展——有意识地为提升自身知识、技能和能力付出努力。

调查显示，员工参与和消费者满意度、消费者忠诚度、企业盈利能力、员工流动率及安全生产之间存在正相关关系。尽管组织对员工参与的关注越来越多，但是员工的参与度依旧很低，在养老服务行业中，这种情况也不容乐观。就业调查机构的研究表明，一些积极的举措能够对员工参与产生积极的作用，包括：

（1）高质量的直线管理——管理人员关心自己的员工，对所有员工一视同仁，鼓励员工积极表现，关心员工的职业理想，并为员工发展提供机会；

（2）开发的双向沟通渠道——允许员工发表自己的意见和建议，让员工对与自己切身利益相关的信息享有知情权；

（3）有效的合作——在不同的部门之间、管理方与工会之间开展合作；

（4）重视员工开发——组织为员工提供适应当前工作所需的培训，以及公平接受开发的机会；

（5）对员工健康的承诺——慎重对待员工的身体健康与安全，致力于减少事故、侵害、暴力及骚扰的发生，并且当出现问题时能采取有效的措施；

（6）公平的薪酬及待遇——充分考虑到薪酬在组织内部和外部的公平性；

（7）和谐的工作环境——鼓励员工互相尊重、互帮互助。

同时，员工参与在面临一些障碍时需要特别注意和警惕，包括：

（1）在组织变革和效益不佳时的领导风格；

（2）被动决策导致不能及时发现问题；

（3）不一致的领导风格导致组织出现不公平的认知；

（4）高层管理者缺乏审视下级的意识，向下沟通的质量不高；

（5）沟通渠道不畅通，清晰和及时的沟通比频繁的沟通更有效；

（6）鼓励延时工作的企业文化不利于员工工作和生活的平衡；

（7）为员工提供领导力开发机会的缺失使组织内部提拔受阻。

员工参与是组织管理的关键要素，参与使得员工，特别是高端人才能够更加积极地对待工作，与组织目标趋于一致，并且大大降低员工离职的概率。

二　人才留用

对于一个组织而言，更重要的是留住优秀的员工并继续发挥他们的能力以为组织做出更多的贡献。对任何组织而言，人员流动不可避免，养老服务行业亦是如此。如果流动度过高，组织就会面临内部知识的流失以及无法实现组织目标的潜在威胁。越来越多的养老服务机构意识到了这一点，因而将关键员工的留任作为人才管理的重要一环。任何留任策略都需要了解员工离开的原因，而对此情况的调查可以结合定性和定量的方法。

（一）人才流失的定量调查方法

一般而言，对人才流失率的衡量通常是测量离职人员占员工平均数量的百分比。人才流失率的指标通常按照以下公式进行计算：

$$人才流失率 = \frac{特定阶段离职的管理人才数量}{同一时期在职的平均人数} \times 100\%$$

这一问题通常采用对比的方法解决比较有效，要确定内外部的比较基准。劳动力的流动率在不同的部门及行业之间会有所差异。

对于劳动力流动率的衡量并没有一个最佳的标准，但是将流动率基准和同一行业、部门和地区的组织进行外部比较还是很有意义的。然而，企业的劳动力流动率很低，如果关键职位因离职出现空缺且很难填补，组织就会因此遭遇困难。相反，较高的员工流动率也未必一定是一件坏事，如果组织期望缩减人员规模，那么这样反而会产生积极作用。劳动力流动率是一个比较粗略的衡量指标，因其并未提供有关离职人员的特质、离职原因、在岗时间或离岗职位信息等，所以这个指标可以反映一个组织是否存在人员流失问题，但不能指出具体的问题是什么以及需要采取什么样的措施来解决。

有关离职者所处位置的信息可以通过按部门、业务单位或工作类别分析劳动力流动率获得。如管理人员较其他雇员而言通常流动率较低。对于那些流动率明显高于或低于组织平均水平或某类工作平均水平的区域，组织需要进行深入的调查分析。一般而言，组织会更多地关注较高的流动率所带来的成本损失和潜在的危害，但是较低的流动率同样要引起重视，因其同样会给组织带来问题。

较低的人才流动率会引发一些问题，如使员工缺乏创新思维、看待事物的新视角以及不同的技能经验等，这会导致组织变得迟滞与自满。对于内部员工而言，很难获得晋升及发展的机会。很多组织，尤其是很多养老服务机构，追求的是保持员工一定程度上的稳定性。劳动力流动率关注的是离职情况，人员稳定性关注的是特定时间段内留存员工的比例，这些指标可以让组织评估自身能够留住人才的能力。通常来看，衡量人才稳定性所使用的公式是：

$$人才稳定性 = \frac{在指定日期达到一年工作期限的人才数量}{一年来公司雇用人员的数量}$$

组织对员工流动率进行的定量分析有助于组织进行标杆管理以抵御竞争对手，同时也能明确不同部门的业绩表现。组织可以通过比较每年的情况来监控员工保留措施的有效性。定量分析的缺陷在于无法提供人员离职原因的相关信息。因此，定量分析能够凸显问题，但不能为人才管理指出解决问题的办法。

（二）人才流失的定性调查方法

组织往往会更多地采用定性的方式对人才流动的原因进行调查，最常见的有离职面谈、离职问卷调查、员工态度及满意度调查和口碑调查等。

离职面谈是目前能够得知员工离职原因的最常见的方法。其优点在于组织能够灵活地调查员工离职的原因，找出改善组织未来状况的方法并收集关于其他组织所提供的环境和待遇方面的信息。通常离职面谈可以获得的信息主要包括：员工离职原因、离职员工所在职位的状况、组织未来可采取的改善措施、员工去向组织提供的工资及福利情况等。但面谈也有可能找不到员工离职的真实原因，如一些员工会在离职面谈中宣泄情绪，一些面试官提的问题不够细致深入，等等。

因此，一些组织会通过问卷调查的形式来收集信息，这些调查可以在离职面谈的时候进行，也可以在员工准备离开公司时发给他们填写。定性问题通常会给定一些回答的选项，选项前设计成方框标识让人勾选。这种形式的问卷有利于更系统地收集信息，便于进行后续的数据分析。然而，标准化问卷很可能会降低调查的深度，自填式形式的问卷回收率相对较低。

人才离职的原因通常可以分为以下四个方面：

（1）自愿可控性因素——离开组织是因为组织的可控性因素，如对工资、组织愿景及同事的不满等；

（2）自愿非可控性因素——离开组织是因为组织的非可控性因素，如搬迁导致离上班地点太远、身体不佳等；

（3）非自愿因素——由组织决定，如辞退、裁员以及退休等；

（4）其他未知的因素。

组织通常将注意力集中在那些因自愿可控性因素离职的人才身上，从而可以采取有效措施来解决这些问题。但是，可控性与非可控性因素间的界限已经开始变得模糊。如在某些情况下，技术的更新和灵活性的提升能够促进工作方式和模式的改进，进而有利于员工保持家庭和工作的平衡。那些非自愿的类别同样也应引起组织的关注，因为大批可控人员的离职恰恰表明组织存在问题。调查显示，人才流动的主要原因通常包括以下几个方面，如职业转换、在组织之外得到晋升、薪资水平影响、缺少员工开发或职业发展机会、为生孩子或照顾孩子等。

虽然离职面谈或离职调查能够获得关键人才离职的原因，但通过面谈未必能够找到促使员工离职的真正诱因。例如，很多人会说离职是为了未来享受更好的工资待遇，但这并不代表这些人真的是为了这个而跳槽。组织为了解决员工流动率的问题，提高员工的留用比例，需要将"阻力"与"动力"区分开来。一旦员工决定寻找新的工作，他很可能会根据动力因素做出决策，如相对于现在的工作环境而言，新的工作环境更具有吸引力。同时，另寻一份工作的想法也可能由"阻力"因素引发，这些正是弱化个人与雇主之间心理联系的因素，包括直线管理不善、缺乏职业发展机会、缺乏工作安全感、对薪资及工作时间不满意等。综合考虑这些阻力和动力，可以发现有五大要素影响了人才选择留在组织还是离职：

（1）雇员与上级或管理者的关系；

（2）平衡工作和生活的能力；

（3）做有价值工作的数量及成就感；

（4）与同事合作的程度；

（5）工作中对公司的信任程度。

找到潜在的"动力"因素的一种方式是在组织内部进行态度调查。相对于离职面谈和离职问卷调查而言，它的优势在于能够发现在职员工而非决意离职员工面临的潜在问题。这表明其所采取的行动是主动的而不是被动的，同时也意味着如果组织根据调查结果采取了积极行动将可能避免人才的流失，反之则可能使情况更加恶化。

从在职员工和离职员工处收集到的信息能够使组织采取最有效的方式防止出现较高的人员流动率，提高员工的留用比例。就像组织维持成本可控性一样，组织的留用措施能够强化内部员工的雇主品牌意识，有助于提升组织吸引新进人才的能力。通常来看，组织提高人才留用比例的常用措施包括：

（1）提高员工工资薪酬；

（2）增加员工学习与开发培训的机会；

（3）改善甄选手段；

（4）改善福利计划；

（5）保持员工工作与生活的平衡；

（6）废除与年资相关的政策与措施；

（7）推行教练制、导师制或搭档制制度。

诸如此类的员工留任措施有利于组织保留实现长期目标所需的技能、知识和经验，以及降低较高的员工流动率及频繁招聘所需要的成本和造成的损失。

（三）人才嵌入

一般认为，当员工获得报酬和福利，拥有支持性的工作文化，可以发展、促进和平衡工作与生活时，人才留用就得到了改善。当组织采用更多的人才管理实践时，就表明组织有兴趣投资其员工。这可能会加强组织与员工之间的心理联系。这些心理反应可能带来员工更低的离职意图。某些研究已经发现了诸如心理契约和组织公正等变量作为人才管理与诸如离职行为等结果之间的关系。

米切尔等人开发了一种新的视角——工作嵌入，用来观察人才留用，代表了一系列广泛的力量，包括影响员工决定留在组织的在职因素和离职因素，人才嵌入的程度越深，员工离开组织的机会就越少。

这种结构挑战了将员工不满作为主要的预测因素而将提高薪资作为留住人才的主要方法这一传统智慧。它揭示了员工离开的其他各种原因，这可能与他们的工作无关，在许多情况下，这可能是一个意外的事件。

工作嵌入的关键维度包括："链接"，指的是员工与个人、组织和社区持有的正式或非正式关系；"合适"，即员工与组织和环境的感知兼容性或舒适性；"牺牲"，代表个人在退出组织时被没收的物质或心理受益的感知成本。这些维度既包括在职也包括离职，可以用 3×2 矩阵表示。研究强调，嵌入式人才离开组织的意图较小。除了单一的结构，工作嵌入的每个维度也显著地降低了员工的离职意图。可以确定，合适的维度越好，员工对组织的专业和个人联系的可能性就越高。同样，员工与组织以及社区之间的链接数量越多，组织对其约束就越多。此外，当离职时员工要放弃的东西越多时，其离开组织的困难就越大。简而言之，嵌入性就是合适、链接和牺牲的维度越高，员工留在组织中的意图就越高。

例如，在高潜力员工和他的导师之间建立牢固的联系是一种很好的做法，这可能会使员工与他的导师和组织联系得更紧密。此外，作为人才管理计划的一部分，对于其提供的跨职能项目任务，内部借调也可以为员工创造更多机会，在组织中建立更强大的网络，这可能使员工的离职决策更加艰难。组织还可以提供加入管理资格（例如 MBA）的课程的机会，这些课程可以将员工与附近社区联系起来并增强离职链接。同时可以鼓励员工参加外部会议，研讨会和活动可以帮助员工在组织外部建立网络。即使不常见，组织也可以提供外部借调，为组织外的临时任务提供临时转移，这也是开发离职链接的机会。

工作嵌入有一系列广泛的影响，它使组织中的员工进入网络或留在组织中，这是理解人们留在一个组织中的关键因素。有效的人才管理为高潜力员工提供了许多额外的机会，并创造了员工参与的组织环境。员工可能变得高度嵌入，这有助于组织为其创建紧密的链接，提供良好的工作，从而增加员工在离开组织时必须做出的牺牲。因此，通过创建高度嵌入的员工来实现人才管理可以提高员工留下来的意图。

本章小结

养老服务机构通过有效的技术和管理手段去招募、识别、发展、管理和留任对组织特别有价值的个人，从而帮助机构及个人最佳地发挥其长期优势，为组织持续提供人才。本章讲授了养老服务人才管理的内涵及战略，从战略管理的角度详细介绍了有关养老服务人才的吸引与甄选、培养与开发、激励与留任的关键理论、模型和问题。

思考题

1. 养老服务行业的人才可以分为哪几种？
2. 养老服务机构的管理人才可以分为哪几种？
3. 哪些方式可能会影响组织对人才管理方式的选择？
4. 随着社会的发展，未来将呈现各种不确定性，从养老服务机构本身出发，应该采取什么样的措施来保证自身未来发展所需人才的充足？

扩展阅读

培养出年轻化、职业化的人才是更重要的课题

目前养老行业尚不成熟，从一定意义上说，市场的发展还没有职业经理人和成熟的团队，投无所投，处于投资人自己试水的阶段。在筹备和运营养老服务机构的过程中，需要经历项目的商业策划、市场调研、选址、设计装修、市场活动、开业和营运的不同阶段，但最费周折的工作是营运人员的招募和团队与企业管理目标的匹配吻合度。

　　从人员来看，一般包括护理人员、管理人员和其他一般人员。护理人员来自三个方向：家政市场、医院和农村直接进城务工的新人。即便有的人员考了上岗证，也都是经过短期培训、没有系统知识准备、凭习惯经验来操作的人员。来养老院工作的护理人员从本身条件来说，一般年龄偏大，有的是为了经济原因从事这项工作，有的是为了离读书的子女更近，方便照顾他们。

　　管理人员的来源又分三个层面，即医护人员、行政管理人员和非护理的其他辅助服务的后勤员工，水电、保安、保洁、保绿、餐饮洗碗工和司机。医护人员一般是退休的，来应聘工作的有副高级主任医生、中级职称的全科医生和内科医生，有主治医师，有来自二级医院、社区街道卫生服务中心的护士长和企业里的医护人员，还有外地省城来上海发展或赚钱的医护人员。他们不了解养老机构的医护工作特点，有技术经验但无服务经验。年轻的护士有的为了职业发展，晋级评职称；有的是对护理工作没兴趣，走短线，等嫁人、生孩子后跳槽，所以对在养老院长期工作没有兴趣或无忠诚度。其他管理人员以退休人员为主，年龄在55～60岁，主要来自街道、物业公司和餐饮等其他关联服务行业，以女性为主，她们的丈夫尚未退休，儿女尚未结婚或者已婚还没孩子，所以相对悠闲，可以在养老行业中做一点得心应手和力所能及的工作。比如行政办公、后勤总务、财务人事。

　　其他一般员工都是来自街道和物业管理公司退休的"4050人员"或者失业下岗人员和退休人员。在这里要强调的是，养老机构里无论是医护还是其他管理部门的专业人才，35～45岁是个断层，这和养老社会化、市场化进程及成熟度有密切关系。上述分析反映了目前一般养老机构人力资源的生态。

　　如何在中国老龄化社会"未富先老"和"未老先衰"的情况下培育出年轻化、职业化人才是一个最重要的课题。它远比养老产业的土地政策、商业模式、以房养老等论题有更持久的影响，因为人力资源是养老产业服务受体外最终端、最直接的一端，辐射和覆盖面广，直接关系到民生问题，关系到行业的健康和可持续发展，甚至关系到国家经济转型和产业发展的大问题。我们讨论这个命题就是要在实践中逐步完善和解决这个问题，绝不是照搬美国、日本成熟发达的体系，现在还没这个基础；也绝不是套用其他成熟行业的人力资源经验，现在市场化养老刚刚萌芽，它的真正要义是可操作和渐进发展。在催生年轻化、职业化的过程中，养老机构要采取资源整合、合理配置的手段来固化和稳定服务人员队伍，打造一支受尊重、有爱心、待遇和综合服务技能匹配、能满足老人购买基本服务要求的队伍。

笔者就养老企业运营过程中的实践和探索，提出人力资源的最佳匹配机制及对应的岗位培训课题，以应对目前的困境。

1. 以老少合理配置原则配置养老机构人员

以社工为例，资深的且能在组织中起到贯通和黏合作用的被命名为沟通和组织社工，需具备以下条件。

A. 本地人，有本地、本社区人脉资源的善用能力和对地方文化拿捏的熟悉亲和力；B. 年龄 45～55 岁，深谙人情世故，有社会经验和人生阅历（已婚，为人父母，有祖父母和外祖父母）；C. 工作背景，从事教育的、街道的、社区的、工会的、妇联的、民警的、物业的相关工作等优先。

年轻、大学刚毕业或有过 2～3 年工作经验的年轻社工被命名为活动和宣传社工，具备以下条件：A. 学校中担任过学生会、团委和社团俱乐部工作，有出色的组织沟通能力和 1～2 种专长；B. 有曾和祖父母和外祖父母生活在一起的经历，对老人有了解；C. 有童心，即具备与老人天生有亲和力的性格禀赋，热爱本职工作。

2. 使企业文化、道德、沟通等素质培训的权重优先并高于岗位技能培训

以医护人才为例，目前护理人员流动率提高一直困扰整个行业，营造不是家族企业文化的"家"文化是企业给工作繁重的护理人员带来身心健康和维系情感（员工之间和老人之间）的重要手段，也是企业从主观上提高技能的前提；医生、护士不缺乏观察诊断和护理照顾不同等级老人的经验，但是缺乏深入了解老人文化、心理的人文社会学的熏陶和长期为老服务意识。转变原来医院里短期疾病服务立场为养老机构长期照护老人的服务立场；转变原来医护人员的单一角色为针对老人慢病干预、延缓衰老和机能衰退的健康管家的综合角色，这些都是养老机构为老人提供服务价值的前提，也是市场化养老服务的基础。

3. 加强政府对养老机构人力资源岗位完善、优化和培训的补贴和支持

虽然我们在养老金、老年护理保险等方面的制度性建设与发达国家还有距离，而且政府承担对贫困等基本人群的兜底职能，但对于大多数纳税退休的老年人来说，他们需要有尊严的，包括社会心理和精神慰藉在内的养老服务，这需要各种不同岗位的专业服务人员，这也是政府责无旁贷的工作。养老政策的民心工程在于通过社会化机制，提供一大批合格的受社会尊重的为老服务人才，但我们看到，政府主导下的各类短期培训和各类证书以及消耗的财力并没有改善今天为老服务人力和技能短缺，服务不到位、不科学的窘境。政府利用养老机构资源，通过促进院企结合、医养结合来建立岗位培训和岗位督导的购买服务则会取得事半功倍的效果。

（资料来源：《养老机构的人才来源与人员配置》，http://mp. weixin. qq. com/s/4zsNYvGpRy6h3ziy2SZeCA，最后访问日期：2019 年 3 月 5 日）

第六章
养老服务信息化管理

《《《《《 **学习目标**

1. 了解养老服务线下服务示范点的服务内容。
2. 掌握养老信息化的内涵和外延。
3. 熟悉养老服务信息平台的架构、运营目标。

伴随着经济高速增长，中国在信息化领域取得了飞速发展。信息技术的发展，为养老服务行业变得更加专业、规范、公平，以及使更多老年人享受优质养老服务提供了可能。

第一节　养老服务信息化概述

人类社会正在由工业社会走向信息社会，人类社会生产体系的组织结构和经济结构正在经历信息革命带来的巨大变革。信息技术在各行各业有极其广泛的应用前景，养老服务业也在经历信息技术带来的变革，智慧养老正在成为一种新的发展方向，其基于智能工具的个性化服务正在为老龄服务业的发展开辟一片新的天地。

在过去的十多年，随着信息技术对养老产业的不断渗透和融合，涌现出一系列与养老信息化相关的概念，如"数字化养老"、"网络化养老"、"智能养老"和"智慧养老"等。这些概念的出现与信息技术和养老产业的融合密切相关。其中，"养老服务信息化"和"智能养老"指的是将信息技术叠加到原有养老服务模式之上，在不改变原有模式的前提下提高效率；"智慧养老"则更注重利用大数据、云计算、物联网等技术，实现老年人需求的自动识别并加以满足，同时满足政府部门管理的需要并提供决策支持，帮助涉老企业低成本获取老人需求。通过搜索中国知网、万方维普等数据库发现，学术界最近有统一以智慧养老代替上述概念的趋势。2015 年发布的《国务院关于积极推进"互联网＋"行动的指导意见》明确提出了促进智慧健康养老产业发展的目标任务，意味着智慧养老已经开始上升为国家战略。

一　智慧养老的内涵

在结合众学者见解的基础上，本书认为智慧养老是指利用信息技术和智能设备（如互联网、社交网、物联网、移动计算等），围绕老人的生活起居、安全保障、保健康复、医疗卫生、娱乐休闲等方面，建立系统服务与互动平台，支持老年人的生活服务和管理，通过整合公共服务资源和社会服务资源来满足老年客户在安全看护、健康管理、生活照料、休闲娱乐、亲情关爱等方面的养老需求，对涉老信息自动监测、预警甚至主动处理，使这些技术实现与老年人的友好、自主式、个性化智能交互，甚至"让老年人身处于一个不为其所感知的技术空间"，提升老年人的物质和精神两方面的生活质量，并利用好老年人的经验智慧，为社会发展创造有价值的一整套生态系统。

智慧养老服务体系可分为三个层面：第一个层面，政府部门进行顶层设计和集中管理，开展行业管理工作的信息化和电子化，构建全国范围及区域范围内的行业管理信息化平台；第二个层面，专业养老服务机构采用信息技术和智能化设备提供涉老产品和养老服务；第三个层面，信息技术和智能设备在老年人的生活照料、健康监护、医疗保健等方面的应用。促进老年人健康、改善老年人生活的各类信息化应用及智能终端，以市场化运营推广的智能养老应用，促进智慧化和智能化应用的普及，从而提升老龄人口的物质和精神需求品质。

二 智慧养老与传统养老服务信息化的差别

智慧养老与传统养老服务信息化的最大区别是智慧养老服务平台可以起到综合性的枢纽作用，对服务的供给与需求进行对接，对服务质量进行监督和管理。随着智慧养老的不断发展，智慧养老服务平台的枢纽作用越来越明显。

从市场角度来看，智慧养老服务平台是养老服务需求的集散与分发枢纽，其连接了老年人或其子女的呼叫终端与护理人员、志愿者、医院等服务实体的接入终端，有效地将周边的养老服务资源整合起来，有效地利用智慧养老服务平台的枢纽作用来提高养老服务资源配置的合理性和高效性。其运用的技术不仅覆盖了物联网和互联网技术，还将海量需求数据按照紧急程度和先后顺序进行分类处理，再结合对养老服务资源的整合，从而实现按照老年人终端发出的不同需求配置出合适、快捷、高效的养老服务。

从监管角度来看，智慧养老服务平台是串联省、市、区县、街道、社区各级政府养老事业的枢纽。在平台体系下，省/市级政府主管部门能够及时掌握全省/市养老事业的发展状况和数据信息，实现统抓统管，同时能够将管理触角有效下延至业务末梢，实现垂直透明；区县级政府主管部门能够通过平台对全区县养老政府购买和市场行为信息进行实时监控，并对相关资源进行有效调度；街道/社区级政府主管部门能够以平台为管理服务抓手，将养老事业各方面工作有效落实到位。

三 智慧养老的意义

智慧养老以用户需求为基础，以互联网思维为指引，结合云计算、大数据、物联网、人工智能及量子通信等新技术手段，实现数据采集、存储、挖掘、服务自动化、服务智能化。智慧养老平台使用户需求、政府监管、服务响应和资源调度在统一的平台框架下进行交互，实现信息的高度汇聚，成为用户寻求养老服务的一站式入口，成为养老服务企业提供服务的一站式展示平台、政府监管的综合数据分析展示渠道、资源调度的一体化中心。

关于积极应对人口老龄化的迅速发展，特别是 2030 ~ 2050 年人口老龄化高峰期的严峻挑战，留给我们的时间很短，时间十分紧迫。切实从老龄化社会这一基本国情出发，把应对老龄化社会的挑战列为未来中国发展战略之一。因此，建设一个依托现代信息技术的智慧养老服务体系，具有以下几点重大意义。

（一）满足老龄化社会的服务需求

国外一些国家和我国一些地方的实践表明，智慧养老的主体支撑是信息科技。老年人对信息科技的需求是多层次、多方面的。尤其是生活自理困难或失能老年人，更需要智能化养老服务的技术支持。我国的养老服务业发展必须与现代信息科技紧密结合，才能走上高水平发展的道路。以智能化引领养老服务方式转变，是养老服务业发展的新方向。

（二）推动养老产业结构升级

长期以来，无论是供给侧还是需求侧，养老服务都是碎片化、多元化的，很难形成规模。充分开放、共享的"智慧养老"平台则通过线上平台与线下服务资源聚合，发挥线上平台在用户引导、资源调配和服务管控方面的优势，与线下服务主体结合，使用户及社区居民能够以社区为基础就地享受身边的养老服务，并在省、市、区层面形成更广泛的资源与服务调度，从而从整体上提高资源的利用效率。

及时、充分的需求信息推动服务提供商通过规模化效应提高效率、强化服务质量，鼓励专业化分工，让最合适的人做最合适的事情。原本割裂的服务供给通过平台的串联能够形成一个整体性的服务解决方案，进一步实现资源效率最大化，强化供给侧结构性改革能力。服务通过平台统一标准审核后均可以进入平台提供服务，其中不但涉及养老从业企业，还涉及与民生服务相关的各个产业，例如餐饮业、家政服务业、医疗健康产业、智能制造产业、农业等，具有极强的带动效应。

（三）促进老龄大数据的生成

以信息技术为手段，以智慧养老平台为纽带，将需求和服务资源引导至平台进行撮合和资源调度，在服务过程中的关键点采集服务数据，通过多数据一致性比对实现对全过程的服务质量监管，通过多样化数据采集和挖掘，分析用户潜在需求，引导养老企业改进服务质量，增加服务内容，从而进一步强化供需匹配，带动产业实现良性和可持续发展。据估算，当"智慧养老"平台进入稳定运营期，服务用户规模达到 500 万人时，每天仅从用户层面产生的异构化数据量将达到 8 亿 ~ 10 亿条，如果将物联网设备及系统日志等产生的数据也统计在内，每日数据量可达到 50 亿条。用户、养老企业、政府决策的数字化分析与挖掘将得以在互联网层面进行全面细致的展示与分析。

（四）推动"时间银行"的进程

美国人卡恩提出并倡导的时间银行是指人们将参与公益服务（如为老年人服务）的时间存入时间银行，当自己需要服务时，可以从中支取服务时间。该理念提出后，得到了世界各国的认同，但是，时间银行没有大面积得以实施的原因是其只能是国家模型，它必须具备一体化的国家信用、国家信息技术、国家计算标准和国家管理网络，建立全国一体化的智慧养老平台和智慧养老云服务体系可以解决上述四个方面的问题，带动志愿者和以老助老，充分发挥各级社会资源的作用，形成良性互动，使年轻人、中年人和低龄健康老年人动起来，实现服务互换，有效缓解养老现实服务需求和有效需求的不对称现状，弘扬社会主义核心价值观，造就现代社会迫切需要的志愿精神，促进社会的和谐发展。

（五）养老体系标准化和规范化的需求

标准化对养老服务业务普及、模式创新、管理规范以及质量评估起到了至关重要的作用。智慧养老平台从系统的复杂性角度来看会和不同层次、不同阶段以及不同体系结构的系统进行整合和集成，比如全国公共卫生服务平台、区域公共卫生服务平台、国家社保系统、家政服务系统以及各类金融数据库和统计数据库等。因此，数据的来源呈现多元化、异构性、粒度分层、可重用性等特征，这也在很大程度上对智慧养老平台的顶层设计和管理提出了更高的要求，从而为老年人提供标准化、专业化、亲情化、人本化的服务。

同时，标准化和规范化是服务质量的必要前提和保障。有标准化才有后续进一步考核和评估的依据，才能更有效地强化服务质量并促进服务的长效开展。智慧养老必须致力于开展系统标准、数据标准和服务规范三项重点工作。从硬件设施、服务标准、服务功能、软件系统、互联互通等方面制定平台建设标准和从业人员服务标准，加大对标准的宣传贯彻力度。研究制定各类养老服务模式的培训大纲，选定培训教材，完善培训流程，加强培训管理，帮助培养规范化的养老服务人员，提高管理水平。建立养老服务对象和企业、从业人员的评估指标体系，形成科学合理的评价标准。利用云平台和大数据技术进行信息采集、加工、分析等工作，为政府提供有效的工作抓手，帮助政府机构通过平台加强对其他相关部门、企业组织和从业人员服务质量和业务规范的监管和考核。

综上所述，智慧养老充分响应党和政府的方针政策，满足中国老龄化现状的社会需求，符合互联网经济的时代特征和国家大数据发展战略的要求，通过顶层设计的规划思路，加强标准化和规范化的建设，培育和推动现代化老龄产业的发展和成熟，从根本上解决供给侧和需求侧碎片化的集约整合问题，真正让中国的老年群体老有所养、老有所医、老有所乐、老有所学、老有所住、老有所为。

第二节　智慧养老服务平台体系

一　"物联网＋互联网"视阈下的智慧养老

物联网的概念最早可以追溯到 1998 年美国麻省理工学院自动标识中心提出的产品电子编码系统，该系统曾被认为是互联网在物品的连接和识别方面的拓展。随着国际电信联盟等组织对物联网概念、技术和市场应用的研究、阐述和标准化建议的出现，物联网的范畴已经显著拓宽。如今我们既可以认为未来的物联网是面向全球的连接物品的信息基础设施，也可以认为它是物与物之间、人与物之间的信息交换网络。继互联网之后，物联网急速扩展，渗透到人们生活的每一个角落。目前，全球已有接近 30 亿人连接了互联网，微软公司预测这一数字将在 2020 年达到 40 亿人；而根据来自爱立信公司相对保守的估计，同期物联网的规模将超过 500 亿个终端，是互联网终端数量的 10 倍以上。传感器在移动终端、养老专用设备中的部署越来越普遍，老年人与周围的环境相互连接，物联网可以实时感知老年人的体征状况、行为动态，并协助老年人更顺利地达成行动目标或完成平时难以完成的行为，也支撑政府将传统养老模式下的被动承接转化为基于海量数据挖掘、获取及分析的主动服务。随着受教育水平的持续提升，老年人接受新事物和使用新设备的能力不断增强，获得了运用物联传感控制等新技术的普及基础。

在不远的将来，传感器将渗透到社会的每一个角落，覆盖个体的全生命周期。全面透彻的感知是智慧养老信息集成的基础，物联感知对象无疑是以老年人个体为主的，感知数据的采集和应用是当前研究的重点。养老服务的数据采集方法有两种，一种是人工采集，另一种是基于机器或物联网（传感器）的自动采集技术，而物联网作为接入工具，其应用于养老领域服务将具备两大特点，一是提供"无处不在的连接和在线服务"，二是主动提供服务。

在智慧城市建设运行的大背景下，物联网络应用于智能家居、定位防走失、体征监测预警等单项产品，不仅需要满足产品单一的功能需求，而且需要充分整合信息，集成多项功能，这就要求物联网应用从分散的、面向碎片化需求的模式向综合统一、开放共享的模式转变，真正破除"信息孤岛"，实现面向老龄人群物联传感网络的统一运营管理。全方位物联感知的实现有赖于统一的智慧养老物联数据融合平台的建设和运行。作为面向老龄人群的物联感知系统的中枢，智慧养老物联数据融合平台在纵向上为各类感知系统提供统一的接入端口，在横向上为各类业务应用提供融合数据共享的服务，最终实现统一标准、集中安全和高效配置，衍生出丰富的物联感知应用，实现"物联即服务"。

二 "大数据+云计算"视阈下的智慧养老

根据国际数据公司 IDC 的统计和预测，全球数据量正以每两年翻一番的速度增加，2011 年全球被创建和被复制的数据总量约为 1.8ZB，预计到 2020 年将在 35ZB 以上，其中 75% 来自个人，各行业、各领域已经跨入大数据时代。大数据具有 "4V" 的绝对特征，即数据体量大（Volume）、数据种类多（Variety）、变化速度快（Velocity）和高质量（Veracity），这不仅是一种技术手段，数据本身与技术的结合也将成为重要的新生产要素之一。各种类型的传感器以及与之联系和开展业务的物联网和互联网应用系统成为大数据，尤其是成为动态数据和业务信息的主要来源。随着大数据应用的普及，养老这一传统行业也产生了新的增长潜力。以健康照护这一细分领域为例，根据麦肯锡全球研究所的评估，过去十年间美国健康照护服务供应商从大数据技术中获得的劳动生产力年均增长率约为1.2%，并且呈现不断上升的趋势。与传统的逻辑推理不同，大数据研究对海量数据采取各种形式的技术手段，尤其关注不同变量之间的关联关系，找寻其中的规律，这在面向老年人的业务中尤其适用。一方面，养老服务需要研究对象的历史性数据以掌握其生活和消费的规律；另一方面，老年人之间以及老年人和社会其他成员之间的各种强关系和弱关系也隐于大数据之中。

只有建立以大数据、云计算以及智能化为基础的智慧养老数据库和监控中心，才能有效整合老人的需求，通过数据化存储形成老人的信息数据库并加以完善，预测老人未来的需求，从而解决养老服务的供需不平衡的问题。因此，需要基于云平台建设包括基本信息、服务需求、健康档案、养老资源等在内的基础数据库系统，并在此基础上建立持续运营模式。

通过对老龄人群所融入的社会生活环境和各方面业务需求进行观察，得知智慧养老的数据来源主要包括物联传感数据、互联网络数据和业务系统数据。物联传感网络传入的实时数据包括老人体征数据，如心率、体温、血糖、血压、血氧等；也包括老人运动轨迹信息，如实时位置信息、运动矢量、运动速度和加速度等；还包括环境感知数据，如环境温度、湿度、照度、大气监测数据等。互联网络接入的实时信息包括老人用户在城市智能门户上的行为数据，如交通轨迹、水电燃气缴费信息、城市一卡通使用信息等；也包括老人用户在互联网和移动互联网上的行为数据，如消费习惯、浏览习惯、关注热点等；还包括老人用户在社交网站上留下的信息痕迹，如微博、微信、Facebook、QQ等。与业务系统数据库进行对接而获得的信息包括政府的实时数据和历史数据，如工商、税务、社保、医保、交通、医疗、住房、旅游等。

全方位数据融合应用的实现有赖于统一的智慧养老业务数据服务平台的建设和运行。作为面向智慧养老服务应用的汇聚中心，智慧养老业务数据服务平台可通过数据分析挖掘、机器学习、深度学习等模块完成用户偏好的画像；通过对老年用户进行实时行为数据搜集和跟踪，感知和预测用户的行为特征和行为趋势，提升用户体验，提供更好的增值服务；等等。智慧养老服务平台除了解决实时、离线数据接口，用户画像，以及行为趋势感知等问题外，还应以数据运营为核心，帮助养老服务机构增加用户数、激活用户、增强用户黏性、提升产品转化率。智慧养老业务数据服务平台在物联汇聚数据的基础上，使数据产生更大的价值，使业务得以智慧运行，使养老服务与老龄人群之间的关系更加紧密。

第三节　智慧养老服务平台构建

智慧养老不仅是新型信息通信技术的集中应用，更是一种新的养老模式，这一模式是以云计算、物联网、大数据和互联网等技术为支撑的，面向老龄服务业务，同时也是智慧城市的一个重要组成部分。将社会养老服务模式视为单纯的"居家养老＋社区养老＋机构养老"并未厘清社会养老服务与家庭、社区、机构之间纵横交错的关系以及各自的功能定位，是一种认识误区，应以智能设备为基础设施，以老年人服务需求信息为要素，以线下服务圈为支撑，共同构成一个闭合的供给与需求链。为形成可持续发展和可供商业运营的养老服务生态圈，智慧养老物联数据融合平台和智慧养老业务数据服务平台需要在智慧养老服务平台的基础上有机地结合成一个整体，一方面汇聚老龄人群的相关信息数据，另一方面聚合各种类型的养老服务，并为两者提供信息挖掘分析、数据整合服务的开放共享渠道。

智慧养老"云＋物＋大＋互"平台是一个综合性的信息聚合平台，也是一个开放式的能力共享平台。它是养老服务机构、老龄事务管理部门和老龄人群的业务连接桥梁，一方面支持各类养老服务业务系统的快速部署，并跨领域接入物联传感设备，另一方面支持多元异构信息的清洗、融合和存储，通过挖掘分析和基于神经网络的机器学习，产生新的数据价值（见图 6 - 1）。智慧养老平台将面向各类不同的养老服务机构提供具有实时性、移动性、综合性特征的泛在信息，以及基于这些信息融合产生的新的知识和智慧，使老龄人群获取更加智能、主动和定向的服务，产生新的细分市场和新的业务品类。

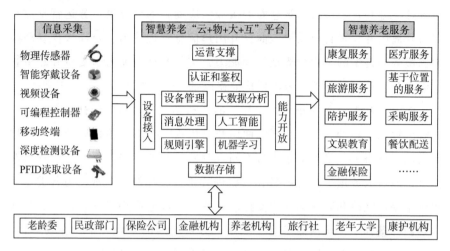

图 6 - 1　智慧养老"云 + 物 + 大 + 互"架构设计

如图 6 - 1 所示，各种类型的物联传感信息通过设备接入单元接入智慧养老平台，无论其所使用的通信网络的制式如何，平台都将其视作传输通道，并适配主流的物联网协议。平台同时提供具备隐私安全保障功能的私有协议，可植入远端的芯片或智能网关，以确保业务开展的安全性和可靠性。智慧养老平台对接入的各种物联传感设备进行统一管理，包括模型抽象、群组管理、附件管理、状态管理、远程控制、软件管理等，并提供设备级别的统一鉴权认证，以及基于策略的业务授权，以便更好地管理和控制远端设备。平台对采集到的消息进行解析、监控、分发等处理，并设立一系列规则，对设备和信息进行全生命周期的管理，以及采用随需而变的信息采集和处理模式。当所有的动态数据和静态数据统一接入和沉淀至智慧养老"物联网 + 大数据"平台时，基于海量数据的处理技术将成为业务实现的关键，包括数据清洗、数据过滤、数据转换、数据分类、实时分析、交互分析、离线分析等，并分别应用于结构化数据和非/半结构化信息中。当智慧养老创新业务产生新的场景和服务时，仅有历史数据不足以支持智慧化决策和智能化行为，因此平台提供机器学习的技术和辅助能力，以实现基于大数据的创新业务。为提升支持第三方智慧养老应用的大数据业务能力，平台计划嵌入人工智能平台，提供支撑机器学习算法、统计函数算法和指标评价算法的技术能力，协助用户配置、观察和训练。面对各种类型和各个层次的智慧养老服务供应商，平台提供业务运营支撑和能力开放服务，平台协助供应商提升用户信息管理能力、合作伙伴管理能力、服务和订单的全生命周期管理能力、定价和计费能力、支付和账单管理能力等，使智慧养老服务的供应商得以融合管理数据，高效开展业务。

综上，基于"云+物+大+互"的智慧养老平台为中国社会老龄问题的解决提供了新的思路，它同时面向政府机构、企事业单位以及老龄人群提供综合性服务。平台汇聚来自不同行业领域的老年服务所产生的物联网信息，通过大数据平台对信息和数据进行整合、存储、分析，为各类专业化应用提供规范和高效的应用支撑。这些智慧养老应用建立在信息、数据和知识的基础上，是信息整合、归纳、分析之后的知识升华。在物联网、云计算、大数据的共同支持下，平台为老龄人群提供快速、准确、及时、有效的智慧化、综合性服务，为养老服务机构提供可供快速部署和高效管理的智能应用系统，为政府管理部门提供制定发展规划和应急响应决策的依据，为中国老龄事业的发展提供具体的技术手段和创新的业务模式。

一　智慧养老平台内涵与特征

智慧养老云服务平台既是一个技术体系，又是一个服务体系。从养老服务的视角来看，根据业务目标、业务主体和业务环境的差别，平台业务可分为三个方面：在行政管理和行业指导方面，相关行政管理部门在老龄大数据集中的基础上对全社会养老事业开展顶层设计和集中管理，建设覆盖全国和省、市、区县、街道、社区五级行政机构的行业管理信息化平台；在老龄产品和服务产业方面，供应商通过物联网、互联网技术升级老龄产品，养老服务机构利用信息化应用和智能化产品升级养老服务，形成依托大数据的互联网老龄产业集群；在老年消费者方面，老年人学习和利用互联网，加强自理能力，丰富社会生活，全面提升老龄人口的物质和精神满足感。

基于"云+物+大+互"的智慧养老具有与传统养老体系完全不同的特征，可以概括为以下几点。

（1）基于知识的服务。基于"云+物+大+互"的智慧养老是建立在信息采集、信息整理、信息利用和信息服务基础上的一种养老体系。对数据和信息的管理，以及对知识的升华应用是信息社会的典型特征，依托于数据、基于知识的增值服务是任何传统养老体系无法比拟的。

（2）技术的多样性。"云+物+大+互"的养老体系是多种信息通信技术的综合应用，包括传感技术、存储技术、计算技术、通信技术、数据分析技术和人工智能技术等，这些信息通信技术的集成应用使多元异构信息汇聚和数据融合挖掘成为养老服务体系的基础。上述养老体系的实现是多种信息通信技术的综合体现和共同支撑，不是一种或一类技术能够代表的。

（3）业务的综合性。"云+物+大+互"的养老体系是综合集成的业务集群。传统养老以居家养老、社区养老、机构养老区分，而"互联网+大数据"养老体系依托网络和数据，脱离了空间性，模糊了时间性，它使老年人在任何时间、任何地点、任何场景都能得到服务，满足用户实时性的需求，甚至发掘出用户潜在的需求。

以居家养老中的健康体征监测为例，系统使用可穿戴设备实时监测老年人的个人体征数据，包括心率、血压、血糖、血氧等，从终端发送数据至系统后台，通过分析数据，反馈有针对性的医学建议，这一业务过程涉及医学、通信、计算机科学等多种学科，也涉及设备制造、数据通信、医疗保健、数据存储、情报分析等多个行业。

（4）行业的融合性。"云+物+大+互"的养老体系带动行业之间的融合与产业的集群式发展。"云+物+大+互"养老涉及的行业几乎涵盖所有已知的传统服务行业和以信息技术为代表的新兴产业，例如智能建筑、智能家居、智慧医疗、网络金融、在线交易等。通过信息融合和数据挖掘，这些看似相距甚远的行业和领域得以交叉并产生新的业务和共享用户。

二　信息平台涉及的关键技术

智慧养老平台是包括大数据、云计算、物联网及下一代通信网络技术在内的技术创新融合的复杂巨系统。在建设和实施过程中主要涉及以下十类技术。

（一）移动互联网络

移动互联网是指将移动通信和互联网二者进行结合，用户借助移动终端（手机、PDA、上网本等）通过网络访问互联网。移动互联网是由高传输速度的移动通信网络、具有智能感应能力的智能终端、业务管理和计费平台、客户服务支撑平台共同构成的一个新的业务体系。通过移动互联网，老人到达任何一个地点，都可以接入网络，使泛在的养老信息服务成为可能。

随着移动4G的发展与成熟，移动互联网逐渐由3G时代迈向4G时代，马上迈入5G时代。第四代移动通信技术的概念可分为宽带接入和分布网络，具有非对称的超过速率为2Mb/s的数据传输能力。它包括宽带无线固定接入、宽带无线局域网、移动宽带系统和交互式广播网络。第四代移动通信技术的主要指标有：数据速率从2Mb/s提高到100Mb/s，移动速率从步行到车速以上，支持高速数据和高分辨率多媒体服务的需要。宽带局域网应能与B-ISDN和ATM兼容，实现宽带多媒体通信，形成综合宽带通信网，能够为全速移动用户提供150Mb/s的高质量影像等多媒体业务。

4G移动系统网络结构可分为三层：物理网络层、中间环境层、应用网络层。物理网络层提供接入和路由选择功能，通过结合无线和核心网的方式完成。中间环境层的功能有QoS映射、地址变换和完全性管理等。物理网络层与中间环境层及应用网络层之间的接口是开放的，它使发展和提供新的应用及服务变得更为容易，提供无缝高数据率的无线服务，并运行于多个频带。

4G移动通信技术的特点大致概括为以下几点。

一是数据传输速率高。对于大范围高速移动用户（250km/h），数据传输速率为2Mb/s；对于中速移动用户（60km/h），数据传输速率为20Mb/s；对于低速移动用户（室内或步行者），数据传输速率为100Mb/s。

二是实现无缝漫游。4G移动通信系统是实现全球统一的标准，能使各类媒体、通信主机及网络之间实现"无缝连接"，真正实现一部手机在全球任何地点都能进行通信。

三是高度智能化。采用智能技术的 4G 移动通信系统是一个高度自治、自适应的网络。通过智能信号处理技术对信道条件不同的各种复杂环境进行结合，实现正常发送和接收，有很强的智能性、适应性和灵活性。

四是覆盖性能好。4G 移动通信系统应具有良好的覆盖性能并能提供高速可变速率传输服务。对于室内环境，由于要提供高速传输服务，因此小区的半径会更小。

五是基于 IP 的网络。4G 移动通信系统采用 IPv6，IPv6 可在 IP 网络上实现话音和多媒体服务。

六是适应不同的 QoS 业务。4G 移动通信系统通过动态宽带分配和调节发射功率来提供不同质量的业务。

（二）卫星定位系统

1. 北斗卫星定位系统

中国北斗卫星导航系统（BeiDou Navigation Satellite System，BDS）是中国自行研制的全球卫星导航系统，是继美国全球定位系统（GPS）、俄罗斯格洛纳斯卫星导航系统（GLONASS）之后第三个成熟的卫星导航系统。中国 BDS 和美国 GPS、俄罗斯 GLONASS、欧盟 GALILEO，是联合国卫星导航委员会已认定的供应商。

北斗卫星导航系统由空间段、地面段和用户段三部分组成，可在全球范围内全天候、全天时为各类用户提供高精度、高可靠的定位、导航、授时服务，并具备短报文通信能力，已经初步具备区域导航、定位和授时能力，定位精度 10 米，测速精度 0.2 米/秒，授时精度 10 纳秒。

北斗卫星导航系统空间段由 5 颗静止轨道卫星和 30 颗非静止轨道卫星组成，预计到 2020 年左右，建成覆盖全球的北斗卫星导航系统。北斗卫星导航系统具有以下主要功能。

短报文通信：北斗系统用户终端具有双向报文通信功能，用户可以一次传送 40～60 个汉字的短报文信息，可以达到一次传送达 120 个汉字的信息，在远洋航行中有重要的应用价值。

精密授时：北斗系统具有精密授时功能，可向用户提供 20ns～100ns 时间的同步精度。

定位精度：水平精度 100 米（1σ），设立标校站之后为 20 米（类似差分状态），工作频率为 2491.75MHz。

系统容纳的最大用户数：540000 户/小时。

2. 全球定位系统

全球定位系统（Global Position System，GPS）是一种可以授时和测距的空间交会定点的导航系统，可向全球用户提供连续、实时、高精度的三维位置、三维速度和时间信息。GPS 由空间部分、地面监控部分和用户部分三大部分组成。

GPS 空间部分由 24 颗工作卫星和 4 颗备用卫星组成。它们分布在 6 个等间距的轨道平面上，轨道面相对赤道的夹角为 55°，每个轨道面上有 4 颗工作卫星，卫星的轨道接近圆形，轨道高度为 2.01836 万公里，周期约 12 小时。GPS 卫星可连续向用户播发用于导航定位的测距信号和导航电文，并接收来自地面监控系统的各种信息和命令以维持正常运转。

地面监控部分包括四个监控站、一个上行注入站和一个主控站，其主要功能是跟踪 GPS 卫星，确定卫星的运行轨道及卫星钟改正数，进行预报后再按规定格式编制成导航电文，并通过注入站送往卫星。地面监控系统还能通过注入站向卫星发布各种指令，调整卫星的轨道及时钟读数，修复故障或启用备用件等。

用户部分由用户及 GPS 接收机等仪器设备组成。GPS 接收机测定从接收机至 GPS 卫星的距离，用户可根据卫星星历所给出的观测瞬间卫星在空间的位置等信息，根据距离交会原理得出自己的三维位置、三维运动速度和钟差等参数。

（三）物联网

物联网是将各种信息传感设备及系统，如传感器网络、射频标签阅读装置、条码与二维码设备、全球定位系统和其他基于物 to 物通信模式的短距无线自组织网络，通过各种接入网与互联网结合起来进而形成的一个巨大智能网络。物联网可以实现任何物体、任何人在任何时间、任何地点使用任何路径/网络以及任何设备的连接。

物联网通过射频识别、传感器、二维码、GPS 卫星定位等相对成熟的技术，全面感知、采集、测量物体信息，并利用无线传感器网络、短距无线网络、移动通信网络等信息网络，实现物体信息的分发和共享。此外，可以进一步对采集到的物体信息进行分析和处理，针对具体应用提出新的服务模式，实现决策和控制智能。物联网系统有三个层次，分别为感知层、网络层和应用层。

感知层。感知层利用 RFID、传感器、二维码等随时随地获取物体的信息，是实现物联网全面感知的核心能力。

网络层。网络层通过各种电信网络与互联网的融合，将物体的信息实时准确地传递出去，是物联网三层中标准化程度最高、产业化能力最强、最成熟的部分。

应用层。应用层把感知层得到的信息进行处理，通过智能化识别、定位、跟踪、监控和管理等实际应用，将物联网技术与行业信息化需求相结合，实现广泛的智能化应用。

（四）云计算

云计算是一种新的计算方法和商业模式，即通过虚拟化、分布式存储和并行计算以及宽带网络等技术，按照"即插即用"的方式，自助管理计算、存储等资源，形成高效、弹性的公共信息处理能力，使用者通过公众通信网络，以按需分配的服务形式获得动态可扩展的信息处理能力和应用服务。从计算效用的角度来看，云计算既通过虚拟化技术形成可管理的、弹性的资源池，充分提升机群的 CPU 和存储的利用率，又通过分布式存储技术和并行计算技术，充分利用机群并行处理的强大计算能力和快速响应能力。

云计算的本质是一种服务提供模型，通过这种模型可以随时、随地、按需地通过网络访问共享资源池的资源，这个资源池的内容包括计算资源、网络资源、存储资源等，这些资源能够被动态地分配和调整，在不同用户之间灵活划分。

云计算具备五个基本元素，分别是：通过网络分发服务、自助服务、可衡量的服务、资源的灵活调度以及资源池化。云计算按照服务类型可以分为 IaaS、SaaS 和 PaaS 三类，而按照部署模式可分为公有云、私有云、混合云和社区云四种。

1. 特征元素

通过网络分发服务：大量的云计算服务是通过网络来传递的，通过网络分发服务打破了地理位置、硬件部署环境的限制，只要有网络就有计算，革命性地改变了人们使用电脑的习惯。

自助服务：云计算与传统架构的区别在于用户大多通过自助方式获取服务。自助式的服务方式充分发挥了云计算后台架构强大的运算能力，同时也使用户获得了更加快捷、高效的体验。

可衡量的服务：一个完整的云计算平台会对存储、CPU、宽带等资源保持实时跟踪，并将这些信息以可量化的指标反映出来。基于这些指标，云计算平台运营商或管理企业内部私有云的 IT 部门能够快速地对后台资源进行调整和优化。

资源的灵活调度：云计算在资源调度方面的灵活性体现在云计算服务商总是可以满足用户不断增长的需求上，由于计算资源已经被池化，因此云计算服务提供商可以非常快速地将新设备添加到这个资源池中，满足用户不断增长的需求。

资源池化：在云计算中，计算资源——CPU、存储、网络等有了新的组织结构，也就是资源池。所有设备的运算能力都被放到一个池内，再进行统一分配。

2. 服务类型

云计算按照服务的提供方式划分为三个大类：SaaS（Software as a Service，软件即服务）、PaaS（Platform as a Service，平台即服务）和 IaaS（Infrastructure as a Service，基础架构即服务）。PaaS 基于 IaaS 实现，SaaS 的服务层次又在 PaaS 之上，三者分别面对不同的需求。IaaS 提供的是用户直接访问底层计算资源、存储资源和网络资源的能力；PaaS 提供的是软件业务运行的环境；SaaS 是将软件以服务的形式通过网络传递到客户端。

3. 部署模式

云计算按照部署模式可以分为私有云、公有云、混合云与社区云四种，不同的部署模式对基础架构提出了不同的要求。私有云是部署在企业内部、服务于内部用户的云计算类型；社区云是由数个有共同利益关系或目标的企业和组织共同构建的云计算业务，其服务面向这几个组织的内部人员；公有云一般是由云服务运营商搭建、面向公众的云计算类型；混合云则是包含了两种以上类型的云计算形式。

（五）分布式系统

类似于互联网拓扑结构中的去中心的分布式系统，有无数个服务器，包括入口分流、运算处理、数据存储等类型，相互间有千兆光纤连接，以满足大型网站的大流量访问要求。系统的扩张通过增加服务器实现，失去中心控制的系统看起来"失控"，然而其超强的扩展性、容错性和自由度却使其成为庞大有序的系统。

分布式系统具备以下结构特征：

（1）没有强制性的中心控制；

（2）次级单位具有自治的特质；

（3）次级单位之间彼此高度连接；

（4）点与点间的影响通过网络形成了非线性因果关系。

分布式系统具备超强扩展性、可进化的自我完善、对中心依赖度很低、容错强的优点。分布式的子系统是自我组织的，有很强的自我调整能力和优化能力。分布式系统的容错能力很重要，在发生系统灾难时，比如某个或多个子系统无法运作时，功能类似的子系统可以很快接管任务。分布式系统的调整不是直接对子系统进行操作，而是通过规则的改变来干预系统的运转。

（六）Hadoop 体系框架

Hadoop 是 Google 的 MapReduce 一个 Java 实现，是一个实现了 MapReduce 计算模型的开源分布式并行编程框架，可以借助 Hadoop 编写程序将所编写的程序运行于计算机机群，从而实现对海量数据的处理。

Hadoop 还提供一个分布式文件系统（HDFS）及分布式数据库（HBase），用来将数据存储或部署到各个计算节点上。

1. Map/Reduce 计算模型

Map/Reduce 是一种云计算的核心计算模式，也是一种分布式运算技术，还是简化的分布式编程模式，它让程序自动分布到一个由普通机器组成的超大集群上并发执行，主要用于解决问题的程序开发模型，也是开发人员拆解问题的方法。

Map/Reduce 模式的主要思想是将自动分割要执行的问题（例如程序）拆解成 Map（映射）和 Reduce（化简）。在数据被分割后通过 Map 函数的程序将数据映射成不同的区块，分配给计算机机群处理，达到分布式运算的效果，再通过 Reduce 函数的程序将结果汇整，从而输出开发者需要的结果。

2. Hadoop 的其他组成部分

HDFS 是 Google GFS 存储系统的开源实现，主要应用场景是作为并行计算环境（Map/Reduce）的基础组件，同时也是 BigTable（如 HBase、HyperTable）的底层分布式文件系统。

Hive 是基于 Hadoop 的一个数据仓库工具，处理能力强且成本低廉。该存储方式是将结构化的数据文件映射为一张数据库表。其可以提供类 SQL 语言，实现完整的 SQL 查询功能，还可以将 SQL 语句转换为 Map/Reduce 任务运行，十分适合数据仓库的统计分析。

HBase 是一个分布式的、面向列的开源数据库，它不同于一般的关系数据库，是一个适用于非结构化数据存储的数据库。

（七）数据挖掘技术

数据挖掘一般是指从大量的数据中通过算法搜索隐藏于其中的信息的过程。数据挖掘通常与计算机科学有关，并通过统计、在线分析处理、情报检索、机器学习、专家系统（依靠过去的经验法则）和模式识别等诸多方法来实现上述目标。

数据挖掘使用的分析方法一般包括分类、聚类、预测、估计、关联规则。其中，分类是首先从数据中选出已经分好类的训练集，在该训练集上运用数据挖掘分类的技术，建立分类模型，对于没有分类的数据进行分类。聚类是对记录进行分组，把相似的记录放在一个聚集里。聚类和分类的区别是聚集不依赖于预先定义好的类，不需要训练集。估计与分类类似，不同之处在于：分类描述的是离散型变量的输出，而估值处理连续值的输出；分类的类别是确定数目的，估值的量是不确定的。预测是通过分类或估值起作用的，也就是说，通过分类或估值得出模型，再将该模型用于对未知变量的预言。此外，还有一个重要方面是描述和可视化，即对数据挖掘结果的表示方式。一般只是指数据可视化工具，是报表工具和商业智能分析产品（BI）的统称。

数据挖掘过程一般遵循六大步骤：定义问题、准备数据、浏览数据、生成模型、浏览和验证模型、部署和更新模型。定义问题阶段包括分析业务需求、定义问题的范围、定义计算模型所使用的度量，以及定义数据挖掘项目的特定目标。数据准备阶段主要是对数据的获取和预处理。浏览数据的技术包括计算最小值和最大值、计算平均偏差和标准偏差，以及查看数据的分布情况。生成模型即通过创建挖掘结构定义要使用的数据列。浏览和验证模型主要是在将模型部署到生产环境中之前对模型的性能进行测试。部署和更新模型是将模型部署到生产环境中，并根据知识需求的变化更新模型。需要指出的是，模型的创建不是项目的结束。模型的作用是从数据中找到知识，获得的知识需要便于用户使用的方式重新组织和展现。在很多案例中，这个阶段是由客户而不是数据分析人员承担部署的工作。

（八）量子计算

量子计算是未来处理超大数据和计算规模的新一代计算方式的一种可能。量子计算是对一个或多个量子比特（qubit）或量子三元（qutrit）以上进行操作，以达到具有量子特性的演算功能，是一种依照量子力学理论进行的新型计算。量子计算以量子力学基本原理为基础，通过量子系统的各种相干特性（如量子并行、量子纠缠和量子不可克隆等）进行计算、编码和信息传输。

从物理观点来看，计算机是一个物理系统，计算过程是一个物理过程。量子计算机是个量子力学系统，量子计算过程就是这个量子力学系统量子态的演化过程。量子态具有量子叠加和量子纠缠的性质，使量子计算有许多不同于经典计算机的新特点。量子计算对经典计算做了极大的扩充，经典计算是一类特殊的量子计算。量子计算最本质的特征为量子叠加态和相干性。量子计算机对每一个叠加分量实现的变换相当于一种经典计算，所有的这些经典计算同时完成，按一定的概率振幅叠加起来，给出量子计算机的输出结果，这种计算被称为量子并行计算。量子并行处理大大地提高了量子计算的效率，使量子计算可以完成经典计算机无法完成的工作。量子相干性在所有的量子超快速算法中得到本质的利用。

量子计算的研究就是充分利用量子物理基本原理的研究成果，发挥量子相干特性的强大作用，探索以全新的方式进行计算、编码和信息传输的可能性，为突破芯片极限提供新概念、新思路和新途径。

（九）面向服务的架构

SOA 是一种面向服务的系统架构。简单来说，SOA 就是一种进行系统开发的新的体系架构，在基于 SOA 架构的系统中，具体应用程序的功能是由一些松耦合并且具有统一接口定义方式的组件（也就是 Service）组合构建起来的。因此，基于 SOA 的架构也一定是从用户的具体需求开始构建的。但是，SOA 和其他架构的不同之处就在于 SOA 所提供的业务的灵活性。业务灵活性是指用户能对业务变更快速和有效地进行响应，并且利用业务变更得到竞争优势的能力。对于架构设计师来说，创建一个业务灵活的架构意味着创建一个可以满足当前还未知的业务需求的 IT 架构。

利用基于 SOA 的系统构建方法，使一个基于 SOA 架构的系统中的所有的程序功能都被封装在一些功能模块中，我们就是利用这些已经封装好的功能模块组装构建我们所需要的程序或者系统，而这些功能模块就是 SOA 架构中的不同的服务。

SOA 更加强调以下优势：基于标准、松散耦合、共享服务、粗粒度和联合控制。通过不断地构筑业务需要的各种标准服务，实实在在地形成一个"服务仓库"，按需服务，最终实现业务自主。服务是网络中可用的软件资源。服务提供者通过标准机制提供服务，服务使用者通过网络有计划性地使用服务。服务代理发布服务所在位置，并在使用者请求服务时定位服务。服务使用者和提供者的角色不是唯一的，服务提供者也可以是使用者，反之亦然。

服务实现包含了服务的功能或业务逻辑。对于服务使用者来说，服务实现应该是一个"黑匣子"，用户没必要知道服务的功能实现细节。有五种类型的服务，具体如下。

（1）数据访问：允许对不同数据源进行统一访问。

（2）组件：提供对打包应用服务的访问，如内容管理。

（3）业务：提供使用一个以上打包应用或定制应用功能的复杂服务。

（4）组合：使用以上三种类型的服务来创建包括新功能和现有功能在内的新服务。

（5）共享的或基础的架构服务，以及消息日志之类的低级服务，其重用性使快速创建新的高级服务成为可能。

（十）企业服务总线

ESB 全称为 Enterprise Service Bus，即企业服务总线。它是传统中间件技术与 XML、Web 服务等技术结合的产物。ESB 提供了网络中最基本的连接中枢，是构筑企业神经系统的必要元素。ESB 的出现改变了传统的软件架构，它可以提供比传统中间件产品更为廉价的解决方案，还可以消除不同应用之间的技术差异，使不同的应用服务器协调运作，实现了不同服务之间的通信和整合。从功能上看，ESB 提供了事件驱动和文档导向的处理模式，以及分布式的运行管理机制，它支持基于内容的路由和过滤，具备复杂数据的传输能力，并可以提供一系列标准接口。

企业服务总线主要为大型集成软件系统提供以下功能。

总线基础服务框架：提供系统一致性、安全性、可靠性，以及性能和扩展能力有保障的基础技术手段。

集成服务：提供基础的集成服务与用户定制的应用服务，支持多种集成服务模式，支持服务的封装、重用、服务组合、服务调度。

公用服务：提供内置的各种公用服务。例如，渠道认证服务、日志服务等。

服务管理和服务标准：提供服务配置管理的前台工具集合，并提供行业的服务规约标准。

系统监控：提供多角度的系统实时监控与交易报表，提供用户定制的告警服务。

安全体系：提供多种安全机制并支持和第三方安全系统的有效集成，提供有效的安全监控机制。

三 智慧养老平台架构

(一) 智慧养老平台管理维度

根据服务对象的不同，养老信息化平台的建设可分为三个维度。

一是满足政府管理的需要，建设全国性老龄信息决策服务系统。该系统汇总全国老年人的各项基础数据，为老龄事业决策提供信息支持；实现老龄信息数据传输、存储、管理、监控和统计分析，为各地老龄决策机构提供充分的信息支持。这将有助于科学编制养老服务事业规划，统筹确定养老机构，确定社区服务点的数量、布局、规模，等等，避免规划不合理和资源浪费。

二是为老年人的具体养老需求提供技术支撑。通过网站、自助服务终端、无线终端设备等技术手段，为老龄人口及其家属提供养老信息的查询服务；方便他们选择养老服务机构、服务方式以及选购老年用品；基于智慧养老平台，开发医疗、保健、教育、娱乐等各种应用软件，丰富养老服务的范围与种类。

三是为老龄产业发展提供技术支撑和相关服务。开放平台接口，鼓励老龄产业相关企业、组织和个人开发应用系统接入平台，合理运用数据库信息。为养老服务行业研究、行业机构考核评估和资质认证、专业队伍建设等提供信息支持，也为行业管理、质量监控提供基础依据。

(二) 系统总体架构

智慧养老平台项目的建设是一项复杂巨系统工程，这一系统由层次分明、界面清晰、相互连接的功能模块、子系统和子平台构成。平台通过功能集成、网络集成、交互界面集成、平台服务集成等有机地组合在一起，形成具有共同指向的综合性的整体系统。

智慧养老平台项目的总体架构如图6-2所示。

智慧养老平台项目建设包括信息基础设施层、信息数据资源层、信息服务平台层、信息应用系统层、信息交互展现层五个建设层面，辅以标准规范评价体系和信息安全保障体系建设。智慧养老平台的建设，要围绕为老年人、老龄事业、老龄产业服务这个中心，通过信息技术，充分发挥涉

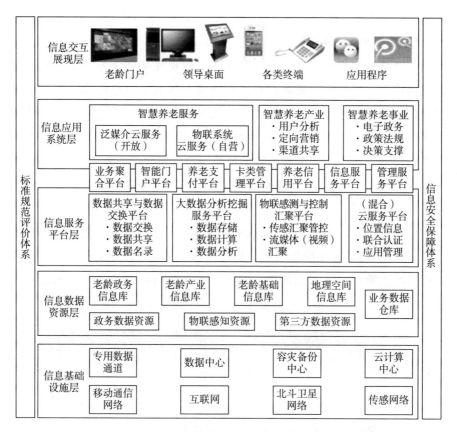

图 6-2　智慧养老平台项目总体架构

老信息数据的效用。服务功能的先进性具体体现在：

（1）统一管理、动态服务、功能强大、扩展性强的业务支撑；

（2）集中存储、完备丰富、共享利用的原始数据资源支撑；

（3）基于大数据分析的趋势预测、科学决策、政策制定；

（4）海量涉老信息资源的有序开放、深度开发、创新服务；

（5）提供具备数据汇聚处理、大数据分析挖掘、信息资源共享与交换，以及应用系统的协同开发和快速部署能力的共性基础支撑平台；

（6）提供真实、准确、实时数据与历史数据相结合的老龄信息积累、信息呈现、信息服务和信息互动渠道，汇聚友好互动的智龄生活界面。

（三）系统建设内容

1. 信息基础设施层

信息基础设施层是智慧养老平台建设的硬件基础，为智慧养老平台提供网络、存储与计算资源，并负责协调不同类型的异构系统数据在传输层的融合，这些资源包括基于北斗技术的卫星定位系统、基于云计算技术的数据中心、基于 ZigBee 等技术的无线/有线传感网络、基于 LTE 技术的移动数据网络，以及兼容多种类型通信网络的传输系统和通用/专用数据通道。同时，信息基础设施层还配套相应的能源、安全、环境系统。

信息基础设施层的建设内容包括数据中心、容灾备份中心、云计算中心（资源配置）、专用数据通道、传感网络、卫星定位终端，需要对接的网络包括北斗/GPS 卫星网络、互联网、移动互联网、各种制式的蜂窝移动通信网络等。信息基础设施层具体如图 6-3 所示。

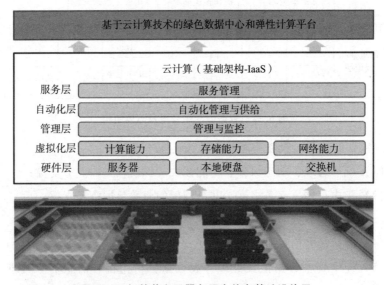

图 6-3　智慧养老云服务平台信息基础设施层

2. 信息数据资源层

信息数据资源层是智慧养老平台建设的信息资源基础，主要为系统收集、梳理、整合、分类涉老数据和信息，其内容包括地理空间信息、老年人基础信息、老年服务产业相关信息、老年服务事业相关信息，并在此基础上面向应用主题，建设业务信息仓库，支撑各类业务系统的建设与运营。信息数据资源层所汇集的信息和数据来源于老龄委及其相关部、厅、局、委、办接入的政务数据，平台本身建设的物联服务系统感知并上传的物联感知数据，以及与老年服务企业、事业单位对接的第三方信息数据。图6-4为智慧养老云服务平台数据资源体系。

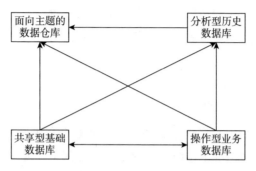

图6-4　智慧养老云服务平台数据资源体系

信息数据资源层的建设内容包括老龄基础信息库、老龄政务信息库、老龄产业信息库、地理空间信息库、视频存储信息库、音频存储信息库，以及为综合应用与专项应用设置的面向主题的业务信息仓库、专题数据库和索引库等。

3. 信息服务平台层

信息服务平台层是智慧养老平台统筹资源的集成核心，能够为智慧养老平台的各项应用与服务提供公共信息支撑，包括系统内部及与外部系统之间的数据共享和交换，对大数据进行清洗、整理、存储、分析、挖掘，对物联感知设备和终端进行统一接入和信息传输，面向混合组网方式的云服务，以及不同领域的应用服务，抽取其共性并为集中呈现提供支撑。

信息服务平台层的建设内容包括数据共享与数据交换平台、大数据分析挖掘服务平台、物联感测与控制汇聚平台，以及可支撑混合云形式的云服务支撑平台。在这四大服务平台的基础上，建设一系列面向具体应用的领域共性支撑平台，包括业务聚合平台、智能门户平台、养老信用平台、养老支付平台、老人卡管理平台、信息服务平台和管理服务平台等。

4. 信息应用系统层

信息应用系统层是智慧养老平台响应业务需求的应用呈现，是智慧养老平台为用户提供的产品和服务，主要有：直接面向老年人的养老服务业务，包括开放式的泛媒体云服务，以及以自营为主的物联网系统服务；面向老龄产业服务的业务，包括用户分析、定向营销、渠道和用户共享，以及支付和征信等；面向老龄事业服务的业务，包括电子政务、移动办公、决策支撑等。

信息应用系统层的建设内容包括政务办公系统、养老服务系统、产业信息服务系统和泛媒介云服务系统等，需要对接的应用系统来自第三方提供的涉老服务和产品。

5. 信息交互展现层

信息交互展现层是智慧养老平台直接面向用户的交互终端和界面，智慧养老平台为终端用户提供适合各种终端和媒介的业务服务和交互界面，并在统一的接口和标准下组织形成泛媒介服务网络，使第三方提供的涉老服务和产品得以获得渠道、入口及创新整合，且适应各种主流的操作系统和显示器。

信息交互展现层的建设内容包括交互式触摸屏系统、政务服务专用终端、大屏幕显示系统、广播系统等，需要对接通用型移动终端、PC 终端、笔记本电脑，以及智慧养老平台外部的各类传播媒介系统。

6. 标准规范评价体系

标准规范评价体系是智慧养老平台持续发展的基石，是智慧养老平台配备的系统通用接口协议和共性服务支撑标准，为系统架构提供参考依据，为应用标准提供索引指南，为评价模型提供指标和方法，对不同来源的术语进行统一和定义。

标准规范评价体系的建设内容包括总体标准、支撑技术标准、共性平台标准、基础设施标准、应用服务标准、安全管理标准，以及建设管理标准等。

7. 信息安全保障体系

信息安全保障体系是智慧养老平台的技术保证，为智慧养老平台的数据安全、信息安全、网络安全、系统安全、流程安全、管理安全提供制度保障。

智慧养老平台建设还应制定政务数据资源目录管理办法，规范政务数据资源目录体系和运行模式，明确数据资源从采集提取到整理利用的全流程中各相关政府部门和机构的职责分工，其中：数据资源提供方负责政务数据资源目录中直接相关的数据资源的编目、注册、维护等；数据资源管理方负责政务数据资源目录的审核、发布和管理，以及目录管理服务系统的日常运行维护；确保数据资源使用方对获取的政务数据资源在可授权和已授权的范围内合法使用。

智慧养老平台涉及的非政务数据资源包括商业数据资源和个人健康数据资源等，因涉及商业秘密和个人隐私，亦需制定相关数据资源目录管理办法，规范数据资源目录体系和运行模式，明确数据资源从采集提取到整理利用的全流程中各利益攸关方的职责分工。以完整的基于数据生命周期的全面覆盖智慧养老平台所涉及的数据资源的目录管理办法集合，统筹组织落实信息安全保障体系，确保智慧养老平台长期、健康、稳定、合法运行。

四　平台的运营和维护

养老信息平台的运营需要大量人力和物力，需要全社会的共同参与，只有建立合适的运营模式，才能理清权、责、利的关系，才能让政府、企业、用户及其他机构等形成合力，实现利益共享，从而保证其持续、安全、高效运营。一般来说，智慧养老平台运营采取政府主导、企业建设、公众参与的运营模式，三者的具体职责如下：政府是智慧养老平台建设的主导者，负责体制机制的建立，协调各方资源，统筹各方力量，通过部分引导资金与优惠政策，带动社会方面的力量参与，推动相关法规政策的制定等；企业是养老平台建设运营的主体，电信运营商提供基础通信与宽带网络，平台运营公司负责运维养老平台及其相关应用系统和信息服务，通过转售或租给政府使用，提供完整的行业应用解决方案、行业咨询与规划、项目建设方案及技术支持等；公众是养老平台的参与者、体验者和维护者。城乡居民参与智慧养老平台的建设，直接体验、使用智慧养老平台的建设成果，监督、反馈和提升养老平台的服务内容和服务质量。

（一）运营维护原则

智慧养老平台的运行维护所涵盖的系统和技术范围广且相互交叉，既包括设备器件等硬件，又包括程序应用等软件，更为复杂的部分集中体现在数据中心等综合系统中。智慧养老平台的运行维护应遵循以下原则。

1. 制度化原则

智慧养老平台的运行维护应以完善的制度和流程为基础，为保障运行维护工作的质量和效率，需制定全面完善、切实可行的管理制度和服务规范，固化各项运维活动的标准流程和岗位设置，使运维人员在制度和流程的规范和约束下协同操作。

2. 集成化原则

智慧养老平台的运行维护应以先进且成熟的运维管理平台为技术手段，通过建设统一、集成、开放并可扩展的运维管理平台，实现对不同层级、不同类型的运维事件的采集、处理和分析，使运维工作实现智能和高效。

3. 人才保障原则

智慧养老平台的运行维护离不开高素质的运维服务人员，只有以综合型、创新型人才队伍为保障，持续提高运维服务队伍的专业化水平，才能正确使用先进技术工具，确保平台正常高效运营。

（二）运营维护目标

运维管理就是为确保平台正常运行而对系统中的人与物进行有效管理。运维管理要符合以下四项重要标准。

1. 合规性

在运维管理过程中避免违反任何法律、法规、标准与合约文件等，即在运维管理框架设计与执行的全过程（包括人员使用、流程设计、产品部署与厂商管理等）中充分考虑有关文件的要求，并在运维管理的过程中留下相应的记录，建立起相应的管理评估机制，以向利益相关方证明自身能达到合规性的目标。

2. 可用性

在运维管理过程中保证数据中心各功能组件具有支持既定功能的能力，即在运维管理的过程中能准确识别相关功能组件，了解该组件的设计能力，定义与该组件技术特点相匹配的监控指标，最大限度地保证数据中心各管理组件的可用性。

3. 经济性

数据中心在整个运维管理周期中能实现预先要求的财务目标。一方面，通过合理的财务预算、会计、成本分析等手段，准确、及时地分析、记录运维管理过程中的各项支出；另一方面，要制定相应的计价模式，对运维过程中的成本合理地分摊。此外，要通过财务管理，在运维管理方面实现成本与其他管理目标的相对平衡。

4. 服务性

建立服务导向型的运维管理框架。从服务的角度出发，分析客户与数据中心的各种交互界面，并以此为源头构建各种管理流程，最终形成整体管理框架。通过建立服务台、服务水平管理、业务关系管理等流程，驱动后台运维管理工作开展。

第四节　线上线下养老服务管理融合

一　线上线下服务融合

老年人可通过手机 App、电话、线下等多种方式进行自身所需的养老服务项目的订购，订单生成后，智慧养老平台将根据订单信息，将服务需求派发至居家养老服务中心、日间照料中心或其他相应的养老服务机构，由服务中心提供相应的线下服务。服务人员进行服务时需严格依照各项服务的标准规范，以确保服务质量。

通过 App 进行服务订购的老年人，可在服务结束时通过 App 对服务人员的服务质量、服务态度等方面进行评价；对于通过电话订购或者线下直接前往享受服务的老年人，智慧养老平台可通过回访的方式，了解老年人对服务的评价情况。通过服务回访，智慧养老平台对服务人员的服务过程进行监管，保障服务质量。

老年人的直接评价数据、回访评价数据将被作为评估服务商、服务人员服务质量的依据，各服务中心、养老服务机构的服务数据（例如提供的服务种类、服务人次等）及其所接入服务商的评估数据将被作为服务中心和养老服务机构评星评级的依据。

此外,老年人进行服务订购时产生的业务数据将被统一汇聚至智慧养老平台,平台通过对数据进行分析,优化服务项目,实现养老服务的供需匹配,并对老年人的潜在服务需求进行研判,进行服务信息的智能化推送,优化老龄用户的服务体验,提高用户满意度。图6-5为线上线下服务融合体系。

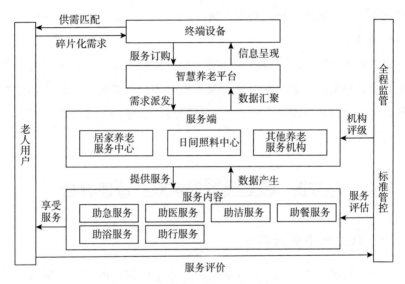

图6-5 线上线下服务融合体系

二 线上线下管理闭环

居家养老服务中心(含日间照料中心、农村幸福院)是智慧养老的末梢服务节点,也是居家养老工作的重要阵地。就当前现状而言,虽然智慧养老发展迅速,但街道、社区等基层单位和服务中心运营机构对智慧养老的理解能力不一,服务水平参差不齐,建设标准千差万别,建设运营效果不甚理想,最直接的弊端就是底层数据结构不统一,数据难以有效汇聚到上级平台,导致服务中心游离于智慧养老体系之外,难以真正做到可管可控。

通过线下服务点的信息化建设,实现各类养老服务与管理数据的实时采集与汇聚,进一步凸显居家养老服务中心的核心节点作用,解决"最后一公里"的数据收集、信息汇聚、资源整合、服务提供、用户运营问题，实现养老服务线上线下的管理闭环（见图6-6）。

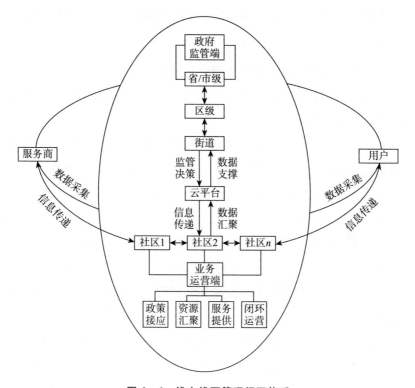

图6-6　线上线下管理闭环体系

（一）信息化建设内容

一体化的软硬建设：包括软件系统的功能应用、配套的硬件设备、相关的内容资源以及最终的部署开通服务，一站式解决服务点信息化建设过程中的各种问题。

一站式的运管服务：涵盖一站式门户管理、居家养老综合信息管理、人员及绩效管理、服务及工单管理、运管分析等系统，标准化数据接口，一站式统计分析，满足居家养老服务点日常运营和上级平台管理的需求。

多样化的娱乐资源：预置社区老年大学智慧课堂和银龄影院等娱乐文化资源，丰富服务点的娱乐文化服务项目。

精准化的养老服务：随时随地测量老年用户的体征参数，实现对老年用户健康数据的采集与分析，更精确地提供养老服务，满足用户的服务需求。

一体化的报警联动：与视频监控设备、健康检测设备进行联动，出现异常及时告警，避免事故发生。

可扩展的应用接口：预留相应的系统及设备接口，避免二次开发。

（二）功能概述

应支持快速部署开通，简洁界面交互，通俗易操作，能够助力社区养老智慧化运营，消除老人、机构、政府间的信息鸿沟，促进养老社群氛围快速凝聚。主要功能如下。

（1）社区养老数据采集中心及省平台统一管理节点。服务点作为社区养老数据的采集中心，可实时采集和汇聚日间照料中心的各类数据，为养老大数据的挖掘与分析提供数据支撑，其采集与汇聚的数据包括以下几种。

①用户数据：老年人的健康数据、消费行为数据、娱乐行为数据、能力评估数据等。

②管理数据：日间照料中心的视频监控信息、告警信息、工作人员业务数据等。

③服务数据：服务订单信息、服务过程数据、服务后评价数据等。

服务点信息化的建设运营，为养老云平台提供了管理抓手，平台可实时查看各服务点的用户数据、管理数据与服务数据，实时掌握各日间照料中心的管理运营状况，真正实现智慧养老工作的省、市、区、街道、社区的五级穿透，从而进一步强化省级政府部门对底层日间照料中心的监管力度，优化全省的养老服务资源配置，提高决策的科学性和有效性。

（2）运管中心。服务点的运营系统应涵盖一站式门户管理、居家养老综合信息管理、人员及绩效管理、服务及工单管理、运管分析等系统，满足服务点的运营需求。

（3）社群通播。具备社群通播渠道后，用户可远程访问社区在线资源，社区养老相关活动和政策可直接通知到各位老人，支撑服务点的用户运营。

（4）健康管理。配备便携式智能物联网医疗设备，可随时随地为老年用户提供血压、血氧饱和度、心电、心率、呼吸率、体脂率、耳温、血糖、胆固醇、尿酸、体重、皮肤水分等体征检测服务，并将体征数据进行存储分析，为老年人提供全生命周期的健康管理服务。

（5）视频监控。需对服务点的主要出入口和重要区域进行全方位 24 小时不间断的监控，除卫生间、助浴室外，其余室内区域确保无监控死角。同时还要具备视频图像的实时观看、远程控制，历史图像的检索和回放等功能。

（6）报警联动。若视频监控画面出现异常，则实时告警，提醒工作人员注意查看；若检测的体征数据出现异常，则实时传输数据给相关服务人员及老人子女，提醒相关人员注意，必要时安排老年人就诊。

（三）应用价值体现

关于服务点的信息化建设，其价值体现在政府部门、服务点本身及老年用户三个层面：对于政府部门来说，服务点的信息化建设是智慧养老云平台存在的基础，通过统一的服务点信息化建设，将统一底层的养老数据结构，实现养老数据的有效汇聚，以及各服务点数据的互联互通，消除"信息孤岛"；对于服务点来说，可解决服务点日常管理与服务运营中的各种问题，提高管理效率，降低运营成本，同时通过对数据的采集、挖掘与分析，不断优化服务点的服务项目，满足用户需求；对于老年用户来说，可优化其服务体验，挖掘其实际需求，提高其满意度与获得感。

本章小结

信息技术正在改造几乎所有的传统产业。由于中国养老问题的复杂性和养老服务业的特殊性，最好通过顶层设计的规划思路，自上而下地建设智慧养老平台。本章讲述了养老服务信息化的概念和涉及的各种信息技术，并在此基础上介绍了养老服务信息平台的构建和运营目标。此外，还探讨了线上线下养老服务管理的融合问题。

思考题

1. 老年人在使用智慧养老服务过程中的主要困难和障碍有哪些？如何

解决或克服？

2. 智慧养老信息系统的管理维度是什么？是否还有别的切入角度和维度？

3. 智慧养老环境对养老从业人员有哪些新的要求？

4. 如何更好地实现养老服务线上线下融合？

扩展阅读

武汉打造"互联网＋居家养老"样板城市

中国正步入老龄化社会，但传统家庭养老功能日益弱化，且机构养老供不应求，一些空巢、高龄老人"老无所养"的状况已出现。建设"以居家为基础，社区为依托，机构为补充"的养老体系成为发展方向。

武汉现有 60 岁以上老年人 178.85 万人，占总人口的 20.95%，老龄化程度比全国平均水平高出 3.6%。2016 年底，武汉获批中央财政支持开展居家和社区养老服务改革第一批试点。此后，武汉通过"社区嵌入模式""中心辐射模式""统分结合模式"，推进发展"互联网＋居家养老"。

通过搭建平台形成养老服务网络，成立区域性养老服务中心辐射周边社区，建设嵌入式的服务站点贴身提供养老服务。根据规划，2018 年底，武汉"互联网＋居家养老"能提供"三助一护"（助餐、助洁、助医和远程照护）养老服务有效应答的街道将超过 20%。2020 年底前，在中心城区实现居家养老服务半径不超过 1 公里，初步形成"互联网＋居家养老"武汉样板。

（一）统分结合——建设区级互联网平台

统分结合模式，指扶持社会力量建设区级智慧养老网络系统（手机App、呼叫应答系统等），依托线下力量（网点）提供服务。

2018 年 2 月，江汉区与烽火科技合作，投入 1200 万元，启动"江汉互联网＋居家养老"平台建设，同年 5 月，平台搭建完成。万松街、民意街两个街道，以及王家墩社区等 5 个社区被作为试点接入区级平台。

2018 年 9 月 7 日，《湖北日报》全媒记者来到位于江汉区的老年活动中心，该平台运营中心大屏幕上显示了该区老年人、养老机构、高龄津贴发放等数据。"嘟嘟嘟"提示声响起，屏幕上显示，任亚玲老人预约在王家墩社区幸福食堂吃晚餐，平台值班人员随即将订单派发给王家墩社区工作人员。

烽火科技江汉"互联网＋居家养老"平台负责人高巧山介绍，平台共搭建指挥中心、呼叫中心和数据中心三大中心，老人可通过智慧拐杖 App、电话及服务终端预约助餐、助洁、助医等服务。"平台接入了江汉区各个养老服务商，既整合了资源又规范了管理。平台还会对老年人服务大数据进行分析、反馈。"

（二）中心辐射——街道综合养老服务中心辐射周边社区

中心辐射模式，指建设区域性"互联网＋居家养老"服务中心，使服务辐射周边居家老人。

青山区冶金街 109 街坊"楠山有约智慧养老服务中心"辐射冶金街 9 个社区，为周边社区提供助餐、助医、助洁等养老服务。记者于 9 月 9 日来此看到，该中心设有 20 张护理床位，在此居住的老人可直接走绿色通道办理住院，医护人员还会每周过来巡诊，为老人建立医疗档案。

青山区民政局社会事务科科长杨昌武介绍，冶金街其他社区老年服务中心多数设施陈旧，难以提供上门助餐、助医、助洁等居家养老服务。如今，周边社区老年人通过 App 或者微信小程序，即可预约"楠山有约智慧养老服务中心"的助餐、助医、助洁等服务。

（三）社区嵌入——贴身提供养老服务

社区嵌入模式，指鼓励支持互联网企业、专业养老机构新建或升级现有社区老年人服务中心，利用互联网技术提供服务。

2018 年 6 月，由九州通集团打造的汉阳龙阳街陶家岭社区居家养老嵌入式服务中心投入运营，中心面积超过 300 平方米，设"互联网＋健康服务区"、长者照护区等区域。9 月 17 日，记者探访看到，该中心设有 3 个长者照护起居室、7 个床位。中心主任陈玉珍介绍，长者照护起居室主要用于老人手术后的康复理疗，"有专业的医护人员护理，费用最低 2600 元/月，老人不用长期住在医院，家人探望十分方便"。

此外，社区还先期给 8 位老人试用智能穿戴设备，监测老人身体状态。在"社区互联网＋健康服务区"大屏幕上，王雪英、徐宗莲等 8 名老人的血压、脉搏、定位等信息一目了然。"社区嵌入站点离老年人最近，为老年人提供贴身服务。"陶家岭社区党总支书记陈国艳介绍。目前，陶家岭社区已完成线上线下服务的有效衔接，每天为 100 多名老人提供助餐、助医、助洁等服务。

（资料来源：《武汉打造"互联网＋居家养老"样板城市》，《湖北日报》2018 年 9 月 28 日，第 11 版）

第七章
养老服务质量管理

《《《《《 **学习目标**

1. 了解养老服务标准化体系的建设意义、构建要素，以及我国养老服务标准化建设的基本现状。

2. 熟识养老服务质量管理的目标及原则，掌握质量管理的基本方法与重点环节。

3. 理解养老服务质量监督与质量评估的基本内容，能够使用科学的方法对服务质量进行监督与评估。

随着科学技术和生产力的发展，人们对于质量的要求越来越高，高质量的产品与服务也不断应运而生，并成为养老服务发展研究中的一个关键要素。养老服务的质量关乎老人能否安全养老、幸福养老，直接决定了老人的生活质量，甚至影响他们的生命财产安全。因此，质量管理是养老服务管理的中心环节。

第一节　养老服务标准化体系建设

养老服务业的快速发展对服务质量与管理水平提出了迫切的要求，建立质量标准和管理规范成为养老服务质量管理的首要任务。2017年8月，为解决养老服务标准缺失、滞后及交叉重复等问题，推进全国养老服务标准化工作，民政部、国家标准委共同组织制定了《养老服务标准体系建设指南》，提出构建科学合理的养老服务标准体系，要求各级有关部门以规范服务行为、提高服务质量、提升行业管理水平、保障老年人权益为导向，立足养老服务行业需求，准确把握标准要素之间的内在联系，遵循标准化工作规律，构建养老服务标准的总体框架，推进养老服务质量的提升。

一 建立养老服务标准化体系的内涵

标准化是维护服务对象权益、提升管理水平与服务质量的重要手段。建立科学合理的养老服务标准化体系，是推进养老服务标准化体系建设的基础性工作。

（一）养老服务标准化建设的意义

1. 养老服务标准

养老服务是政府和社会为公众提供的重要服务项目，关系到老人的健康和生命财产安全，是特殊的社会福利服务产品。建立养老服务标准化体系是提高养老服务质量和服务管理水平的重要手段。养老服务标准是养老服务活动中的基准、协议、技术规范、规范性文件、法律法规等内容的集合。

2. 标准化对养老服务的意义

标准化对养老服务的意义重大。首先，标准化是实行养老服务科学管理的基础。随着科学技术的迅速发展，养老服务中的劳动分工越来越细，技术要求越来越强。这必然要求养老服务制定并严格执行各种标准，在技术和管理上保持高度的协调和统一。其次，标准化是提高养老服务质量的保障。服务质量是养老服务的灵魂所在，服务质量特性用语言加以表述就形成了标准，标准就是衡量服务质量特性的主要依据。最后，通过制定标准，可以实现资源的可持续发展，使有限的资源得到充分利用。此外，标准是各种先进经验的结晶，标准化是推广经验、技术、科研成果的桥梁。

（二）养老服务标准化体系构建要素

养老服务标准化体系是通过对养老服务业发展中相互关联、相互作用的标准化要素进行识别和搭建形成的有机整体，是标准级别、标准分布领域和标准类别相配套的协调统一体系。其构建要素主要包括以下几点。

1. 构建依据

养老服务标准化体系的构建依据以法律法规、政府规范性文件以及相关规划及标准为主，具体如下。

A. 法律法规

①《中华人民共和国标准化法》

②《中华人民共和国老年人权益保障法》

B. 国家、部门规范性文件

①《关于支持社会力量兴办社会福利机构的意见》（民发〔2005〕170 号）

②《关于加快发展养老服务业的意见》（国办发〔2006〕6 号）

③《关于全面推进居家养老服务工作的意见》（全国老龄办〔2008〕4 号）

④《关于加快发展家庭服务业的指导意见》（国办发〔2010〕43 号）

⑤《关于加快发展养老服务业的若干意见》（国办发〔2013〕35 号）

C. 相关规划及标准

①《国民经济和社会发展"十二五"规划纲要》

②《中国老龄事业发展"十二五"规划》

③《民政事业发展第十二个五年规划》

④《社会养老服务体系建设规划（2011～2015 年)》

⑤《全国服务标准 2009 年—2013 年发展规划》

⑥《全国民政"十二五"标准化发展规划》

⑦《国民经济行业分类》（GB/T 4754 – 2011）

⑧《标准体系表编制原则和要求》（GB/T 13016 – 2009）

⑨《服务标准制定导则考虑消费者需求》（GB/T 24620 – 2009）

2. 构建原则

构建养老服务标准化体系应遵循以下三大原则。

一是全面系统、协调统一：科学梳理养老服务各领域、各要素，构建内容全面、结构完整、层次清晰的标准体系。

二是开放兼容、动态优化：保持体系的开放性和可扩充性，结合养老服务的发展变化，适时调整完善。

三是突出重点、适度超前：优先制定基础通用、行业急需、支撑保障类标准，标准体系建构和标准制定要结合行业发展需要适度超前，不断提高标准体系的引导性与适用性。

3. 构建方法

可将过程法和分类法相结合，通过对养老服务业标准化对象进行分析研究，形成一整套养老服务业标准体系开发方法，共同构建养老服务业标准体系。

4. 构建因素

结合我国养老服务发展的实际情况，可从老年人能力程度、养老形式、服务、管理四个维度，确定养老服务标准体系，图 7-1 为养老服务标准化体系构成因素。

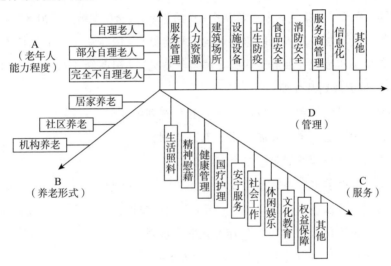

图 7-1　养老服务标准化体系构成因素

如图 7-1 所示，第一个维度 A 为老年人能力程度。养老服务以需求为导向，不同程度自理的老年人需要不同的养老服务，老年人按照自理程度可分为自理老人、部分自理老人、完全不自理老人三类。

第二个维度 B 为养老形式。按照我国养老服务体系的构成，养老服务形式可分为居家养老、社区养老、机构养老三类。

第三个维度 C 为服务。包括养老服务中涉及的各类服务项目、领域、类型。

第四个维度 D 为管理。包括养老服务中涉及的人员、场所、设施、安全等各类管理要素。

（三）养老服务标准化体系模型构建

养老服务标准化体系可从分布领域、标准类别、标准级别、标准约束力四个维度进行模型构建。

1. **分布领域**

目前，我国没有关于"养老服务业"业务领域划分的明确表述，《国民经济行业分类》（GB/T 4754 - 2017）也未将养老服务业视为一个独立的行业。鉴于此，通过对国内外养老服务业现状及标准化建设现状的整理，结合《服务业组织标准化工作指南》（GB/T 24421 - 2009）中关于标准体系总体结构的规定，并按照立足本国实际、适当参考国际的原则，可将养老服务业标准划分为"基础通用标准"、"服务管理标准"及"支撑保障标准"三大领域。

基础通用标准：指在养老服务业范围内，作为其他标准的基础并被普遍使用的、具有广泛指导意义的标准。

服务管理标准：指按照服务提供地点和方式的不同，分为机构标准和社区居家标准，用于规范政府和社会力量为老年人提供养老服务的标准。

支撑保障标准：指用于支撑养老服务业开展各项业务活动的标准。

2. **标准类别**

从标准类别角度来看，养老服务业标准体系应包括五类标准。

服务标准：针对在服务对象接触面上的各项养老服务工作制定的标准。

管理标准：针对养老服务业中需要协调统一的管理事项制定的标准。

工作标准：为实现整个工作过程的协调、提高工作质量和工作效率，针对工作岗位、作业方法、人员资质要求等制定的标准。

技术标准：针对养老服务业标准化领域中需要协调统一的技术事项制定的标准。

产品标准：针对支撑养老服务业发展的硬件产品制定的标准。

3. **标准级别**

从标准级别角度来看，养老服务标准化体系由国家标准、行业标准、地方标准、企业标准四类标准组成。

国家标准：对于需要在全国范围内统一的技术要求，应制定国家标准。

行业标准：对于没有国家标准而又需要在养老服务行业中统一的技术要求，应制定行业标准。

地方标准：除国家标准与行业标准之外，为满足各地区养老服务业的特殊需求，可在充分考虑地方经济社会发展现状与当地养老服务业特点的基础上，制定地方标准。

企业标准：养老机构可针对本单位的管理与服务需求，开展标准化建设工作，制定企业标准。

4. 标准约束力

从标准约束力角度来看，养老服务标准化体系由强制性标准和推荐性标准两类组成。依据《中华人民共和国标准化法》有关规定，保障人体健康，人身、财产安全的标准和法律、行政法规规定强制执行的标准是强制性标准，其他标准是推荐性标准。强制性标准要求所有相关方必须严格遵守，而推荐性标准则鼓励各相关方积极采用。作为服务类标准体系，养老服务业标准体系应以推荐性标准为主，其中关于保障老年人身体健康、财产安全的内容则应制定强制性标准。

基于上述四个维度，可以搭建出如图7-2所示的养老服务标准化体系

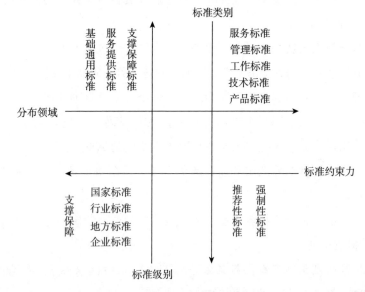

图7-2 养老服务标准化体系模型

模型。该模型明确了建立养老服务标准化体系时应考虑的因素及其内在结构，是养老服务业标准体系框架构建的基础。

（四）养老服务标准化体系框架构建

按照《服务业组织标准化工作指南》（GB/T 24421 – 2009）中关于标准体系总体结构的规定，养老服务标准化体系包括通用基础、服务提供、支撑保障三个子体系。结合养老服务标准化体系的构建因素，可以搭建出如图 7 – 3 所示的养老服务标准化体系框架。

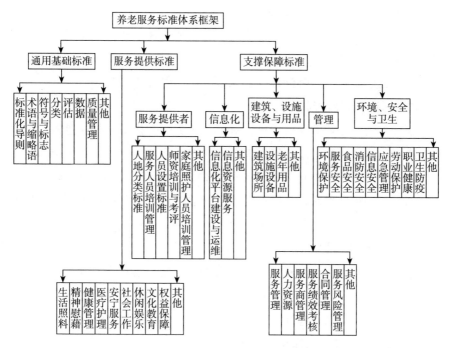

图 7 – 3 养老服务标准化体系框架

如图 7 – 3 所示，第一部分为通用基础标准，是指在养老服务范围内被其他标准普遍使用、具有广泛指导意义的标准，包括标准化导则、术语与缩略语、符号与标志、分类、评估、数据、质量管理等。

第二部分为服务提供标准，是指涉及养老服务的具体内容及事项。根据老年人的不同服务需求，服务提供标准包括生活照料服务标准、精神慰藉服务标准、健康管理服务标准、医疗护理服务标准、安宁服务标准、社会工作服务标准、休闲娱乐服务标准、文化教育服务标准、权益保障标准等。

第三部分为支撑保障标准，是指养老服务业组织为支撑养老服务有效提供而制定的规范性文件，包括服务提供者标准，管理标准，信息化标准，建筑、设施设备与用品标准，环境、安全与卫生标准等。

（五）养老服务标准化体系组织实施要求

根据 2017 年民政部、国家标准委共同组织发布的《养老服务标准体系建设指南》，我国关于养老服务标准化体系的组织实施包含以下四个要求。

1. 推动建立协同工作机制

民政部联合国家标准委组建养老服务标准化体系建设工作组，建立养老服务标准绿色通道，协同推进养老服务标准的制定、宣贯与实施。实施动态更新完善机制，适时修订《养老服务标准体系建设指南》。

2. 加快急需标准制定与实施

围绕养老服务业的发展需求，对养老服务标准体系中行业急需、空缺的标准，优选文本质量高、实施效果好的地方标准上升为行业标准、国家标准，通过动员社会力量等多种方式加快标准研制，尽快填补行业空白。民政部、国家标准委联合开展养老服务标准化试点示范创建工作，引导推动有条件的地方率先建立养老服务标准体系。

3. 加强标准宣贯工作

推动建立省级社会福利（养老）服务标准技术委员会，健全部省两级的养老服务标准化工作组织。充分借助各级民政部门、科研机构及行业协会等力量，通过培训、咨询等手段推进标准的宣贯和实施。

4. 强化政府与市场标准协调推进

根据不同层次的养老服务需求，在大力开展政府主导制定标准的同时，强化市场主导的团体标准和企业标准的制定和实施。鼓励养老服务机构和组织制定高于国家标准、具有竞争力的企业标准，推动养老服务机构和组织制定的企业标准建立自我声明公开制度，用标准赢得更多的服务市场，通过标准规范和质量提升，更有效地支撑养老服务领域的持续发展。

二 国内养老服务标准化建设现状

作为实现养老服务科学发展的重要途径，养老服务标准化建设工作受到了党中央、国务院的高度重视，并得以不断推进。2006 年 2 月，国务院《关于加快发展家庭服务业的意见》明确指出"要组织或促进制定建筑设施、卫生条件、质量标准、服务规范等养老服务行业标准，开展服务质量评估和服务行为监督，促进养老服务业向规范化、标准化发展"。2011 年12 月发布的《社会养老服务体系建设规划（2011～2015 年）》将养老服务标准作为社会养老服务体系的重要组成部分，提出"丰富服务内容，健全服务标准"，"大力推动养老服务业标准化"。2013 年 9 月，国务院《关于加快养老服务业发展的若干意见》也明确指出"行业标准科学规范"的目标和"健全市场规范和行业标准，确保养老服务和产品质量"的任务。2014 年初，民政部联合五部门出台《关于加强养老服务标准化工作的指导意见》，提出"行业标准和市场规范是推进养老服务工作的重要基石"。2017 年 8 月，《养老服务标准体系建设指南》得以制定并发布，进一步指出要"加快建立全国统一的养老院服务质量标准和评价体系"。养老服务业标准化建设工作正日益受到广泛关注和重视。

（一）养老服务标准制修订工作稳步开展

我国在养老服务领域的标准研制始于民政领域开展的标准化体系研究与实践。2011 年，民政部加大了养老服务标准制修订工作的力度，采用彩票公益金专项资助的方式，委托全国社会福利服务技术标准化委员会和中国社会福利协会行业标准化委员会、国家标准化研究院进行合作，推动养老服务标准化建设。截至 2017 年底，我国在养老服务业领域已发布国家标准 5 项、正在制定国家标准 2 项，已发布行业标准 6 项、正在制定行业标准 16 项（见表 7 - 1）。

表 7 - 1　我国养老服务领域国家标准、行业标准汇总

分布领域	序号	标准名称	标准号（计划号）	标准级别	标准性质	标准类别	标准状态
通用基础标准	1	老年人能力评估	MZ/T 001 - 2013	行标	推荐	管理	已发布
	2	养老机构分类与编码	20120699 - T - 314	国标	推荐	管理	制定中
	3	养老服务图形符号标识	MZ2016 - T - 041	行标	推荐	管理	制定中
	4	养老机构照护等级划分	MZ2016 - T - 042	行标	推荐	管理	制定中

分布领域	序号	标准名称	标准号（计划号）	标准级别	标准性质	标准类别	标准状态
通用基础标准	5	养老机构标准体系建设指南	MZ2017－T－012	行标	推荐	管理	制定中
	6.	养老服务基本术语	MZ2017－T－013	行标	推荐	管理	制定中
	7	养老机构服务风险评估通则	MZ2017－T－016	行标	推荐	管理	制定中
服务提供标准	8	老年社会工作服务指南	MZ/T 064－2016	行标	推荐	服务	已发布
	9	养老机构康复服务规范	MZ2014－T－012	行标	推荐	服务	制定中
	10	养老机构预防压疮服务技术规范	MZ2016－T－045	行标	推荐	服务	制定中
	11	养老机构社会工作服务规范	MZ2016－T－047	行标	推荐	服务	制定中
	12	老年人助浴服务规范	MZ2017－T－014	行标	推荐	服务	制定中
	13	居家老年人康复服务规范	MZ2017－T－015	行标	推荐	服务	制定中
	14	养老机构生活照料服务规范	MZ2017－T－018	行标	推荐	服务	制定中
支撑保障标准	15	老年人居住建筑设计规范	GB 50340－2016	国标	强制	技术	已发布
	16	养老机构基本规范	GB/T 29353－2012	国标	推荐	管理	已发布
	17	养老设施建筑设计规范	GB 50867－2013	国标	强制	技术	已发布
	18	社区老年人日间照料中心服务基本要求	GB/T 33168－2016	国标	推荐	管理	已发布
	19	社区老年人日间照料中心设施设备配置	GB/T 33169－2016	国标	推荐	管理	已发布
	20	老年人社会福利机构基本规范	MZ 008－2001	行标	强制	管理	已发布
	21	老年养护院建设标准	建标 144－2010	行标	强制	技术	已发布
	22	社区老年人日间照料中心建设标准	建标 143－2010	行标	推荐	技术	已发布
	23	养老机构安全管理	MZ/T 032－2012	行标	推荐	管理	已发布
	24	社区居家养老服务基本规范	20090119－T－314	国标	推荐	管理	制定中
	25	养老机构设施设备配置	MZ2012－T－011	行标	推荐	管理	制定中
	26	养老机构服务满意度测评	MZ2014－T－002	行标	推荐	管理	制定中
	27	养老机构信息数据交换规范	MZ2016－T－046	行标	推荐	管理	制定中
	28	养老机构老年人健康档案技术规范	MZ2016－T－048	行标	推荐	管理	制定中
	29	社区老年人日间照料中心风险防控要求	MZ2017－T－017	行标	推荐	管理	制定中

（二）一批养老服务业基础核心标准发布实施

2011 年，民政部组织编制，经住房和城乡建设部、国家发展改革委批准的《社区老年人日间照料中心建设标准》（建标 143 – 2010）、《老年养护院建设标准》（建标 144 – 2010）两项养老服务业建筑标准发布实施，明确了社区老年人日间照料中心和老年养护院的建设要求，为养老服务设施建设提供了基本依据。

2012 年 3 月，行业标准《养老机构安全管理》（MZ/T032 – 2012）发布，这是我国首次以标准的形式从养老机构的安全管理体系建设、设施设备安全、食品安全、消防安全、突发事件应急管理及安全教育与培训等 10 个方面对安全管理进行了统一规范和要求。2012 年底，推荐性国家标准《养老机构基本规范》（GB/T 29353 – 2012）发布，于 2013 年 5 月实施。2013 年 8 月，推荐性行业标准《老年人能力评估》（MZ/T 001 – 2013）发布，于 2013 年 10 月 1 日起实施。

此外，很多省市也在充分调研本地实际情况的基础上，颁布实施了一批养老服务业的规范性文件（见表 7 – 2），积极开展标准化建设工作。

表 7 – 2　部分地区养老服务规范性文件标准汇总（不完全统计）

序号	地区	发文单位	文件名称
1	江苏省	江苏省民政厅	《江苏省示范性养老机构评估细则（暂行）》
2		无锡市民政局	《无锡市养老机构规范化建设基本标准（试行）》
3			《无锡市居家养老机构规范化建设基本标准（试行）》
4	上海市	上海市民政局	《上海市养老机构管理和服务基本标准（暂行）》
5			《上海市社区养老服务管理办法》
6	浙江省	浙江省老年服务业协会	《养老护理分级标准》
7		杭州市民政局	《杭州市养老机构服务标准（试行）》
8			《杭州市国办养老机构入住评定办法（试行）》
9	辽宁省	沈阳市民政局	《沈阳市星级社会福利机构评定细则（试行）》
10		大连市民政局	《大连市城乡社区养老服务中心建设标准（试行）》
11		抚顺市民政局	《抚顺市社会福利机构等级评定标准（试行）》
12	山东省	青岛市民政局	《青岛市社区养老服务场所规范化管理暂行办法》
13			《青岛市养老机构等级管理办法（试行）》
14		淄博市民政局	《淄博市社会养老机构星级管理办法》

序号	地区	发文单位	文件名称
15			《养老机构服务质量规范》
16	湖北省	湖北省民政厅	《养老机构护理员日常服务操作规范》
17			《养老机构老年人日常护理精细化服务流程》

（三）相关行业积极开展养老服务管理研发工作

2011 年 2 月，中国社会福利协会（2015 年更名为"中国社会福利与养老服务协会"）在其成立一周年的新闻发布会上，设立了"福怡助老专项基金"，用于组织国家相关专业院校、科研机构开展养老服务与管理课题研究。福怡助老专项基金围绕为老服务，设立了十大应用型研究课题，从老年人生活居住环境、康复服务、护理服务、中医保健服务、精神文化服务、养老服务机构标准化建设、信息化建设及人才培养模式等方面，组织国内外专家进行研究，并及时汇总研究成果向社会推介，旨在促进养老服务业的软件建设，其研究成果为推进养老服务相关技术标准及相关职业技能培训标准的制定和修订工作打下了良好基础。

（四）养老服务标准化技术组织逐步健全

2009 年，全国社会福利服务标准化技术委员会（SAC/TC315）成立，主要负责全国社会福利领域的标准化建设工作。全国社会福利服务标准化技术委员会组织开展老年人康复服务、护理服务、中医保健服务、精神文化服务、社区老年人日间照料中心服务、社区老年人日间照料中心设施设备配置等基础项目研究，推动了养老服务业标准化建设工作的开展。从 2013 年开始，全国社会福利服务标准化技术委员会与中国社会福利协会密切合作，在专业化培训中积极开展标准的培训与宣传贯彻工作，仅《养老机构安全管理》（MZ/T 032 - 2012）就累计被宣传贯彻 7 次，累计培训人数达 2100 人次。

此外，住房和城乡建设部、全国服务标准化技术委员会（SAC/TC264）、全国残疾人康复和专用设备标准化技术委员会（SAC/TC148）也在一定程度上参与了养老服务业标准化研究标准的制修订与归口管理工作，共同推动了我国养老服务业的标准化发展。

（五）养老服务标准化实施力度增大

随着我国养老服务业标准化建设工作的逐步开展，国家及地方关于养老服务标准化的实施力度不断加大。

在国家层面，截至 2017 年，北京市、河北省、山西省、江苏省、安徽省等 29 个省级行政区及新疆生产建设兵团已先后开展了近 150 项养老服务业领域内的国家级服务业标准化试点建设。

在地方层面，很多省市启动了养老服务业标准化建设工作，开展了丰富多彩的活动。如北京率先开展了养老机构星级评定及养老服务业地方标准制修订工作；黑龙江在全省范围开展了养老机构等级达标活动；天津、上海大力推进养老服务标准化建设；江苏加强养老服务设施设备建设，规范行业服务标准；宁波在推进城市居家养老服务规范化、标准化的基础上，积极开展城乡一体化居家养老服务试点工作。

（六）我国养老服务标准化建设主要问题

我国养老服务标准化的建设仍处于起步阶段，还存在不少问题亟待解决。

1. 理论研究相对滞后，顶层设计不够突出

目前，我国对于养老服务标准化基础理论和工作方法的研究还不够深入，缺乏对重要领域国际标准的持续跟踪，缺乏顶层设计，这些都制约了标准化建设工作的开展。

2. 标准体系尚未确立，标准质量仍待优化

我国养老服务标准存在布局不均、结构不明、质量不高的情况，主要体现在：从分布领域来看，现有的养老服务业标准主要侧重于为机构养老服务；就标准类型而言，现有的标准主要侧重于管理和技术方面，国家层面的养老服务标准相对较少；在标准层次方面，国家标准大多还在研发中，已出台的较少，现有养老服务业标准布局不够均衡、结构不够科学；就标准总量而言，截至 2017 年底，已发布的养老服务国家标准仅有 5 项，行业标准 6 项，且个别标准标龄较长，针对性不强。

3. 技术组织人才匮乏，专项资金无法支撑

养老服务业标准化建设具有专业涵盖面广、业务类型复杂、工作零碎烦琐等特点，而且专业化队伍不够稳定，人员流失较大，现有的标准化技术组织和人才队伍难以有效支撑养老服务业标准化建设工作，亟须进一步壮大我国养老服务业标准化技术组织，培养一批既懂专业又懂标准化的复合型人才。同时，标准化建设经费难以得到保障，缺乏持续投入，标准化长效运行与保障机制尚待健全。

4. 贯标措施难以到位，执行过程缺乏监督

标准的执行情况是决定标准是否有生命力的关键。贯标更重于制标，但现有的标准缺乏科学性和可操作性，实施难度较大。由于在具体的养老服务和管理方面都是以推荐性标准为主，仅一项强制要求的国标，因此标准在执行过程中弹性过大、无法落实的现象普遍存在，不利于监督养老服务标准的执行，导致多数标准形同虚设，养老服务无法真正做到规范，养老服务质量难以得到改善。

第二节　养老服务质量管理方法

提供高水平、高质量的养老服务，必须学习和采用科学、先进的质量管理方法和技术，加强对服务质量的管理。结合养老服务工作的内容和性质，本节重点围绕养老服务质量管理方法及其相关因素展开阐述。

一　养老服务质量管理目标

养老服务质量管理的目的是实现服务质量目标，质量目标是质量管理体系评价的主要依据，也是质量管理体系的重要组成部分。质量目标应是可检查、可量化与可实现的，目标制定不能流于形式。对此，养老服务应制定与社会经济发展水平相适应、能满足老人养老服务需求、能提升老人生活质量的服务质量目标，而且养老服务质量目标的制定应围绕以下两点展开。

（一）以服务需求为导向

针对不同老人的养老服务需求，提出相应的服务质量目标。如为身体状况较好、生活基本能够自理的老年人提供家庭服务、老年食堂、法律咨

询等服务；为生活无法自理的高龄、独居、失能等老人提供家务劳动、家庭保健、送饭上门、无障碍改造、紧急呼叫和安全援助等服务；对于经济条件相对较为宽裕的老人，鼓励其配置必要的康复辅具，提高生活自理能力和生活质量。

（二）以老人个体为导向

针对具体的老人及其家属，在详细了解老人的需求及身体状况，特别是餐饮与医疗需求是否具有特殊性后，制定出具有针对性、可操作性的服务质量目标。同时，根据现有的服务模式对老人及其家属的个别要求进行比对，当所能提供的服务无法满足老人及其家属需求，或发现自身能力与服务需求之间存在差距时，应与老人及其家属协商改定切实可行的质量目标，或与老人终止协议。

二　养老服务质量管理原则

为了使组织或机构有效运作，需要采用一种科学和系统的方式进行管理。确定质量方针、目标和职责，并通过质量体系中的质量策划、控制、保证和改进使其实现的全部活动即质量管理，其关键在于拥有一套科学可行的质量管理方法，而制定质量管理方法首先要明确的是质量管理的原则。依据 ISO9001 质量管理体系，养老服务质量管理原则具体可分为以下八项。

（一）以顾客为关注焦点（Customer focused organization）

组织依存于顾客，老人是养老服务业最主要的顾客与服务对象，因此，相关机构应当充分理解老人当前与未来的需求，满足该群体所需并争取超过顾客的期望。顾客的满意是养老服务质量管理的最终目的。老人的要求是持续提高、不断变化的，相关机构应不断改进，持续满足并提供超过老人期望的服务，提高老人的服务满意度。

（二）领导作用（Leadership）

养老服务质量管理中的领导者的职责是建立组织的质量方针和质量目标，通过确定实现质量方针和质量目标的措施以及确定质量体系持续改进的措施，确保整个组织关注老人及其家属的需求，确保能够有效地实施和维持养老服务质量管理体系，以及确保配置适宜和必要的资源以便于更好地服务于老人及其家属。因此，在管理活动中，领导者的作用在于创造一个使养老服务从业者充分参与并使质量管理体系有效运行、有利于持续改进的内部环境，充分调动整体积极性，发挥养老服务从业者的主观能动性。

（三）全员参与（Involvement of people）

人是管理的第一要素，养老服务从业人员是养老服务组织最重要的资源之一。养老服务质量管理是通过组织内部员工参与服务提供的全过程来实施的，各级管理者和一线员工的工作状态和行为直接影响服务质量。养老服务从业人员大多是社工与养老护理员，目前我国该群体的职业素质普遍不高、社会地位低、待遇差、工作时间长，从而导致群体流动性大，机构极易面临人员缺失的困境。对此，在机构服务质量管理过程中，一定要重视人的作用，识别员工在获得承认、工作满意、能力及知识发展等方面的需求和期望，调动其积极性和参与性，引导该群体参与质量管理过程，从而使质量管理成为全员自觉自愿的行为。

（四）过程方法（Process approach）

质量管理的基础是过程，养老服务的质量管理是通过对内部的各种过程进行管理来实现的。养老服务是一个复杂的系统，其任何一个过程或环节在管理和服务上有所偏离，都有可能导致服务失误或留下安全隐患，甚至造成服务对象和服务组织的损失。系统地识别和管理各种在组织内采用的过程，特别是过程之间的接口和相互作用，被称为"过程方法"。采用过程方法的优点在于能够对每个过程都给予恰当的考虑和安排，有效降低成本、节省资金、缩短周期、防止失误，从而提高过程效率。因此，养老服务质量管理应坚持"过程管理"原则，对服务质量产生、形成和实现的各个环节都充分重视，防患于未然。

（五）管理的系统方法（System approach to managements）

过程是质量管理体系的构成要素，若将养老服务质量管理内部相互关联的过程作为系统加以识别、理解和管理，则有助于提高养老服务质量管理的有效性和效率。这是一种管理的系统方法，它不仅能够提高过程能力及服务质量，还能够为持续改进打好基础，最大限度地实现预期的结果。

　　管理的系统方法与过程方法在研究对象、关注焦点和目的等方面有一定的相似性，但两者之间最大的区别在于系统与要素之间的关系。过程方法侧重于研究单个过程，即过程的输入活动、输出活动、所需资源，以及与相关过程的关系；管理的系统方法侧重于研究若干个过程乃至过程网络组成的体系（系统），以及体系运作如何有效地实现质量目标。由此可见，过程方法可视为管理的系统方法的基础。管理的系统方法是将相关若干个有效运作过程构筑成一个有效运行体系，从而高效地实现质量目标的方法。

　　（六）持续改进（Continuous improvement）

　　要满足老人日益增长和不断变化的需求，必须遵循持续改进质量的原则。持续改进是通过过程的改进来实现的，每个过程都存在改进的空间，而持续则指过程的改进是渐进的。对于养老服务而言，改进应立足于改进服务质量、过程及质量体系的有效性和效率。没有改进的养老服务只能维持质量，持续改进旨在不断提高质量。只有持续改进，才能确保养老服务质量管理体系的动态发展，为老人提供更高质量的服务，使老人更加满意。因此，持续改进也是养老服务质量管理的永恒目标。

　　PDCA 循环是持续改进循环的一例，也是质量管理的有效方法之一，该循环强调改进过程的持续性和周期性，养老服务质量管理的持续改进亦可以此循环为参照（见图 7 - 4）。

　　PDCA 是四个英文单词的缩写，即 Plan（计划）、Do（实施）、Check（检查）和 Action（处理）。如图 7 - 4 所示，PDCA 循环包括以下内容：

　　（1）分析现状，识别改进项目，确定改进的目标；

　　（2）调查并分析可能的原因；

　　（3）提出、评价、确定改进方案；

　　（4）实施选定的改进方案，并对实施情况和改进结果进行测量、验证和分析；

　　（5）完善体系，将经验证有效的改进措施纳入相关文件；

　　（6）原有的改进实现后，再选取新的改进目标，继续循环。

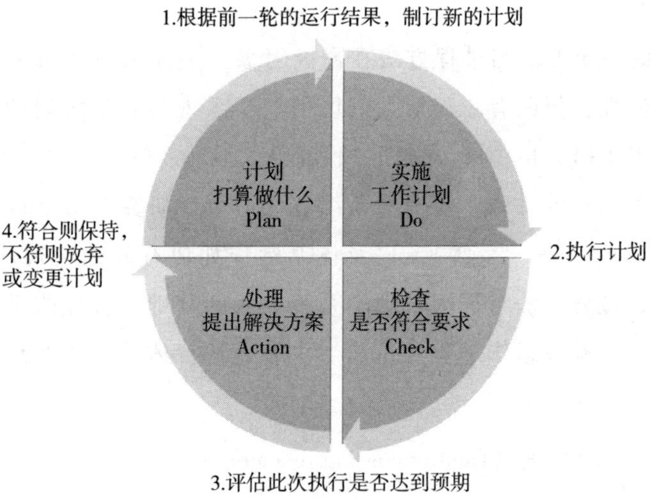

1.根据前一轮的运行结果，制订新的计划

计划
打算做什么
Plan

实施
工作计划
Do

4.符合则保持，
不符则放弃
或变更计划

2.执行计划

处理
提出解决方案
Action

检查
是否符合要求
Check

3.评估此次执行是否达到预期

图 7 - 4　养老服务质量管理改进流程（PDCA 循环）

由此可见，PDCA 循环反映了质量管理过程的四个主要阶段，是全面做好养老服务质量管理工作最基本的思想方法和操作流程。此外，六西格玛（Six Sigma）亦可适用于养老服务质量管理工作，限篇幅原因，在此不多加展开论述。

（七）基于事实的决策方法（Factual approach to decision making）

事实和数据是判断质量和认识质量形成规律的重要依据，对数据和信息的逻辑分析和直觉判断是有效决策的基础，也是质量管理科学性的体现。科学的决策应建立在现实工作的数据采集和信息分析的基础上，这既是一种思想方法，也是一种工作方法。就养老服务而言，集计算机技术、通信技术和管理科学于一体的养老服务信息化管理系统是基于事实决策的最好工具。目前，养老服务信息化管理系统主要涵盖业务管理、医护管理、投药管理、行政管理、总务管理、就餐管理、财务管理、领导决策和系统维护等内容，涉及养老服务和管理的各个方面。养老服务管理者可以通过该信息平台提供的数据分析，对服务工作中存在的问题进行及时分析、处理和改善。同时，养老服务管理者还可以借助该系统实时监控养老服务状况和老人需求变化，进行重大问题或事件的科学决策。

（八）与供方的互利关系（Mutually beneficial supplier relationships）

随着产业社会化的不断发展，各种分工越来越细，专业化程度也日益提高。一个产品或服务从最初的设想到成型，继而投入市场，往往通过多个组织或机构的分工协作来完成。任何一个机构都有其供方或合作伙伴，而且机构与供方之间是相互依存、互利的关系，对双方创造价值的能力都有一定的促进作用。供方或合作伙伴提供了高质量的产品或服务，则机构为顾客提供高质量的产品或服务就有了保证；机构的市场不断扩大，则为供方或合作伙伴增加了提供更多产品货物的机会。机构与供方的良好合作交流，不仅能优化成本和资源，还能迅速应对市场需求变化，最终增强双方创造价值的能力，同时获得效益。以养老服务机构为例，供方向养老服务机构提供的服务是机构服务提供过程的重要输入，供方若能持续稳定地提供高质量的服务，则机构的服务提供过程就能得到良好的输入，养老服务质量方能得到保障。同时，养老服务需求的增多也带动了供方提供更多的服务，双方互利互惠。

三　养老服务质量管理方法

（一）建立健全质量管理机构

建立健全全面质量管理机构的主要任务是进行质量教育，树立质量意识。质量管理机构不仅担负大量有关质量的职能工作，而且要负责该机构或组织服务质量方针、目标的设计和制定工作，建立健全质量管理制度、保障机制，提出相应的实施措施。规模较大的养老机构还应设置专门的质量管理部门，具体承担全院养老服务质量的组织、实施、评估、监督和管理工作。

（二）完善质量管理制度

质量管理制度是质量管理的基础和保障。建立健全质量管理制度，明确质量职责，使员工和管理者在服务与管理的过程中有章可循、有据可依，这是至关重要的。完善的质量管理制度应包括各项规章制度、各级人员岗位职责（见表7-3）、各种操作规程、各类工作质量标准和质量评价标准（见表7-4）等。只有在质量管理过程中遵循这些规定，才能使管理科学化和规范化。

表 7 – 3　养老服务人员（医务人员）岗位职责示例

岗位	岗位职责
医务人员	1. 全面负责老人的医疗保健工作 2. 认真执行各项规章制度和技术操作常规 3. 对新入住老人在 48 小时内进行体检，书写入院病历，并将检查出的情况、处理意见告知老人及其家属 4. 对入住的每一位老人建立健康档案 5. 定时巡视老人，全面了解每位老人的身体、精神状况。必要时通知家属，根据老人的实际情况给予治疗，根据病情及时进行会诊、转院。老人外出就诊时帮助联系相关医院，并和护理员陪同老人去医院，负责介绍病情。对不积极转医院治疗的老人，及时与家属交流并做好书面记录 6. 对有安全隐患的老人，及时与家属沟通并做好记录，指导护理人员做好安全防范工作。 7. 积极参与伙食管理，指导制定营养菜谱和各疾病保健食谱。 8. 组织老人每年进行一次体检 9. 指导、督促护理员做好卧床老人的皮肤护理工作，预防褥疮的发生 10. 做好药品的保管和管理工作，做到送药到手，对思维不清的老人应督促其将药服下后再离开 11. 随时了解老人的生活、思维状况，宣教保健知识，进行心理交流 12. 组织老人开展各项保健、娱乐活动，进行康复训练 13. 了解老人和家属对工作的意见、建议，协助上级做好管理工作

表 7 – 4　养老服务标准示例

服务内容	服务要求
助餐	1. 助餐主要分为集中用餐、上门送餐及上门做餐 2. 符合国家食品安全法律法规和食品行业标准 3. 提供膳食服务应根据营养学、卫生学、老年人需求、地域特点、民族习惯、宗教习惯制定菜谱，为老年人提供营养丰富、全面合理的均衡饮食 4. 送餐应及时，饮食应保温、保鲜、密闭，防止细菌滋生，提供符合保温、保鲜要求的设备及运输工具，保证及时、准确、安全地将餐饮送达 5. 提供膳食服务应获得卫生许可证，膳食服务人员应持有健康证，膳食服务可转给有相关资质的第三方提供
助浴	1. 助浴主要分为上门助浴和外出助浴 2. 助浴前应进行安全提示，安全措施到位后，助浴协助到位 3. 助浴过程中应注意观察老年人身体情况，如遇老年人身体不适，协助采取相应防护措施 4. 上门助浴时应根据四季气候状况和老年人居住条件，注意防寒保暖、防暑降温及浴室的通风 5. 外出助浴应选择有资质的公共洗浴场所或有公用沐浴设施的养老服务机构，签订服务协议

服务内容	服务要求
助洁	1. 助洁主要包括整洁居室（客厅、卧室、厨房、卫生间）和清洁灶具 2. 墙壁：无尘土，开关盒等表面洁净 3. 门及框：触摸光滑、有光泽，门沿上无尘土 4. 地面：木地板洁净，瓷砖地面无尘土、有光泽 5. 玻璃：目视无水痕、无手印、无污渍、光亮洁净 6. 厨房：无明显污渍，不锈钢灶具光亮洁净，地面无死角、无遗漏 7. 卫生间：洁具洁净光亮，地面无死角、无遗漏，室内无异味 8. 清洁灶具：应及时清洗，保持洁净，进行定期消毒处理
助医	1. 协助监护人陪送老年人到医院就医或代为取药 2. 遵照医嘱，协助生活不能自理的老年人服用药品 3. 按照监护人要求提供约定内的服务，必要时可提供相关信息或转介服务 4. 协助老年人采取适当舒适的体位，协助其进行肢体被动运动 5. 协助老年人转移至床头、床边，协助下床，协助坐轮椅，利用移位板进行徒手搬运、器具搬运，协助老年人使用拐杖、步行器、支架、轮椅
助急	1. 危及老年人生命的紧急救助服务，必须立即转介至市公共救助服务热线（110、120、119等），转介服务者应全程与救助中心和受助对象保持实时联系，为救助中心提供相关信息 2. 呼叫器、求助门铃、远红外感应器等安全防护器材应符合国家规定，不仅要质量好，其功能也要符合老年人的特点和需求。 3. 其他不含涉及老年人生命的日常生活中的救急服务，由养老服务机构直接提供或转介服务，按老年人要求排忧解难

（三）推行服务质量目标管理

目标管理亦称"成果管理"，是现代企业管理模式中比较流行、比较实用的管理方式之一。它的最大特征就是方向明确，非常有利于把整个团队的思想和行动统一到同一个目标上来。经典管理理论对目标管理的定义为：目标管理是以目标为导向，以人为中心，以成果为标准，使组织和个人取得最佳业绩的现代管理方法。

1. 目标管理的主要特点

目标管理强调根据既定的目标进行管理，企业自上而下地确定工作目标，个体职工则要积极参与，并在工作中实行"自我控制"，保证目标的实现。其主要包括以下几个特点。

（1）重视目的：强调活动的目的性，重视未来发展研究和目标体系的设置。

（2）强调整体和统一：强调用目标来统一和指导全体员工的思想和行动，以保证组织的整体性和行动的一致性。

（3）系统管理：强调根据目标进行系统管理，使管理过程、员工、方法和工作安排都围绕目标运行。

（4）重视员工的参与：强调发挥人的积极性、主动性和创造性，按照目标要求实行自主管理和自我控制，以提高员工适应环境变化的能力。

（5）重视成果：强调根据目标进行绩效考核，以保证管理活动获得满意的效果。

2. 目标管理的具体步骤

目标管理过程包括以下四个步骤。

（1）建立目标体系：目标管理能否促使机构整体管理、运营得当，显著提高养老机构的经营效益，关键还要看责任目标定得是否合理、恰当。因此，实行目标管理，首先要建立一套完整的目标体系，这是目标管理最重要的阶段。目标的设置总是从组织的最高主管部门开始，自上而下逐级确定。

（2）明确责任：目标体系应与组织结构相吻合，从而使每个部门都有明确的目标，每个目标都有明确的负责人。机构领导在接到行业主管部门下达的目标责任后，经过研究、协商将机构的总体目标分解到各部门或各科室，由领导者与部门或科室负责人签订目标责任书，责任书内容包括年度（或季度、月度）经济责任指标、床位利用率、服务质量、老人的满意度、差错与事故控制、能耗与物资消耗等指标。各科室负责人还可以把科室目标进一步分解到住区或班组，形成层层工作有目标责任、层层抓目标落实的局面。各级领导考核下属部门的目标完成情况，以此决定各部门的工作业绩以及工作分配、奖金发放和年度评优奖励。

（3）组织实施：目标管理重视结果，强调自主、自治和自觉，这并不等于领导可以放手不管；相反，由于形成了目标体系，一环失误，就会牵动全局。因此，领导在目标实施过程中的管理是不可缺少的，主要表现为：进行定期检查，利用双方经常接触的机会和信息反馈渠道自然地进行；向下级通报进度，便于互相协调；帮助下级解决工作中出现的困难和问题，当出现意外或不可预测事件且严重影响组织目标实现时，可以通过一定的手续，修改原定的目标。

（四）推行"6S"质量管理

提及"6S"，首先要从"5S"谈起。"5S"起源于日本，是整理（Seiri）、整顿（Seiton）、清扫（Seiso）、清洁（Seikeetsu）和素养（Shitsuke）五个词的缩写。"5S"是指在生产现场对人员、机器、材料、方法等生产要素进行有效的管理，这是日本企业的一种独特的管理办法。1986年，日本"5S"著作问世，继而"5S"质量管理逐渐为世界各国所熟知与使用。我国企业在"5S"质量管理的基础上，结合安全生产活动的重要性，增加了安全（Safety）要素，形成"6S"。"6S"质量管理的六项内容如下。

（1）整理：把要与不要的人、事、物分开，再对不需要的人、事、物加以处理，这是开始改善生产现场的第一步。

（2）整顿：对需要的人、事、物加以定量、定位。

（3）清扫：把工作场所打扫干净，设备异常时马上修理，使之恢复正常。

（4）清洁：整理、整顿、清扫后要认真维护，使现场保持最佳状态。

（5）素养：努力提高人员的修养，养成严格遵守规章制度的习惯和作风，这是"6S"质量管理的核心。

（6）安全：重视成员安全教育，每时每刻都要有安全第一的观念，防患于未然，所有的工作应建立在安全的基础上。

"6S"是现场管理的基础，是全员参与生产安全的前提，是全面品质管理的第一步，也是ISO9000有效推行的保证。

四　养老服务质量管理重点环节

（一）评估评审环节

评估与评审环节应当主要关注以下几个方面。

1. 合同评审

正式决定为老人提供服务后，应当签订协议，详尽规定双方的权利义务；应当对合同履行情况定期进行评审，确保合同的有效性。

养老服务合同评审的具体内容

1. 基本原则

应明确老年人和监护人的服务要求及其应履行的义务，确定养老服务机构满足服务要求的能力和老年人及监护人履行义务的能力，确保合同的可执行性。

2. 养老服务合同评审要求

（1）养老服务机构应建立合同评审程序，一般性服务合同由业务主管负责人审批，重大项目由养老服务机构法人审批。

（2）养老服务合同评审包括：与服务相关要求的确定，相关要求的评审过程，有效的沟通与合同的修订。

（3）服务相关要求的确定包括：确定老年人要求提供的服务符合有关法律法规，确定老年人和监护人应履行的义务。

（4）服务相关要求的评审过程包括：养老服务机构应建立内部审核程序，对自身所提供服务的相关要求进行评审；评审应在养老服务机构向老年人做出提供服务的承诺之前进行，并应确保以下几点。

①服务要求规定明确。

②对老年人的要求进行确认，保证合同要求前后表述一致。

③养老服务机构有能力满足规定的要求。

④评审结果及评审后所采取的措施的记录应予保存。

⑤若老年人提出的要求没有形成文件，则养老机构在接受老年人要求前应进行有效的沟通，包括明确规定一定的沟通时间，以便老年人或监护人对服务信息、合同的处理（包括对其修改部分）提出意见和建议。

⑥合同的修订包括对合同的内容、服务的要求的修订。任何合同的修订都应经过双方协商解决。修改后的合同按《合同评审程序》重新进行评审或会审。

⑦养老服务机构服务合同的订立按《中华人民共和国合同法》第九条的规定执行。

⑧养老服务机构应将合同样式上交上级主管机关备案，或使用合

同范本，以确认提供的服务是否符合要求。

⑨修改后的合同经审批后，若与提供服务有关的要求发生变更，养老服务机构应派经办部门或专人负责跟踪，确保相关文件得到及时修改，及时传达到有关部门，确保相关人员知道已变更的要求，保证合同顺利履行。当发现不能确保履行合同或超过合同规定的范围时，应立即与老年人、监护人联系协商解决。

⑩所有的合同评审、会审修改记录均按《合同评审程序》的要求做到清晰、易于识别和检索。

（5）服务合同应当载明下列主要内容：

①养老服务机构、入住老年人或相关第三方（监护人）的姓名（名称）和地址；

②服务内容及服务标准；

③服务收费标准及费用支付时间；

④服务期限和地点；

⑤养老服务机构、入住老年人和相关第三方（监护人）的权利和义务；

⑥合同变更、解除的条件；

⑦违约责任；

⑧免责条款；

⑨约定的其他事项。

2．健康评估

对接受服务老人的健康评估一般以一年为周期（也可根据实际情况进行调整），通过健康评估，甄别老人健康状况，确定护理等级并确定是否需要调整服务或护理方式。具体评估内容以南京市民政局制定的《南京市养老服务对象评估表》为例（见表7-5）。

表7-5　南京市养老服务对象评估（节选）

社会生活环境参数	
原职业	□公务员 □教师 □军人 □事业职工 □企业职工 □农民 □商人 □无固定职业

人员类别	□离休 □退休 □低保户 □低保边缘户 □城市三无 □农村五保 □三线老军工 □三无下放人员 □供养人员 □其他
特殊对象	□大屠杀幸存者 □百岁老人 □失独老人 □重点优抚对象
收入来源	□机关事业单位离休金 □机关事业单位退休金 □养老金 □三无下放人员补贴 □三线老军工补贴 □城乡居民养老保险 □供养人员补贴 □低保金 □拆迁补助 （　　元/月） □失地农民补助；□其他

子女状况	□有子女 □无子女	医疗类别	□公费 □职工医保 □居民医保 □新农合 □自费

居住状况	□独居 □空巢	住房性质	□有产权 □无产权	居室	□一居 □二居 □三居 □其他

居住条件	楼层电梯： □有 □无	居住楼层（楼层无电梯的）： □一层 □二层 □三层以上	室内厕所 □有 □无	室内洗浴设备 □有 □无

原照料情况	□自我照料 □配偶照顾 □子女照顾 □自购家政服务 □送餐服务 □互助门铃 政府购买居家养老服务：□居家照料 □紧急呼叫终端 □老年人意外伤害保险 □其他
服务需求	□家务料理 □代购物品 □康复保健 □紧急呼叫 □心理关爱 □法律援助 □文化娱乐 □助餐 □送餐 □陪聊 □陪住 □陪外出 □陪旅游 □日托 □入住老年人福利机构； 其他：
身体状况	□身体健康 重病：□恶性肿瘤 □尿毒症透析 □器官移植（含手术后的抗排异治疗）□白血病。 □急性心肌梗塞＊□脑中风 □急性坏死性胰腺炎 □脑外伤 □主动脉手术 □冠状动脉旁路手术 □慢性肾功能衰竭 □急慢性重症肝炎 □危及生命的良性脑瘤 □重症糖尿病 □消化道出血 □系统性红斑狼疮 □慢性再生障碍性贫血 □血友病 □重症精神病。 慢性病：□高血压 □冠心病 □前列腺增生 □糖尿病　其他：
心理状况	□正常 □偶尔有孤独感 □经常觉得很孤独
社会活动情况	□经常 □偶尔 □从不	社会活动类型：□文艺类 □教育类 □健身类 □慈善类 □经济类 □宗教类 □其他

生活自理能力参数

项目	描述	正常	轻丧失	中丧失	完全丧失
吃饭	能完成入口、咀嚼、吞咽等步骤				

续表

穿衣	完成取衣、穿衣、系带、扣扣子等				
上下床	能完成洗脚、洗脸、上下床等步骤				
如厕	如厕、便后能自理及整理衣裤				
室内走动	外出、上下楼正常				
洗澡	能完成洗澡的全部过程				
控制大小便	能控制大小便				
认知能力参数					
项目	描述	正常	轻丧失	中丧失	完全丧失
近期记忆	能回想近期发生的事情				
程序记忆	完成洗衣、做饭、做菜等				
定向记忆	外出、回家不迷路				
判断能力	对日常事务的判断不违背常理				
情绪行为参数					
项目	描述	正常	轻丧失	中丧失	完全丧失
情绪	与人和睦相处，不偏激				
行为	动作行为表现是否异常				
沟通	在交流中能否互相理解				
视、听觉参数					
项目	描述	正常	轻丧失	中丧失	完全丧失
视觉	能正常看电视、读报等				
听觉	能正常接听电话、交谈				

* "心肌梗死"的旧称。此处维持原文，使用"心肌梗塞"。

3. 供方评估

对养老服务的各种产品在采购过程中实行有效控制，对采购产品的生产厂家、产品质量、价格、供货时间等进行市场调查和比对，评定出合格供方，建立并保存合格供方的质量记录。

4. 管理评审

由管理者代表定期组织管理层对质量管理体系的持续符合性、充分性和有效性进行评审，并对养老服务持续改进、预防纠正措施的落实情况展开复核。

（二）与服务对象沟通环节

以多种方式和途径与老人及其家属保持充分的沟通，了解老人的需求状况，妥善处置老人及其家属反馈的意见。沟通的形式可以根据老人自身情况进行多样化选择，包括针对性恳谈、召集座谈会以及进行满意度测评等。沟通的另一重要作用在于加强与老人的情感联系，增强老人的被尊重感，从而建立老人对养老服务提供方的信心。

（三）人力资源与基础设施环节

在养老服务的人力资源配置上，应充分考虑岗位设置的科学性与人员配置的合理性。虽然一般的质量管理体系并不对人员设施等做强制性要求，强调的是符合与满足顾客的需求，但是由于在养老服务过程中人这个因素具有决定意义，如质量意识和质量措施都需要人来落实，所以管理层应当重视下属员工是否能够满足服务所需。

不断加大对基础设施的投入，改善养老服务的硬件条件，也是提高服务质量的重要举措。此外，服务质量的测量、分析与改进，对各项服务过程按规定进行必要的检查并做好记录，建立有效的纠正和预防机制，规定详细的作业指导书，等等，也是保证质量管理有效运行的重要内容。

（四）质量改进环节

质量改进是质量管理的一部分，致力于增强满足质量要求方面的能力。养老服务质量改进的环节主要应当注意以下几个方面。

1. 遵守标准

以国家方针、政策为标准，在养老服务实施过程中，一旦出现不合格现象或不符合标准要求的问题，必须立即予以改进，使其达到相关要求或标准。同时要分析原因、采取措施，防止该类问题再次发生。

2. 持续改进

质量的核心是满足需要，而需要是相对的、动态的、发展的，任何机构不可能也做不到完全反映并满足需要。因此，问题是始终存在的，质量改进也就永无止境，应按照"策划—实施—检查—改进"管理模式周而复始地运作。根据评价结果，对不符合标准要求的项目制定纠正和预防措施，并跟踪验证实施效果和持续改进服务工作。

3. 对重复出现的不合格或不达标问题，应采取以下步骤予以改进

（1）收集、整理、分析有关信息，找出不合格或不达标的原因。

（2）针对分析得出的相关原因，提出改进意见或建议。

（3）组织改进活动并验证改进效果。

（4）改进效果显著则巩固，不显著则应重复以上三个步骤，直到获取可观的改进效果。

4. 纠正措施及预防措施

养老服务具有相对的特殊性，预防事故、减少事故、杜绝事故是服务质量管理的核心。因此，在服务质量管理的过程中，应采用纠正措施尤其是预防措施，避免不合格问题的发生或再发生。

纠正措施是指为了消除现存问题所采取的措施，是针对实际不合格服务产生的原因而采取的消除措施，其目的是防止问题再发生。养老机构应采取措施，消除不合格服务产生的原因，防止不合格服务的重复出现。

预防措施是指为了消除潜在隐患所采取的措施，是针对潜在不合格服务产生的原因而采取的消除措施，其目的是防止问题的发生。养老机构应消除潜在不合格服务产生的原因，确定并记录预防措施的结果，并评价其有效性，保证各项措施切实起到预防不合格服务产生的作用。

第三节 养老服务质量监督

养老服务质量需要监督。世界卫生组织提出，老年人长期照护质量监控的内容应包括护理人员培训、对护理提供者的监督、服务对象信息系统的建立、服务标准的设定等，同时还明确了政府、地区和社区在保证老年照护质量中的责任。目前，以德国、英国、美国和日本等为代表的国家都已经建立了较完善的质量监督体系。服务质量监督体系决定了老人的生活质量能够达到何种状态，老人可以通过法律法规及政策性文件来监督政府、相关养老服务机构和服务人员为其提供高质量的服务。养老服务质量监督实行机构监管、人员自律和社会监督相结合的机制，以机构化服务质量监督为主要体现，一般分为内部监督和外部监督两个部分，本节将重点围绕这两个方面对养老服务质量的监督和管理展开阐述。

一 养老服务的内部质量监督

监督是管理的必要手段之一，也是养老服务质量管理中的一项重要工作。其中，内部质量监督的意义和作用相对较大，通过服务组织内部的自查与自纠，领导者和职能管理部门的监督、检查及考核，能够有效保证服务质量不断改进并稳步提高。

（一）监督内容

监督服务过程就是保障服务质量的过程，具体内容包括养老服务中涉及老人生活起居、医疗护理服务和安全相关的各项工作，并有所侧重。

1. 护理质量监督

护理质量监督内容包括生活照料在内的各项护理服务，并依据护理规范、流程、服务质量与考核评价标准进行检查评估。

（1）服务场所清洁卫生：可以运用"6S"质量管理方法检查养老机构内部的硬件设施和居住环境，包括老人居室、楼层地面、门窗墙壁、家具电器和卫生间等，观察是否符合卫生条件，特别要注意的是地面是否积水湿滑、房间有无异味、居室和楼层是否整洁、有无乱堆乱放等。

（2）老人生活护理：主要检查老年人的营养与饮食护理、排泄护理、清洁照料护理、体位变换与移动护理、衣着护理、休息与睡眠护理、早晚间护理和服药护理等是否符合相关质量标准。如营养与饮食护理，主要可以从治疗膳食是否规范、定期评价入住老人的营养状况、是否建立老人进食护理规范、统计噎食的发生率等各方面进行质量监督。

（3）老人心理护理：养老服务人员应当根据需求为老年人提供情绪疏导、心理咨询、危机干预等精神慰藉服务，在进行质量检查时，主要围绕是否针对老人常见的心理问题实施心理指导、是否有心理护理记录以及效果评价等进行评估。

（4）老人康复护理：主要对高龄、长期卧床、脑血管意外等造成的偏瘫等老人的康复护理进行检查和监督，如康复体位护理、主动或被动运动和压疮护理、组织老人进行团体康复训练等。

（5）老人临床护理：老人患病期间的各项护理操作，如基础护理、专科护理、临终护理等是否规范、准确等。

（6）老人安全护理：老年人的安全护理重点是防范意外的发生，可以针对老年人比较常见的意外事件进行监督考核，如防火、防盗、防噎食、防烫伤、防跌倒、防坠床和防走失等方面的措施是否落实，是否存在安全隐患，等等。

（7）护理交接班及护理记录：针对重点看护老人是否实行了床旁交接班制度，检查护理文书记录与保管是否规范，等等。

2. 医疗服务质量监督

对于拥有医疗服务人员或内设医疗服务部门的养老服务机构及组织，需进行医疗服务质量监督。医疗服务质量监督的内容是监督医务人员的医疗服务工作，检查医务人员的执业情况，其重点应放在具体的医疗工作环节上，注重工作流程中的质量监督。整个监督过程应依据医疗机构管理办法、临床诊疗规范制定的服务与考核标准进行检查评估。

（1）执业资格：包括养老机构或组织是否具有行医执照，行医执照是否进行了年审，医务人员是否具有执业资格以及是否进行了注册，等等。

（2）诊疗操作：监督和教育医务人员应认真履行工作职责，严格执行各项医疗卫生管理法律、行政法规、部门规章和诊疗护理规范，严格遵守职业道德。检查的内容可涉及病历、医嘱、处方书写和临床诊疗操作是否符合规范，护士用药是否严格按流程规定执行，护理操作是否娴熟、规范，等等。医疗机构在监督过程中应当对医务人员的违法行为及时予以纠正和处理。

（3）诊疗效果：诊疗效果可以从疾病诊断的准确率、误诊或漏诊率，治疗的有效率、治愈率、差错与事故率等几个方面进行检查评估。

3. 膳食服务质量监督

养老机构的膳食管理既要保障营养均衡，又要满足不同老人的需求，所以会有不同的供餐原则、标准和形式等。但是，不论提供的膳食服务如何多样化，其服务质量监督都要依据食品卫生管理办法制定的服务与考核评价标准来进行。

（1）员工的健康与职业资格：包括员工是否进行了体检及有无健康证明，厨师岗位的员工是否具有职业资格证书，等等。

（2）员工着装与个人卫生：是否按要求统一着装、佩戴工作牌，工作服是否整洁，是否做到"四勤"——勤洗手洗澡、勤理发修面、勤换洗衣服、勤修剪指甲，是否有不良的卫生行为，等等。

（3）食堂环境清洁卫生且安全：食堂、餐厅及周边环境是否符合卫生清洁要求，是否做到了无苍蝇、蟑螂、鼠害等；餐厅地面是否湿滑，是否有安全提醒或放置警示牌；等等。

（4）食品采购、存储、加工与制作：采购流程是否规范，是否采购腐烂变质、霉变原料和过期食品，是否存有采购验收记录；食物原料是否彻底清洗，加工过程是否卫生，保管是否规范；食物是否按规定留样；等等。

（5）餐具清洗和消毒：餐具清洗和消毒是否符合规范，消毒过程及方法是否有效，餐具洗涤、消毒和保管是否有专人负责，等等。

（6）膳食服务效果：发放膳食是否准确到位，就餐是否有序，老人对伙食及食堂工作是否满意，老人噎食、摔倒等与就餐相关的意外事件的发生率，等等。

（7）食堂账目：食堂账目记录是否清晰，支出是否合理，收支是否平衡，是否定期公布账目，等等。

4. 财务管理监督

财务管理监督的检查内容主要依据会计法和财务工作管理条例规定的服务质量与评价标准进行监督。

（1）财务制度建立与执行情况：是否建立相关财务制度，是否存在违规操作。

（2）账目管理：财务账目记录是否清楚，是否存在漏记、错记、重复等现象。

（3）现金管理：现金支取、报账是否规范，保管是否符合财务规定。

（4）支票管理：支票使用、管理是否规范。

（5）资金管理：固定资金（资产）是否及时登记，流动资金使用是否规范，账目是否清楚，专项资金是否被挤占、挪用，等等。

（6）捐赠管理：捐赠钱物是否有登记，使用是否符合捐赠者意愿，程序是否规范，等等。

5. 行政及后勤保障服务质量监督

行政及后勤保障服务质量监督主要依据相关的规章制度进行。

（1）行政文书及资料管理：主要涉及与老人健康档案和养老信息等相关的文书及资料是否妥善管理，记录是否完整，是否有遗失、泄露，等等。

（2）后勤保障服务质量监督：除膳食服务、财务管理外，还包括以下几个方面的后勤保障服务质量监督。

①物资采购管理：物资采购计划、审批是否符合规定，质量是否符合要求，价格是否合理，大宗采购是否有招标投标程序，是否有验收记录。

②维修管理：水电及设施、设备维修是否及时有效，操作是否安全规范，超范围的维修是否及时审批、上报，是否及时联系有关单位和部门。

③车辆管理：提供交通服务且有自备车辆的养老机构，应对相应车辆的使用和保管进行质量监督，比如车辆是否定时有效地进行保养，使用是否符合规定，有无交通违纪或事故发生，等等。

（二）监督方法

养老机构内部服务质量的监督和管理，主要针对的是内部各部门、各岗位的服务工作，可分为自我监督和他人监督。

1. 部门的自查与自纠

各部门应把服务质量检查变为经常性工作，定期自查与自纠，不断改进服务质量。

2. 领导者和职能部门的监督

领导者和职能部门负责人应经常深入基层进行定期和不定期检查监督，定期向入住老人及其亲属发放服务质量满意度调查表，及时发现存在的服务质量问题，督促整改。

3. 加强部门和员工的考核

通过月度、季度和年度服务质量评价及考核，督促部门和员工重视服务质量。评价考核的结果应与部门的奖金挂钩，还应与员工的工资分配、评优、续聘等挂钩。

4. 老人及其亲属的监督

老人及其亲属作为养老服务的对象，应属于外部监督范畴，但此处的老人为正在接受养老服务的老年客户，所以可以归属于内部监督；养老服务机构应设立意见箱、投诉箱，公开投诉电话，自觉接受老人及其亲属的监督；对老人及其亲属提出的建议和投诉予以高度重视，并及时向老人及其亲属给予反馈。

二 养老服务的外部质量监督

养老服务外部质量监督的目的是督促养老机构依法经营，提高服务质量。按质量监督执行主体的不同，外部质量监督可以分为行政监督、行业监督和社会监督三类。民政部于 2013 年颁布的《养老机构管理办法》中规定，民政部门负责全国养老机构的指导、监督和管理，县级以上地方人民政府民政部门负责本行政区域内养老机构的指导、监督和管理，其他有关部门依照职责分工对养老机构实施监督。因此，由政府部门主导的"行政监督"是最主要的外部质量监督形式。

（一）行政监督

养老服务机构从经营许可到开展业务，再到服务质量等，都要接受政府部门的监督和管理。因此，政府对养老机构服务质量的监督涉及民政、消防安全、医疗卫生、卫生防疫、工商税务和环境保护等政府职能部门。政府通过与行业及社会的协同管理和监督，发现并督促改善养老机构经营、服务与管理过程中存在的不规范之处，帮助养老服务机构依法经营、规范服务，从而提高其服务质量。

1. 各级民政部门

地方养老服务业务管理归口于地方民政部门，所以民政部门往往兼具行政监督和行业监督的双重职能。其主要监督内容包括养老服务机构的论证、申报、审批、注册登记、经营管理和年度审查等工作，具有很强的业务指导性，管理者应当主动接受民政部门牵头的行业监督。

2. 卫生防疫监督

卫生监督是加强卫生管理的重要手段。养老服务机构为老人提供集体住宿、统一膳食、颐养环境等服务，应主动接受地方卫生防疫部门的监督检查。卫生防疫部门主要对与卫生相关的法规、条例、标准、办法等实施的情况进行检查，以达到保护环境、预防疾病和促进人们身心健康的作用。其主要范围分为以下三方面。

（1）环境卫生：包括机构内部环境的卫生状况，尤其是公共区域的基础卫生设施是否具备、安全等。

（2）食品卫生：卫生制度是否建立、健全及其执行情况；从业人员的健康证是否合格；日常食品、饮用水的检验检测是否正常；食品消毒流程是否正确；消毒设施是否健全、完好及其运行情况；等等。

（3）疾病预防：除环境卫生、食品卫生外，还可以从医疗执业是否规范、医疗废弃物处置是否合理等方面进行传染性疾病的防控和监督。

养老服务机构对检查出来的食品卫生、环境卫生和疾病预防等方面的问题，要制定措施、加强整改，限期达标。

3. 医疗服务监督

开展临床医疗和医疗保健服务的养老服务机构要接受地方卫生行政部门，即卫生局（厅）的监督和技术指导。在卫生部门的监督和指导下，机构应该在医疗服务设施、医疗服务行为等方面进行完善和提高，杜绝医疗差错与事故的发生，确保医疗服务安全。

4. 消防安全监督

养老服务机构是消防工作的重点单位，特别是环境差、设备陈旧老化的养老机构，更要重视消防安全监督。要积极配合消防安全部门查找隐患、制定措施、加强整改，加强对老人和员工消防安全意识的教育和消防设备使用培训，确保消防安全落到实处。

5. 财务审计监督

养老服务机构财务监督多纳入行业年度审查范畴，养老机构应如实汇报机构财务管理情况、经济运行状况，自觉接受行业主管部门、工商税收部门的审计监督，保证养老机构财务管理规范、经济运行有序。

（二）行业监督

养老服务行业协会以社会组织的形式协助政府执行行业监督职能。养老服务行业协会是由养老机构、社会团体及个人自愿组成的行业性、非营利性的社会组织，一般经各地民政部门批准成立，作为联系政府与养老机构的桥梁和纽带，协助政府对养老服务业进行专业化管理，承担行业自律、指导和服务质量监督等职责。因此，养老机构除了积极参加行业协会外，还要主动接受协会的指导与监督。

（三）社会监督

社会对养老机构服务质量的监督主要涉及公众监督和舆论监督两个方面。公众监督是指包括内部员工、老人及其家属在内的社会大众，通过批评、建议、检举、揭发、申诉、控告等基本方式，对养老机构及其工作人员权力行使行为的合法性与合理性进行监督。舆论监督是指社会利用各种传播媒介和采取多种形式，表达和传导有一定倾向的议论、意见及看法，以实现对政府及养老机构中偏差行为的矫正和控制。养老机构应规范经营、科学管理，不断从服务老人、稳定社会的角度出发，提供优质的养老服务，自觉接受公众及舆论的监督，弘扬中华民族尊老、爱老、敬老的传统美德。

第四节　养老服务质量评估

养老服务质量评估不仅可以帮助养老服务管理者方便、准确地分析、测量、控制、评价其服务质量状况，而且可以有效推进和保障养老服务质量的提高。养老服务质量评估由相互联系、相互制约、相互作用的评估要素构成，包括评估目标、评估标准、评估内容和评估方法等，具有整体性、系统性、协调性的特征。

一　养老服务质量评估体系

政策在鼓励发展养老服务事业的同时，需建立和完善科学、系统的养老服务质量评估体系。

（一）评估目标

养老服务质量评估的目标是建立科学合理、运转高效的长效评估机制，实现养老服务质量评估的科学化、常态化和专业化，继而提高养老服务的水平和质量。

（二）评估对象

养老服务质量的评估对象可以分成养老机构、服务项目和服务成效三个方面，对服务工作的整个过程和整体成效的评估也必须围绕这三个方面展开。

1. 养老机构

养老机构是养老服务的主要承担者。作为提供养老服务的专业机构，必须接受各方对其服务质量的评估。这类评估主要针对养老机构的机构素质、能力和为老服务质量等方面。

2. 服务项目

服务项目是提供养老服务的最主要形式和载体，所以也是评估的最主要对象。通常养老服务是由养老机构的服务者直接提供或通过其组织提供的。

（1）综合评估：服务项目评估包括对服务对象的需求评估、方案评估、过程评估和效果评估，也包括对项目服务团队的评估。在服务项目中，包括对基础设施、服务队伍、管理制度的整体评估。

（2）单项评估：养老机构的服务队伍也可作为独立的评估对象。对养老机构服务者的评估包括资质和服务两个方面。养老机构服务队伍的评估是对其服务方法、过程及效果的评估。

3. 服务成效

服务成效评估是评估的主要目的。养老机构服务质量评估体系可以从服务提供、活动开展、设施建设等方面提高老人的生活质量，使老人真正体会到养老机构的优势。

（三）评估主体

在养老服务领域中，评估的主体有养老机构、养老机构设立许可机关或管理机关和第三方等。

1. 养老机构

养老机构应该作为服务质量评估自我监督和审查的主体，积极开展质量评估工作。

（1）服务对象需求评估：是指养老机构对服务对象的需求评估，包括服务之前的评估和服务过程中需求变化导致的进一步评估两种。

（2）服务方案评估：在初步提出可供选择的服务方案之后，要对它们进行比较和评价，以选出适宜者。

（3）服务过程评估：养老机构服务者应了解和把握服务的进度，发现问题时要及时处理。

（4）结果评估：养老机构服务者对服务结果进行评估和总结，用于结束工作和总结经验。

2. 养老机构设立许可机关或管理机关

政府是养老机构的资助者和支持者，同时又代表社会和服务对象的公共利益，所以政府有关部门有权对养老机构的运行及服务状况进行监督、检查和评估。

3. 第三方评估

所谓第三方，是指与政府及服务机构没有利益关系，相对独立的一方，可以是行业中有资质的专业调查、研究和评估机构，也可以是专门组成的专家组，他们对养老机构服务质量的评估被称为第三方评估。第三方评估因为要从老年群体的需求和感观出发，判断养老机构服务水准的高低，因此其评价结果往往更容易得到老年人的信任。

（四）评估标准

1. 客户服务质量评估标准

客户服务质量评估标准是衡量服务质量的一种有效方法，又称 RATER 指数。RATER 分别代表信赖度（Reliability）、专业度（Assurance）、有形度（Tangibles）、同理度（Empathy）、反应度（Responsiveness），即代表影响客户满意度评价的五大要素。

（1）信赖度：是指一个企业是否能够始终如一地履行自己对客户所做出的承诺，当这个企业真正做到这一点的时候，就会拥有良好的口碑，赢得客户的信赖。

（2）专业度：是指企业的服务人员所具备的专业知识、技能和职业素质。包括提供优质服务的能力、对客户的礼貌和尊敬及与客户有效沟通的技巧。

（3）有形度：是指有形的服务设施、环境、服务人员的仪表以及对客户的帮助和关怀的有形表现。服务本身是一种无形的产品，但是整洁的服务环境、为幼儿提供的专用座椅、餐厅里带领小朋友载歌载舞的看护员等，都能使服务这一无形产品变得有形。

（4）同理度：是指服务人员能够随时设身处地为客户着想，真正地同情理解客户的处境，了解客户的需求。

（5）反应度：是指服务人员对于客户的需求给予及时反应并能迅速提供服务的愿望。当服务出现问题时，马上回应、迅速解决能够给服务质量带来积极的影响。客户需要的是积极主动的服务态度。

2. 养老机构服务质量评估标准

服务质量评估指标体系由保障服务的设施设备和环境、工作基本要求、标准体系要求、标准实施与持续改进要求、服务评价和服务绩效等指标构成。其中，硬件是服务质量的首要保障，服务是核心，绩效评估则是老人及其家属的满意程度和经济社会效益。各类指标及其子指标如表7-6所示。

表7-6　养老机构服务质量评估指标体系

一级评审指标	二级评审指标	三级评审指标
设施设备和环境	总体设计、居室、厨房及餐厅、卫生及洗浴、医疗及康复、文化娱乐、公共区域、安全及环境	机构选址的交通急救便利性、建筑层数、居室通风采光、紧急呼救设施配置、厨房及餐厅设施、洗衣卫浴设施、防滑安全设施、医疗设施、文化娱乐设施、公共区域设计、特种设备、安全标志、公共场所消毒灭菌等
工作基本要求	机构管理、人员管理、工作管理、信息管理	领导机构、工作职责、人员配置、人员资质、管理办法、监督检查制度、标准信息库、措施建议记录等
标准体系要求	总体要求、体系规范性、体系完整性、体系协调性、体系有效性、基础标准子体系、保障标准子体系、服务提供标准子体系	与实际相符、体系合规、构成合理、可操作、完整性等
标准实施与持续改进	宣贯标准、实施准备、实施情况、实施检查、自我评价、持续改进	宣贯活动、岗位人员掌握、执行检查、服务行为规范、标准实施率、评价记录、建议落实等
服务评价	个人生活照料、老年护理、心理支持、安全保护、环境卫生、休闲娱乐、协助医疗护理、医疗保健、居住生活照料、膳食、洗衣、物业管理维修、陪同就医、咨询、通信、送餐、教育、购物、委托、交通和安宁	操作规范、服务须知、记录保留、效果评估等，其中老年护理细化分为个案管理、护理计划和评估、落实措施率、基础护理合格率、护士技术操作合格率、严重护理缺陷为零、养老护理员工作定期检查与培训、效果评估等

一级评审指标	二级评审指标	三级评审指标
绩效评估	顾客满意度、经济效益、社会效益、品牌效应、标准化创新	顾客满意率、经济效益、社会效益、品牌效应、标准化创新等

（五）评估作用

养老服务质量评估对促进养老服务机构发展、提升养老服务质量有积极的推动作用，具体表现如下。

1. 促进我国养老行业服务发展

评估是一项贯穿养老服务全程的活动，科学的评估会积极地促进养老机构服务的发展，进而在总体上增进服务效果。

2. 完善养老机构质量管理体系

养老服务质量评估可以促进养老机构质量管理体系的完善。

3. 帮助养老服务机构持续成长

通过养老服务质量评估可以发掘服务过程中存在的问题，这些对服务提供者具有重要的参考意义。

二 养老服务质量评估方法

（一）评估原则

1. 评估工作的客观公正性原则

客观公正性就是指在养老服务质量评估中要尊重客观规律，不带主观随意性，讲求科学性。首先，评估者要避免各种先入为主的观念，克服主观随意性和片面性。评估者应根据实事求是的原则，不受自身或外部因素的影响。其次，评估者要能够深入调查研究，全面系统地掌握可靠的信息资料，这是质量评估取得成效的基本保证。

2. 评估分析的系统性原则

在养老服务质量评估的过程中，考虑任何问题都要有系统观念。用系统观念对服务质量进行评估，即要求评估者从养老服务内部要素之间的内在联系、内部要素与外部条件的广泛联系入手，进行全面、动态的分析论证，判断服务质量的高低。系统性原则要求评估者克服问题分析的单一性与片面性，在全面系统动态的分析论证过程中全面性地对养老服务质量进行评审和估测。

3. 评估方法的规范性原则

评估方法是养老服务质量评估的核心部分，评估方法的规范性是指评估工作中所采用的定性或定量的方法符合客观实际，能体现事物的内在联系。使用规范性的方法是做好质量评估的重要条件，如果评估者忽略了规范性方法，而是使用自认为可行的方法，就脱离了公认的标准，也就无法判断其结论的适当性。

4. 评估指标的统一性原则

指标统一性原则是指在养老服务质量评估过程中所使用的相关参数、指标的标准化，也是衡量服务质量统一的标准和尺度。对于同一项服务，用不同指标进行评价，其结果大不相同。指标的统一性不仅在养老服务质量的评估中起标准尺度作用，而且也是服务比较选择的依据，标准不一，服务就没有可比性。

5. 评估结果的客观性原则

养老服务质量评估既包括服务过程中的评估，也包括服务结束后的评估。前者是为了有效开展服务而进行的评估，包括对服务对象需求的评估，对服务方案的评估及选择，以及对服务过程的评估；后者是对已开展的服务所进行的评估，是对服务结果、效果和影响的评估。无论哪一种评估，只有客观合理地评价评估结果，并且对结果进行总结归纳，才能更好地指导养老服务的继续开展。

（二）评估方法

评估方法是养老服务质量评估的核心部分，评估方法要考虑到评估的全面性。在对老人服务项目进行评估时，评估方法应该考虑到老人的个人特征，如果接受服务的老人出于某种原因排斥或抗拒某种评估方式，则无法准确掌握老人的真实想法、感受和意见，从而影响评估的有效性。

要制定符合评估对象特质的评估方法。养老服务质量评估要选择能保证评估科学性和有效性的方法。养老服务质量评估一般采用问卷调查法和访谈法。

1. 问卷调查法

有时需要通过对服务对象或机构的问卷调查来了解服务的效果。问卷调查在养老机构服务质量评估中得到了广泛应用，在选择问卷调查法对养老服务质量进行评估时，应注意以下两点。

(1) 选择合适的问卷类型。问卷调查一般可通过自填式问卷或结构式访问的方式进行，系统、直接地从某个社会群体的样本处搜集资料，并通过对资料的统计分析认识社会现象及其规律的社会研究方法。问题的形式主要有开放式和封闭式两种。开放式问题，就是不为回答者提供具体答案，回答者自由回答；封闭式问题，就是在提出问题的同时还给出若干个选项，要求回答者根据自己的情况进行选择。在以问卷调查为手段的养老服务质量评估过程中，应结合评估目的选取适用的问卷类型。

(2) 问卷设计的原则。科学合理的问卷设计能够保障问卷的科学性及合理性。问卷设计必须满足研究的需要，尽量从被调查者的角度出发，这样才能发挥其应有的效用。

2. 访谈法

访谈法又称晤谈法，是指调查者依据调查提纲与调查对象直接交谈、搜集信息的方法。整个访谈过程是调查者与被调查者相互影响、相互作用的过程，较观察法、问卷调查法能获得更多有价值、更深层次的信息。

(1) 访谈类型。根据访谈对象的数量，可以分为集体访谈法和个别访谈法；根据层次，可以分为常规访谈法和深度访谈法；根据媒介，可以分为当面访谈法和电话访谈法；根据访谈进程，可以分为结构性访谈法和非结构性访谈法。

(2) 访谈步骤。访谈的一般步骤包括：设计访谈提纲；恰当地进行提问；准确捕捉信息，及时搜集有关资料；适当地做出回应；及时做好访谈记录，一般还要录音或录像。访谈之前，必须做好充分的准备工作，包括确定访谈对象、选拔并培训访谈员、工具准备等。同时，访谈计划的编制、问题设计、过程实施、结果整理与分析都要按科学的原则进行。

(3) 访谈注意事项。访谈过程中调查者与被调查者之间建立的信任与合作关系、调查者的素质和访谈技巧等都是影响访谈质量的关键因素，所以在实施访谈时，需要注意以下几点。

①访谈进行时，调查者要保持中立的态度，不要把自己的意见暗示给被调查者，否则会影响资料的真实性。

②调查者要把握访谈的方向和主题焦点，防止谈话偏离调查主题，从而避免影响效率。

③使用的语言要简明扼要。

④根据被调查者的特点，灵活掌握问题的提法和语气。

此外，不管是问卷调查法还是访谈法，其编制的问项及题项都应具备以下几个特征。

①明确性，即评估问题应该与评估目的、焦点或者相关服务理论紧密关联，通过对问题反馈的整理，可以得到一些有价值的结论。

②可行性，评估问题设置得再有意义，如果被调查者无法回答，那也是缺乏价值的，无法指导评估研究。

③清晰性，即评估问题的陈述应清晰明了，不会引起歧义。

（三）评估流程

一般而言，养老服务质量评估的流程遵循社会服务项目评估的一般步骤，即开始准备阶段、实施阶段、总结与应用阶段。

1. 开始准备阶段

在养老服务质量评估的开始准备阶段，要明确评估方、评估目的、评估内容以及评估方法等一系列问题。此阶段最重要的是制订一份科学可行的评估计划。

（1）接受委托和明确评估目的。养老服务质量评估的提出一般源自委托方的评估需要。其中，委托方包括养老服务或项目的监管者和执行者等多类主体，委托方的需求表现不同，则会有相应的评估目的，评估方需要与评估委托者共同明确评估目的，在接受评估委托后，评估方应明确此次评估的目的，从而确定评估内容和选定评估方法。通常来说，评估目的大致分为两种：一是改进服务或项目；二是总结判断服务。

（2）明确评估问题。在接受委托和明确评估目的后，评估者应在初步了解被评估项目情况的基础上，与评估委托方或项目方讨论确定评估焦点，提出清晰的评估问题。一般的养老服务质量评估应该关注以下五个焦点。

①评估服务对象需求。养老服务的基本理念之一就是通过服务回应服务对象的需求。

②评估服务项目的理论与设计。对养老服务项目或服务所依据的理论进行评估，判断其是否有效，可以用于指导服务项目的设计，并产生预期的效果。

③评估服务项目过程。评估养老服务项目的执行是否按照预先设计的进行，以便于过程或流程控制。

④评估服务项目结果。评估养老服务项目是否具有影响，一般指项目所服务的对象在行为、态度和认知等方面是否发生了预期的改变。

⑤评估服务项目的效率。对养老服务项目的投入 – 产出比进行评估，以判断项目是否善用资源，是否通过有限投入获得最大产出。在明确评估焦点后，评估者应结合被评估项目的实际情况，与被评估方共同讨论研究，提出清晰的评估问题，这一点对养老服务质量评估尤为重要。

（3）制订科学性和操作性兼具的评估计划，包括以下两方面。

①评估方法。养老服务质量评估可以采用定性和定量的研究方法。

②评估设计。评估设计涉及评估的细节，如制作评估时间进度表、确定经费预算、分配人力资源等，缺一不可。评估者在制订评估计划时还应该考虑如何协调和组织人力、物力和财力，以在规定的时间内完成评估。

2. 实施阶段

评估者在实施阶段的任务是执行前一阶段制订的评估计划。

实施阶段需要评估者深入现场，与各方进行沟通互动，通过观察、访谈等方法搜集有关资料，并对此加以分析和组织。因此，是否顺利进入现场决定了评估工作能否顺利、有效地进行。

成功进入现场后，评估者应该依照评估目的着手搜集相关资料。在此过程中，需要注意三个问题：一是明确所需资料内容；二是选取资料搜集对象；三是明确资料搜集方法。

3. 总结与应用阶段

评估者在完成评估资料的搜集和分析工作后，就可以进入评估的总结和应用阶段。在该阶段中，评估者需要对经过分析的资料进行组织，形成评估报告，并对评估报告加以运用。

A. 撰写评估报告

评估的一个成果是形成书面评估报告。依据评估目的，评估报告在完成后会提交给评估委托方或者养老机构自身，甚至有时还会以适当形式予以公开。

评估报告的构成要素

通常来说，一份完整的评估报告应包括以下内容。

1. 标题：一般包含被评估项目名称以及评估的焦点。

2. 摘要：一般简要陈述评估目的和问题，介绍评估方法，总结评估发现，以及得出结论并提出对策建议。

3. 目录。

4. 导言：一般介绍评估的背景以及目的，陈述评估问题。一些评估报告的导言还会简要介绍整篇评估报告的结构。

5. 评估方法：介绍评估采用的研究策略以及具体方法。

6. 评估发现：详细陈述评估的发现。

7. 评估图片：可以把相关图片附在报告中，使评估更具有说服力。

8. 结论与对策建议：对评估发现进行总结，并据此提出相关对策建议。

9. 参考文献：罗列评估中所参考的各个文献的名称。

10. 附录：一些评估报告还可以将评估中涉及的重要文献、评估工具等内容作为报告的附录。

以上格式及内容仅作参考用，在实际操作的过程中，因评估情况而异，也可根据评估者所需进行相应的调节。

B. 评估结果应用

养老服务质量评估结果的应用包括：一是根据评估结果中的建议改进养老服务质量，提升老人的养老质量及生活质量；二是根据评估结果决定服务或项目的存废及发展方向，优化资源的使用。

评估者可以与评估委托方或项目方共同讨论评估结果和对策建议，在达成共识的基础上依据评估建议改善相应的养老服务，该项工作不一定非要在评估结束或评估报告完成之后进行，也可以在评估实施过程中就不断与被评估方进行沟通，以评促改、边评边改。

本章小结

质量管理是影响养老服务水平、老年生活质量的重要环节，科学有效的管理体系也是养老服务质量改善和提升的重要保障。

本章明确了养老服务标准化体系的建设意义与构建要素，同时介绍了我国养老服务标准化建设的基本现状。在此基础上，本章还对养老服务质量管理的目标、原则、基本方法与重点环节进行了理解与解读。此外，本章还讲授了养老服务质量监督与质量评估的基本内容，对质量管理过程中监督与评估的方法和流程进行了详细说明。

思考题

1. 为何要进行养老服务标准化体系建设？养老服务标准化体系的构建要素有哪些？

2. 我国养老服务标准化建设的基本现状如何？面临着哪些问题与考验？

3. 养老服务质量管理的实施过程中应当遵循哪些原则？使用何种管理方法？

4. 养老服务的内部质量监督具体针对哪些内容？外部质量监督可以分为哪几类？

5. 通过哪些方法可对养老服务质量进行评估？需要执行怎样的流程？

扩展阅读

养老机构"持证上岗"，养老服务质量再提升

据合肥市民政局公布的全市养老机构设立许可工作最新情况，截至

2018 年 1 月，全市共有 41 家社会、企业办养老机构完成设立许可工作。

今后，合肥将进一步加强对各类养老机构的监督指导，开展养老机构服务质量建设专项行动，推进养老服务质量标准和评价体系建设，建立奖优罚劣机制，评价结果与相关补贴、评先、奖励扶持挂钩，激励养老机构提高服务质量，推动养老服务业持续健康发展。

《安徽省养老机构设立许可办法》自 2013 年 9 月 1 日起施行，合肥随即开展了养老机构设立许可工作。

根据规定，获得许可的养老机构需有名称、住所、机构章程和管理制度；有符合养老机构建筑设计规范和技术标准，符合国家环境保护、消防安全、卫生防疫等要求的服务场所；有 10 张以上的床位；有与开展服务相适应的管理人员、专业技术人员和服务人员；有基本生活用房和活动场地，有与业务性质、范围相适应的康复、医疗设施；有服务场所的自有产权证明或者租用期限不少于 5 年的房屋租赁合同。养老机构取得设立许可证之后，在依法办理登记手续前，不得以任何名义收取费用、收住老年人。

2015 年 6 月，省民政厅出台《关于加强养老机构设立许可工作的通知》（以下简称《通知》），进一步规范全省养老机构设立许可工作，推动安徽省养老机构健康有序发展。

《通知》要求，新申请设立的养老机构和整改后申请进行设立许可的养老机构，其举办者可不再提交验资证明和资产评估报告。建筑面积 5 万平方米及以上的应出具环境影响报告表，建筑面积 5 万平方米以下的应出具环境影响登记表。区分类型推动养老机构消防许可工作，建筑面积在 1000 平方米及以上的养老服务机构，要依法办理消防设计审核、消防验收手续。建筑面积在 1000 平方米以下的，要依法办理消防设计备案、竣工验收备案手续。

过去，不少养老机构存在消防隐患多、房屋陈旧、建筑物老化等问题，对老人的生命健康安全构成隐患，也严重影响着养老服务业的持续健康发展。对此，合肥在持续推进养老机构设立许可工作的同时，通过普查、抽查、互查等方式，对各类养老机构开展定期、不定期的督查，不断强化养老机构的安全管理、规范运营意识。

　　同时，合肥还有序地推进不符合条件的机构"关停并转"。对不符合设立许可条件的养老机构，按照属地管理的原则，由所在地民政部门在门户网站、当地媒体等进行公告，明示需要整改的内容和时限。整改通知应书面送达机构负责人、主管部门、所在地其他相关部门，并告知机构已入住老年人及其家属。对整改后仍不符合条件的养老机构应坚决予以关闭，所在地民政部门应制定工作方案，帮助妥善安置机构已入住老人。对发出关闭通知后仍继续营业的养老机构，提请相关部门联合执法，直至申请司法机关强制执行。据了解，自养老机构设立许可工作启动以来，合肥已经陆续关停并转近 20 家养老机构。

　　（资料来源：李后祥：《41 家养老机构"持证上岗"合肥养老服务质量再提升》，《合肥晚报》2018 年 3 月 9 日）

第八章
养老服务管理实践

《《《《《 **学习目标**

1. 了解我国养老服务管理的实践情况，包括老年人生活料理服务管理、医疗服务管理、康复服务管理、精神和心理服务管理、临终关怀服务管理五个方面的情况。

2. 理解各项养老服务管理措施的目的、意义和作用。

随着我国老龄化程度的日益加深，日益增加的养老服务需求与老龄服务业发展滞后的矛盾逐渐凸显。面对日益增加的养老服务需求，我国从中央到地方、从政府到社会，在构建老年人口养老服务管理体系，发展居家养老、机构养老以满足老年人生活照料、精神慰藉、护理照料需求等方面进行了多种方式的探索和实践。

目前，我国的养老方式主要包括居家养老、社区养老和机构养老三种模式，养老服务主要集中为生活照料服务和医疗保健服务，而针对这些服务尚未形成规模化、可复制、成体系的养老服务管理模式。因此，需要在充分了解和总结我国各地养老服务管理经验的基础上，进一步构建可持续发展、多样化的养老服务管理体系，全面提升老年人口的养老服务质量，真正惠及老年人，使其安居乐业，共享改革发展成果。

以下将系统介绍目前我国老年人的生活料理服务管理、医疗服务管理、康复服务管理、精神和心理服务管理、临终关怀服务管理五个方面的实践状况。

第一节　老年生活照料服务管理

2016 年，全国老龄办发布的《第四次中国城乡老年人生活状况抽样调查成果》显示，我国失能、半失能老年人约 4063 万人，占老年人口的 18.3%。[①] 年老以后，人体的各项器官功能衰退和身体机能下降，体力和精力大不如前，身体平衡能力和活动能力逐渐降低，老人更易罹患慢性退行性疾病，也更容易摔倒、跌伤，老人身体机能的下降会影响他们的基本生活能力，在刷牙、洗脸、洗澡、上下楼、洗衣服、做饭等日常活动中会遇到困难，影响生活质量。一些老年人甚至可能会成为失能或者半失能老人，这些情况使得老年人对生活照料服务产生巨大需求。目前，社会上针对老年人的生活料理服务包括基本生活上门服务、老年人日间照料中心、老年人食堂/助餐服务等几种服务手段和措施，主要通过政府购买服务的方式提供资金支持，由社区居家养老机构或者老年人日间照料中心提供服务。

一　老年基本生活上门服务

针对部分年龄偏大、行动不便的老年人，多数地方通过政府购买服务的方式，为这些老年人提供上门生活服务。

（一）北京市的实践

2016 年，北京市民政局等部门联合下发了《关于支持养老照料中心和养老机构完善社区居家养老服务功能的通知》，[②] 提出未来各照料中心在辐射的区域内为老人提供短期照料、助餐、助洁、助浴、助医、精神关怀等十类上门服务。其中，短期照料服务要求为辐射区域内的失能、高龄独居以及其他需要临时短期托养的老年人提供就近全托服务，按照有关定价收

[①] 《关于支持养老照料中心和养老机构完善社区居家养老服务功能的通知》，北京市民政局，2015 年。

[②] 《关于玄武区 90 岁以上高龄老人生活料理服务项目的采购公告》，江苏省南京市玄武区民政局，2017 年。

取托老费用；助洁服务则可根据服务需要配备家庭保洁、洗衣服务人员和有关设备，制定助洁服务流程，制定、公示收费价格，根据老年人需求，准时提供上门助洁服务。此外，照料中心还将设立专业上门助浴服务队伍，建立助浴服务安全操作规程，为居家生活老年人提供上门助浴服务。北京市级政府通过一次性项目补助的方式，对全市养老照料中心和养老机构完善社区居家养老服务功能给予支持。市民政局根据区县申报所属养老照料中心和养老机构的年度项目情况，审核确定支持的项目清单，并会同市财政局按照每个项目 20 万元的标准，拨付区县一次性项目补助，一个养老照料中心和养老机构享受市级补助累计不超过 200 万元。

（二）南京市的实践

2017 年，江苏省南京市玄武区民政局委托江苏省华采招标有限公司，就其关于玄武区 90 岁以上高龄老人生活料理服务项目进行公开招标采购，选取三家社会组织承接服务。① 整个过程严格按照招投标程序进行，确保为高龄老人进行上门生活料理服务的机构能够提供高质量的服务。

（三）重庆市的实践

重庆市社会福利指导中心首次举办四期失能、半失能老人家庭照护者公益培训班，时间从 2018 年 7 月 16～19 日，每期 25 人，每期培训时间为 1 天。四期培训开展心理疏导和护理知识两大类培训，采用理论教学与实际操作、长者体验等多种形式相结合的方式进行教学，其中第一期和第三期侧重在失能、半失能老人的身体护理、安全起居等方面进行培训，第二期和第四期侧重在失能、半失能老人的清洁卫生护理、卧床老人的洗浴方法等方面进行培训。②

（四）天津市的实践

2003 年，天津市和平区民政局组建了以下岗、失业人员为主体的泰康家庭服务公司，截至 2017 年，该公司有 165 名服务人员。该公司受区政府

---

① 《关于玄武区 90 岁以上高龄老人生活料理服务项目的采购公告》，江苏南京市玄武区民政局，2017 年。

② 参见 http://www.cq.chinanews.com/news/2018/0619/409877.html，中国新闻网，最后访问日期：2018 年 6 月 19 日。

委托承担全区重点老年人的养老服务，可提供理发、修脚、卫生清洁、代购代买等56个服务项目。

二 老年人日间照料中心

社区老年人日间照料中心（Community elderly day care center）是指为社区内生活不能完全自理、日常生活需要一定照料的半失能老年人提供膳食供应、个人照顾、保健康复、休闲娱乐等日间托养服务的设施，是一种适合半失能老年人的"白天入托接受照顾和参与活动，晚上回家"的社区居家养老服务新模式。其服务对象为社区内所有60岁以上的老年人，重点服务高龄老人、空巢老人、残疾老人、优抚老人、低保或低收入老人，以及社区内需要日间照料的所有老年人。

（一）国家标准

《社区老年人日间照料中心服务基本要求》（国家标准 GB/T 33168 – 2016）[①] 指出，老年人生活料理服务的基本服务包括午间休息服务、协助如厕服务，适宜服务包括个人照护服务等，具体如下：

5.3 午间休息服务

5.3.1 应为有需求的老年人提供在日间照料中心午间休息的服务，并为其合理安排休息位。

5.3.2 休息位应摆放有序，避免老年人发生磕碰或摔倒。

5.3.3 提供午间休息服务时，应根据气候提供午休所需棉被、毛毯等；保持休息区内良好的通风，注意遮阳，防眩光。

5.4 协助如厕服务

5.4.1 应为有需求的老年人提供协助如厕服务，根据老年人生活能力自理程度采取轮椅推行或搀扶的服务方式。

5.4.2 应及时打扫清理卫生间，保证干净整洁，地面无水渍。

5.4.3 卫生纸应放在老年人易于取用的位置。

6.1 个人照护服务

---

① 《社区老年人日间照料中心服务基本要求》，民政部，2016 年 10 月 13 日。

6.1.1 个人照护服务宜包括助浴、理发、衣物洗涤、提示或协助老年人按时服用自带药品、测量血压、血糖及体温等内容。

6.1.2 助浴服务包括上门助浴和外出助浴。提供助浴服务时宜注意：

①设备的安全性，助浴前进行安全提示；地面防滑，及时清理积水；

②上门助浴时宜根据四季气候状况和老年人居住条件，注意防寒保暖、防暑降温及浴室内通风；

③外出助浴宜选择有资质的公共洗浴场所或有公用沐浴设施的养老机构；

④助浴过程中宜有家属或其他监护人在场；

⑤服务人员宜经过专业培训，掌握相关知识及技能。

6.1.3 理发服务宜由专业人员提供。

6.1.4 衣物洗涤服务宜包括洗涤、烘干、熨烫等内容。提供衣物洗涤服务时宜注意：

①衣物分类洗涤；

②洗涤前检查被洗衣物的性状并告知老年人或家属。

6.1.5 提示或协助老年人按时服用自带药品后，注意记录老年人用药时间及用药后的反应，如发现异常及时告知紧急联系人并联系相关医疗卫生机构。

6.1.6 提供测量血压、血糖及体温等服务时，按照医疗卫生部门相关规定操作。

（二）地方标准

宁夏回族自治区的地方标准《社区居家养老服务基本规范》（DB 64/T1495－2017）① 指出，社区居家养老服务针对老年人提供的生活料理服务包括生活照料、助浴服务、助洁服务、洗涤服务、助行服务、代办服务

---

① 《社区居家养老服务基本规范》（DB 64/T1495－2017），宁夏回族自治区民政厅，2018 年 5 月 8 日。

等，具体如下：

5.1 生活照料

5.1.1 基本内容

生活照料的基本内容包括：

①个人卫生护理；

②生活起居护理。

5.1.2 服务要求

①洗漱等个人卫生应协助到位，容貌整洁、衣着适度、指（趾）甲整洁、无异味。

②协助穿脱衣服和如厕方法得当，老人无不适现象。

5.2 小时为卧床老人翻身 1 次，确保无褥疮。

5.3 助浴服务

5.3.1 基本内容

助浴服务的基本内容包括：

5.3.1.1 上门助浴；

5.3.1.2 外出助浴。

5.3.2 服务要求

5.3.2.1 助浴前应进行安全提示。

5.3.2.2 助浴过程中应有家属或其监护人在场。

5.3.2.3 助浴过程中应注意观察老年人身体情况，如遇老年人身体不适，协助相关人员采取相应应急措施。

5.3.2.4 上门助浴时应根据四季气候状况和老年人居住条件，注意防寒保暖、防暑降温及浴室内通风；

5.3.2.5 外出助浴时应选择有资质的公共洗浴场所或有公用沐浴设施的养老服务机构。

5.4 助洁服务

5.4.1 基本内容

助洁服务的基本内容包括：

5.4.1.1 居室清洁；

5.4.1.2 物具清洁。

5.4.2 服务要求

5.4.2.1 定期上门翻晒、更换床上用品，保持床铺清洁、平整。

5.4.2.2 保持卧室、厨房、卫生间等居室内部整洁，物具清洁。

5.4.2.3 用于生活护理的个人用具应保持清洁。

5.5 洗涤服务

5.5.1 基本内容

洗涤服务的基本内容为上门洗涤。

5.5.2 服务要求

5.5.2.1 洗涤前应检查被洗衣物的性状并告知老人或家属。

5.5.2.2 上门洗涤应将衣物分类洗涤，并洗净、晾晒。

5.5.2.3 贵重衣物不在洗涤服务范围之内。

5.6 助行服务

5.6.1 基本内容

助行服务的基本内容包括：

5.6.1.1 陪同户外散步；

5.6.1.2 陪同外出。

5.6.2 服务要求

5.6.2.1 助行服务宜在老年人住宅小区及周边区域内进行，并应注意途中安全。

5.6.2.2 使用助行器具时应按助行器具的使用说明进行操作。

5.7 代办服务

5.7.1 基本内容

代办服务的基本内容包括：

5.7.1.1 代购物品；

5.7.1.2 代领物品；

5.7.1.3 代缴费用；

5.7.1.4 代办证件；

5.7.1.5 代邮物品。

5.7.2 服务要求

5.7.2.1 代办服务范围一般为日常生活事务；

5.7.2.2 代办服务时应当面清点、交接钱物、证件、单据等。

（三）日间照料服务实践

老年人日间照料是一种介于专业机构照料和家庭照料之间的形式，许多老年人，特别是独居、"空巢"老年人，由于退休金不高，加上恋家思友的街坊情结，他们宁肯"独守空房"，也不愿到养老院。一些家庭中有老人的子女，因为工作关系，白天没办法照顾老人，这时"日间托老"就不失为一种"排忧解难"的良好选择。目前，社区日间照料中心为老年人提供的日间照料服务项目越来越多，除了传统地为老人提供用餐、午休、康复等服务外，还有医疗保健、书法绘画、歌舞培训、打牌下棋、科学养生、家庭教育等新的服务项目。老人可以早上过来，晚上回去，中午在中心吃饭、休息，其余时间可以在中心聊天、看电视、打牌，日间照料中心还可以派人陪老人外出散步逛街。如果老人身体不适，日间照料中心还会邀请社区医生给老人治疗，以及邀请志愿者为老人提供各种义务服务，等等。

上海浦东潍坊街道成立了 7 个老年日间服务中心，服务对象是生活不能完全自理、需要一定照料的半失能老年人，所提供的服务包括膳食供应、午间休息、个人照顾、保健康复、娱乐和交通接送等。每位老人每月只需付 100 元，就可以享受养生保健、生活照料、理发、康复等服务。

深圳市发布《社区老年人日间照料服务规范》①，对社区老年人日间照料服务机构、服务人员、基础设施、基本服务等做了详细规定，要求日间照料中心设立无障碍设施，将室内家具用具的边缘做成圆角，非自理老人如厕时应有护理人员陪护，还要建立防止老人意外死亡或走失等安全运行应急预案，等等。在膳食方面，根据服务对象的需要提供送餐、喂食服务，应注意营养、合理配餐。在清洁方面，应做到床褥、枕芯定期晾晒，床单、被罩、枕套每周定时清洗消毒，等等。

---

① 《社区老年人日间照料服务规范》，深圳市民政局，2017 年。

三 老年人食堂/助餐服务

针对部分老年人独自生活、行动不便等造成做饭难的问题，目前许多地方的基层社区都开设了社区老年人食堂提供助餐服务。符合条件的老年人只需交付少量生活费，就能够到社区老年人食堂选择早、中、晚餐，有的饭菜质量相当不错。在部分社区居家养老中心或者日间照料中心中，老人可以白天待在日间照料中心，晚上再由子女接回家。

（一）相关标准

《南京市居家养老服务规范》（宁民福〔2012〕120 号）中规定了居家养老助餐服务的服务内容、服务要求、安全卫生管理要求、配送要求、从业人员要求等。其中，"助餐服务"的标准具体如下。

（1）助餐主要分为集中用餐、上门送餐及上门做餐。

（2）符合国家食品安全法律法规的规定和食品行业标准。

（3）提供膳食服务应根据营养学要求、卫生学要求、老年人需求、地域特点、民族习惯、宗教习惯制定菜谱，为老年人提供营养丰富、全面合理的均衡饮食。

（4）送餐应及时，饮食应保温、保鲜、密闭、防止细菌滋生，提供符合保温、保鲜要求的设备及运输工具，保证及时、准确、安全地将餐饮送达。

（5）提供膳食服务应获得卫生许可证，膳食服务人员应持有健康证，膳食服务可转介有相关资质的第三方提供。

（二）服务实践

2016 年，武汉市硚口区政府陆续出资兴建 16 家现代化幸福食堂，公开招标社会组织参与管理和经营。规定商家按成本价售卖，年底根据老人的调查反馈，对食堂进行考核，合格者可获得 6 万元运营补贴。硚口区还在 44 个老年人服务站设置配餐点，满足老人就餐需求。由于政府补贴，当地老人一日三餐总共只需花 15 元左右，解决了老人就餐困难问题。

2016 年，深圳福田区为创新基层社会治理推出了一项为老服务民生项目——"社区长者食堂"，项目充分利用专业养老服务机构已开办的老年人食堂及配餐优势，整合社区"星光老年之家"资源，以专业养老机构"长者大食堂"为依托，以社区"长者食堂"为配送点，为街道所有社区有需求的老年人提供老人营养餐，有效解决老年人的吃饭难题。"社区长者食堂"以微利为原则确定老年套餐价格。老年套餐为两荤一素一炖汤，定价15元，配送费2元，采取老年人支付一点、政府补贴一点、社会资助一点的方式运营，以确保项目的可持续发展。其下属的莲花街道拥有"华龄长者大食堂"和"景华社区长者食堂"，是老人的"专属"食堂。"华龄长者大食堂"提供的老年餐均由营养师根据老年人的特点专门配置，以确保营养均衡。同时，营养师还对常见老年病人群进行分类，推出专门的套餐，比如高血压、高血糖、糖尿病等专门套餐等，以满足不同老年群体的需求。食堂现每天就餐人数已近百人，每天提供12款以上菜式供老年人选择。"景华社区长者食堂"则以社区老年人日间照料中心为场地，以"华龄长者大食堂"营养餐配送为依托，以街道"民生微实事"项目为抓手，为社区有需求的老年人提供营养均衡、款式多样的老年人营养套餐，解决社区部分老年人的吃饭问题。[①]

第二节　老年医疗服务管理

人到老年，各项生理机能逐渐衰退，各种病症也会接踵而至，因此，老年人最大的希望莫过于祛除疾患、缓滞失能，尽可能地推迟患病和生活不能自理的时间。这一切都离不开老年医疗服务体系的发展和完善。近年来，我国养老服务体系快速发展，以居家为基础、社区为依托、机构为支撑的养老体系已经初步建立。但是，符合老年人特点的医疗服务体系尚未形成，机构、专业之间壁垒严重，服务缺乏有效衔接，医疗服务和养老服务不能有机结合的问题突出。随着失能、部分失能老年人口的大幅度增加，老年人的医疗卫生服务需求和生活照料需求叠加的趋势越来越显著。目前，"看病的地方养不了老，养老的地方看不了病"，有限的医疗卫生和

---

① 《福田为老人"量身定制"食堂》，《深圳特区报》2016年3月18日，第A15版。

养老服务资源以及彼此相对独立的服务体系远不能满足老年人的需要。[①]

我国目前在全国实施的"基本公共卫生项目"[②] 是全国性、普惠性的为老年人提供医疗服务的项目，基本公共卫生服务经费财政补助人均标准目前为 50 元。

一　老年人慢性病管理

慢性病全称是慢性非传染性疾病，不是特指某种疾病，而是对一类起病隐匿、病程长且病情迁延不愈、缺乏确切的传染性生物病因证据、病因复杂且有些尚未完全被确认的疾病的概括性总称。慢性病如心血管病、脑血管病和呼吸系统疾病等严重威胁人类健康，而老年人的患病率普遍高于人群平均水平，且呈现逐步增长趋势。2014 年，中国老年社会追踪调查数据显示，75.2% 的城乡老年人自报患有慢性疾病，因此，加强老年人的慢性病管理工作，能够促进老年人保持良好的生活习惯，提高其身体健康水平，有助于有患病风险的老年人改变生活方式，预防疾病发生，使已患病的老年人控制疾病进程，预防残疾，有助于促进病后康复者的功能恢复，提高生存质量，延长寿命[③]，也有助于减轻社会及家庭的经济负担。

二　老年人健康管理

由于慢性疾病的致残率及病死率极高，而开展健康管理服务能尽早发现疾病，早点儿治疗，可以预防疾病的发展，减少并发症，降低致残率及病死率，因此我国"基本公共卫生项目"还要求对"辖区内 65 岁及以上常住居民"即老年人每年进行一次"老年人健康管理"，包括生活方式和健康状况评估、体格检查、辅助检查和健康指导四项内容，具体如下。

1. 生活方式和健康状况评估。通过问诊及老年人健康状态自评了解其基本健康状况、体育锻炼、饮食、吸烟、饮酒、慢性疾病常见症

---

① 胡琳琳：《改革创新老年医疗服务体系的问题、思路和建议》，人民网－理论频道，2016 年 9 月 1 日。

② 《国家基本公共卫生服务项目一览表》，国家卫生计生委官网，2017 年 9 月 6 日。

③ 《老年期健康管理服务新模式的构建》，新华网，2016 年 3 月 30 日。

状、既往所患疾病、治疗及目前用药和生活自理能力等情况。

2. 体格检查。包括体温、脉搏、呼吸、血压、身高、体重、腰围、皮肤、浅表淋巴结、肺部、心脏、腹部等常规体格检查，并对口腔、视力、听力和运动功能等进行粗测判断。

3. 辅助检查。包括血常规、尿常规、肝功能（血清谷草转氨酶、血清谷丙转氨酶和总胆红素）、肾功能（血清肌酐和尿素氮）、空腹血糖、血脂（总胆固醇、甘油三酯、低密度脂蛋白胆固醇、高密度脂蛋白胆固醇）、心电图和腹部 B 超（肝胆胰脾）检查。

4. 健康指导。告知评价结果并进行相应健康指导。

（1）对发现已确诊的原发性高血压和Ⅱ型糖尿病等患者同时开展相应的慢性病患者健康管理。

（2）对患有其他疾病（非高血压或糖尿病）的患者，应及时治疗或转诊。

（3）对发现有异常的老年人建议定期复查或向上级医疗机构转诊。

（4）进行健康生活方式以及疫苗接种、骨质疏松预防、防跌倒措施、意外伤害预防和自救、认知和情感等健康指导。

（5）告知或预约下一次健康管理服务的时间。

针对老年人的健康管理，各地探索了包括为老年人建立健康档案、签约家庭医生等在内的多种做法。比如，合肥市包河区以社区为单位，依托社区医疗机构，开展老年人健康保健服务，为 65 岁及以上老年人全部建立健康档案。截至 2017 年，该区城市 65 岁及以上老年人签约服务人数 7 万人，签约率 70%，整合现有社区卫生服务中心和社区养老服务中心（站）资源，按需提供老年护理床位、家庭医生等服务。开展家庭医生签约服务，为签约居民提供包含 12 大类 46 项无偿基本公共卫生服务和 5 类 11 项有偿服务。全区组建 110 个家庭医生服务团队，签约服务 31.1 万余人，其中 65 岁及以上老年人 6.8 万余人。

三　老年友善医院

老年患者因年老体衰、多病共存，容易发生失能失智，因此需要涵盖医疗、社会、心理的全面照护和管理。建设"老年友善医院"是世界卫生组织提出的一个目标，目的是提倡以老年患者为中心，改善老年患者的就医流程，关注老年人的疾病和功能状况，为老年患者创造一个安全、友善、适宜的医疗环境，从而保障老年患者的就医尊严和生活质量，提高老年患者的满意度，更好地满足老年人的健康及照护需求。2018 年 4 月，河北、湖北、江苏、四川、云南、辽宁、黑龙江、内蒙古、郑州、陕西、北京等地的 15 家医疗单位获得首批"老年友善医院"称号。

2018 年，北京市建成 20 家老年友善医院，这些医院以满足老年人多方位的健康服务需求为导向，以为老年人提供分层管理、无缝衔接的老年健康服务为目标，主要包括形成老年友善文化、进行老年友善管理、提供老年友善服务、营造老年友善环境四方面内容。以上四个方面的指标又被细化成 65 项创建内容，成为北京市老年友善医院的创建标准，每个标准都有分数占比，总共 100 分，经过专家评估后，只有 85 分以上的医院才有资格成为老年友善医院。

四　医养结合

"医养结合"是指医疗资源与养老资源相结合，实现社会资源利用的最大化。其中，"医"包括医疗康复保健服务，具体有医疗服务、健康咨询服务、健康检查服务、疾病诊治和护理服务、大病康复服务以及临终关怀服务等；"养"包括生活照护服务、精神心理服务、文化活动服务。"医养一体化"的发展模式是集医疗、康复、养生、养老等于一体，把老年人健康医疗服务放在首要位置，将养老机构和医院的功能相结合，使生活照料和康复关怀融为一体的新型模式。

2016 年 6 月，国家卫生计生委联合民政部发布了《关于确定第一批国家级医养结合试点单位的通知》[1]，同年 9 月发布了《关于确定第二批国家级医养结合试点单位的通知》[2]，确定了以北京市东城区等 50 个市（区）为第一批国家级医养结合试点单位，以北京市朝阳区等 40 个市（区）为

---

[1] 《关于确定第一批国家级医养结合试点单位的通知》，国家卫计委，国家民政部，2016 年。
[2] 《关于确定第二批国家级医养结合试点单位的通知》，国家卫计委，国家民政部，2016 年。

第二批国家级医养结合试点单位，明确要求试点单位尽快建立相关机制，全面落实医养结合工作重点任务，确保试点工作取得积极进展，收到良好的社会效果。到目前为止，已经有不少养老机构开始发展"医养结合"的服务模式，为老年人提供"医养结合、以养为主"的健康养老专业服务，提供持续的日常保健、健康促进、中医康复、养老护理及其他生活便利服务，秉承"尊重、朴诚、平等"的核心价值观，为不同需求的老人提供高品质的"医养结合"服务。

山东青岛以打造国际健康城市为发展目标，经过多年的不懈探索和创新，建立了"政府主导、部门负责、融合发展、全面覆盖"的老年人医养结合"青岛模式"。目前，青岛已建立起"医中有养、养中有医、医联结合、养医签约、两院一体、居家巡诊"六种医养结合类型。① 具体如下。

1. 医中有养：鼓励二、三级公立医院转型为老年医院、护理院或开设老年专护病房，提供医养结合型医护服务。

2. 养中有医：在养老机构中建医疗机构，共同开展医养结合服务。

3. 医联结合：大型公立医院与社会办医养结合型医疗机构。

4. 养医签约：由医院承担养老机构的医疗服务。

5. 两院一体：新建卫生院的同时建立敬老院，统筹规划，统一建设，敬老院由卫生院托管。

6. 居家巡诊：为居家老年人提供公共卫生服务，为患病老年人提供医疗服务。

第三节　老年康复服务管理

第四次中国城乡老年人生活状况抽样调查数据显示，2016 年我国失能

---

① 《打造六种医养结合类型，实现医养康护一条龙——医养结合难题的"青岛答案"》，http://www.sohu.com/a1464702744 - 349519，最后访问日期：2019 年 4 月 20 日。

半失能老年人约为 4063 万人，占老年人口的 18.3%。这些失能半失能老年人中的绝大多数人生活自理能力和行动能力受到限制或者丧失，因此其健康寿命损失较多。

对于那些因罹患心脑血管疾病、阿尔茨海默症等慢性疾病而失能、失智的老年人，除了要为其提供生活照料服务外，还应将对其的健康管理工作重点放在日常生活康复训练和辅具使用上。在日常生活康复训练方面，可以根据移动、进食、休息、穿衣、洗浴、如厕、家务活动等不同障碍类型进行。辅助器具包括康复训练类、生活自理和防护类、个人移动类、家务管理类、环境改善类等十一大类。

通过积极的康复锻炼，以及日常生活康复训练和辅具使用，能够帮助老年人恢复身体功能，将其身体潜力发挥到最大限度，使老年人对生活有更好的适应能力，同时预防其身体活动功能的丧失，改善身体状况后，提升生活质量，延长寿命，最终达到"病而不残，伤而不残，残而不废"的目的。

一　相关标准

2018 年，民政部发布《居家老年人康复服务规范（征求意见稿）》[①]，该规范对为居家老年人提供康复服务的机构和服务人员做出了全面规范要求。其中，要求服务人员能够提供基础康复、运动功能康复、言语障碍康复、日常生活能力康复等服务内容。以运动功能康复为例，具体如下。

5.2 运动功能康复

5.2.1 基本要求

5.2.1.1 康复医师和康复治疗师对接受运动康复的老年人进行功能评定，确定康复项目，设计运动量和运动时间。

5.2.1.2 养老护理员在康复治疗师的指导下，依据康复计划，借助步行器、拐杖、轮椅、哑铃等运动器械，辅助老年人进行主动运动、主动助力运动和被动运动，运动过程中应注意安全防护，防止跌

---

① 《居家老年人康复服务规范（征求意见稿）》，国家民政部，2018 年。

倒或其他意外发生。

5.2.2 康复内容

5.2.2.1 床上翻身。针对存在肢体障碍的老年人（如偏瘫者），在病情允许的情况下，由养老护理员对老年人进行翻身训练，主要利用健侧肢体力量，借助惯性向患侧或健侧进行翻身，并注意保障安全。

5.2.2.2 桥式运动。养老护理员应按照双桥和单桥两种运动形式对老年人进行运动康复。双桥运动形式为：老年人仰卧，双腿屈曲，然后伸髋，抬臀，并保持。单桥运动形式为：老年人患腿屈曲，伸直健腿，然后伸髋，抬臀，并保持。

5.2.2.3 坐位训练。养老护理员按照坐位平衡训练、由坐位到站起训练、由站立到坐下训练、坐位下的患肢持重训练、坐位下的上肢训练等方式对老年人进行坐位康复训练。

5.2.2.4 站位训练。养老护理员按照站立训练、站位下屈膝训练、膝关节稳定性控制训练等方式对老年人进行站位康复训练。

5.2.2.5 步行训练。养老护理员按照手杖步行、独立步行、上下楼梯训练等方式对老年人进行步行康复训练。

5.2.2.6 关节活动训练。关节活动训练主要包括：

①老年人在康复治疗师的指导下，由养老护理员辅助进行主动运动训练和被动运动训练；

②养老护理员动作应轻柔、缓慢，防止出现骨折、肌肉拉伤等继发损伤；

③活动顺序由远心端到近心端，由小关节到大关节；

④关节有急性炎症、肿胀、异常活动时，应中止运动与训练。

5.2.2.7 肌力增强训练

养老护理员按照主动运动、抗阻运动、主动辅助运动三种形式对老年人进行肌力增强训练。

5.2.2.8 平衡协调训练

①平衡协调训练的方式主要包括：保持坐位的平衡训练、保持膝手位的平衡训练、跪位平衡训练、单膝立位平衡训练、保持立位平衡训练。

②老年人进行平衡训练时应注意：

a. 在训练时，养老护理员可通过镜子协助老年人进行姿势矫正；

b. 养老护理员随时发出指令，如"向左""向右"等声音刺激；

c. 在康复治疗师的指导下，养老护理员可通过诱发姿势反射协助老年人训练平衡能力。

二　老年人康复机构

（一）公立康复机构

康复中心是为生理或心理上的缺陷导致劳动、生活和学习严重障碍者提供医治、训练与服务的医疗机构。康复是指综合协调应用医学的、社会的、教育和职业的措施对患者进行训练，减轻致残因素造成的后果，使其活动能力达到尽可能高的水平。通过对老年人进行治疗与训练，使弱能者能够按自身弱能程度，充分发挥体力、智力及社交能力，使只有部分器官和组织的残病者最大限度地达到不完全残废，使身体留有的功能发挥最大效用。我国国内的某些康复中心由医疗机构兼任，比如广州康复中心即广州海军医院；也有专门成立的康复中心，比如上海康复中心、上海市第一康复医院、无锡同仁（国际）康复医院等。

2017 年 11 月，国家《康复医疗中心基本标准（试行）》、《护理中心基本标准（试行）》及管理规范出台，规定"康复医疗中心是独立设置的为慢性病、老年病以及疾病治疗后恢复期、慢性期康复患者提供医学康复服务，促进功能恢复或改善，或为身体功能（包括精神功能）障碍人员提供以功能锻炼为主，辅以基础医疗措施的基本康复诊断评定、康复医疗和残疾预防等康复服务，协助患者尽早恢复自理能力、回归家庭和社会的医疗机构。康复医疗中心以接收经综合医院康复医学科或康复医院住院康复治疗后，病情处于稳定期或后遗症期，功能仍需要缓慢恢复或进一步稳定，虽不需要大量医疗护理照顾，但又不宜直接回归家庭的患者为主"。在服务内容设置上规定了评测、康复医疗、物理治疗等内容，具体如下。

以功能促进及残疾评定为目的的功能评测项目：如运动功能、感觉功能、言语功能、认知功能、情感－心理－精神功能、吞咽功能、二便控制功能、儿童康复功能评定，日常生活活动能力评定，个体活动能力和社会参与能力评定，生活质量评定，等等。

脑损伤（如脑卒中、脑外伤、小儿脑瘫等）、脊柱脊髓损伤、周围神经损伤等神经系统疾患的康复医疗：骨折－脱位、截肢、髋－膝关节置换术后、运动损伤等骨－关节系统疾患或损伤的康复医疗，慢性疼痛的康复医疗，儿童康复医疗，老年康复医疗，肿瘤康复医疗，中医康复治疗（包括针灸、推拿、拔罐、中药熏洗治疗等），以及一些明显功能障碍（如下肢深静脉血栓形成、压疮、肌挛缩、关节挛缩、异位骨化、神经源性膀胱和肠道等）稳定期或后遗症期的康复处理等专业中的一种或多种康复医疗服务，并能够实施与所提供康复服务相关的急救医疗措施。

物理治疗（包括运动治疗，如主动运动训练、被动运动训练、辅助用具训练等；电疗、热疗、冷疗、磁疗、光疗、超声治疗、力学疗法、生物反馈治疗等）、作业治疗（包括日常生活活动训练、职业活动训练、教育活动训练、娱乐－休闲活动训练、认知－行为作业训练、家庭生活训练、人际交往训练、主要生活领域训练、社会－社区－居民生活训练、社会适应性训练等）、言语治疗（包括失语症治疗、构音障碍治疗、语言发育迟缓治疗等）和康复辅具应用（包括假肢－矫形器、轮椅、自助具、智能辅助装置等）。

我国庞大的老年人口群体需要大量康复、护理人员，这方面目前的缺口较大。现有的康复医疗资源总量不足、分布不均，地区间差距较大。为解决上述问题，鼓励社会力量举办康复医疗机构、护理机构，各地在实践中探索出台了不少鼓励社会力量举办康复医疗机构、护理机构，打通专业康复医疗服务、临床护理服务向社区和居家康复、护理延伸的"最后一公里"的文件。2016 年，北京市印发《关于加强北京市康复医疗服务体系建设的指导意见》，明确北京部分公立医院将转型为康复医院，一些医院的部分治疗床位还要转换为康复床位；2017 年 6 月，上海市卫计委下发《上海市医疗机构设置"十三五"规划》时提出，鼓励现有二级医院转型康复医院、养老护理院；2017 年 7 月，《广东省护理事业发展规划（2016 ~ 2020 年）》公布，提出要探索实施护士区域化注册及护士多点执业工作，鼓励部分一级或二级公立医院转型为老年护理服务机构。

天津市失智老人康复照料中心就是这样转型成立的，该中心主要托养安置社会家庭中需要专业照护的失智老人、失能老人以及国家救济对象中的失智老人，是一所集养老、康复、医疗、护理、临终关怀于一体的综合性养老机构。中心购置多种康复器材，训练老人肢体、手脑的协调性；购进多种物理治疗仪器，为老人开展物理治疗康复，重视对失智、失能老人的专业化康复照料，为老人提供有针对性的专业康复训练，促进其功能恢复，提升其生命质量。

（二）民营康复机构

社会上也有专门针对老年人的民营康复护理服务机构，他们提供的大多康复护理服务往往和民营机构养老、社区养老服务结合在一起。

比如，南京市鼓楼区银杏树老年人服务中心（连锁）是由鼓楼区民政局批准创建的老年福利机构。该机构提供团队康复理疗服务，包括对弱能老年人的身体机能恢复、提高和加强，端坐、站立、行走，以及主要肌肉的强化训练。该中心通过加强对弱能老年人的手脑配合训练，能够恢复和提高老年人的生活自理能力，如穿衣、洗漱、吃喝、如厕等，同时还对弱能老年人进行语言、吞咽等功能的监控、理疗和强化训练。

从 2015 年开始，泰康人寿投资在北京、上海、广州、三亚、苏州、成都、武汉七地的部分养老社区兴建康复医院，以"养老社区 + 康复医院"的模式为社区居民及周边社区提供"预防—治疗—康复—长期护理"闭环整合型医养服务，全方位照护社区居民健康。

湖北宜昌市社会福利院康乃馨护理院开设了中医特色专科，提供中医、理疗、康复等中医特色服务，受到服务对象的一致好评。他们的做法包括：一是在执业目录内增加了中医科服务；二是引进了经验丰富的中医专业人才；三是添置了中药熏蒸机、三维多功能牵引床、电脑中频治疗仪、红外线治疗仪、全自动中药煎药机等医疗康复设备；四是向医保局申请了中药诊疗、中药熏洗、中药灌肠、针灸、拔罐、艾灸、推拿、刮痧等多种中医医保项目。

第四节　老年精神和心理服务管理

在现代社会中，精神心理因素已成为威胁老年人心理健康的首要问题，对于这类心理疾病，预防胜过治疗，促进老年人心理健康是预防各类老年人疾病，改善他们健康状态的重要措施之一。

影响老年人精神和心理健康的因素大致有三个方面。一是人到 60 岁以后，会出现一系列生理和心理上的退行性变化，体力和记忆力都会逐步下降。这种正常的衰老变化使老年人难免有"力不从心"的感受，并且带来一些身体不适和痛苦。尤其是高龄老人，甚至担心"死亡将至"而胡乱求医用药。若在衰老的基础上再出现疾病，有些老年人就会产生忧愁、烦恼、恐惧心理。二是老人退休后，会面临各种无法回避的变故，如老伴、老友去世，身体衰老、健康每况愈下，等等。精神创伤对老年人的生活质量、健康水平和疾病的疗效有重要的影响，有些老年人因此陷入痛苦和悲伤之中不能自拔，久而久之必将有损健康。三是周围环境的突然变化，以及社会和家庭人际关系的影响，老年人对此往往不易适应，从而加速衰老过程。有关研究表明，未婚（丧偶）、文盲、患慢性病、低收入、从事体力劳动的老年人心理健康问题尤为突出。

目前，涉及老年人精神和心理层面的服务形式主要包括心理健康评估和咨询指导服务、社区老年大学、社区居家养老服务等。

一　老年人心理健康评估和咨询指导服务

目前，社区一级经常有志愿者组织与街道、居委会共同建立专业的心理疏导机构，由掌握专业心理学知识的社工、志愿者为社区的老年人做专业的心理疏导，在社区为老人构建"心理教育辅导平台""心理诉求减压平台"等一系列心理教育、心理危机救助体系。他们可以为精神空虚，特别是有心理疾患的老人提供心理关怀志愿服务。通过电话问候、上门慰问、网上聊天等形式，针对老年人的生理特征及心理需求开展心理咨询服务，缓解老年人的心理"空巢"。帮助老人解开心结、快乐生活，鼓励老人积极参与社会活动，摆脱孤独寂寞，保持乐观健康的生活状态。社区志愿者不定期地为精神寂寞和有心理疾患的老人开展精神关爱服务，经常陪老人聊天交流，为老人读书、读报，使他们"巢空心不空"。

四川南充市社会福利院开展了针对老年人的团体心理辅导活动，就老人沟通问题进行了问卷调查，随后通过图片观看、情景模拟、互动交流、认知引导层层递进，对老人进行心理辅导，帮助老人纠正片面、错误的认知，促进老人之间的良性沟通。在活动中，心理咨询师引导老人积极思考，通过观看图片，进行自我认知检验，推翻了绝对化观念——"眼睛不会欺骗人"，让老人认识到眼见不一定为实。最终，使老人认识到遇事不能偏听偏信，必须通过沟通认识真相；慎做传话带话的第三者，以避免产生误会；宽心做人，不能什么都往心里去，以免影响自身生活质量；沟通以相互尊重为基础，要选择适宜的场合，用真诚和善意建立良好的沟通关系。

上海市静安区成立心理健康服务小组，由专业心理咨询师或经过培训的心理辅导师帮助社区老年人解决心理问题或由心理问题引发的行为问题。一是个体心理咨询。对具有严重躯体疾病、伤残、卧床等重点老年人或者需要帮助的老年人，主动提供咨询服务。如心理咨询师为老年人提供面对面的心理咨询服务并进行心理疏导，解答老年人的心理困惑；再如在心理健康服务室设立心理健康服务热线，由专业心理医生为有心理服务需求的老年人提供帮助；还有邮件心理咨询，在区精神卫生中心和社区设立专门的心理信箱，同时开通网络心理信箱，使有心理服务需求的老年人可以通过书信或邮件的方式表达自己的困惑，由专业人员进行解答。二是团体心理咨询。将具有相似问题的老年人集中起来进行团体心理咨询，帮助老年人进行自我认知，从而改变行为。包括组织表演心理剧，根据老年人的实际问题设计剧情，以促进情感发泄，体会角色的情感与思想，消除消极情绪，保持心理健康；利用家庭游戏疗法，促进家庭成员之间的沟通与交流、提高家庭活力和机能、消除老年人的消极心理；组织心理健康沙龙，根据老年人的主要心理健康问题，确定一系列的主题，鼓励和激发老年人就相关主题进行自由发言和讨论，从而达到自我认知和自我理解的目的，增强老年人适应环境和克服危机的能力。上海市静安区为老年人提供心理健康服务的模式如图8–1所示。

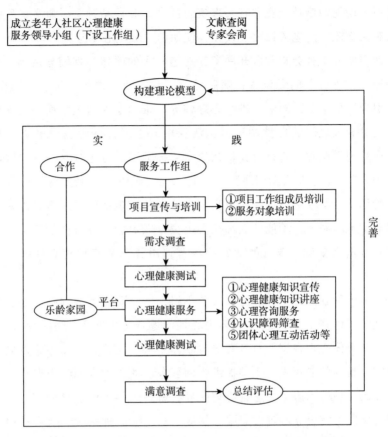

图8–1 上海市静安区老年人社区心理健康服务模式构建流程

　　近年来，沙盘游戏被广泛地运用在心理咨询、心理评估、心理治疗等领域内。沙盘游戏治疗是目前国际上很流行的心理治疗方法，通过游戏评估诊断人的心理问题，缓解人的紧张和焦虑的情绪、促进人的身心健康发展。宁夏夕阳红老年服务中心通过沙盘游戏判断老年人心理状态和发现老年人心理问题，再慢慢引导老年人走出心理误区。该服务活动每周一次进入各个社区，相当受老年人欢迎。石家庄市长安区荣景园社区心理咨询室采用沙盘治疗、系统家庭治疗、OH卡牌治疗、音乐减压等形式为居民进行专业治疗，还会定期在社区举行大型公益心理咨询活动。

二　社区老年大学/老年课堂

随着中国老龄人口的增多，20 世纪 80 年代，老年大学在中国许多地方兴起。老年大学成为许多社区老人更新知识的课堂、健身养心的场所、开心娱乐的园地、广交朋友的平台、智力开发的基地。在社区老年大学/老年课堂上，可以通过专题讲座、咨询指导、上公开课等形式，解决老年群体共同关注的问题。以社区老年课堂为主阵地，聘请各行业的精英和由专家学者组成的公益课堂义工讲师团，对老年人进行知识更新和技能培训，开展涉及法律、科学养生、医疗保健、人际沟通、家庭教育等各类知识的专题讲座和咨询指导。

社区老年大学/老年课堂还经常在社区开展丰富多彩的文体健身活动，依托社区老年人活动室、老年健身活动设施，组织老人开展体育、文化娱乐等群体活动，使老人老有所乐。同时，鼓励老年人积极参加适当的娱乐活动，组织、培养老人的兴趣和爱好，如唱歌、跳舞、棋类、桥牌、听音乐、绘画、书法、诗词等，开展打太极拳、练气功、门球比赛等健身活动，组织联欢会、旅游观光、种花、钓鱼、编织等养心娱乐活动。此外，鼓励老人做一些力所能及的事，为社会贡献余热。

第五节　老年临终关怀服务管理

现代化社会使家庭传统的照护功能变弱，这对社会和家庭造成严重负面影响。据全国肿瘤登记中心发布的数据，我国每年新发肿瘤约 312 万例，因癌症死亡的达 270 万例。当前需要"临终救护"的人口基数日益庞大，社会化的临终关怀服务日益凸显巨大的需求。临终关怀（Hospice care）并非一种治愈疗法，而是一种专注于在患者将要去世前的几个星期至几个月的时间内，减轻其疾病的症状、延缓疾病发展、减少疾病痛苦的医疗护理。在世界上作为近代医学领域的一门新兴边缘性交叉性学科，它的出现只有二三十年的时间。据卫生部资料：一个人一生健康投入资金的 80% 用于生命的最后一个月，这意味着临终救护占据我国医疗支出的最大份额。在美国，投入临终关怀的每 1 美元可节省 1.52 美元的医疗保险费用，节约的费用来源是病人的治疗费、药费、住院费与护理费。在生命的最后一年，施用临终关怀者比没有施用者少用 2737 美元，在最后一个月少花费 3192 美元。临终关怀的目的是减少无法治愈的患者的临终痛苦，提高患者的临终生命质量，通过消除或减轻患者病痛与其他生理症状，排解患者心理问题和精神烦恐，令患者内心宁静地面对死亡。同时，临终关怀还能够帮助病患家人减轻劳累与压力。临终关怀服务是我国老年人整体服务体系不可或缺的一环。为此，各地也进行了积极探索和有益实践。

一 相关标准

广西制定的《养老机构安宁（临终关怀）服务规范》（DB45/T 1606 - 2017）① 规定了广西养老机构临终关怀服务的术语和定义、基本要求、环境与设施设备、专业人员配置与教育、服务内容、服务质量评价与改进等，要求"各级养老机构宜开展临终关怀服务，改善机构老人临终阶段生命质量，并将其作为机构养老护理服务的重要内容。具备医疗资质的养老机构可设置独立的关怀科/室；无医疗资质的养老机构可与附近有资质的医疗机构建立合作或签约服务关系，设立关怀科室或区域，共同开展临终关怀服务"。其服务内容包括医疗、康复服务，护理服务，营养支持，社会工作者服务，以及善后服务，等等，具体如下。

7.1 医疗、康复服务

7.1.1 医疗服务：由执业医师依据临终老人的病情评估表进行评估，根据评估结果开具医嘱及舒缓措施，由注册护士执行。

7.1.2 姑息治疗：对老人及时进行疼痛评估，以减轻老人的痛苦和不适症状为首要目的，不以治愈和延续生命为目的，如疼痛的管理和控制、紧急症状的处理、支持疗护等。

7.1.3 康复服务：临终老人的康复运动方案制定宜由专职或兼职运动康复师执行，通过按摩、适量的局部运动、中医及其他传统医药

---

① 《养老机构安宁（临终关怀）服务规范》（DB45/T 1606 - 2017），广西壮族自治区民政厅，2017 年 11 月。

等，达到延缓功能衰竭、缓解疼痛及肢体僵化等效果，以转移其注意力，调节心理上的不安，提高舒适度。

7.2 护理服务

7.2.1 生活照料：依据老年人能力评估级别及心理需求为老人制定、提供个性化的照护方案，并监督落实。为老人提供持续性生活照顾，以确保老人享有舒适、清洁、安全的日常生活。

7.2.2 舒缓服务：为老人进行疼痛控制，舒缓其不适症状，包括用药及各种专业护理措施，以及陪伴和交流。对功能障碍如排泄困难、吞咽困难、活动困难等情况要及时采取处理措施，最大限度地缓解老人的病痛及不适，增强其对临终阶段的适应性。

7.2.3 风险干预：对烦躁、坠床、跌倒、压疮、误服药等风险要尽早采取防范措施，对有自杀倾向的老人要尽早发现，尽早进行心理干预及社会关系支持。

7.2.4 维护尊严：服务人员应维护老人的个人权利，保护隐私，尊重个人生活方式，鼓励其乐观生活、勇敢面对现实。

7.2.5 感染控制：执行消毒隔离技术，预防交叉感染，监测及控制院内感染。

7.3 营养支持

老人的营养评估及饮食方案制定宜由专职或兼职营养师执行，应根据临终者营养状况和所患疾病，结合个人偏好，制定个性化营养餐。营养配餐宜色香味形俱全，温度适宜，促进食欲。对不能自主进食者应按时喂食、喂水，以维持其机体热量需求。

7.4 社会工作者服务

7.4.1 老人服务：承担老人情感支持与协调作用，对老人进行人文交流与陪伴，减少其恐惧和焦虑，协助处理相关事务。

7.4.2 家属服务：为家属提供需求信息、情感慰藉、哀伤期辅导等服务。

7.4.3 社会支持：与相关第三方协调，为对社会有重要贡献以及生活有特殊困难的老人申请社会及政策援助。根据机构的性质和服务能力，协助联系相关资源，如法律咨询、殡葬服务、后事处理等。

7.4.4 信仰关怀：依据老人的文化、民族习惯、宗教信仰需要，提供心理精神寄托的相关服务。

7.5 善后服务

7.5.1 尊重遗愿：按照老人的遗愿，指导家属备好衣物，遵照合理的民风民俗，处理后事。

7.5.2 尊重遗体：在老人去世后，严肃认真地按操作规范进行遗体料理，保持身体清洁、体位自然，维持良好的外观状态。在料理过程中，应始终保持尊重逝者的人文态度。

二　服务实践

（一）临终关怀病房

临终关怀病房（Palliative care wards）是医院或社区专门为临终者在逝世前的几周至几个月的时间设置的特殊病房。临终关怀病房开放的主要对象包括恶性肿瘤晚期患者（较多）、病重危重患者、植物人和其他患者。

1991 年 3 月，临终关怀研究中心召开了"首次全国临终关怀学术研讨会暨讲习班"，之后又举办了五期临终关怀讲习班。其中包括两期"中美临终心理关怀研习班"和"中英临终关怀研习班"，以及"93 北京临终关怀国际研习班"等，并在天津、北京、西安、武汉、深圳等地举办临终关怀学术报告会或临终关怀系列讲座，先后有近 2300 名从事医疗、护理、营养、心理等方面工作的人参加，极大地推动了临终关怀事业队伍在我国的形成和发展。

北京临终关怀机构中比较著名的是朝阳门医院"临终关怀"病区，这个病区是北京第一家由卫生局批准成立的老年关怀医院，有 40 张床位，收住多种心脑血管病人和癌症晚期病人，医护力量雄厚，能够提供 24 小时临床护理和生活护理服务。

深圳临终关爱病房设置比较突出的是龙珠医院（晚期肿瘤临终者关爱病区），现有床位 56 张，环境优美、医护团队专业强大，成为许多恶性肿瘤临终者的优先选择。

上海的临终关怀机构以宝山爱德护理院最为突出，现有床位 300 张，成为具有一定规模的临终关怀机构。

广东省惠州市第一人民医院于 2017 年设立临终关怀科，开展临终关怀服务。该院专门设立了关怀病房、心灵舒缓室、关怀室，作为临终关怀服务的主要阵地，以"临终关怀＋善终关怀"模式为终末期患者提供温暖的生命支持。可以由亲人和医护人员全程陪伴病患走完人生的最后旅程，尽量减少病患的痛苦，使病患能够获得最后的心灵慰藉。同时，考虑到不同患者的宗教信仰，临终关怀科的不同病房还按照佛教、基督教、天主教等不同宗教风格进行了布置，使病患临终时能够获得更多的心理安慰。

（二）社区居家临终关怀

北京市西城区德胜社区卫生服务中心从 2009 年开始探索社区居家临终关怀工作，主要提供四方面的服务：舒缓医疗、舒适护理、心理慰藉、中医扶正。其服务内容覆盖生理、心理、生活各方面，包括建立电子档案、姑息治疗、止痛指导、心理疏导等。前期病情稳定可居家护理，后期病情加重可收入社区病房，顽固性癌痛可由病房与人民医院疼痛科专家通过远程视频平台进行会诊，当出现社区不能控制的癌痛、严重感染、肿瘤并发症、严重心律失常时，需转到三甲医院治疗。病房还提供上网、音乐、志愿者陪伴等人性化服务，目的是提高临终者的生活质量，让患者有尊严、平静安详地离开人世。

2018 年，成都市生命关怀协会与祥和里社区合作开展了"终在祥和"祥和里社区居家临终关怀项目。该项目为社区里的临终老人及其家属、近邻等提供身心灵社全方位、全人、全家、全程的临终关怀服务。致力于舒缓临终老人的疼痛、焦虑、失眠、浮肿等病症，缓解常见的老年综合征，对病人及其家属进行"有尊严"的照护。[1]

本章小结

养老服务管理是保证和促进养老服务质量提高的必要手段和措施，做

---

[1]　苏有城：《成都诞生公服基金购买社区居家临终关怀服务》，中国公益在线，2018 年 4 月 23 日。

好养老服务管理，能够在开展养老服务的过程中，运用科学、合理的管理手段，更全面地照顾老年人的生理和心理发展需要，满足老年人的各种养老需求，保障养老服务的实施，获得更好的服务效果。

本章讲授了我国养老服务管理的实践，内容涉及老年人生活照料、精神需求满足、居家养老服务项目、机构养老等方面。通过政府和相关社会组织的管理文件对不同养老服务内容的管理制度进行了说明，也进一步通过我国各地在养老服务管理中的实践案例对相关养老服务管理内容和要求进行了解释。

思考题

1. 我国养老服务在老年人生活料理方面、生活料理服务管理方面有哪些做法？服务内容和方式是什么？

2. 我国养老服务在老年人医疗服务管理方面存在哪些不足？

3. 我国养老服务在老年人康复服务管理方面的模式有哪些？

4. 我国养老服务为老年人提供精神和心理服务管理的目的是什么？

5. 我国养老服务为老年人提供临终关怀服务的探索经验和模式有哪些？

扩展阅读

"一碗热汤的距离"
——江苏省南京市建邺区打造嵌入式养老院

为满足全区 5.7 万名 60 岁及以上老人对养老机构"像家一样的居住环境、像医院一样的医疗护理"的期待，提升他们晚年生活的质量，江苏省南京市建邺区民政局创新举措，利用社区闲置用房，精心打造嵌入式养老机构。

坚持政府主导，建立"养医康教"融合养老服务体系

加强政策保障。将其纳入区经济社会发展总体规划和年度工作计划，纳入政府目标管理和绩效考核，纳入政府年度重点工作和为民办实事项目，列入全区社区和老龄工作先进单位的重要考核内容。先后出台了《建邺区"十三五"养老服务业发展规划》《建邺区政府关于完善养老服务体系暨加快发展养老服务业的实施意见》《建邺区养老服务政策扶持实施办法》等文件政策，区民政局每年与各街道签订年度工作责任状，定期对政策措施落实情况进行督促检查。

加强组织保障。建立健全区、街、社区三级社区居家养老服务工作网络和运行机制，切实打破部门观念，统筹资源、系统推进。组建了区养老服务业指导中心和区虚拟养老院，社区养老综合体（居家养老服务中心）50 家，养老机构 8 家。

加强资金保障。出台《建邺区养老服务政策扶持实施办法》，加大对社区居家养老服务标准化设施的投入力度，建立居家养老服务经费增长机制，积极鼓励社会资金、慈善捐赠支持社区居家养老服务建设，形成多元化的投入机制。

引导社会参与，完善居家养老服务运行模式

以政府购买服务的方式充分整合社会资源，高度重视对社区养老类社会组织的培育力度。培育了九如城、泰乐城、万福园、乾中、佰仁堂、东方颐年等一批社会养老组织。同时，鼓励社区居民自助互助。建立社区"紫丝带"为老服务小分队、"老来吃"银发餐桌、"老邻居"幸福家园班、"一家亲"社区志愿营、"新丝路"社区社创营等志愿服务队伍，不断培育壮大养老服务队伍，形成"社工 + 义工"的服务模式。坚持创新养老服务运行模式，不断推进养老服务网络智能化，建立了区虚拟养老院智慧养老平台，完善与市级养老服务网络的对接，建立了居家养老"点菜"式服务的架构，开展以"十四助"为内容的社区居家养老"一揽子"综合服务。

实施标准引领，提升社区居家养老服务品质

建立社区居家养老连锁服务机构，统一规划和管理，进行专业化、标准化、社会化建设，形成鲜明的品牌形象。在社区居家养老服务中尝试引入商业连锁理念。根据社区实际需求，开展助医、助餐、助洁、助浴、助急、助乐、助行、助购、助聊、助学、护理、探望、家庭养老床位、精神慰藉"十四助"服务，积极探索"共享养老抢单服务"新模式。同时，加强养老服务业的规范化管理，提升社区居家养老服务品质，保障社区居家养老均等化服务的基本要求，制定服务机构建设的服务内容、服务流程、服务第三方评估和管理制度等规范，建立社区居家养老服务标准体系。

今后，越来越多在家门口的嵌入式养老机构将在建邺落地，能让更多的老人有新家，有更加温馨的晚年生活。"离家不离亲""一碗热汤的距离"这些美好愿望会在建邺逐步实现。

（资料来源：徐舒：《"一碗热汤的距离"——江苏省南京市建邺区打造嵌入式养老院》，《中国社会报》，2018 年 11 月 2 日）

第九章
发达国家与地区的养老服务管理实践

《《《《《 **学习目标**

1. 了解英国、日本、韩国与中国台湾地区养老服务制度的演化历程。

2. 掌握发达国家和地区目前的养老服务管理现状。

3. 对比不同国家和地区管理模式的异同，并在此基础上总结养老服务管理的经验与启示。

中国大陆正加速进入人口老龄化、病龄化和空巢化时期，养老服务已成为全社会最关注、最现实、最直接的问题之一。相比之下，发达国家和地区的养老服务管理制度已经较为成熟，并且形成了体系化、模式化的发展路径。本章将全面介绍英国、日本、韩国、中国台湾地区的养老服务管理实践。

第一节 英国养老服务管理实践

一 英国养老服务制度演化

（一）由院舍服务模式到社区照顾模式

英国公民将政府为人的生老病死提供服务和保障视为自己的一项基本权利。在英国，政府不仅通过法律手段对养老服务机构进行规范和引导，还参与一些基层养老组织的建设。1941 年，《贝弗里奇报告》就将普遍性原则——满足全体居民需求，作为社会保障应遵循的基本原则之一。英国在福利国家建构之初，其决策者们沿袭传统思维，将院舍服务作为养老服务的主要载体。这里的院舍是指政府通过财政支出设立的大型养老服务机构——福利院舍。但是福利院舍与生活社区相隔离，长期的住院照顾易使老人处于一种非正常生活环境之中，产生各种束缚，使老人缺乏尊严与独立自主的行为。这时，在福利多元主义思想的影响下，一些学者希望强化非营利组织和中介组织在养老服务体系中的作用，兴办更多小型的、社区型的养老机构，将照顾资源与服务输送到社区与老人家中，老人也希望自己在回到社区和家庭的同时能得到专业照护人士的支援。

1948 年，英国政府根据《贝弗里奇报告》的核心原则，建立了分级制的国民医疗保健制度。在社区层面，照顾提供人员、专业护理人员和经理人员是社区照顾服务体系的主要构成部分。经理人是社区照顾的负责人；专业工作人员经过系统培训，获得资格证书；照顾人员则直接为老年人提供照护服务。20 世纪 60 年代，英国进一步推广社区照顾的养老模式，主要包括建立社区养老设施机构、养老院舍向社区开放、发展民营养老机构以及居家养老模式；70 年代末，社区照顾的养老模式已经在英国广泛普及。

（二）社区照顾养老模式的转变

英国的社区照顾最初在政策法令中被分为健康照护与社会照护两大类，前者即全民健康服务，由中央统筹，提供免费医疗护理服务；后者则主要受地方政府的社会服务局管辖。20 世纪 70 年代末至 80 年代，由于政治方面保守党"控制财政"的理念，中央健康部门的介入逐渐减少，社会服务局一方面面临资源紧缺的现实，另一方面承担的职责越来越重，对老年人的照顾形式不得不由健康照护逐渐转向社会照护。1981 年，英国《步入高龄化》白皮书指出：非正式资源以及非正式照顾系统中的志愿部门应成为支持养老服务系统的重要资源。"在社区照顾"应更多地被理解为"由社区照顾"。英国养老服务体系的变化从诸多政策法令中也可略窥一斑。1982 年，英国的《贝克利报告》鼓励将养老机构中的个案工作扩展到社区，基于社区资源和服务使用者的需求做出整合，增加经营、监管、资源配置等混合性的工作办法。1990 年，《全民健康服务与社区照顾法令》中对养老机构在社区照顾中扮演的角色重新进行了界定，从之前的服务提供者转变为照护管理者，充分发挥公共服务在维持和发展社区中非正式照顾方面的作用。在英国从"在社区照顾"向"由社区照顾"转变的过程中，养老服务所需资金的大部分由国家承担，即使是政府提供的某些专业的、有偿的养老服务，其费用也是根据接受服务对象的经济状况以低于市场的价格来收取。

二　英国养老服务管理概况

（一）英国的老年社会服务概况

英国的社会福利和社会服务在一定程度上改善了老年群体的处境，政府通过提供与个人经济状况挂钩的福利来帮助贫困人群。但是，老年人由于体能的减弱和衰退，除了需要增加养老金方面的支持外，还需要更多的社会服务。为此，英国政府采取了许多措施来解决这个问题，例如建立养老院，给需要照顾的老人介绍家庭寄宿，由家庭服务员对老人实行定期服务，等等。1990 年通过的《社区照顾法案》规定由地方政府负责提供对老年人的社会照顾。自此以后，有偿的社会照顾必须与个人经济状况挂钩。英国地方政府的社会服务部负责帮助老人决定养老院是否是最佳选择，并计算出个人是否能够承担养老院的费用。如果不能，社会服务部门会负担老人入住养老院的费用。

在英国，针对老年人的社会服务还包括以下几点。一是家庭服务。服务多由社区内已婚无工作的妇女负责提供，每周两次或三次到老年人家中协助打扫卫生、购物、洗衣或做其他家务劳动。有正常收入的老年人自付服务费，依靠养老金生活的由社区福利部门支付。二是饮食服务。在社区内设立老年人饮食服务部，住家的老年人可以按时到服务部就餐，行动不便的由服务部送上门。服务部按老年人的营养需求准备菜谱，老年人按自己的爱好和口味进行预定。三是老年人俱乐部，又称"老人之家"或"老年人活动中心"。由社区开办，备有娱乐器材和制作手工艺品的工具，供老年人使用。俱乐部有专人负责管理和照顾，为老年人提供聚会、康乐活动和旅游服务。

（二）英国的老年医疗服务管理

在英国，老年人是《国民健康服务法案》的主要受益者，并按照该法案享受公费医疗。根据英国学者的调查，65 岁以上的老年人每年平均接受 7 次初级医疗（Primary care）服务，16～44 岁的人口每年平均接受 4 次初级护理。66% 的医院病床被 65 岁以上的老年人所使用。在长期住院的老年人中，有超过 60% 的人存在一定程度的精神健康问题。

英国设立了专门为老年人服务的"老年人医院"，它是老人医疗服务的一个重要部分。由于人多床少，老年人医院对长期患者采用"轮换住院"制，病人住院医疗期为 6 周，6 周后回家住家庭病床，需要继续入院的治疗者在间隔一段时间后再次入院。实践证明，"轮换住院"制一方面可以提高病床的周转率，使更多需要住院治疗的老年病人有住院的机会；另一方面，对于患者而言，也可免除长期住院带来的生理和心理压力，有助于康复。为了解决病人与家属的临时困难，英国有些社区还为老年人设立"周日医院"和"日诊医院"。

英国的医疗机构与社区相结合，配备老年健康访问员——健康社会工作者，各个住宅区的健康访问员的服务对象为老年人，特别是独居、残疾或出院不久的老年人。访问员在医师的建议和指导下定期到老年人家中探视，并提出治疗、康复、营养等方面的建议。

健康访问员的职责主要有四项：一是维护老年人的身心健康，对探视对象的饮食、运动、休息、起居提出建议；二是辅助探视对象按规定申请各项有关服务与补助；三是为未愈老年人提供康复性医疗服务；四是及时与医院和社区取得联系，汇报被探视者的情况与需求，辅助医院和社区共同做好对老年人的健康服务工作。

（三）英国的老年社区照顾服务管理

1. 社区照顾概况

从 20 世纪 90 年代开始，英国就将养老问题纳入社区，对老年人采取社区照顾的模式。直到今天，英国大部分地区当局仍然拟订年度或更长期的社区照顾计划。社区照顾是英国推行社会服务的一项内容，也是英国在福利国家政策的变化下倡导的一种社会工作。

目前，英国颁布了多项法案支持社区照顾的发展，其中比较重要的包括：1998 年的《社区照顾现代化》（Modernising Community Care）和 2000 年的《照顾标准法案》（Care Standard Act）。其他法案还包括：《精神健康法案》《无行为能力成人法案》《支持弱势法案》等。

一般来说，社区照顾对象主要有以下几种。

（1）一般老年人。所提供的服务包括：家庭支持、个人照顾、社区安全中心、餐饮服务、日间照顾、临时照顾、特殊公寓、照顾管理、出院支持及预防入院服务、老人特殊医药服务、日间医疗服务等。

（2）精神疾病老年人。所提供的服务包括：居家支持与个人服务、专业的精神疾病老人护理、住院病人的评估工作、特殊老人的日间照顾、日间医疗外展服务等。

英国有关社区照顾的法令明确指出，要在社区内为老年人提供服务和供养，以便使他们尽可能地过上独立的生活。方式是使他们在自己的家或"像家似的"环境中受到帮助。

2. 社区照顾的主要内容

（1）生活照料（饮食起居的照顾、打扫卫生、代为购物等）。生活照料又分为居家服务、家庭照顾、老年人公寓、托老所 4 种形式。居家服务是对居住在自己家中，有部分生活能力，但又不能完全自理的老年人提供的一种服务。具体包括上门送饭和做饭、打扫居室、洗衣物、洗澡、理发、购物、陪同上医院等项目。从事居家服务的工作人员有志愿者，也有政府雇员，这些服务或免费，或低收费。收费标准由地方政府决定，一般在老年人能够承担的范围之内，不足的部分由政府补助。家庭照顾是生活不能自理、卧病在床的老年人在家接受亲属全方位照顾的形式。政府发给老年人与住院同样的津贴，使家庭在照顾老年人时有一定的经济保障。老年人公寓是对社区内有生活自理能力但身边无人照顾的老年夫妇或单身老年人提供的一种照顾方式。老年人公寓一般由两居室组成，生活设施齐全。公寓内还设有"生命线"，一旦老年人感到不适，只要拉动生命线就可获得及时救助。老年人公寓收费低，但数量有限。托老所包括暂托所和老人院。因家人临时外出或度假，无人照料的老年人便被送到暂托所，由工作人员代为照顾，时间可以是几小时或几天，长的可以为两周，最长不超过一个月。那些生活不能自理又无人照顾的老年人则被送入老人院。现在的老人院是分散在各个社区中的小型院舍，这样一来，老年人便可以不必离开他们所熟悉的居住环境。目前英国各地约有600多个托老所，可提供3万多个位置。

（2）物质支持（提供食物、安装设施、减免税收等）。例如地方政府或志愿者组织用专车供应热饭。每年约有3000万份饭被直接送到老年人的家中，2000万份被送至各托老所和老年人俱乐部中。为帮助老年人能在家独立生活，地方政府部门为他们在楼梯、浴室、厕所等处安装扶手，设置无台阶通道和电器、暖气设备，改建厨房和房门，等等。政府对65岁以上的纳税人给予适当的纳税补贴，住房税也相应减少。66岁以上的老年人可以享受国内旅游车船票减免的福利，电灯、电视、电话费和冬季取暖费也有优惠待遇。

（3）心理支持（治病、护理、传授养生之道等）。包括保健医生上门为老年人看病，免处方费；保健访问者上门为老年人传授养生之道，如保暖、防止瘫痪、营养及帮助老年人预防疾病等，每年约有60万名老年人接受此类访问。还有家庭护士上门为老年人护理、换药、洗澡等。另外，政府还规定了为老年人提供视力、听力、牙齿、精神等方面的特殊服务。

（4）整体关怀（改善生活环境、发动周围资源予以支持等）。例如，英国政府出资兴办具有综合服务功能的社区活动中心，为老年人提供娱乐、社交场所。行动不便的老年人则由中心定期派专车接送。同时，为帮助老年人摆脱孤独，促进心智健康，适当增加老年人的收入，社区还为老年人提供发挥余热的场所——老年人工作室，每日工作两小时左右。此外，也有一些志愿工作可供老年人参与。英国各个社区经常举办各种联谊会，提出"带老年人到乡间去郊游"的口号，人们志愿组织起来和孤老交朋友，利用休息日和他们谈心，用自己的车带他们去郊游，或请到家中来喝茶，为老年人的生活增添乐趣。地方政府每年还帮助3.6万名老年人外出度假。

（四）英国的老年教育服务管理

在英国，地方教育当局承担一定的法律责任，保证为没有资格就读认证课程或其他职业训练课程的成人提供足够的教育进修机会。实际上，英国地方当局非常注重提高老年人的生活质量。除了在居住、交通和其他社会生活方面为老年人提供服务以外，地方教育当局还将文化教育服务作为支持老年人生活的一个极其重要的方面。

英国地方教育当局主要通过以下途径为老年人提供成人教育课程。第一，在老年人居住区域的某一固定地点（如图书馆、教堂）上课。第二，课程范围主要是非资格认证性质的课程，包括艺术工艺、工商管理、信息科技、个人创业、运动健身等，几乎所有课程都向老年学员开放。第三，大多数地方教育当局准许减免老年学员学费。地方教育当局提供的课程吸引了大量的老年人前来就读。

在英国，除了政府提供的老年人教育外，还存在社会机构提供的老年教育服务，它们被称为"第三年龄大学"（University of 3rd Age，U3A）。它是由老年人自发成立、自行组织、自助分享的志愿者团体，是一种自主自助的教育形式。目前，英国各地共建有 500 多所第三年龄大学，老年学员在 15 万人以上。

三　英国养老服务的法律支持

英国的养老服务有完善的法律和标准体系支撑。针对老年人的健康服务和社会服务需求，英国政府不断完善和出台相关的法律，包括《国民健康服务法》《国民保健法》《全民健康与社区照顾法案》《国家老年服务框架》等。同时，还有《国家黄金标准框架》等详细、具体的标准体系出台，确保服务标准和服务质量。这些法律和标准，对养老机构的建设、养老服务的内容、养老机构的管理与评估等方面均做了详细的规定，为英国老年人享受养老服务提供了很好的法律保障。

四　英国养老服务管理部门

（一）养老服务主管部门及其职责

英国建立了一套由地方政府组织管理的社区社会服务体系，政府在老年人照顾方面的职能更多的是进行宏观监督与控制，掌控财政权力。1997年 12 月，工党政府建立了一个特别委员会，专门研究老年人短期和长期照顾问题，为需要长期照顾的老人提供一种可持续的资金制度，使他们在自己家里或其他地方得到应得的照顾。另外，工党政府还加强管理，提高养老服务质量。1999 年 2 月，政府实施了新的国民照顾战略，在养老服务体制改革的过程中，地方政府负担起更大的责任。他们发布了养老服务五年规划，在社会服务体系中推出评估体制，设置服务监督员，每年对养老服务事业的运行状况实施监督。

此外，英国政府还出资建设公寓内的设施，安装自动报警和紧急呼叫系统，方便老年人的日常保健、人身安全和及时救护。对于公办养老机构，由于床位稀缺，需要入住的人员较多，所以政府对有需求的老人重重把关，确定其收入确实低微后才能入住。

（二）养老服务机构类别及其职责

英国为了满足社会养老的需求，将养老机构分成公办养老院和私立养老院两种。公办养老院主要是由政府出资来收住老人，并负责整个机构运营的费用；私立养老院则是根据市场的需求创办的养老院，以满足不同老人的要求。他们会根据市场的需要进行严格的市场调查，包括调查当地的人口数、老年人口数、目标人群的数量和购买力，以及已有的养老服务市场情况，如养老服务机构的种类、规模，再根据市场调查结果来决定自己的目标人群和服务定位，另外还会考察当地的房价（因为老年人一般会把房子出售以住养老院，他们往往会估算房子出售之后自己住养老院的年数）、交通等情况，综合判断之后再去银行贷款，然后开办运营机构。

五 英国养老服务管理的模式与启示

（一）英国养老服务管理模式

英国的老年社会服务主要由卫生健康部门和地方社会服务部门管理。1974 年之前，卫生健康部门主要负责长期照护服务，随着 20 世纪 70 年代英国"去机构化"呼声的提高，以及"社区照顾"（Community Care）理念的出现，特别是 1974 年地方社会服务部门的成立，老年人的社会服务责任逐渐由中央健康部门转移到地方社会服务部门。从职能划分来看，卫生健康部门主要负责老年人的卫生服务体系、社会服务的政策和标准的制定、监督与管理等职能；地方政府则主要承担对老年人的服务评估、服务信息发布、养老资源配置、服务购买等具体工作，包括公正、合理地配置国家养老资源，建立需求评价体系，根据评估结果决定老年人享受何种服务。英格兰、苏格兰都有专门的机构负责监察和评估养老服务机构，如英格兰的照顾质量委员会（Care Quality Commission）、苏格兰的社会服务监察会（the Care Inspectorate），都是具体负责英国境内整个社会服务评估、监督工作的部门。

英国养老社会服务实行"契约制"——政府花钱从服务机构购买服务，然后再将这些服务提供给相关需求者。在实施过程中，采取项目管理的模式，有一套完整的工作管理规范、流程以及评估指标体系，只有通过政府评估的机构，才能拿到政府购买服务的经费。在提供服务的过程中，政府会定期检查或不定期抽查这些机构的服务质量、人员配置、服务人员培训、服务设施配置、服务质量和标准、服务价格等，不符合合同要求的服务机构会被政府按照违约处理，并承担相应的法律和民事责任。

地方政府有专门负责评估、监察的机构，如英格兰的照顾质量委员会（Care Quality Commission）、苏格兰的社会服务监察会（The Care Inspectorate）等。他们的工作职责包括：制定政策、护理院的注册与管理、监督服务质量、接受和处理投诉、公布养老服务机构信息、监察服务机构、公布监察结果、发布年报信息等。如苏格兰的社会服务监察会就是这样一个监察机构，该机构在苏格兰有 17 个办公室，负责整个苏格兰地区养老服务机构的监察和管理工作，每年都会联合卫生、警察、社会工作等部门对儿童、老人以及成年人的服务质量进行监督。每年都有一个检查规划，而且绝大部分是突击检查，检查和评估主要是从环境、服务、工作人员、管理人员等几个方面进行的，评估结果会在每年的 10 月公布在网站上。根据评估结果，政府会给予不同的处理意见，包括提高和改进服务的建议、要求等，甚至暂停或关闭评估不合格的养老机构。此外，还受理公众对养老服务机构的投诉，并和相关部门沟通。

（二）对我国养老服务管理的启示

1. 法律与制度层面：加强政府引导，完善相关政策法规体系

英国养老服务的实践表明，政府在其中起着重要的枢纽作用。这种枢纽作用主要体现在制定养老服务政策等宏观建设方面，如英国政府为了发展养老服务而制定一系列相应的法律法规和政策，社区的许多养老服务基本是政府出钱购买，等等。政府对于养老服务体系的运行和发展，不仅出台法律保障，还参与到基层组织和机构的建设中，并且通过行政手段和财政支付，引导社会参与、监督养老服务供给机构的服务行为，从而推进社会养老服务的专业化、职业化。

借鉴英国的养老经验，今后我国各级政府在养老服务方面可以有以下几个工作重点。首先，强化政府对养老服务的宏观指导，为养老服务提供必要的支持，解决协调养老服务在运行过程中遇到的各种问题；做好养老服务规划，加强从业人员管理，强化监督机制，充分挖掘社区的可利用物质资源、人力资源，保证养老服务品质。其次，完善养老服务的政策法规支持。近年来，我国出台了一系列加快推进社会养老服务体系和养老服务业发展的政策文件，在很大程度上推进了养老服务的发展，但仍需要进一步在内容和实施细则上出台更加具体的措施，包括推进养老服务体系标准化的进程，在养老机构的建设、服务内容、服务需求评估、服务质量评估等方面制定相应的标准，以此加强和规范养老服务业的发展。最后，加大对居家养老服务的投资力度，特别是资金支持。政府应对养老服务设施用地实行优惠政策，城建规划项目应优先考虑养老设施的需求，鼓励个人、单位从事养老事业，并给予贷款、税收方面的政策优惠。

2. 服务供给层面：加快供给侧结构性改革，逐步放开养老市场

中国幅员辽阔，在养老服务的供给层面上，农村和城镇、东部和中西部都有较大差异，"未富先老"的国情也使我国的养老服务无法以社会福利的形式向全体国民提供。政府在无法包揽一切的情况下，应从职能上剥离直接提供服务，将更多的精力投入履行政策制定、市场监督和利益调节中，保证养老服务体系的灵活性和规范性。

为加快推进养老服务的市场化进程，发挥政府在政策制定、管理监督、扶持引导以及满足困难老年人基本养老服务需求方面的作用，应将更多的养老服务交给社会力量来承担。引导市场力量进行市场调研，在此基础上摸清老年人的服务需求，做出较为准确的市场判断，加快养老服务的建设步伐。

3. 服务输送层面：建设多元化的服务输送渠道

与英国不同的是，我国的养老服务从一开始就确定了以居家养老为基础的指导思想，没有经历从机构照顾向社区、家庭照顾的转移过程。居家养老服务的内容主要包括生活照料、家政服务、康复护理和精神慰藉四大类，这也决定了提供服务的主体可以是多元化的。

鼓励邻里互助的居家养老，对于比城市更有地缘和亲缘优势的广大农村来说，具有一定借鉴意义。应充分发挥传统文化中的孝道观念、宗族力量、生活习俗，鼓励服务对象的亲属、邻居提供照看或护理服务，力求以较低成本在农村建立起依托家庭的养老服务体系。养老条件相对优越的城市社区在助推"孝养"文化和"家"文化的同时，应利用已有的社区网络，因地制宜建立居委会、物业公司、业主委员会之间的多元合作伙伴关系，发挥老年人口的主观能动性，培育发展社区中各种养老助老社会组织，还可通过专业的中介机构，利用大数据、"互联网＋"等现代化信息技术，开发建立社区信息平台和老年人信息库，衔接、协调社区内和邻近社区之间的养老服务供给。

在借鉴英国养老服务体系的同时，更重要的是动员家庭、市场、社区、民营机构、志愿者等多种力量共同参与，多方协作，发展多元化的养老服务体系。

4. 人才建设层面：培育专业化的高素质服务人员队伍

英国养老服务的一个特点是专业化，无论是工作人员的提供，还是机构的设置，都体现了此特点。在市场经济条件下，专业化是服务业的核心竞争力，只有专业化人员才能提高社区照料的服务水平和市场竞争力，才有利于提升养老服务业的品质。我国养老机构中老年人护理服务队伍的专业化水平较低，整体素质也有待提高。要发展我国社会养老服务体系，就必须强化我国养老服务人才的培养。

首先，要提高养老机构的专业化水平。在加大护理型养老机构的建设力度方面，要根据老年人的实际需要，发展不同类型的养老机构。在机构的建设上，不应贪大求全，而应该依据类型的不同，着重在功能和服务上提高专业化水平。针对失能、高龄、痴呆、术后康复、临终关怀等有特殊需求的群体，建立规模适当、功能配置较全、专业化水平较高的养老服务机构。

其次，要加快养老服务人才队伍建设。第一，要大力培养从事养老服务行业的专业人才。目前，我国社会工作教育还处于初期发展阶段，今后要大力发展社会工作教育，加强较高层次人才培养。要逐步开展养老服务专业人才的教育、培训、技能训练。可以在大学、职专开设养老服务专业，培养专业人才。第二，要大力加强对在职养老服务人员的业务培训。可以由社区养老机构聘请专家、学者进行授课，传授知识和技巧，也可以开展社会教育和业余培训，举办各种类型的专业护理人员培训班。要积极推进养老服务从业人员的资格认证制度，实行持证上岗。进一步拓宽养老服务人员的职称晋升空间，提高他们的工资待遇，降低人员的流动性。同时要加快养老服务人才市场的培育，吸引更多的人才从事养老服务业。培育养老服务行业发展所需的职业经理人、专业服务人才市场。

5. 监督管理层面：加强和完善监督管理机制

我国养老服务发展起步较晚，在服务质量评估、监督与管理方面还没有形成完善的体系。一方面是缺乏相应的评估标准和规范，另一方面是缺乏专门机构或者组织来负责养老服务行业的监管工作。我们可以借鉴英国的经验，如单独成立一个机构，或由某个部门牵头，或委托给第三方的社会组织，负责对养老服务机构进行评估与检查。

6. 养老模式层面：进一步加强居家养老和社区养老服务

尽管目前我国的机构养老发展迅速，但真正起基础作用和依托作用的居家养老和社区养老发展较慢。英国最早也是大力发展院舍型养老机构，之后才发现社区在养老服务中的重要作用，继而大力发展社区照护的服务模式，把健康服务、社会服务都下沉在社区开展。我国现在提出构建"以居家为基础、社区为依托、机构为支撑"的社会养老服务体系，但居家养老和社区养老服务的发展还比较滞后，无论是在基础设施建设、服务人员队伍，还是在市场化运作方面，都明显不能满足我国的实际需求和未来发展需要。今后需要加强这方面的工作，补齐这块"短板"。

第二节　中国台湾养老服务管理实践

一　中国台湾养老服务制度演化

从 2007 年开始，中国台湾养老产业开始实施覆盖全社会的"长期照顾十年计划"，经过多年努力，完成了对长期照顾政策的逐步整合，构建了比较完整的长期照顾（以下简称"长照"）服务体系，实现了在地老化、活力老化、乐学老化、智慧老化和健康老化的有机结合，贯穿了金融业、房地产业、保险业、教育产业、家政服务业、旅游娱乐业、咨询服务业、社区服务业、卫生健康服务业等相关行业，形成了强有力的养老产业链，成为亚洲养老产业最发达的地区之一。

（一）长照前阶段（1998 年以前）

在这期间，台湾老人福利的主管机关规定了"老人福利促进委员会"的设立及老人福利预算的编制，规范了老人福利机构的设立和监管。台湾老人福利的相关规定为台湾养老产业发展奠定了基础。之后，台湾相关部门先后出台了"中低收入老人生活津贴发给办法"和"中低收入老人特别照顾津贴发给办法"，对中低收入家庭的老人以及重度失能老人的照顾者，分别给予津贴补助。这一时期，台湾养老产业发展主要建立在社会保险体系和社会救助体系的基础之上。

（二）长照先导阶段（1998～2007 年）

1998 年，台湾行政主管部门通过了第一期"加强老人安养服务方案"，并由台湾卫生主管部门颁布"老人长照三年计划"，成立跨卫生和社政体系的工作小组，引导公立医院部分床位转型护理之家，引导民营资本投入，加强长照职业培训，研究建立护理之家评鉴标准等措施，整合长照社区资源，建立起整合型的养老服务网络。以"老人长照三年计划"为标志，台湾的长照体系开始由分散逐步走向整合。以此为基础，2000 年至 2003 年，台湾行政主管部门核定了"建构长照体系先导计划"，通过对台湾养老产业发展现状的研究分析，以"在地老化"为主要目标，搭建连续、多元、高效的长照体系，为台湾长照体系的构建规划了策略蓝图。

（三）长照 1.0 阶段（2007～2015 年）

这一阶段以 2007 年台湾行政主管部门核定"长照十年计划"为起点，整合长照管理制度和机构，积极推进长照人力资源发展和培训，重点针对失能者及其家庭需要，提供照顾、居家护理、复健、辅具、餐饮、喘息、交通接送及长照机构八项服务，并遵照弱势优先的施政原则，由台湾当局负担至少 70% 的服务费用，引导民间资本以向有关主管部门购买服务的方式参与长照服务资源建设。之后，台湾又先后通过了"97 至 100 年中程计划""101 至 104 年中程计划""368 照顾服务计划""长照服务网计划第一期"等，修订和细化了长照服务责任落实部门和台湾当局投入要件，进一步推动了长照基础设施及服务资源网络建设。

（四）长照 2.0 阶段（2015 年至今）

结合"长照 1.0 阶段"面临的服务对象涵盖范围不足、服务人员短缺、预算严重不足等问题，2015 年台湾先后通过"长照服务的有关规定"和"长照保险的有关规定"，分别对长照服务体系基本事项，以及长照保险基本事项进行界定和规范。自 2016 年起，台湾启动"长照十年计划2.0"，通过覆盖 50 岁以上失智症患者、55～64 岁失能的平地居民等，扩大失智失能服务对象，增加相关地区社区整合型服务、社区预防性照顾、衔接居家医疗等服务项目，简化补助经费核销流程，构建社区整合型服务中心、复合型服务中心、巷弄长照站 ABC 三级社区整体照顾模式等手段，建立以社区为基础的连续性长照体系，实现长照服务资源的因地制宜和优化配置，形成多元专业投入合力推动长照服务资源发展，为民众提供优质平价、覆盖面宽、弹性多元和连续整合的服务。

二　中国台湾养老服务管理概况

（一）养老服务管理的相关文件

目前，台湾地区已构建起比较完整的长照服务体系，台湾成为亚洲养老产业最发达的地区之一。"台湾老人福利法"将老人标准定义为年满 70 岁的人员。该法明确了台湾地区老人福利的主管机构及其业务内容，设立老人福利促进委员会，编制老人福利预算，规范了扶助机构、疗养机构、休养机构、服务机构等老人福利机构的设立标准、申请程序、人员要求和监督管理办法。"台湾老人福利法"的制定为台湾地区养老产业的发展奠定了基础。

1998 年，台湾地区行政主管部门通过了第一期"加强老人安养服务方案"，并由卫生署颁布"老人长期照顾三年计划"，实现了整合长期照顾的社区资源，建立起养老服务网络的目标。具体措施包括以下几方面：设置或指定长期照顾负责单位，成立跨卫生和社政体系的工作小组，制订区域长期照顾计划，引导公立医院将部分床位转型为"护理之家"，引导民营资本投入，鼓励成立志愿者团队，加强职业培训，建立护理之家评鉴标准，等等。以"老人长期照顾三年计划"为标志，台湾地区的长期照顾体系开始由分散走向整合。

2000～2003 年，台湾行政主管部门核定了"建构长期照顾体系先导计划"，通过对台湾地区养老产业发展现状的研究分析，以"在地老化"为主要目标，统筹社政和卫生资源，营造社区式长期照顾资源发展的有利环境，搭建连续、多元、高效的长期照顾体系。截至 2003 年底，台湾地区各县市均设置 1 家长期照顾管理示范中心。

2007 年，台湾地区行政主管部门核定"长期照顾十年计划"，投入817 亿元新台币，重点针对失能者及其家庭的需要，提供照顾、居家护理、复健、辅具、餐饮、喘息、交通接送及长期照顾机构八项服务，并遵照弱势优先的施政原则，由当局负担至少 70% 的服务费用，引导民间资本以购买政府服务的方式参与长期照顾资源建设。之后，台湾地区又先后通过了"97 至 100 年中程计划""101 至 104 年中程计划""368 照顾服务计划"等计划，修订和细化了长期照顾服务责任落实部门和政府投入要件，进一步推动了长期照顾基础设施及服务资源网络建设。

（二）老年护理服务的内容

1. 老年群体生活照料服务管理

CCRC（Continuing Care Retirement Community）即持续照料退休社区，为老年人提供自理、半护理、全护理一体化的居住设施和服务。CCRC 通常选择距市中心 50～100 公里、1 小时车程、交通便利的城市周边地区设立。退休社区以围墙封闭，自成一体，配备安全监控、保安巡查等多种安全保障。社区配有大面积绿地、景观、花园、种植园区，为入住者提供居住养生环境，并且从个人居所到服务场所、公共空间全部为无障碍设计。

退休社区根据具体模式又可分为机构式和小区式两种，相当于大陆的机构养老和居家养老。机构式服务指的是 24 小时有人照顾老人的生活起居，如护理之家，主要针对需要长期疗养的慢性期老人，或者失能程度比较高的老人。社区养老指的是让老人留在自己熟悉的生活环境中，接受不同专业人员的入区上门服务。

还有一种方式是"养老住宅"，主要服务于自理老人，例如长庚养生村中的一部分针对自理老人的住宅就是代表。长庚养生村的住宅收费标准有两种，分别针对自买村内住房或租房，由于土地是政府作为福利低价划拨的，因此每平方米的造价不高，售价在台湾算是平价。再如文化村"银发住宅"买房规定：此房不能作为遗产处理，到不住时须交回村里作为捐助。入住养生文化村每年需缴管理费，入村时需预付一年管理费作为入住保证金，退住时无息退还，租房者需预交 10 年房租。文化村设有村民代表参加的村民管理委员会，设村主任一人，自主经营和管理。关于村的管理分成有酬工作和志愿义工服务。村内的居民们积极开展义工活动，做义工满一定时间，可以减免部分管理费用。文化村不用政府补贴，只接受慈善机构捐助。

2. 老年医疗服务管理

根据老年人疾病的不同阶段，将老年病人的防治工作分成健康促进、急性照护、中期照护、长期照护、安宁缓和照护等几个阶段。中期照护模式主要是服务急性出院后的病人，为其提供治疗或训练，以利于其恢复独立生活的能力，目标是减少病人往后失能入住机构或短期再入院的概率。长期照护主要是针对中期照护无法康复，病情更加严重或进一步发展的老人，通过照护减缓其疾病的发展。安宁缓和照护（临终关怀）一般是针对癌症末期或绝症，治疗已不容易再见效的患者。安宁缓和照护会减少无效医疗，主要专注于疼痛控制以及给予社会、心理、心灵上的治疗与照护，目的在于减少患者在临终前的痛苦。深度挖掘老年患者的需求，成立长青特别门诊，如活力保健门诊、记忆保健整合门诊、平衡门诊和眩晕特诊等，目的在于发展多元的创新服务。记忆保健整合门诊创新四诊合一，即每位患者来门诊就医，都会有神经科、精神科、中医科、家医科四位医生同时为其进行门诊诊疗，每年都有超过 1 万人前来就医。长期照护中心从失智症、失能症、呼吸依赖病人不断延伸到对渐冻人的照护。对失智症老人进行评估，又出现了较轻和较重病人的分区照护。

3. 老年文娱服务管理

一是举办老年学校（长青学苑），课程要求兼具益智性、教育性、欣赏性和运动性，形式丰富。老年学校一般由民间团体兴办，政府提供经费补助。二是开办老年文康活动中心，为老年人提供休闲娱乐、文艺体育、技艺培训及联谊服务，同时开辟日间照料、营养餐饮、居家服务支援等项目。目前台湾地区这样的活动中心有 317 所。三是开展老年文化休闲巡回服务，为交通不便、信息闭塞的偏远山区老人提供精神食粮。具体做法是，由台湾当局补助市县购置多功能"大篷车"，组织民间团体积极参与，深入社区开展多元化的服务活动。目前已有 18 个市县开展这项活动，"大篷车"所到之处均受到居民尤其是老年人的普遍欢迎。四是资助民间开展老年文化活动。2008 年，台湾当局补助社会团体举办老年运动会、才艺竞赛、歌唱比赛、球类比赛及各种研讨会、培训讲座等 800 例 1059 场次，参与老年人达 25.73 万人次。此外，台湾还有一项很有特色的活动，即组织"届龄退休研习班"，就是为即将退休者提供培训，帮助他们提前规划"银发生涯"，加深他们对老年生活相关法令、政策的了解，提高退休后心理、生理和社会适应的能力。

4. 老年临终关怀服务管理

台湾采取安养服务，有专门的临终安养院和安养病房。安养中心提供临终关怀服务，通常设立护理、社工、营养、职能、教保等部门。有安养照顾、轻度养护、重度养护、长期照护、失智症单元式照护、短期照护、日间照顾，以及社区照顾关怀据点等多种服务功能。还有教区及各县市政府、卫服部社家署进行定期督导关怀。安装监视系统，全方位关注入住老人的动态。目前提供的系统服务有：建立专门的安养网站，购买系统软件支持网站运行；协助新设立的安养照护中心进行宣传；为老人提供借助网络的远距探亲和线上沟通。

三 老年护理服务的管理主体

老年护理服务涉及7个政府职能部门，其职责分别是：社会局负责老人权益、社会参与和长期照顾；交通局负责老人乘车优惠、敬老爱心车队、低地板公车、系统智能型站牌设置；卫生局负责老人健康检查、市民健康生活照护、高龄友善医院、失智症筛检；卫生机构负责照护的管理及监督，使照护更加到位，台湾地区省级的养老职能归卫生机构主管，下面直辖市由社会局负责；警察局负责老人协寻、独居老人通报；体育局负责制定运动中心长者优惠措施；教育局负责乐龄中心社区大学和祖孙节活动推广。

早前台湾地区的长期照护体系主要由社会行政及卫生行政等体系予以规范和推动。在社会行政方面，老人福利机构如长期照护机构、养护机构和安养机构，主要由"老人福利法"与"身心障碍者保护法"进行规范。在卫生行政方面，长期照护机构中的护理之家等机构归属"行政院卫生署"，地方归属为各县市卫生局，由"护理人员法"、"医疗法"以及"精神卫生法"等进行规范。直到2013年，为整合卫生医疗与社会福利业务，台湾行政主管部门组织改造成立了"卫生福利部"，过去由社会行政部门主管的社会福利体系改由"卫生福利部"所属机关的"社会及家庭署"负责管理，由卫生行政部门主管的医疗服务体系归属于"护理及健康照护司"，负责一般护理之家的管理工作。由于过去所属行政体系的不同，各照顾机构存在不同的设置标准，包括"老人福利机构设置标准"、"老人长期照护机构设置标准"、"护理机构设置标准"及"身心障碍福利服务机构设施及人员配置标准"等。目前虽已归属同一主管机构，但是依然并行不同的法令条例。

四 中国台湾对老年护理服务人员的管理

(一) 长期照顾制度的人力培育

2005年，"长期照顾制度规划小组"对长期照顾制度规划提出的研究报告认为："统一、规范服务输送体系的人力组成"是未来长期照顾服务输送体系建立及发展所应当具备的原则之一。长期照顾的人力资源包括工作人员、行政人员、评估人员、照顾管理师等。2007 年，"长期照顾制度推动小组"将人力培育列为六大议题之一，由教育部制订长期照顾人才培育实施计划：为照顾服务员提供培训；保障劳动条件，减少人员流失；鼓励参加资格鉴定，提高专业形象；通过教育培养长期照顾服务人才；对设有社工、护理、职能治疗及物理治疗学系的院校进行补助，开设长期照顾跨领域课程；鼓励院校开设长照领域课程；坚持开展县市级长照中心照管人员在职期间的训练；等等。

（二）建立护理人员职业资格制度

台湾在 2002 年 6 月发布了"台湾护理人员法"，就从业人员如何执业、承担的业务与责任、违规惩处的方式、护理机构的设置与管理等做了明确规定。同时，教育系统对护理人员的培养力度也很大，有 30 多个专科院校开设养老护理专业，有 70 多个科系设有护理专业，这使准备进入养老服务业的护理人员整体素质得到保证。

（三）引入社会工作师制度

台湾早在 1950 年就引入了社会工作概念，并出台了"社会工作师法"，对社工的考录审核进行了严格规定，还加大了对社工进行津贴补助的力度，各项制度完备，管理到位。目前，台湾共有社工近 1 万人。对老人个体而言，社工能为其解决各种困难和满足生活照料需求；对家庭而言，社工通过参与对老人的照料服务，分担了家庭负担，缓解了子女的养老压力；对台湾地区而言，社工有效地缓解了人员配备不足等问题。

五　中国台湾对老年护理服务机构的管理与监管

（一）对老年护理服务机构的管理

台湾有关部门自 1989 年起，每年安排专项经费，用于资助民间力量兴办养老机构，为这部分机构增添设施设备和开展护理培训提供经费支持。

为加强政府与养老机构间的沟通联系，每年举办老年福利机构联席会议，由台湾有关部门召集，公立、私立养老机构代表和地方政府代表共同出席。2008 年的联席会议在高雄市举行，围绕失智老人照顾和无障碍环境设计的主题，展开交流和研讨，并组织参观私立高雄仁爱之家等先进机构。

安排专款，资助民间机构举办各种研讨、培训和联谊活动。仅 2008 年就补助了 27 家机构 439.6 万元新台币作为经费，开展了"失智专区环境设计""失智老人技能训练""养老机构管理人员防灾专业技能培训"等活动，促进了机构专业素质的提升。

（二）对老年护理服务机构的监管

第一，考核评定。按照台湾"老人福利法"第三十七条规定，主管机关应对机构进行辅导、监督、检查、评鉴和奖励。

第二，严格执法。凡未经批准设立的养老机构一经查实一律取缔。对于已停（歇）业的机构，即使是招牌，也必须拆除，否则报请主管机关予以强制拆除。

第三，规范协议文本。为保护机构入住老人的权益，台湾自 2005 年 7 月起试行统一格式的"养护（长期照护）定型化契约范本"，并于 2007 年 11 月由台湾有关部门正式颁发实行。

第四，加强安全防范。按照台湾行政主管部门灾害防救委员会公布的相关文件的要求，地方政府主管部门负责对养老机构的防火避难设施及安全操作规程进行经常性的检查考核，并将每季度情况填表上报上级部门。

六　中国台湾对老年护理服务机构的质量评价

（一）老人福利机构的质量评价及标准

老人福利机构在功能上以日常生活照顾为主，其质量评价的目的是改善机构业务与经营管理理念，提升机构服务品质。

大型评鉴每三年进行一次，过去由社会司负责，2013 年"卫生福利部"成立之后，交由"卫生福利部"主管负责。评鉴程序分为自评、初评和复评三部分，自评即自我评鉴，由机构自行完成相关内容的填写，并递交县、市主管单位初评，复评则由下一级主管单位进行。参与评鉴的专家学者来自老人福利、护理（卫生）、消防及营建相关领域。初评与复评均通过书面审查和实地访视的形式对机构加以评核。

评鉴项目包括 5 大类 100 小项：行政组织及经营管理（占 20%）、生活照顾及专业服务（占 40%）、环境设施及安全维护（占 25%）、权益保障（占 13%）、改进创新（占 2%）。项目内容涵盖行政制度，员工制度，社工服务，医护、康复保健及紧急送医服务，生活照顾与辅具服务，膳食服务，环境设施，安全维护，卫生防护，等等，在专业服务方面以医护、复健及紧急送医服务的评核为重点。

最终评鉴结果按优等、甲等、乙等、丙等、丁等划分。对评鉴结果为甲等及以上的机构公开表扬、颁发奖牌并予以资金奖励，评鉴为丙等、丁等的机构则要求其进行相应整改、定期安排专家辅导，并在期限内予以复评。如无正当理由未接受评鉴者，未来 3 年内不得申请补助。

（二）护理之家的质量评价及标准

一般护理之家的评鉴标准共包括 5 大类 96 项，项目内容包括行政制度、人员配置、工作人员权益、教育训练、绩效管理、资讯管理、专业服务、生活照顾、膳食服务、环境安全、安全维护、卫生防护等。相对于老人福利机构来说，在行政组织及经营管理这一类别上，一般护理之家的评鉴质量要求更高，且二级指标更为具体，增添了工作人员继续教育和绩效考核等方面的评价。在实施程序方面，护理之家的评鉴由县、市卫生局督导考核，评鉴者由"卫生福利部"选聘与长期照护相关的医护、管理、环境安全等专家学者担任，且没有复评环节。自评审查后，卫生局派评鉴专家进行实地访查，在 3 小时内完成机构负责人简短汇报、专家实地查核、书面资料查阅及晤谈、综合座谈等工作。

最终评鉴结果以优等、甲等、乙等为合格，丙等、丁等为不合格，"卫生福利部"将对评鉴合格者颁发证明文件，不合格者需要再评鉴，直至合格。一次性合格者的有效期为 3 年，非一次性合格者的有效期为 2 年。对于不符合机构设置标准、发生重大违规或督导考核结果不合格者，注销其资格。

（三）质量评价结果的社会公开

"卫生福利部社会及家庭署"为老人福利机构评鉴相关信息的公开设

置了"老人福利机构评鉴专区"网页，一般民众可以查看这些机构的评鉴报告、成绩表及复评成绩。一般护理之家的评鉴结果由"卫生福利部护理及健康照护司"在网站上公开，根据结果名单，民众可以查询到机构代码、名称、评鉴等级、合格效期等信息。

七　中国台湾养老服务管理的经验与启示

（一）注重顶层设计养老产业的发展

注重顶层设计的台湾养老产业的发展涉及多个方面，包括老人长期照护体系、社会福利体系、医疗保障体系、社会保险制度等多个制度体系。台湾在构建长照体系的同时，注重整个社会保障体系以及相关制度的顶层设计，对已有的老人福利制度、医疗保障制度和社会保险制度进行了整合和衔接，由台湾当局主导推进养老产业的发展研究和制度设计，比较妥善地处理了社会保障体系内部各项社会保障内容的交叉关系，有效地防止了制度设计和管理体制的碎片化。

（二）注重制定养老法规

台湾通过制定养老方面的有关规定来规范养老产业发展的各个环节和各个项目，并不断对其进行修订、补充和完善，为养老服务产业的健康发展奠定了制度基础。比如，"台湾老人福利的有关规定"颁布后，1998年和2007年，台湾有关主管部门先后补充制定了中低收入老人生活津贴、特别照顾津贴发给办法，分别对中低收入老人和老人照顾者给予一定金额的补贴。

（三）注重有关主管部门投入的科学有效

台湾有关主管部门在养老服务产业发展中扮演了重要角色。无论是老人福利制度，还是长照制度，都充分体现了"以人为本"和"台湾有关主管部门购买服务"的理念。比如，"台湾368照顾服务计划"规定，有关主管部门对满足补助条件的老人发放每小时200元新台币的居家或社区照顾服务费用，领取补助的老人可以根据自己的情况，选择居家或社区照顾中心的有关服务。通过以人为单位的补贴方式引导社会资源为老人提供全方位养老服务，使主管部门的有限投入得以高效利用。

（四）注重筹资的多元性

台湾养老服务产业经过多年的发展，已经基本建立起台湾当局财政支出、社会保障支出、私人保险、个人支出和其他途径资金相结合的筹资模式。尤其是通过"长照服务的有关规定"和"长照保险的有关规定"，设立长照服务发展基金和长照保险，搭建了以公共筹资为主导的多元化筹资模式。根据台湾"卫生福利主管部门"的测算，仅长照保险的建立，即可实现整体服务对象规模达到"长照 1.0"服务对象规模的 6 倍之多。

（五）注重人才发展规划

"长照 1.0"提出要鼓励高职、高技院校设立照顾服务相关科系，并加强对照顾服务人员的培训，鼓励专科院校设立跨领域老人学课程或高龄社会相关服务课程，以及相关研究所设置长照管理课程。"长照 2.0"进一步细化人才规划，建构由台湾"卫生福利主管部门""劳动主管部门""教育主管部门"跨部门合作的人才发展机制，通过鼓励深化学科设计、设置产学合作中心、设计专业训练课程、纳入专技高考、适度提高薪资待遇、建立长期发展职业生涯、利用就业安定基金扩大奖励等措施确保养老服务产业人力资源的可持续发展。

（六）管理服务精细

在机构管理方面，台湾养老机构致力于建立标准化、规范化、精细化的作业流程，以提高服务质量和效率。同时，注重人力招聘、品质监控和信息化平台建设。此外，台湾管理人员对其服务的老人称呼非常人性化。他们称老人为"长辈""长者"；将老年人学习的院校取名为"长青学苑"；将相关行政管理部门命名为"长青福利科"；等等。

（七）土地供应方式新颖

台湾广泛采用两种创新性的模式为养老产业供应土地。一种是 BOT 模式（建设—运营—转让），台湾当局建设，由民间经营，几年以后归还当局重新进行招标；另一种是 OT 模式（运营—转让），当局提供环境、位置、交通都很优越的地块，由民间来建设和经营，年限为 30～50 年，年限届满时政府收回。

第三节　日本养老服务管理实践

一　日本社会养老服务管理的国家战略：《黄金计划》

（一）社会养老《黄金计划》：实现保健、医疗、养老服务的一体化

日本从国家战略的高度应对老龄社会的第一个举措是于 1989 年制定公布《黄金计划》，这实际上是日本第一张应对老龄社会的蓝图，其主要目的是增加养老服务的社会供给量。《黄金计划》通过以下四个方面的工作来打造社会养老服务体系：①扩充居家养老服务与机构养老服务；②老人保健福祉的相关服务；③社会养老介护人才的教育培养；④建设居家养老的社会支援服务体系。这项计划要求地方政府必须在每一个中学校区（居民人口在 2 万人左右的区域）设立一所"居家养老介护支援中心"。

《黄金计划》提出要创设"长寿社会福祉基金"，对卧床不起的老人开展照料计划，同时提出的具体目标包括：①完善居家养老社会支援体系；②培养 10 万名居家养老服务员；③新建短期托老设施床位 5 万张；④新建"日托"服务中心 1 万个；⑤新建居家介护服务支援中心 1 万个；⑥在养老机构方面新增特别养护老人之家床位 24 万张；⑦新增老人保健设施床位 28 万张；⑧新增看护之家床位 10 万张，以及在边远地区增设高龄者福祉设施 400 座；等等。《黄金计划》中还包括"医疗福祉机器技术研究开发计划"。

（二）社会养老《新黄金计划》：社会养老普遍性、综合性、社区化原则

1994 年，日本根据社会老龄化的实际情况以及各地区的实施情况，对《黄金计划》进行了修改和完善，并且制定公布了《新高龄者保健福祉推进战略（1995～1999 年）》，该战略又被称为《新黄金计划》。

《新黄金计划》的特点是强调社会养老服务必须坚持"普遍性、综合性以及社区化"的原则，提出：①养老服务的普及化；②充实居家养老服务的内容；③建立服务质量评价标准；④加强养老介护器具和设备的研发

以及对老人住宅的无障碍改造；等等。日本一方面要增加社会养老服务的供给量，改善有助于维持高龄者生活自理能力的服务，另一方面要积极开展并推动长寿健康科学的研究与应用。

另外，《新黄金计划》将居家养老服务员的培养人数由原来的 10 万名增加到 17 万名；将新建短期托老设施的床位由原来的 5 万张增加到 6 万张；将提供日托服务的设施由原来的 1 万个增加到 1.7 万个；等等。

（三）《21 世纪黄金计划》：构建面向每一位国民的社会养老服务体系

2002 年，日本在全面实施"介护保险制度"的同时推出了《21 世纪高龄者保健福祉推进战略》，又称《21 世纪黄金计划》（见表 9 - 1）。

《21 世纪黄金计划》强调有必要构建"每一个国民都能就近享受的、必需的养老介护服务体系"，这个新的服务体系主要包括以下 5 个要点：

第一，通过医疗和福利，为高龄者养老需求提供综合性服务的体系；

第二，根据高龄者本人的意愿，在专家的帮助下选择最佳服务的体系；

第三，通过不同事业或企业形态的良性竞争，可提供多样化优质服务的体系；

第四，日益膨胀的养老介护服务费用应该由所有国民公平负担的体系；

第五，通过居家养老与机构养老实现费用负担公平化的体系。

表 9 - 1　日本构建社会养老服务体系的国家战略

机构目标战略	《黄金计划》	《新黄金计划》	《21 世纪黄金计划》
居家养老支援中心	由 300 个增至 1 万个	1 万个	—
家访护理服务员	由 3.6 万人增至 10 万人	17 万人	35 万人
家访看护站	—	5000 个	1 万个
日托服务站	由 1800 个增至 1 万个	1.7 万个	2.6 万个
短期托老所	床位由 8000 张增至 5 万张	床位 6 万张	床位 9.6 万张
特别养护老人之家	床位由 17 万张增至 24 万张	床位 29 万张	床位 36 万张
老人保健设施	床位由 5 万张增至 28 万张	床位 28 万张	床位 29.7 万张
看护之家	床位由 2000 张增至 10 万张	床位 10 万张	—

二 日本的社会养老服务管理体系：以居家养老为核心

日本在构建社会养老服务体系的过程中走过弯路，浪费过宝贵的资源。例如，在老龄化社会初期阶段，国家制定的社会养老服务《黄金计划》中多次增加养老床位的建设指标，许多地方为了落实《黄金计划》，片面地追求实现每千人多少床位的建设目标。恰好当时日本的房地产泡沫破裂，房地产开发公司为了寻找新的盈利增长点，看到了养老服务市场的巨大商机，于是在郊外或海边建造了许多大规模的高档养老机构设施。可是，这些大规模的养老机构设施建成后并不受高龄者的欢迎，其后几乎都废弃了。原因很简单，老人们不愿意离开自己长期以来生活的家和熟悉的社区。

在走过这段弯路之后，日本把社会养老服务体系建设的重心转移到构建地区养老支援中心、全力支援居家养老上来，而养老机构设施的建设也以"袖珍、小型"为特点，在城市内紧靠社区展开，受到了高龄者的欢迎。

（一）以居家养老为核心，为高龄者养老提供多种服务的选择

日本介护保险（养老服务保险）制度设计的基本目标之一是对高龄者的养老介护服务提供社会性支援；基本目标之二是让高龄者自己来选择不同的养老服务；基本目标之三是重视居家养老介护服务。介护保险制度自2000年起实施到2011年，经过数次修改调整，使以上三大基本目标完全得到了实现。

可以说，在确保养老介护服务社会性的前提下，日本国民只要处于需要介护服务的状态，无论是谁，都可以平等地利用养老服务。此外，养老介护服务的内容不断得到创新，养老服务的供给量不断增加，高龄者完全可以根据自己的意愿，在多达40个大项的服务中选择并决定利用何种养老介护服务。

（二）居家养老与拥有专业资格的"家访护理员"

深受儒家文化影响的日本社会，长期以来是以"家"为赡养老人的基本单位的，这里所说的赡养包括"经济性的赡养"与"服务性的赡养"。

一直到20世纪80年代初期，家庭赡养老人仍然是日本社会养老的主流。但是，随着日本经济的高速增长与生活样式的变化，家庭赡养老人的功能开始弱化。日本65岁以上老人与子女的同居率从1980年的72%下降到2000年的50%，到2010年下降到36%。65岁以上的老年夫妇相互照顾、65岁以上的老人照顾80岁以上的高龄老年人的所谓"老老介护"（老人照顾老人）的现象相当普遍。于是，为居民养老提供社会性的支援成为日本构建社会养老服务体系的首要任务之一。

此外，日本介护专业人才教育培养体系得以建立。经过专业训练后拥有专业资格的"家访护理员"（居家养老护理员）以及"家访看护师"，根据介护（养老服务）计划，可以24小时巡回登门为居家养老的老人提供服务，而日本的高龄者已经习惯并且接受这些专业的养老服务。

（三）日本的居家养老支援中心

为了为居家养老提供有效的支援，日本法律规定，地方政府在每10万人口的生活空间中必须设立一个"基干型居家养老支援中心"，按中学校区标准设立"社区型居家养老支援中心"。也就是说，只要有1所中学，就必须有1所社区型居家养老支援中心。

居家养老支援中心的主要任务是以"看护经理""社会福祉士""保健师"为主体，完成以下各项服务：①对本地区居家养老的高龄者提供综合性、持续性的支援和服务；②成为居家养老的老人及其家属的对应窗口；③保护高龄者的权利，防止虐待老人，保护高龄者的消费者权利；④针对失能与半失能高龄者或有失能与半失能风险的高龄者制订"介护预防（老化预防老年康复）计划"；等等。2006年，日本在修改《介护保险法》之后，以居家养老为基础，规定地方政府设立社会养老的"地区综合支援中心"，要求地方政府开展"地区亲密型养老服务"，利用特种车辆进行上门服务。

三　"介护保险制度"中的养老服务管理实践

1996年11月，日本国会提出了与老年介护有关的三项法案（《介护保险法案》《介护保险法施行法案》《医疗法》）的部分修正。1997年12月，上述三项法案经部分修正后进行公告，正式实施时间为 2000 年 4 月 1 日。日本介绍保险制度设立的具体过程如表 9 - 2 所示。

表 9 - 2　日本介护保险制度设立时间

时间	制度设立过程
1994 年 4 月	厚生省设立老年人看护对策本部
1994 年 12 月	社会保障未来蓝图委员会与老年人照顾、老年人自立援助系统研究会提交报告
1995 年 2 月	老人保健福利审议会开始审议
1995 年 7 月	审议会提出介护保险制度的想法
1996 年 4 月	审议会提出介护保险制度的最终报告
1996 年 11 月	国会提出与介护保险相关的三项法案
1997 年 12 月	法案部分修正后并公告
2000 年 4 月	法案正式实施

（一）介护保险制度中的管理实践

介护保险制度是以老年人自立援助为主导，以共同连带为理念，通过全体国民的相互援助，实行对老年人照顾的一种强制性的制度安排。

1. 介护保险的实施主体

介护保险制度是把市、町、村及东京都 23 个特别区的地方政府组成的联合机构作为实施主体，负责介护保险的营运工作，中央政府和都、道、府、县政府只承担出资责任，不参与"介护保险"制度的具体实施过程。

2. 介护保险制度的服务程序

第一步，提出申请。老年人（被保险人）向市町村等地方自治单位（保险人）提出申请。此申请可由家人、居家照顾支援专员或介护保险机构代为申请。提出申请后，市町村行政机关委派调查员到被保险人家中进行实地访问调查。

第二步，资格审查。市町村行政机关委派的调查员将访问结果反馈给介护认定审查委员会，委员会根据调查报告与国家标准进行审核，做出级别判定，将判定结果在 30 个工作日内告知申请人。

第三步，接受服务。申请人获得介护资格后，由专业介护师帮助申请人拟定服务计划。老年人可参与服务计划的制订，也可自行制订服务计划。服务计划是根据老年人的身心状态选出合适的服务项目，以一周或一个月为单位，制定服务表。

第四步，介护计划实施半年后，根据申请者健康状况的变化程度，重新评估原介护计划，依据被介护人需要，调整介护项目，制订新的介护计划。

3. 介护保险制度的经费来源

在介护保险的总费用中，服务接受者负担 10% 的费用，其余 90% 的费用由参保者缴纳的保险费与国家财政负担，二者各负责 45% 。参保者的缴费标准根据年龄、家庭人口、是否领取老龄福利年金等不同而有所不同。《介护保险法》规定，40 岁以上的公民必须缴纳介护保险金，其中 65 岁以上的公民负担 16.2% ，40~65 岁的公民负担 28.8% ；国家财政负责的 45% 的保险费是由中央财政的 22.5% 、都道府县财政的 11.25% 、市町村财政的 11.25% 组成的。

4. 介护员的资格条件

日本"介护员"必须具备相应的介护员资格。介护员包括介护福利员与访问介护员两种，介护福利员是指具有专业照顾知识与技能的工作人员，介护福利员需经过 2 年的正规学习，并通过国家统一的介护福利员考试获取资格认证，之后才可正式受聘。访问介护员需要本人申请报名，参加政府举办的访问介护员培训班，接受课程培训，考试合格后获得执业资格证书。访问介护员通过考试后，要到户籍所在地的政府相关部门登记注册，等待上岗。根据培训课程与介护员的熟练程度，访问介护员一般分为三个层级：一级介护员负责安排、管理辖区内介护员的工作，也参与对老龄者的护理工作；二级介护员可以做所有的护理工作；三级介护员只能从事简单的家政服务、身体护理等工作。

（二）介护保险服务管理的预期目标

维护社会稳定。目前，老年人照顾问题是日本国民最大的不安。老年人照顾的长期化，以及需要照顾的老年人数量逐年增加，使核心家庭难以承担这种重负。老年介护保险制度将原有的家族式照顾变为社会式照顾，可消除国民的不安，有助于社会稳定。

满足老年人护理需求的多样化。在介护保险施行前，老年照顾服务项目由行政单位确定，老年人不能选择。在介护保险施行后，老年人可根据自己需求，自由选择服务。不同老年人的需求与价值观各不相同，这种服务制度上的转变，可提高老年人选择的自由度。

提高老年护理服务质量。介护保险市场增加了服务提供者的类别，包括公营机构、医疗机构、社会福利机构、民间企业与 NPO 等，多种类的服务提供者可向老年人提供优质且有效的服务。

控制医疗费用开支。在介护保险施行前，"社会性入院"现象严重，致使老人医疗费用急剧增加。在介护保险制度施行后，照顾服务和医疗保险分开管理，可以消除此种现象，减轻财政压力。

（三）日本介护服务管理的特点

日本介护保险制度出台十年，实施效果一直为社会各界所关注。介护保险制度是日本政府为应对人口老龄化的社会特征、转换政府职能角色所制定的一项老年保障制度，对日本社会经济发展产生了重要影响。由于介护保险制度实施所关联的社会经济因素众多，同时，该项制度本身尚不完善，因此在制度实施过程中出现了积极效用与消极效用共存的局面，但总的来说，积极效用对社会经济发展的影响大于消极效用。

1. 社会效用层面

（1）接受保险服务的老年人数量逐年增多，加快了老年护理服务的社会化进程。在介护保险制度实施之初，介护服务质量不高，老年服务设施紧缺，因此，介护保险制度经常受到社会与老人的质疑，致使参加介护保险的老年人数量相对不多，老年护理服务的社会化水平也不高。介护保险管理机构根据实际情况，着力解决这两方面的问题，有效推进了老年护理服务的社会化进程。

第一，提高服务质量。介护保险管理机构通过加大力度招入与培训服务人员，严格执行看护计划等措施，大大提高了服务质量。目前，介护保险的服务水平与服务质量得到社会与老人的充分肯定。第二，增加服务机构。介护保险管理机构根据参保人数逐年上升的趋势，每年都新增设老年服务设施。随着服务质量的提高和服务设施的增加，日本参加介护保险制度的人数逐年增加，老年护理服务的社会化水平显著上升。

（2）减轻家庭照顾老人的重负，缓解社会矛盾。一方面，随着日本工业化程度的提高和城市化进程的加快，女性就业率和机会成本的不断提高，家庭逐渐失去了对老年人的护理能力。另一方面，老年人口的平均寿命不断提高，日本需要护理的老年人不断增多。老人护理问题给老人及其家庭都带来了极大的困扰，成为老年人养老过程中最大的担心和不安。介护保险制度的实施极大地改善了这种护理窘况。介护保险制度将家庭照顾老人的责任交由社会承担，由专业机构完成这项任务，不但有助于年轻一代专心工作，也有利于提升老年人生活水平，提高老年人的快乐指数。

2. 经济效益层面

（1）减轻了中央政府老年保障支出的财政负担。介护保险制度的实施有效扭转了中央财政的支出窘况，改变了以往老年福利制度的全部费用都由中央财政负担的模式，明确规定了介护费用支出由中央财政、地方财政与个人三方共同负担。新的费用负担模式以市场化的服务方式，增加了地方政府与个人的保险缴费，减轻了中央财政的过度负担。

（2）控制医疗资金过度支出。在实行介护保险制度之前，"社会性入院"等原因使日本老年人医疗费每年都以 10% ~ 12.5% 的速度增长，1999年老年人医疗费占总医疗费的 39%。介护保险制度的实施促进了中央财政支出结构的合理化。日本政府发布的《21 世纪的福利展望》明确指出，中央财政关于年金、医疗与老年福利的支出结构要进行调整，比例从 5∶4∶1调整为 5∶3∶2，调整后的支出结构加大了对老年福利的服务支出力度，缩减了对老年医疗费用的支出，有效抑制了"社会性入院"问题的出现，减缓了老年医疗支出过度增长的态势。

3. 制度建设层面

构建完善的资格审查与医疗管理机制。日本介护保险建立了一套科学合理的资格审查认定机制。介护保险要求受益人要经过申请、调查、审查、认定等程序，通过认定后，确定受保险者的介护保险等级，按等级需要实施介护。在介护服务实施半年后，要对受保险者的健康状况与精神状况重新进行调查与评估，根据其改善情况，重新确认介护等级和制订新的介护计划。严格的审查与评估机制保证了介护保险制度的准入资格，提高了医疗资源的使用效率，也能够针对老人的身体改善情况，及时调整介护计划。老年人照顾涉及医疗、护理、药物、保健和恢复健康等各方面的内容，需要社会保险部门、民政部门、卫生部门和医院等机构的通力合作。日本介护保险制度要求各相关部门加强合作、紧密配合，并建立"疾病综合性管理"制度。

4. 资金筹集层面

资金筹集方式合理。介护保险制度的资金可通过三方筹集的方式获得，介护保险利用者、参加保险者、各级政府都要承担相应的费用，为使介护保险制度资金的来源稳定，各级政府负担了总费用中接近一半的费用，这为介护保险制度的顺利实施提供了充足的资金保证。保险利用者需要支付 10% 的保费的做法体现了介护保险制度的公平性，也防止了保险利用者滥用服务的倾向。介护保险制度规定 40 岁以上的国民必须参加介护保险制度，并缴纳一定数额的介护保险金。参加保险者的缴费标准根据年龄、家庭人口、是否领取老龄福利年金等不同而有所不同。这种分类缴费的做法减轻了 65 岁以上老年人的缴费压力，扩充了介护保险的资金容量，降低了健康保险的费用负担风险。

四　日本开放养老服务市场的政策与手段

(一) 提供养老服务的主体多元化

2000 年，日本开始实施介护保险制度，这不仅是日本根据"公助、互助与自助"原则建设社会养老服务体系的一个历史性的步骤，而且是日本正式向民间开放养老服务市场的一个重大契机。

在实施介护保险制度之前，日本的养老服务主要由政府包办，是以公办或事业单位的运行管理模式来提供的。也就是说，在日本社会老龄化的前期阶段，政府机构及其直属的事业单位是提供养老服务的主体。这种"官"主导的行政管理式的养老服务往往官僚气十足，效率不高，而且总有一种"施恩"的味道，很少站在高龄者（养老服务的消费者）的立场去思考问题。不仅养老服务的供给量有限，而且服务的质量也不高，在养老服务内容和服务的形式方面，高龄者没有什么选择余地。

为了在养老服务领域打破"官"主导、公办机构唱主角的局面,从2000 年开始实施的日本介护保险制度正式决定向民间资本和民营企业开放养老服务市场,试图通过引进民间活力,促进养老服务的创新,进而增加养老服务的供给量,通过公办事业单位与民营企业以及民营企业之间的相互竞争,提高养老服务的质量。在促进养老服务行业健康发展的同时,为高龄者(养老服务的消费者)提供更多的选择。可以说,日本介护保险制度的实施为民营企业进入养老服务市场开启了大门。最终,提供养老服务的主体呈现"官"退"民"进的新局面。

(二)鼓励民营中小企业进入养老服务市场的优惠政策

开放养老服务市场也是日本经济转型、发展新兴服务业与增加新的就业、提高日本服务业国际竞争力的一大举措。为了鼓励民间中小企业进入社会养老服务市场,日本政府出台了一系列奖励优惠政策(见表9-3)。

表9-3　日本最近出台的鼓励中小企业参加社会养老服务市场的政策

促进创业的咨询指导支援项目	促进创业的资金支援项目
1. 在日本全国建立 300 个创业咨询指导窗口,由专家对创业者提供"一站式"服务创业咨询指导,窗口的设立与运行费用由国家和地方政府分别负担 50%	1. 创业支援的债务担保 ①为创业者个人或创业 5 年之内的中小企业的开业资金提供无担保保证 ②根据日本产业活力再生特别措施法,担保额度为 1000 万 ~ 2000 万日元
2. 派遣专家指导经营管理,建立经营网络由各地方中小企业支援机构委派专家对新设立企业进行经营指导并且建立经营网络。相关费用由国家补贴 1/3,地方政府补贴 2/3。企业向支援机构支付 1/3 的指导费用	2. 经营设备现代化资金制度,为支援企业进行新的设备投资 ①提供无息贷款(融资比例为 1/2) ②延长贷款偿还期限(由现行的 5 年延长至 7 年) ③设备租赁制度

1. 在养老服务领域,促进创业的咨询指导与支援项目

为了帮助民间中小企业进入养老服务市场,日本政府在全国建立了300 个创业咨询指导窗口,由养老服务领域的专家对准备开拓养老服务业务的民间中小企业提供"一站式"创业咨询服务。这 300 个创业咨询窗口的设立经费与日常运行费用由国家和地方政府各分担 50%。同时,日本政府还专门规定各地方的中小企业支援机构必须派遣养老服务领域的专家对新设立的养老服务企业进行经营指导,并且帮助这些企业建立经营网络。

经营指导费用与建立经营网络的费用由国家补贴 1/3，地方政府补贴 2/3。接受经营指导的养老服务企业只要向中小企业支援机构支付 1/3 的指导费用即可。

2. 在养老服务领域，促进创业的资金支援项目

为了给养老服务市场带来民间资本和民营企业的活力，日本政府还积极为中小企业进入养老服务市场提供资金方面的支援。一方面，为中小企业进入养老服务市场提供担保，如根据日本产业活力再生特别措施法，为在养老服务领域内创业的中小企业提供额度为 1000 万～2000 万日元的担保。另一方面，为了促进养老服务领域企业经营的现代化，日本政府还为企业购买新设备提供资金支援。这些支援包括对养老服务企业引进的新设备提供无息贷款，并且将无息贷款的偿还期限由现行的 5 年延长为 7 年，等等。日本政府还为养老服务领域的企业雇用无行业经验的员工提供资金补贴，为企业改善员工的劳动环境和福利待遇，以及员工的教育培训提供奖励与资金支持。如为企业提供"介护能力开发补助金"（政府负担养老服务员工教育培训费用的 1/2）、"介护服务人才雇用管理辅助金"（政府负担的限额是每人半年 70 万日元），以及"介护服务基础人才确保辅助金"等。

（三）打造新兴服务业的企业群，创新养老服务的模式

日本的养老服务市场从 2000 年实施介护保险制度开始，市场规模日益扩大。据日本政府养老服务市场的分析预测，日本 65 岁以上的高龄者为 2900 万人，其中 75 岁以上的"后期高龄者"为 1400 万人。2000 年，因失能与半失能而需要介护服务的高龄者为 226 万人；到 2020 年，因失能与半失能而需要介护服务的高龄者将增加到 477 万人。与此同时，日本居家养老服务市场的规模将从 2000 年的 5.2 万亿日元扩大到 2020 年的 10.3 万亿日元；机构养老的市场规模将从 2000 年的 3.3 万亿日元扩大到 2020 年的 9.2 万亿日元。养老服务行业的从业人员也将从 2000 年的 148 万人增加到 2020 年的 295 万人。

日本养老服务市场持续增长的巨大前景以及日本政府实施"官"退"民"进的战略，一方面开放市场，另一方面鼓励和支持中小企业在养老

服务领域内创业发展，为日本打造新兴服务业的企业群贡献一份力量。

2010年，日本养老服务领域的企业有7150家，其中大多数是2000年日本实施介护保险制度（养老服务保险制度）之后创立的。2006～2010年，日本养老服务领域的企业就增加了2.5倍。这7150家养老服务领域企业的销售额为9.2万亿日元。而且，在销售额为10亿日元以上的养老服务企业中，有75%的企业的收入持续增长，有93%的企业实现盈利。在养老服务领域，许多企事业单位积极创新经营模式。例如，由日本横滨的社会福祉法人丰笑会开创的"社区密集型养老服务"模式，紧贴社区，以居家养老为核心，为社区的高龄者提供从制订养老服务计划到家访介护服务、日托服务、短期托老服务、小规模多功能老人之家服务、高龄者集团居住老人之家以及新型特别养护老人之家的服务，不仅受到高龄者及其家属的欢迎，而且受到养老服务行业的关注（见图9-1）。

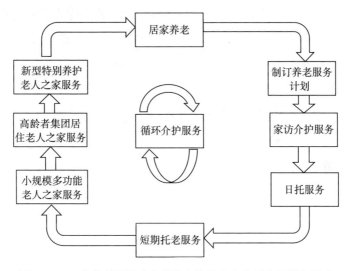

图9-1　日本社会福祉法人丰笑会的社会密集型介护服务模式

（四）鼓励养老服务市场有序竞争，实行养老服务信息公开制度

开放养老服务市场达到了增加社会养老服务的供给量和鼓励有序竞争以提高养老服务质量的效果。但是，在养老服务领域内引进民间活力，自然会导致泥沙俱下，特别是在社会老龄化的前期阶段，也就是房地产泡沫破裂的前后，许多房地产开发商为了寻找新的盈利增长点而进军养老服务

领域，这些房地产开发商并非为了社会养老服务事业的发展，而是营利优先，借社会养老服务的商机、以养老服务之名开发新的房地产项目，许多大型项目建成后经营不善，结果坑害了高龄消费者。为了杜绝这类侵害高龄消费者权益的现象，日本政府养老服务的主管部门一方面加强监管，另一方面在 2000~2009 年共取消了大约 1000 家企业从事养老服务的资格。与此同时，修改后的日本《介护保险法》规定，从事养老服务的企事业单位必须实行"介护服务信息公开制度"（养老服务信息公开制度），根据这一制度，养老服务行业的企事业单位有义务定期向地方政府主管部门报告本单位的养老服务信息，地方政府主管部门必须对报告的内容进行核查确认，并且将核查确认信息的结果通过互联网向社会公开。

养老服务信息公开制度一方面起到了保护高龄消费者的权益、规范市场、监管养老服务行业的作用；另一方面，高龄消费者可以通过公开的信息在众多的养老服务供应商中选择符合自己需求的优质的服务企业。这样一来，养老服务信息的公开制度也就起到了促进养老服务供应商相互竞争，进而提高养老服务行业整体服务质量的作用。

第四节　韩国养老服务管理实践

一　韩国养老服务制度演化

（一）第一阶段：养老服务起步阶段

20 世纪 60 年代前，韩国政治局势动荡，社会混乱，经济落后，还没有着手建立社会福利制度。1961 年朴正熙执政后，韩国经济开始起飞，经济规模逐渐扩大，朴正熙为获得民心开始关注社会福利制度的建立与发展，并制定了一些有关社会福利的法律法规。1961 年，韩国制定了《生活保护法》，为生活窘迫的人们提供生活保障。该法规定的保障对象主要包括低收入人群、没有劳动能力的 65 岁以上老年人、未满 18 岁的儿童、孕妇以及因患有疾病而无法正常劳动的弱势群体。该法的颁布标志着韩国开始建立社会福利制度，并为此后韩国养老服务的发展奠定了基础。

1962 年，韩国颁布了《第三共和国宪法》，提出国民生存权和福利国家义务，把关心老年福利问题提上议事日程。20 世纪 70 年代，随着社会经济的快速发展，韩国开始实施以扶贫为主的社会福利政策，先后制定了《社会福利事业法》（1970 年）、《国民福利年金法》（1973 年）。但由于 1973 年的石油危机影响了韩国经济，韩国不得不将经济发展放在首位，实行"先增长后分配"的政策，因此，这些法律法规所规定的政策措施未能得到很好的落实。此外，韩国在这一时期广泛实施了由政府主导的"家庭计划"，积极实行人口调控，致使韩国生育率显著下降，人口增长速度放慢，人口结构发生变化。随着老年人口的逐渐增多，韩国制定《老年福利法》的需求随之增大。此时的韩国社会开始担忧以经济发展为主的政策有可能会影响国民团结和社会稳定。在这种情况下，1977 年，韩国制定了《医疗保护法》，规定政府对包括老年人在内的弱势群体有提供医疗保护的义务。1978 年，韩国老年学会成立，老年人的生活和社会参与开始得到重视。

（二）第二阶段：养老服务发展阶段

韩国在实行了 20 年的"先增长后分配"政策之后，出现了收入和分配两极分化明显的现象。随着经济的持续发展，争取社会福利的民众运动热情日渐高涨。同时，这一时期的韩国经济稳步发展，逐渐成为国际市场上一个具有竞争力的国家，这为养老服务制度的发展提供了有利条件。

1980 年，韩国在《第五共和国宪法》中将发展社会福利作为国政的重要课题之一。在宪法的国民权利和义务中增加了追求幸福权、适当工资请求权、社会福利权、环境权等条款，并且在经济条款中明确了"保护社会弱势群体"的规定。在此基础上，1981 年，韩国制定了《老人福利法》，规定国家和地方政府自治团体有责任促进老年人保健及福利服务。具体包括：为老年人定期体检和开展保健教育，实现老人福利设施的多样化建设，建设免费或低收费的养老设施老人疗养设施福利中心，等等。该法的制定标志着韩国建立了专门针对老年人的社会福利制度。1989 年，韩国第一次修改《老人福利法》，成立了由国务总理担任委员长的"老人福利对策委员会"，在保健福利部下面设置了老人福利科，在政府层面研究有关老人福利的政策并首次提出为居家老人提供养老护理服务的想法。1993 年，韩国政府对《老人福利法》进行了第二次修改，进一步对居家老年人的福利服务做出规定，即在发展居家养老服务方面，扩充家庭护理员派遣机制、建设日间照料、短期入住设施等内容，为居家养老服务的发展提供法律保障。韩国的养老服务内容开始趋于多元化，以满足老年人的不同需求。

（三）第三阶段：养老服务改革及完善阶段

经过约 30 年的经济高速增长，韩国国民的生活水平不断提高，对社会福利有了更高要求。同时，韩国人口老龄化程度不断加深，老年人对医疗护理的需求也进一步增强，韩国政府通过扩大补助对象和补助内容使老年服务制度得到进一步完善。

2006 年，韩国开始实施《第一次低出生高龄社会基本计划》，确立了有关老年人的社会福利、雇佣、金融、教育、文化等综合性应对措施，并成立了相关委员会，由总统担任委员长，直接协调政府的各个部门，共同制定应对措施。2005 年和 2007 年，韩国对《老人福利法》进行了两次修改，其中包括为老年人开设紧急热线、设立保护老年人的专门机构等，以此防止老年人受虐待现象的发生，同时提出重视老年人就业、支援独居老人、完善老人福利会馆等相关规定。

2008 年 7 月 1 日，韩国正式实行《老人长期疗养保险制度》，并且采取老人长期疗养保险与国民医疗保险相捆绑的形式。该保险的服务范围是65 岁及以上老年人或 65 岁以下日常生活无法自理的人员，主要指患有脑血管疾病、认知障碍等老年性疾病的人员，而且必须是被审查委员会认定为行动无法自理 6 个月以上的人员。

经过这一时期的多项改革，韩国养老制度发生了根本性变化，从社会救济阶段逐渐发展为社会保险阶段，满足了老年人的各种福利需求，韩国进入全面改革和完善老年服务制度时期。

综上所述，从 20 世纪 60 年代开始，韩国养老服务制度经历了起步、全面发展和改革完善的阶段，经过近半个世纪的探索和发展，韩国逐渐形成了比较系统的老年福利制度，在养老服务制度方面为其他国家提供了很多值得借鉴的经验。

二 韩国养老服务管理概况

韩国护理保险法建立之前的社会保障制度无法有效地解决人口老龄化

带来的养老护理问题，同时，护理制度也需要以立法的形式加以社会化。在对以往老年社会保障模式进行反思的基础上，韩国借鉴德国及日本的养老制度，引进护理保险法，将护理老人的家庭模式通过社会保险这一社会契约形式加以规范化、社会化、制度化、专业化。

（一）养老服务管理的相关文件

韩国老年福利的相关法律法规及制度形成于经济高速增长时期和人口年龄结构基本平衡时期，涵盖了老年人的医疗、护理、雇用、居住、收入等各个方面。随着老龄化进程的加快和社会经济的发展，韩国及时对相关法律法规进行多次修改和完善，形成了较为完整的保障老年人权益的法律法规体系（见表9-4）。

表9-4　与养老服务相关的法律法规及修改示例

时间	相关法律法规	相关内容
1961年	《生活保护法》	为生活窘迫的人们提供生活保障，其中包括没有劳动能力的65岁以上老人
1962年	《第三共和国宪法》	把关心老年福利问题提上议事日程
1977年	《医疗保护法》	规定政府对包括老年人在内的弱势群体有提供医疗保护的义务
1981年	《老人福利法》	规定国家和地方政府自治团体有责任促进老年人保健及福利服务
1989年	第一次修改《老人福利法》	在政府层面研究有关老人福利的政策并首次提出为居家老人提供养老护理服务
1993年	第二次修改《老人福利法》	进一步对居家老年人的福利服务做出了规定
2006年	《第一次低出生高龄社会基本计划》	确立了有关老年人的社会福利、雇用、金融、教育、文化等综合性应对措施
2008年	《老人长期疗养保险制度》	为65岁及以上老年人或65岁以下日常生活无法自理的人员提供护理服务
2010年	第八次修改《老人福利法》	确立护理师考试制度，增加护理师培训，进一步完善了老年长期护理服务

（二）老年护理服务的内容

《老年长期护理保险法》是韩国护理保险制度的核心。2007年4月，韩国国会通过了《老年长期护理保险法》，该法于 2008 年 7 月 1 日正式实施。其主要内容如下：被保险者为 65 岁及以上的老年人、年龄在 65 岁以下患有阿尔茨海默病和脑血管疾病等老年疾病的老年病患者以及享受医疗救助的人，不包括轻度老年病患者和残疾人。目前，老年人长期护理保险种类分为居家服务 6 种（访问护理、访问看护、访问沐浴、昼夜护理、短期护理、租赁福利用具）和设施服务 2 种（入住设施、共同生活照料），只有在特殊情况下才提供现金给付（家属护理费、特别疗养费、疗养医院看病费）。

保险金支付方式分为 3 种，即机构护理给付、居家护理给付和特别现金给付，以前两种给付方式为主、现金给付为辅。机构护理给付是老年人入住特定的机构，在该机构内接受相应的护理服务，如特别护理养老院、老人保健所、疗养病床等。居家护理给付以上门护理、上门洗浴、上门医疗、昼/夜护理、短期入所护理服务 5 种类型为主，还包括福利用具及康复援助等。特别现金给付特指 3 种特殊情况：一是对一些居住在交通不便或养老机构极端匮乏的边远地区的老人家属支付家族护理费；二是支付给在指定设施外接受护理的老人的特别疗养费；三是在老年人专门医院住院期间给予的医院看护费。从服务内容来看，韩国的护理保险法能够真正满足老年人多样化的护理需求，在服务种类和服务时间的安排上也比较周到细致，有日常生活护理和特别护理等，时间上能保证 24 小时全程服务，而且明确划分了详细的护理服务等级和收费标准。在保险费用的收支上明确了政府、机构和个人三方的权利与义务。

（三）老年护理服务的管理主体

长期护理保险由隶属于政府的"国民健康保险"公团（以下简称"公团"）进行管理，该公团拥有直营的医疗设施，在全国各地设立分部，实行统一服务标准、统一服务费用、统一保险费标准，并为参加国民健康保险的公民统一办理征收长期护理保险费用。换言之，韩国的长期护理保险制度采用中央集权主义的方式，但同时也发挥地方政府的作用，公团负责管理参保者、征收保险费用、调查保险申请者、管理和指导护理等级评定委员会的运营、制定护理等级认定书及利用护理计划书等业务，而地方政府负责指导、监督和管理护理机构，可以指定或取消护理机构，也可以推荐护理等级评定委员会成员，同时要负责管理本地区的老年性疾病预防保健事业。这样既防止公团组织的官僚化，又防止中央太过集权而脱离地方实际，弱化与社区居民之间的联系。

在接受护理服务之前，老人需要向国民健康保险公团提交认定护理的申请，并接受国民公团人员对其需要护理状况进行调查。国民公团的工作人员通过详细调查家庭、申请人的身体状况，对被保险人是否处于需要长期护理、需要何种护理进行认定，并写出"调查结果报告"。得到国民健康保险公团的认定之后，最终选择权在于使用者本人或其家庭成员。国民健康保险公团据《老人长期护理保险制度》第五十二项，确定被护理人需要护理的状态，对其情况进行打分，超过 55 分的人成为接受服务的对象，可以分为 3 个等级（见表 9－5）。如果接受护理的人对其结果感到不满，可以根据异议申请重新进行调查。

表 9－5　韩国长期疗养等级判定标准

等级划分	判定标准
长期疗养一等级	日常生活中完全需要他人的帮助者 长期疗养认定分数为 95 分以上
长期疗养二等级	日常生活中相当部分需要他人的帮助者 长期疗养认定分数 75 分以上，不满 95 分者
长期疗养三等级	日常生活中部分需要他人的帮助者 长期疗养认定分数为 55 分以上，不满 75 分者

在高龄者被确定为保险给付者后，健康保险公团应当根据该高龄者的选择及身体状况、生活环境、设施条件等制作长期看护计划书，并将该看护计划书与看护认定书一起交给被看护者。韩国的市、郡、区原则上均要设置等级判定委员会，但考虑到人口原因，也可以在一个市、郡、区设置两个以上等级判定委员会，或在两个以上市、郡、区共同设置一个判定委员会。委员会由 15 名委员构成，委员由健康保险公团理事长从医师、社会福利士、当地的公务员中挑选委任。在委员会的 15 名成员中，市、郡、区地方政府推荐 7 人，成员中至少包含 1 名医生。

（四）对老年护理服务提供人员的管理

关于护理人员如何培养的问题，韩国在制定相关政策法规时也有较大争议。护理保险管理方面的争议焦点主要是是否建立护理经纪人（Care manager）和护理师（Home helper）制度。

1. 护理师职业资格制度

护理师是从事帮助老人进食、洗澡、排便以及做饭、清洁等身体护理活动和家务劳动的人力资源，是在护理机构直接提供服务的人员。市民团体和学界认为，目前虽然有家政服务员制度，但是仅仅经过简单的教育并不能承担老年护理服务业务。因此，若要提供专业化的服务，就必须有一大批接受过一定专业教育、具备相应职业资格的护理师，为此有必要建立护理师职业资格制度，对此保健福利部没有提出异议。在国会最终通过的法案中，规定对已有的社会工作者或护士进行培训，使其从事相应护理业务，并新设了《护理师职业资格制度》。《老年长期护理保险法实施令》中规定，接受 240 小时（理论 80 小时、实务 80 小时、实习 80 小时）教育和培训就可以获得一级护理师资格证，接受 120 小时培训就可以获得二级护理师资格证。一级护理师承担重症老人的身体照顾及相关服务，二级护理师则为轻度失能老人提供身体照顾及家务服务。

护理师教育机构的乱设影响了培养质量，韩国为此于 2010 年对《老人福利法》进行第八次修改，确立护理师考试制度，增加护理师培训，提高护理师的专业化程度和护理服务水平。这一制度使护理师教育培训机构从申请制转为指定制，同时规定学习相应课程后须参加国家统一考试，考试通过者才能获得护理师资格证。到 2014 年，韩国已经培养出 130 万名护理师，其中约占 20% 的 26 万人从事实际护理服务。此外，社会工作者和护士各有 1 万多人参与到护理服务之中。

2. 护理师待遇管理

在韩国，生活护理机构护理师的工资按月发放，居家护理机构按小时支付。据保健福利部 2013 年的调查，在生活机构服务的护理师平均月工资是 136 万韩元，居家护理机构服务的护理师平均工资是 6938 韩元/小时，而 2013 年月最低工资是 126 万韩元，小时最低工资为 6030 韩元，护理师的收入比最低工资略高一点。2013 年 3 月，保健福利部颁布《护理师待遇改善规定》，目的是改善护理师待遇。规定如月工作时间超过 160 小时，可支付 10 万韩元待遇改善费；护理师工资可与生活管理员工资水平相当，可提高到 157 万韩元；把减轻业务负担、改善护理师待遇、促进就业安全等事项纳入机构评估指标中。

在《护理保险制度》实施之前，只有非营利组织依据《老年福利法》提供公共养老服务，《老年长期护理保险法》颁布以后，不仅非营利组织，而且个人、私人企业也可以参与到护理服务行列中，护理服务向多种供给主体并存的具有竞争性的市场化方向转变，但这种市场有政府支援和社会保险金的注入，因而具有公共性因素。政府可以管制市场价格、限制市场参与主体、规制交易内容、监督服务质量。

（五）对老年护理服务提供机构的管理

1. 护理服务机构运营规范

《护理保险制度》的实施，使护理服务主体多元化，但也导致机构林立、过度竞争等不良现象出现。在护理机构中，增长最快的是上门护理机构；在居家护理中，80% 的服务是上门服务。一些上门护理机构通过免去个人负担费用、提供礼品等方式吸引护理对象；用延长或虚假记录服务时间、使用无资格护理员等不当方式申请护理保险费用。2010 年，国民健康保险公团提交的《保险金不当申请审核报告》中指出，2008 年护理机构不当申请保险金的案件不到 20 件，但 2009 年增加到 9824 件，2010 年上升到 33151 件，2010 年相比 2008 年增加 1600 多倍，不当申请金额也增长近 300 倍。为解决上门护理机构出现的问题，保健福利部修改了《老年长期护理保险法实施细则》，规定上门护理机构须具备一定规模，如须有 16.5 ~ 33 平方米的办公室，须有 2 ~ 20 名护理师。保健福利部和国民健康保险公团还共同开发了实时监控上门服务的系统，并从 2010 年开始在部分地区试点。目前，长期护理服务利用 RFID（Radio-Frequency Identification）电子管理系统来确认护理服务的开始和结束时间，以此预防用虚假服务申领保险金的做法。同时，对使用减免个人承担费用、受贿等方式引诱护理对象的行为，给予警告、行政处分、吊销执照等处罚。

2. 护理机构评估

为了规范护理机构，韩国政府从 2009 年开始对生活护理机构进行评估，2011 年对居家护理机构进行评估，此后每两年对护理机构进行一次评估。评估项目包括机构运营、环境及安全、权利与责任、给付过程、给付结果等 98 项。评估护理机构对规范机构运营、改善护理师待遇、提高服务质量有促进作用，但有时机构为了应付评估准备大量资料而影响了正常服务的开展。同时，无论是服务利用者还是机构运营者都尚未充分利用评估结果，没有全面公开评估结果，让服务利用者能够选择优质服务，让经营者也能够发现自己的不足，因此服务质量未能得到明显提高。

三 韩国老年服务管理中的政府与市场责任

在《老年长期护理保险制度》实施之前，老年人的福利服务主要是由民间非营利机构的社会福利法人提供的，地方政府根据机构规模和服务对象的数量提供资金支持。在实行护理保险制度之后，政府为了扩大服务供给机构和人力资源，实行了护理服务机构和护理服务人力资源培训机构的申请制度，机构设置条件相对放宽，护理保险制度向多种主体参与竞争的市场化形态转化。老年福利服务不仅由非营利机构提供，而且向以营利为目的的个人、企业开放，护理服务从垄断的供给体系向多种供给主体并存的具有竞争性的市场体系转变。

在韩国，保健福利部主管老年长期护理服务业务，指导和监督地方政府和国民健康保险公团及护理机关支援和调整地方的老年护理保险事业，承担最终的监管责任。保健福利部下设老年长期护理委员会，由劳动者团体、雇主团体、市民团体、老人团体、农渔民团体、自营业者团体等服务对象的代表以及护理机构、学术界、公务员、民间机构推荐的公益代表组成。该委员会的主要功能是审议和制定护理保险费率、特别护理费及护理费用给付标准。同时，中央政府还要承担部分护理保险费用、老年病预防事业所需费用、低收入者和医疗救助对象的护理保险给付中个人承担的费用。

四 韩国养老服务管理经验

韩国通过《护理保险制度》不断提高护理服务的质量和效率。《韩国护理保险制度》是通过以下几方面保证服务质量的。首先是由国家制定护理服务质量标准，在全国统一推行，规范各服务机构的运作，并且通过确立监管机构，监督服务提供部门的服务质量。其次是培养专业的护理人员，通过统一的教育培训和资格认证培养专业护理人员，同时开展一系列的后续培训教育，不断提高护理人员的专业技能。最后是一方面提供开放性的市场竞争环境，通过合理运用竞争机制，提供多种服务方式和多样服务内容，实现社会福利经营多样化，提高养老服务的质量和效率；另一方面充分尊重使用者的选择权利，实行信息公开，给使用者选择的自由。

本章小结

本章以英国、日本、韩国、中国台湾地区为例，梳理了发达国家和地区养老服务制度的演化历程，全面展示了这些国家和地区的养老服务管理现状。本章通过讲授发达国家与地区的养老服务管理实践，对比不同国家和地区管理模式的异同，总结了养老服务管理的经验与启示。

思考题

1. 请比较英国与韩国养老服务管理部门的异同。
2. 请分析日本介护保险服务管理的特点。
3. 我国台湾地区的养老服务制度经历了哪几个发展阶段？
4. 我国台湾地区是如何对老年护理服务机构进行质量评价的？

扩展阅读

关于赴英法考察老龄工作和社区养老情况的报告

应国际助老会和国际老龄协会的邀请，2007 年 10 月 27 日至 11 月 5 日，以全国老龄办副主任、中国老龄协会副会长吴玉韶为团长一行 10 人，赴英国和法国进行了为期 10 天的考察和学习。其间，我们拜会了国际助老会和国际老龄协会，考察了英国两所养老院和一所日间照料中心。这次公务出访虽然时间短，但主题明确、准备充分、安排紧凑、内容丰富，加之各有关方面的支持，考察访问达到了了解情况、坦率交流、促进合作、增进友谊的目的。我们也开阔了视野，拓展了思路，获得了不少有益的启示。

一、考察概况

10月29日上午，我们一行拜会了在伦敦的国际助老会。国际助老会主席理查德先生向我们详细介绍了国际助老会的工作情况。国际助老会成立于1983年，是一个全球性、非营利性、从事全球老年人福利事业的非政府组织联盟。成立至今，一直致力于保障老年人的经济、社会权利，致力于促进代际关系，改善老年人的养老状况、健康和社会服务。20世纪80年代，国际助老会与中国开始合作，建立了很好的合作关系，取得了积极的工作成果。之后，我们参观了伦敦市的助老热线、两家养老院和一所日间照料中心。下午分成两组活动，一组听取国际助老会副主席关于英国老龄工作情况、社区养老和长期照料情况的介绍，并就相关问题进行了详尽的交流；另一组去参加了在伦敦市政厅召开的有关老年人和残疾人如何参与2012年伦敦奥运会的研讨会。

11月1日上午，我们拜访了总部在巴黎的国际老龄协会。国际老龄协会现任主席阿尔贝·马盖瑞和候任主席托马斯向我们介绍了国际老龄协会的工作和法国老年人的养老情况。他们首先肯定了中国老龄协会自1997年加入国际老龄协会以来和国际老龄协会建立的友好合作关系，同时非常赞赏中国在该组织中的积极作用。中国老龄协会所取得的成绩已经被载入该组织20年成就汇集的出版物中。尔后，大家就法国老年人养老情况进行了比较详细的探讨和交流。

在访问两个国际组织期间，吴玉韶团长代表中国老龄协会，充分肯定了国际助老会和国际老龄协会在协助亚太地区发展中国家解决人口老龄化问题方面所起的积极作用。对他们在促进中国老龄事业发展，以及改善贫困老年人的生活状况等方面所做的努力表示衷心的感谢。他指出，21世纪，人类将不可避免地经历"人口老龄化振动"，最直接、最突出的影响就是社会养老负担加重。解决老年人的养老和医疗问题，既是个人和家庭的大事，更是政府和社会的职责。中国作为全球最大的发展中国家，尽管在文化、制度和经济发展水平等方面和西方发达国家不一样，但欧洲国家比中国提前 100 多年步入老龄化社会，是世界上"最老"的地区，在解决养老问题上有很多值得我们借鉴的地方。中国老龄协会愿意进一步密切与两个国际组织的合作，以争取国际组织更多的支持与帮助。同时，中国也将结合国情，学习国际社会成功的经验和做法，促进中国老龄事业与社会经济协调发展。

二、英、法两国老年人基本情况和基本养老方式

（一）英国老年人基本情况和基本养老方式

1. 老龄化和老年社会保障

英国国土面积 24.41 万平方公里（包括内陆水域），人口约 6020 万人，1931 年加入老年型国家的行列。目前，英国 65 岁及以上老年人口已超过 1000 万人，约占全国总人口的 18%。75 岁及以上老年人口超过了 460 万人。预计在未来的 25 年内，65 岁及以上老年人口将比现在增加 60%。2023 年，75 岁及以上老年人口将比现在增加 10%。

英国是发达国家，也是西方实行福利政策最早的国家。第二次世界大战后即建立了一套涉及全社会公民生老病死和衣食住行各方面的福利制度，实施"从摇篮到坟墓"的社会保障制度，带有普及化、全民化和全面保障的特点，是典型的福利保障型国家。

确保老年人晚年生活无忧，是英国政府一贯的政策方针。在英国，凡女满 60 岁、男满 65 岁者，只要缴足保险费（一般为 156 周），退休后每周可领退休金。凡缴纳保险费满 20 年者，可以在基本退休金外另得一笔附加退休金。所有 80 岁以上老年人都可以领取每周 25 便士的高龄补助。政府对 65 岁以上的纳税人给予适当补贴，住房税也相应减少。65 岁以上的老年人可以享受国内旅游车、船票减免的权利，电灯、电视、电话费和冬季取暖费也有优惠。

2. 社区为老服务

社区为老服务（或称"社区养老"）是英国采取的主要养老服务模式。英国人认为，对大多数的老年人而言，社区为老服务是最佳的养老方式。其理念是：（1）尽可能地让老年人在自己的家或地方社区等类似家庭的环境下，过着正常的生活；（2）提供适当的照护和支持，协助老年人达到高度的独立自主性，并由此获得基本的生活技能，帮助他们发挥最大的潜

能。(3) 给老年人对自己的生活方式及所需服务以较大决定权。因此，英国政府大力扶持社区养老或以社区为基础的养老服务，鼓励有关部门和社会志愿者组织为老年人提供各种福利设施和各类社区服务。社区养老已成为英国老年人养老的主要模式，也是一些老龄化程度较高国家、福利国家当今采取的主要办法。目前在英国，社区为老服务是老龄产业最活跃的一个因素，已经形成规模，每年大约有110亿英镑的产值。

英国社区为老服务体系主要由经理人、主要工作人员和照顾人员组成。经理人为某一社区照顾的总负责人，主要掌管资金的分配、人员的聘用及工作监督。主要工作人员负责照顾社区内的老年人，为他们发放养老金，了解老年人的需要及解决一些实际问题。照顾人员是受雇于直接从事老年人生活服务的人，多为老年人的亲人和邻居，政府给予他们一定的服务补贴。

英国社区养老的特点有以下几点。(1) 政策引导。英国政府既制定社区照顾这一社会福利政策，又订立具体的措施，以使社区能切实地承担起这一职能。(2) 政府出资。英国的社区照顾在财政出资上完全体现了以政府为主的特点，很多服务设施都是由政府资助的，社区、家庭和个人的支出不多。(3) 依靠社区。英国的社区照顾主要是立足社区、依靠社区，以社区为依托，各种服务设施都建立在社区中，且社区照顾的方式尽量与老年人的生活相融合。(4) 体系完整。各种社区照顾的机构既有政府出资、社区举办的非营利性机构，也有私营的、商业性的服务机构。提供服务的人员既有政府雇员，又有民间的专业工作人员和志愿服务人员，形成了多主体、多层次的服务体系，以满足不同情况的老年人的需求。

社区养老服务的内容有以下几点。(1) 社交及康乐服务。提供各种发展性、教育性、社交性及康乐性活动，使老年人建立良好的人际关系，提升自我形象，善用余暇，发挥潜能，参与社区生活。例如，组织老年人助人自助；组织各类学习小组、兴趣小组、讲座及参观等；进行各类健康检查、讲座、咨询服务等。(2) 生活照料服务。包括上门送饭和做饭、打扫居室、洗涤衣物、洗澡、理发、购物、陪同去医院等项目。(3) 定期保健服务。社区保健医生定期上门为老年人看病，免处方费；保健访问者上门为老年人传授养生之道，帮助老年人预防疾病等，每年约有60万名老年人接受此类帮助。

英国社区为老服务最突出的特点是"以人为本"。我们所到之处都可以看到，尽管大多为老年人服务的福利服务设施地方狭小，但是都能做到就近就便、方便实用、功能齐全、周到细致，适用于所有老年人。仅以老年设施为例，从设计到服务都从老年人的生理、心理和自身的需要出发，充分体现了对这一特殊群体的人文关怀。比如，他们为不同年龄、体质的老年人提供不同的设施；所有居住环境都有人性化设计，如地板都防滑，大多走廊都有防摔扶手并适合轮椅通过，所有的门都有防止走失的设施。老年人居住的房间既充分照顾到私密性，又方便相关人员照顾和医疗。而且所有为老年人的服务，都充分征求老年人自己的意愿，不强迫老年人接受既定服务和安排。他们还进行详细的老年人生理和心理的检查，建立所有入住老年人的健康档案。针对不同情况的老年人设计不同的服务康复计划，如对脑中风的病人，采取声、光、电复合刺激的方法帮助老年人恢复记忆；对肢体活动障碍的老年人，有循序渐进的锻炼康复训练计划。

（二）法国老年人基本情况和基本养老方式

1. 老龄化基本情况

法国是西方主要发达国家之一，国民生产总值居世界第四位。现有人口 5800 万人，近十几年来出生率呈持续下降趋势，人口老龄化速度在加快，男性平均寿命为 74 岁，女性 82 岁。1870 年，法国 60 岁以上老年人口占总人口的 12%，成为世界上最早步入老年型的国家。目前，法国 60 岁以上的老年人占全国人口的比例高达 20.6%。其中，85 岁以上高龄者有 108 万，至 2010 年预计将达到 160 万，法国社会的老龄化速度正在加快。

2. 社会保障和养老保障

法国社会保障体系分两部分：一为基本社会保障，即宪法规定的保障；二为补充社会保障，即由雇主和职工代表共同组成的机构管理的社会保障。法国社会保护支出占 GDP 的 25%，其中社会保障占 24%，社会行动（社会救助）占 1%。

法国在 1972 年就建立了全国统一的强制性补充养老保险计划，近期又决定在法定的基本养老金计划和强制性的补充养老保险计划之外再建立一个志愿性的个人储蓄计划，从而形成三个层次的养老保险模式。在法国，退休的老年人可以享受到很好的福利待遇，其每个月的收入比如今一般年轻人的还要高。

3. 为老服务

一是机构养老服务。法国机构养老服务业比较发达，大体上分为收容所、老年公寓、护理院、中长期老年医院和养老院。收容所是为生活能够自理的老年人建立的一种收费较低的住宅形式。老年公寓通常具备完善的服务设施，包括膳食、淋浴、阅览、文化活动和医疗保健等项目。护理院主要收住失去生活自理能力的患病老年人，有较完善的医疗和生活服务设施。中长期老年医院则以治疗为主，属于康复医院性质。最发达的是养老院，在法国合法登记的养老院接近 1 万家，收容了约 65 万名老年人。养老院不论是公营的还是私营的，都统一由社会福利部进行管理，养老院的医疗服务则由卫生部门进行管理。

二是社区为老服务。法国政府提倡老年人更多地在社区内生活，于是大力发展老年住宅社区，大力开展社区为老服务。着重开展三个方面的服务：生活服务，为老年人提供家庭保洁、代购生活用品等方面的服务；医疗保健服务，上门为老年人提供一定的保健或简单的治疗服务；文体娱乐服务，为老年人的身心健康和社会交流提供条件。这种老年社区服务充分体现了老年人养老与提高生活品质的结合，它与传统的养老院和老年公寓有着本质的区别。

三是为老服务社会化。法国政府致力于提高老年服务的社会化程度，将老年人服务工作提升到行业的高度，使这一行业与其他行业具有同等的地位。其具体做法是对老年服务行业进行职业划分，建立不同的职位和职称，如家庭帮手、护理员、护士、医疗心理助手和行业推动者等，同时对各岗位人员的上岗资格制定标准和行业指南，开展培训，并在各方面给予其政策上的扶持和优惠。

三、我国居家养老服务同英法两国社区养老模式的比较

比较我国居家养老服务与英法两国社区养老模式，可以发现许多共同点和不同之处。

首先是政府的作用。可以看出，我国政府和英法两国一样，在开展居家养老服务和社区服务过程中都发挥了主导作用。不同的是，英法两国是在完善的社会保障制度基础上开展社区为老服务的，社区养老服务从政策

和制度层面上得到了保障，政府可以侧重在观念引导、政策制定和监督方面发挥作用，具体的社区养老服务则主要依靠市场力量和中介组织等来运作；我国居家养老服务则是在社会保障制度不尽完善的基础上开始的，在政策制定和社会保障制度方面得不到保障，政府既要筹措资金，又要组织实施，相反在政策制定和制度完善方面有许多缺口。

其次是资金来源。英法两国社区养老服务的资金来源主要有三个方面：医疗保险和医疗救助，长期护理保险，个人自费。此外，还有少量的由慈善机构、教堂、中介组织、志愿者提供的免费服务。我国的资金来源则主要依靠政府财政和社会福利彩票公益金。专门针对居家护理的医疗保险或护理保险目前还没有。我国也有企业、个人、志愿者等提供赞助和免费服务，但总的来说还不成规模，影响不是很大。

比较国内外的资金投入机制，国外的医疗保险和护理保险等都是制度性投入，具有很高的稳定性，因而其保障功能也较强；我国主要依赖政府财政投入，虽然有的地方被纳入了财政预算，但是财政投入受政府财力限制，当财政收入较多时，政府可以多向居家养老服务投入，而财政收入较少时，政府势必会减少对居家养老的投入，这种投入的稳定性是较差的，使老年人的服务缺乏保障。

再次是机制运作方面。国外的居家养老服务是完全的市场化运作，由专业的机构提供服务，与机构养老服务差别不大，只不过服务地点是在老年人家里或者社区内。而我国由于居家养老的福利性质，目前市场化程度很低，主要还是政府运作。我国有些地方开展的为老年人提供的家政、洗衣、送餐、维修、购物、托管、医疗、政务等个性化、专业化服务，已经具有一定的市场化性质，但总的来说，我国居家养老的市场运作部分还不够发达。

最后是服务对象方面。英法两国社区服务的对象为全部需要提供服务的老年人，具有普惠性。而我国居家养老服务的对象主要是有困难的老年群体，因而从一开始就具有明显的社会救助和福利的性质。

总的来说，尽管我国和英法两国的文化、制度不同，但居家养老（社区养老）的模式确有许多共同之处，仍是中外大多数老年人的首选养老方式。因此，我们应该大力推进居家养老和社区养老服务，同时重视机构养老服务，走家庭养老和社会养老相结合的道路。

四、启示

应该加强相关法律法规和配套政策的出台和完善。从国外经验来看，居家养老经济支撑都是制度性的安排，资金来源相当稳定。虽然我国也建立了养老、医疗等社会保险制度，但是，由于保障水平较低，无法满足老年人居家养老的实际需要。而且，我国的社会保障制度还不支持老年人购买居家养老服务。最根本的原因是我国法律法规和配套政策不完善，使社区养老服务在资金、管理、服务方面面临很多困难。所以，当务之急是要做好居家养老服务政策的研究和制定，完善社会保障制度，从制度上保障居家养老服务的顺利开展。

二是应该加强居家养老服务体系建设。英法两国都有完善的养老服务组织体系。包括政府、社会福利组织、评估机构、非政府组织、慈善组织、从事养老服务的企事业单位等，体系完整健全，各单位各司其职、各尽其能。相对而言，我国居家养老服务还处于探索阶段，服务组织体系尚未建立和完善。我国有必要建立和完善包括老年人养老服务补贴评估、服务队伍和组织管理以及养老服务设施建设等在内的居家养老服务体系。

三是充分利用社团、机构、非政府组织和老年人自身的力量，共同为营造促进老年人健康生活的环境而努力。通过我们的了解和观察，英法的社团、机构、非政府组织在社区为老服务方面发挥了很大的作用。而同英法相比，我国的社团、机构、非政府组织和老年人自身在组织形式、活动能力和发挥作用上都有不小的差距。

（资料来源：《关于赴英法考察老龄工作和社区养老情况的报告》，ht-tp：//www. shanghaigss. org. cn/news_view. asp？newsid＝4841 ，最后访问日期：2018 年 1 月 8 日）

第十章
养老服务管理展望：走向智慧

《《《《《 学习目标

1. 了解养老服务管理的机遇和挑战。

2. 了解养老服务管理的演进。

3. 理解智慧养老生态系统。

养老服务业是关系到亿万群众福祉的民生事业，也是具有巨大发展潜力的朝阳产业。在以互联网、物联网、大数据、云计算为标志的信息技术迅速发展的背景下，智慧养老成为缓解当下社会养老问题的重要选择。积极探索"互联网＋养老"发展新路径、新机制、新模式，打造"线上＋线下"融合的智慧养老模式，对于推动养老服务业和养老产业健康发展具有重要意义。

第一节　养老服务业的机遇与挑战

我国是较早进入老龄社会的发展中国家。现阶段，中国正经历全球史上规模最大、速度最快的人口老龄化进程。据国家老龄办数据，预计到2025 年我国老年人口将超 4 亿人，将进入严重老龄化阶段，2055 年将达到峰值 4.87 亿人。与之对应的是，"十三五"期间，预计整个中国养老市场消费将超过 10 万亿元，年均增长幅度达 17％。面对庞大的养老服务市场

養老服務管理

需求，如何整合碎片化的服务资源，快速形成产业化、规模化的养老经济模式，从而更好地服务老年人群，促进经济发展，已成为亟待研究和解决的问题。

一 养老产业变革带来历史机遇

近年来，为了应对老龄化社会的到来和不断增长的养老服务需求，从国家到地方，不断出台相关政策和措施引导、支持和规范养老服务业的发展。2015年度的政府工作报告全文8次提及"养老"，涉及医养结合、养老消费、智慧养老等方面；2016年，习近平总书记也多次强调要构建以居家为基础、社区为依托、机构为支撑的养老服务体系，着力发展养老服务业和老龄产业，更好地满足老年人的养老服务需求。

近两年来，国务院、国家人社部、民政部、国家发改委等部委制定和发布了十余条养老政策，从养老服务体系建设、服务标准化、养老机构改革、鼓励各类社会资本参与、优化资本结构、增加有效供给等多方面指导和推动我国养老产业的发展。在地方层面，2016年已有北京、福建、海南、江苏、内蒙古、云南、杭州、上海等12个省市相继颁布了本地区的老龄事业发展和养老体系建设"十三五"专项规划，从服务体系建设、医养结合、线上信息化规划、线下硬件设施建设等多个方面明确重点内容和实施计划，各地政府主管部门、企业、协会（学会）、相关机构等也都在围绕养老产业积极进行谋篇布局。

基于上述背景，加快推动养老产业的发展布局，加快养老产业供给侧和需求侧碎片整合，制定科学合理的发展路径和策略就显得尤为重要。总的来看，养老产业呈现以下几个特点。

（一）"老产业"成为"新支柱"

养老产业并不是新生事物。随着人类平均寿命的延长，人们对老龄产品和服务的刚性需求逐步催生出庞大的养老产业，具有长链条、广覆盖、强规模、高黏性的特点，既贡献经济增长和结构转型，又涉及社会稳定和民生福祉。根据最新调查分析，以江苏省为例，老龄人口（60岁以上）比例已经高于22%，全省在籍老年人口数量突破2000万人。老年人口的持续增长，对经济社会的发展进程、发展方式必将产生广泛而深远的影响。根据 2016 年公布的经济数据，全省养老产业总产值约 5000 亿元，但由于养老产业涉及面广，统计很难完全，因此行业普遍认同养老产业占全省经济总量的10%～12%。

按照国际经验，上述规模只是冰山一角。随着老年人的数量，特别是高龄、失能半失能和空巢独居老年人等养老服务重点对象数量的持续增加，将产生更加旺盛、更加多样、更加迫切的养老服务需求。与此同时，叠加居民收入增长、消费结构升级、养老观念转变等一系列因素，可以预见，"十三五"期间，养老服务需求将呈井喷态势增长，产业直接需求和衍生需求将持续旺盛，养老服务和产品的供需缺口将进一步扩大，这为养老服务业的持续发展提供了巨大空间。

养老产业已成为事实上的支柱产业，如何发挥其支柱作用，进一步挖掘其经济价值和社会价值，满足民生需求，促进产业发展，创造就业机会，树立政府形象，是需要探索的重大课题。

（二）"大体量"蕴含"多机遇"

人口老龄化是经济发展和社会进步的必然结果，是世界人口发展的普遍规律。我国人口老龄化的速度快、来势猛，其中蕴含着养老产业的诸多发展机遇，也对行业建设提出了更高的要求。

随着老年人群规模的不断扩大，将分裂和演化出更多种类、更加细分的养老消费需求。与传统按行业划分的市场不同，老年人作为一类用户群体，其消费需求在医疗保健业、日常生活用品业、家政服务业、房地产业、保险业、金融业、娱乐文化产业、旅游业、咨询服务业中均有体现。与此同时，养老消费需求散落于各个行业、各个领域，缺乏顶层规划和统领，在市场的逐利本性的影响下，可能会方向不清、难以聚焦，限制了相关服务的横向捏合和纵向挖掘。近年来，进入养老市场的企业很多，但一直缺乏可持续性的良性发展模式。究其根本，是养老产业碎片化严重。传统养老企业提供的单一或简单的养老服务产品，无法从根本上满足老年用户一揽子、多样性的服务需求，进而导致企业盈利空间小，积极性不高，用户对服务或产品不满意。基于上述情况，需要借助互联网思维，建立平台对养老市场的供给侧和需求侧进行双向整合，实现产业的规模化和良性发展。

（三）"易进入"但是"难监管"

中国正着力构建以居家为基础、社区为依托、机构为支撑的养老服务体系，投入大量人力、财力用于民生改善与养老服务，每个市、区、街道及社区一级都新建不少民生养老设施，但从实际使用效率来看，设施利用率还不高。同时，在过去两年大规模基础设施建设的过程中，各路企业纷至沓来，有国企、民企，也有个体户，各方在管理能力服务质量上参差不齐，造成用户服务体验差别大，服务及收费衡量标准缺乏参考，各自为政的现象常见。尽管各省市做了大量努力，但仍然缺乏一个对需求侧有影响力、对供给侧有号召力、对政府侧的服务和监管有支撑力的平台窗口。

（四）"新技术"催生"大变革"

我国快速进入老龄化的趋势不可逆转，而养老服务需求规模增长与供需两侧碎片化的矛盾日益加深。如何寻求破局之道？需要凭借新思路、依托新技术、探索新方法、建立新的养老模式，实现多方共赢。智慧养老是对现有养老产业发展的改革与创新，利用信息化手段，将供需两侧的碎片化需求有机串联，发挥互联网在信息传播效率、准确性、透明开放、数据挖掘等方面的优势，重塑养老产业。面对未富先老，我们的路径只能是在刚性的养老需求和刚性的可支配养老资源的约束下，寻找效率最高的办法，以智慧养老为抓手，采用信息化手段对养老产业进行大胆改革创新，改变现有的养老服务供给模式，让养老服务尽可能地覆盖更多的老人。

二　养老服务管理面临严峻挑战

当前，庞大的老年群体对健康养老服务的需求日益迫切。同时，服务机构总量不足和结构性错误仍然存在。国家统计局数据显示，我国 65 岁及以上人口呈现逐年上升的趋势，2010 年我国的老年抚养比为 11.9%，到 2014 年老年抚养比上升到 13.7%，推动社会总抚养比从 34.2% 上涨到 36.2%，2030～2050 年是我国人口老龄化形势最为严峻的阶段，老年人口抚养比将保持在 40%～50%，2016 年我国人口总数为 13.74 亿人，其中 60

岁及以上老年人口数量达到 2.22 亿人，占比 16.16%，预计到 2020 年 60 岁及以上老年人口数量将上升到 2.43 亿人，届时我国将面临老龄人口增多、老龄人口高龄化和地区间发展不平衡的巨大难题。

与我国人口老龄化的快速发展相伴随的是慢性病患病率的增长，《中国卫生统计年鉴 2015》的数据显示，我国居民的慢性病患病率从 2003 年的 12.33% 上升到 2013 年的 24.52%，65 岁及以上的城市居民的慢性病患病率从 2003 年的 77.71% 到 2013 年的 58.98%，虽有下降趋势，但仍是慢性病的主要罹患人群。据估算，目前我国确诊的慢性病患者已超过 3 亿人，慢性病死亡人口占我国总死亡人口比例已经上升至 85%。老年人作为慢性病的主要群体和多发群体，我国需要对其积极开展慢性病的健康管理工作，进行实时的监控和发病时的准确预警和及时救治。随着老年人口数量上升和老年人慢性病患病率的增长，家庭和社会需要负担的养老压力急剧增加，对智慧健康养老的需求也日益迫切。

我国传统健康养老服务模式与老年人需求之间的矛盾日益突出。我国小型家庭结构在未来一段时间内仍然是社会的主流结构，沉重的养老压力导致家庭对社会性养老服务有巨大的需求，但是目前全社会的养老机构存量小、服务供给明显不足。与此同时，根据全国老龄办和中国老龄科学研究中心发布的《全国城乡失能老年人状况研究》，2014 年全国失能、半失能老人达 4000 万人，占老年人口的 19.5%，医养结合的养老服务需求迫切，从老年人和失能、半失能老人的身体健康和心理状况出发，只有针对性较强的医养结合的长期护理服务，才能够保证老年人有尊严地生活。按照国际公认的 3 名失能老人配备 1 名护理人员（在英美国家，优质养老机构的人员配比甚至达到了一名失能老人配备 1.5 名护理人员）的比例测算，至少需要 1300 多万名养老护理人员。

"十一五"期间，上海率先提出了"9073"的养老模式，即 90% 家庭自我照顾、7% 社区居家养老服务、3% 机构养老。然而，查阅全国老龄办的数据可见，目前我国城市居家养老服务的满足率（15.9%）与实际的需求相差甚远，供给不足和供需矛盾成为亟待解决的问题。

随着家庭对老人供养能力的下降，以及空巢老人家庭数量的增加，传统家庭养老模式"举步维艰"。养老服务机构、社区养老医护人员和设施是养老领域亟待补齐的短板。截至 2015 年底，我国养老机构工作人员不足 100 万人，持证上岗的人数不足 2 万人，养老护理人员缺口巨大。《2015 年社会服务发展统计公报》数据显示，全国各类养老服务机构和设施 11.6 万个，各类养老床位 672.7 万张，其中社区留宿和日间照料床位 298.1 万张，仅占全国 60 岁及以上老年人口（22200 万人）的 1.3%，养老机构、社区留宿和日间照料的床位数与老年人的实际需求之间存在巨大差距，注册登记的各类养老服务机构和现存的社区养老床位无法满足庞大的老年人口的需求。同时，我国传统的居家养老无法为处于康复期或患有慢性病的老年人提供周到的养老护理服务，现有的大多数医疗服务机构提供的服务基本以生活照料为主，提供医疗服务的很少。据统计，北京市约有 40% 的养老服务机构内部未设置医务室，也没有与医疗机构建立合作关系。养老服务机构和医疗机构之间相互独立的现状使老年人在自身健康状况和生活自理能力发生变化的时候，得不到及时有效的治疗，不得不往返于家庭、医院以及养老服务机构三者之间，在延误治疗、增加费用的同时也给家庭和社会增加了负担。

第二节　智慧养老模式与智慧养老产业

以互联网、大数据为标志的智慧养老就是解决上述问题的一条有效途径。如第六章所述，智慧养老（Smart care for the aged）利用信息技术等现代科学技术（如互联网、社交网、物联网、移动计算等），围绕老人的生活起居、安全保障、医疗卫生、保健康复、娱乐休闲、学习分享等诸方面，提升老年人的生活质量，提高养老服务和养老服务管理水平，对涉老信息自动监测、预警以及主动处置，实现这些技术与老年人的友好、自主式、个性化智能交互，一方面提升老年人的生活质量，另一方面利用好老年人的经验智慧，使智慧科技和智慧老人相得益彰，目的是使老年人过得更幸福，过得更有尊严，过得更有价值。我国智慧养老自起步至今，已发展近 10 年，智慧养老产业链长、产业类型多，面向的服务对象类型多、需求差异大，这就造成我国智慧养老产业的发展仍然存在巨大的进步空间。

一　智慧养老模式

智慧养老最早由英国生命信托基金会提出，当时被称为"全智能化老年系统"，即老人在日常生活中可以不受时间和地理环境的限制，在自己家中过上高质量、高享受的生活，又称"智能居家养老"，指利用先进的信息技术手段，面向居家老人开展物联化、互联化、智能化的养老服务。其核心在于应用先进的信息管理技术，将老人与政府、社区、医疗机构、医护人员等紧密联系起来。

2008 年 11 月，IBM 在纽约召开的外国关系理事会上提出了建设"智慧地球"这一理念。2010 年，IBM 正式提出了"智慧城市"愿景，希望为世界城市的发展贡献自己的力量。在此背景下，在"智慧城市"的基础上进而发展出"智慧养老"的概念。我国智慧养老产业发展大体分为四个阶段。

2010 年——起步阶段：运用互联网和电话呼叫的为老服务开始出现，全国老龄办提出养老服务信息化，并推动建设基于互联网的虚拟养老院。

2012 年——探索阶段：全国老龄办首次提出"智慧养老"的理念，并且以智能化养老实验基地的形式在全国开展了实践探索。

2015 年——试点阶段：国家发布互联网 + 行动计划（《国务院关于积极推进"互联网 +"行动的指导意见》），国家发展改革委联合 12 个部门全面部署实施"信息惠民工程"（《关于加快实施信息惠民工程有关工作的通知》），智慧养老被正式列入国家工程。

2017 年——示范阶段：2017 年 2 月，工信部、民政部、国家卫计委发布了《智慧健康养老产业发展行动计划（2017～2020 年）》，标志着智慧养老第一个国家级产业规划出台；同年 7 月，三部委发布《开展智慧健康养老应用试点示范的通知》，标志着智慧养老进入示范发展阶段；同月，国务院印发《新一代人工智能发展规划》，要求加快健康养老人工智能技术产品的研发应用，构建养老社区、机构的智能化体系（见图 10 - 1）。

基于我国老龄、高龄人口的持续快速增长，家庭养老能力不断下降，家庭养老成本不断增加的现状，智慧健康养老是养老模式顺应时代发展的创新，对于弥补传统养老模式的不足、完善健老服务领域的供给渠道、提

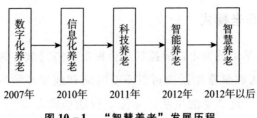

图 10 – 1   "智慧养老" 发展历程

高居家老人的生活质量和养老领域卫生服务资源的运行效率都有着不可估量的价值。

智慧养老具有传统养老模式所不具备的优势。第一，智慧养老体现了信息科技的集成，融合了老年服务技术、医疗保健技术、智能控制技术、计算机网络技术、移动互联技术、物联网技术等，通过将这些现代技术集成起来，支持老人的服务与管理需求。第二，智慧养老体现了"以人为本"的思想，以老年人需求为出发点，并且打破了时空的约束，让老年人随时随地都能享受到高品质的服务。第三，智慧养老可以降低人力、资金和时间成本，有助于实现养老服务的"优质高效"。通过对各种前沿技术的融合应用，可以完成人工不愿做、做不好、做不了的为老服务，为解决"无人养老"困局提供了思路和实现方式。第四，智慧养老可以在精神层面丰富老年人的生活，通过网络技术和社交网络平台，让老年人的智慧得到再次利用和发挥，提升老年人群的生活质量。

二　智慧养老产业

智慧养老利用先进的信息管理技术手段，将政府、医疗机构、社会服务商、个人、家庭连接起来，搭建能够将老人需求与社会服务对接起来的信息服务平台，面向老人开展物联化、互联化、智能化的养老服务，从而使老人在日常居家生活中不受时空限制，借助信息化手段过上高质量、高享受的生活。

目前，我国的智慧养老企业可分为三大类：智慧养老设备制造企业、智慧养老系统开发企业及智慧养老平台型企业。

通过对全国上百家智慧养老企业的持续追踪，我们得出以下几个结论：第一，目前大部分智慧养老企业处于起步阶段，在设备制造、系统开发、平台运营各细分领域中未出现具有全国影响力的独角兽企业；第二，从 2017 年开始，智慧养老产品及设备的研发在不断推进，智慧养老产品进一步向健康管理类产品转变，智慧养老的产业应用不断扩展；第三，从 2016 年末开始，医养结合的智慧养老模式成为新的发展趋势，各地开始试点应用；第四，从各地智慧养老的应用情况来看，智慧养老应用方式主要是政府部门通过搭建智慧养老平台、结合智能应用终端，实现老年人"最后一公里"的管理与服务。但从实际效果来看，线下服务资源并未进行科学整合，难以实现线上线下的协同运营智慧养老的"智慧化"。

（一）智慧养老设备制造

智慧养老设备包括用于健康管理的可穿戴设备、便携式健康检测设备、自助式健康检测设备、养老监测设备以及家庭服务机器人等。

1. 案例一：×宝——父母用药介护机器人

"×宝"是一种移动智能终端，通过后台专业人士的服务和子女的远程参与，能最大限度地帮助父母，解决病情跟踪控制问题，即时、方便地追踪父母"日、周、月、年"小结变化，便于准确制订出最适合父母的预防和诊疗计划。这款智能机器人主要有以下功能。（1）智能用药：机器人身体里可一次存放 7 天的药品，按天按次用药时，老人的用药行为会自动记录并保存到远程服务器中，建立健康档案，并同时反馈到子女手机上，子女可以随时了解到父母的吃药情况。（2）一键呼救：老人出现疾病突发情况，直接按机器人身上的紧急按钮，子女手机第一时间获悉，在采取救援措施的同时，也可以即时观察老人的状态。（3）远程监护：子女通过老人身边的机器人可用手机随时了解老人此时的身体和生活状态，可以随时与它即时聊天、问询。（4）私人医生：对于每个使用机器人的老人，都会为其配备一名私人医生，每周通过机器人与老人沟通，记录他一周的病情，以及吃药情况、检查情况、生活情况，了解老人的生活起居，督促和纠正老人有损健康和妨碍治疗的不良习惯，及早排除险情，并每月出具一份病情小结给子女和专家。（5）专家诊疗：配备一个针对老人慢性病的北京、上海、广东顶级医院的顶级专家团，通过私人医生获得病情及检查报告，若有特殊需要可通过机器人与老人进行直接连通和问诊。（6）直通就医：每年机器人的服务团队提供一次北京、上海、广东顶级医院大牌专家面对面为父母就诊的服务，全程由特服人员陪同。

2. 案例二："爱牵挂"——老人智能腕表

专为老人设计的智能腕表采用绿光心率监测技术，无须胸带、无须触摸，24 小时对老人心率连续监测。"爱牵挂"具备跌倒判定并自动报警功能、定位查询服务功能、语音短信以及通话等专为老人安全考虑的实用功能。"爱牵挂"分为硬件可穿戴腕表、软件手机客户端以及医疗健康服务三部分，以智能传感技术为核心，结合云计算、大数据以及通信技术，解决居家养老人群的健康安全问题，同时也为子女与老人搭建一个亲情连接。其核心功能主要有：（1）突发事件紧急呼救；（2）通过定位技术及时获知位置；（3）自我量化实现科学健康管理；（4）慢性病干预延缓病情（5）老人通过腕表一键启动实时通话，快捷方便，让沟通更加顺畅，同时也可以通过长按功能键快速发送语音短信；（6）"爱牵挂"还特别设计了家庭圈分享功能，子女通过 App 就可以将好玩有趣的照片分享到云端，老人可以登录"家庭圈"查看。

（二）智慧养老系统开发

智慧养老系统开发包括建筑设施智能化系统、物业管理智能化系统、健康管理智能化系统、生活服务智能化系统、照护服务智能化系统及文化娱乐智能化系统等的开发。

1. 案例一：社区居家养老管理系统

社区居家养老管理系统可以全面支持居家养老机构的业务管理，帮助养老机构管理日常工作，建立电子档案，有效提高运营效率；支持与智能家居、体检、呼救等设备对接，实现对老人的健康管理与紧急救助；支持养老机构整合服务资源并实现派单、追踪、监管等功能，帮助养老机构建立将服务有效输出到社区老人家中的管理信息系统。其主要包括以下七个模块：（1）私人保姆、上门服务；（2）家庭医生、健康管理；（3）贴身卫士、紧急救助，当老年用户突发疾病、遇到危急情况或走失时可以通过专用的手机、智能手表等设备发出一键呼救，客服人员在系统中可以及时查看用户的当前位置、身份信息、疾病史，为用户提供及时、专业的救助，还有系统提供火灾、盗抢、燃气泄漏、摔倒等多种突发情况的监测、自动报警和救助功能；（4）精细管理、品质保证；（5）分级管理、规模运营；（6）统计分析、决策支持；（7）规范收入、精细支出。

2. 案例二：家庭智慧健康云系统

家庭智慧健康云系统是建立在无线互联网、大型三甲医疗机构、二级医疗机构、社区医疗站点以及人群家庭环境之间多方实时互动的连续主动健康服务模式。家庭智慧健康云系统由无线移动生理信号采集传输终端、RFID 健康信息卡、服务器、计算机终端、互联网等主要部件组成。其核心技术是建立网络化的信息管理平台，在各个独立的临床医疗服务功能节点和不同医疗领域节点之间组成信息网络架构。人体生理信息采集技术、数据加密传输技术、自动数据分析处理技术、康复修复自动化是家庭智慧健康云系统平台搭建的主要技术难点，其中对采集的人体生命信号的自动云计算以提取疾病的特征指标是医疗服务的基础。易飞家庭智慧健康云系统的内涵是在家庭环境中的医疗健康服务的应用，信号采集电极的安装和信号质量的高低需要通过计算机多媒体技术呈现给应用者，实时指导患者的基本操作，具体包括预防医学，临床诊断和修复，心理健康调控的大系统网络化、数字化、普及化、精细化健康服务。

（三）智慧养老平台

智慧养老平台是指结合智慧养老设备及智慧养老系统打造的面向终端用户、养老机构及政府部门的智慧养老一体化平台。

1. 案例一：某智慧养老云平台

依托移动互联网、云计算、大数据、物联网、人工智能等新一代技术，形成以养老云平台为核心、线上信息集成体系和线下服务提供体系为重点方向的"一体两翼"智慧养老体系。平台涵盖 5 大类 37 个系统，包括老人端、服务端、政府监管端和平台端（综合服务平台与数据中心）等。老人端支持手机 App、微信、电话、智能可穿戴设备、线下等多种接入方式，可以通过不同方式发起服务需求。同时，平台对失智、高龄、独居老人增配老年安全卡和体征检测传感设备，可以实现对重点关照老人的生命体征和行动轨迹的全日制监测。综合服务平台整合服务需求和供给侧资源，并将服务需求派单至居家养老服务中心，由居家养老服务中心组织资源为老人提供服务。此外，平台可对老年安全卡、体征监测等智能感知设备的回传数据进行挖掘分析，判断老人是否存在跌倒、突发疾病等风险，并主动通知老人、家属和社区。在服务端方面，平台面向"十助"业务建立专业化的服务团队，具备助餐、助医、助学、助购、助娱等专业领域的成熟服务体系，并且在上述领域具备全流程的管控能力和引导能力。平台基于全服务流程进行大数据分析，作为业务评估和机构评级的依据。整个业务过程中产生的数据均被存储于数据中心，相关数据经过挖掘分析，被提供给政府主管部门作为政策制定和决策参考。目前，平台已在南京、武汉等城市落地运营。

2. 案例二：某省智慧养老新平台

采取政府主导、社会化运作的方式，由养老护理协会提供运营保障，具备居家养老服务、养老机构管理和民政业务咨询三大功能。该平台汇集4000 余名服务人员，为该区老年人提供家政、健康医疗、法律和民政业务咨询等无偿、低偿、有偿志愿服务，涉及 4 大类 30 多个项目。该平台提供"一家通"手机定位围栏、家居安防等服务。"一家通"手机定位围栏服务是指为需要特别照顾的 1500 名老年人免费发放具备 GPS 定位功能的"一家通"老年人专用手机，当老年人出现迷路、失踪、活动范围超出围栏等情况时，发挥手机的定位、活动轨迹查询、告警等功能。利用远程健康监测服务，以血压仪、血糖仪、心电仪等仪器为采集终端，通过后台数据处理平台和健康医疗机构，为老年人提供健康分析及诊疗建议。家居安防服务是在有需求的老年人家中安装家庭监控摄像头和家庭门禁红外设备，通过手机查看家庭实况，查看老年人安危情况，如判断可能出现危险时，可及时报警并上门核查。信息平台还增设涉及低保办理、婚姻登记等 11 项民政业务咨询功能。居民拨打"12349"咨询民政业务时，电话将被直接转接到相关科室进行答疑解惑。目前，该区域 71 个城市社区服务中心、13 处养老机构、23 家城市社区日间照料中心、10 家农村幸福院和 82 家卫生医疗机构全部纳入"12349"居家养老服务信息平台进行统一管理。

第三节　养老服务管理发展趋势

"智慧养老"是对现有养老模式的大胆改革创新，已经取得初步成效。在未来，智慧养老的广泛普及在满足老人差异化、多样化需求的同时，也会对养老服务各细分领域以及相关连带产业的发展起到推动作用。

一　养老服务产业的重大变化

人口老龄化是社会经济发展的必然结果，是社会进步的标志。由于生育率下降和寿命的延长，老龄化将在各个国家和地区发生，差别只是出现的早晚与进程的快慢。

在未来一段时间内，我国智慧养老服务领域的市场空间将呈现迅速扩大的态势。《中国人口老龄化发展趋势百年预测》数据显示，我国城市居家养老服务的市场体量将由 2015 年底的 1115 万人扩张到 2050 年的上亿人。巨大的智慧养老服务需求将对养老服务人员数量和素质产生重要影响。伴随信息技术的迅猛发展，可穿戴智能健康设备终端等不断研发面世，带动了医疗健康相关产品的智慧化转型升级。各式各样的新型诊疗手段、养老服务商业模式不断出现，使老人、家庭、社区及医疗卫生机构间的资源实现了实时有效的对接和优化配置。有云计算、大数据、物联网等技术全方位支撑的健康养老服务，促进了健康养老产业的智慧化升级和转型，成为我国经济新常态下稳增长、调结构、惠民生的重要发展方向。

今后，我国养老服务产业将出现以下几个重大的变化。

（一）大数据技术为老人整合个人信息提供可能

大数据技术可以将散落在医疗机构、政府部门、商业机构的老人的健康档案、电子病历和电子健康档案整合起来，建立统一的基于云环境的电子健康系统，用于健康信息收集、信息交换和知识抽取等方面的各种应用。可以为老人及其家属、政府相关部门、医生等提供相关信息。

在注意保护隐私的情况下，收集到的数据可以通过合法途径分享给公共和私人研究机构，用于生活方式、复发病变、衰老趋势、药物副作用分析，以及开发新的治疗方案，使老人从中获益。

（二）老年人定义及评估模式发生重大变化

目前关于老年人的定义是以年龄为划分标准，发达国家将 65 岁以上的人定义为老年人，而发展中国家则将 60 岁以上的人称为老年人。但随着生活状况的改善、医疗卫生水平的提高，老年人的寿命在不断延长，单纯通过年龄对老年人进行定义和划分，已不够准确。此外，由于老龄群体的特殊性，其身体状态、功能情况极易发生变化，定期、静态的评估模式难以进行匹配。

物联网终端设备的应用可随时检测、跟踪和记录老年人的健康状态、行为轨迹。老年人可实时掌握自己的健康状况，评估个人的身体情况；政府部门则可根据物联网终端设备的数据，随时动态评估老年人的身体功能情况，合理分配养老服务资源。

（三）养老产业链的形成与服务的转型升级

养老服务产业是一个多元化的产业体系，产业辐射面广，直接涉及的有养老服务、养老用品、老年医疗、养老地产、养老金融业等。同时，还对上述产业的上下游产业，如建筑、交通运输、科技、文化教育等产生强大的拉动效应。按照国家统计局对国民经济行业的分类，除采矿业和国际组织没有直接涉及外，其余 18 大类产业都有涉及。云计算、大数据、物联网等现代科技手段的应用，将构建一个完整的养老产业链，从核心的养老服务、养老地产到养老支柱产业及辐射产业带动养老上下游服务，形成一个自上而下的养老产业链。

此外，现代科技产品的应用将有效提高养老服务工作的水平，降低人力和时间成本，实现服务的优质高效。同时，依托智慧养老平台，将老人的养老服务需求和企业、社会组织进行对接，为老人提供精准便捷的服务，实现服务的供需平衡，为老人提供多层次、多形式的养老服务，完成养老服务行业的转型升级，推动智慧模式的应用和发展。

（四）监管力度的全面提升

智慧养老平台的应用为各级政府养老工作提供了便捷的综合管理工具，实现了省、市、区、街道、社区各级政府部门之间多平面、立体化的数据联动，提高了政府的办事效率，降低了政府养老落地工作的难度，强化了政府部门对养老服务管理的监管力度。

面向省级政府，帮助其进行政策制定、规划支持、决策支撑及行业宏观发展信息的挖掘分析，并横向打通其他委办局条口，形成信息闭环；面向市级政府，为其提供全市各区域养老产业及服务提供信息，支撑政府对社会用户进行统一接入，协助政府有效调配全市养老政策资源、资金资源及服务资源；面向区、县级政府，支撑其进行服务监管、老人与服务主体评估、社会化评价、养老服务订单的调度和管控，并为街道及社区相关部门的日常管理工作提供有效辅助和支持。

二　基于大数据的智慧养老生态

传统养老服务模式的弊端为智慧健康养老服务提供了良好的发展契机。智慧养老服务将信息化养老、健康养老有机融合，通过物联网、互联网、信息化技术等新一代技术手段，构建智慧健康养老平台，采集个体体征信息、居家养老环境等数据，对家庭、社区、社区医疗机构、健康养老服务机构、大型医疗服务机构的资源进行整合，实现信息的互联互通和分析处理，从而提供高效、便捷、实时、智能、低成本的健康养老服务，形成丰富、多元、全新的养老生态体系。

从理论上来看，智慧养老平台上的服务可以涵盖老人所有的日常活动，这些活动产生的海量数据可通过后台进行分析处理，挖掘出更深层次的信息，提供给政府做养老服务业发展决策时参考。

基于智慧养老平台，打造基于大数据及云计算的"养老云"，建立各项标准及商业整合方案，推进各类涉老资源与平台深度结合，提供各类养老服务，逐步形成完整的养老生态体系（见图10-2）。

养老服务主要分为两类。第一类是以公益性为基础，以养老机构、居家养老服务中心和社区医院为核心，提供基本养老服务，覆盖市场普通老龄用户，形成社会效应和用户基础。第二类是以市场化服务为主要内容，在统一的标准体系下，整合高端服务资源，提供以个性化定制服务为特征的高端化养老服务，覆盖市场高端老龄用户群体。

对于以上两类养老服务，智慧养老平台将根据用户的养老需求进行供

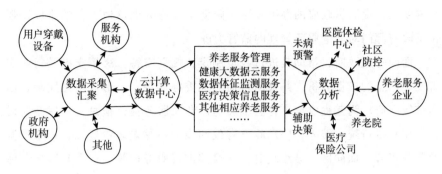

图 10 - 2　养老生态体系示意

需端资源匹配，若单一的服务商无法满足用户的服务需求，则依据需求对多个服务商进行整合，共同提供服务以满足用户的多样化、碎片化需求。

智慧养老平台通过对用户数据、管理数据及服务数据的采集、挖掘和分析，一方面加强对服务过程的监管，另一方面促进精准营销，改善服务体验。

三　智慧养老服务发展路径

近年来，进入养老市场的企业有很多，但一直缺乏可持续的良性发展模式，根本原因是养老产业碎片化严重，供给侧无法满足庞大的多样化的养老服务需求。智慧养老服务管理需要达到的目标之一就是整合供给侧，促进上下游的资源整合。

通过运用平台战略思维，借助互联网、大数据和人工智能等新技术手段，有效将供给侧和需求侧资源整合到一个能够服务政府、带动产业、造福民生的社会性平台上来，打破原有的信息不对称壁垒，将养老产业的业务格局横向连通三大产业，纵向贯穿十个行业，通过科学规划服务内容，合理设计服务方法，牵头建立产业联盟和生态，有力促进养老市场的领域细分和行业洗牌，促进上下游资源的优化整合。

发展智慧养老，可以从以下几个方面入手。

（一）产业融合，转型升级

智慧养老产业融合发展，除了实现互联网、物联网、大数据、云计算等现代信息技术与养老产业的高度融合外，还应突出两大工作重点。

实现智慧养老产业与其他产业间的相互延伸。传统养老产业已通过产业间的互补和延伸，形成融合型的养老产业新体系，如老年旅游、老年金融、老年健康食品生产、老年培训、养老地产、老年商品市场等。

实现智慧养老产业内部重组融合。需要将产业内部不同行业、企业和不同养老模式及各自独立的养老产品或服务通过重组使之完全结为一体。如日间照料、生活服务、医疗护理、紧急救护、文化娱乐等主要养老服务产品，可通过产业内部重组融合，模糊养老模式和养老产品生产企业机构的业务边界，为老年人提供综合化和一条龙式的养老服务，更好地满足老年人的各类养老服务需求。再如，机构养老作为三大养老模式之一，在发展过程中始终处于独立发展的状态，缺乏与社区养老及居家养老的融合。但从需求来看，同一老年人在不同年龄段存在不同的养老需求。低龄老年人希望在熟悉的社区获得综合性服务，而随着年龄的增长，老人身体健康状况不断下降，一些高龄、半失能或失能老人往往需要养老机构提供更专业的全方位服务，或者实施季节性机构养老（冬季夏季入住养老机构，春季、秋季实施居家与社区养老）。因此，需全面利用现代信息技术，构建信息平台，促进不同养老模式的融合和互联互通，满足老人多样化、多品位的养老需求。

（二）模式创新，管理提升

2014年，财政部、商务部《关于开展以市场化方式发展养老服务产业试点的通知》明确指出，以市场化运作方式发展智慧养老产业，坚持市场机制运作、个人负担为主和政府适当引导的原则，通过中央财政资金的引导，按照市场化运作的方式，设立养老产业发展基金，重点支持居家养老、社区综合服务体系，培养品牌企业，发展有活力的中小企业，推动养老服务与家政、医疗等生活型服务产业融合。

创新管理模式，实现养老服务供应链管理模式，即以智慧养老服务集成商为核心企业，统筹运行养老服务流、信息流、资金流的协调管理。在养老服务供应链中，养老服务集成商和服务提供商的服务质量共同决定整个供应链的绩效。服务提供商要提供高效优质的服务，以提高老年群体的满意度，间接提升养老服务集成商的形象，扩大市场的需求；养老服务集成商要协调上下游需求与资源分配，还要监管养老服务提供商的服务质量，以合理、有效、优化的决策架构现代养老服务供应链，由此实现服务商和集成商多方共赢。创新管理措施，如建立"爱心储蓄管理和服务"信息系统，鼓励"爱心传递自储式养老"服务的发展，使其有效融入社会养老服务体系。通过信息系统记录志愿者服务的内容和时长，把志愿者的服务时长作为"爱心"存储起来，在志愿者需要时可优先为其提供各类志愿服务。

创新服务产品种类，开发适合老年群体消费的多元化产品和服务。如开发老年房地产产品，参照《老年人建筑设计规范》设计并配套老人食堂、老年医疗设施、老年户外活动场地、老年文化活动中心、老年服务中心等。再如，开发老年信息科技产品，根据老年人的使用能力及生活习惯开发和设计各种适老终端和老年人网站，等等。

（三）人才培养，基础保障

养老服务人才是提供多样化的养老服务、提高服务质量与管理水平的关键因素，因此，创新养老服务领域的人才培养，是保障智慧养老服务产业健康发展的立足之本。

一是强化养老服务职业教育，以"产教社政企行融合、教研用教育导一体"的现代养老职业教育理念，积极推行现代学徒制，提升其专业化、职业化、工作标准化的程度。二是完善分级培训机制，推进养老服务机构与养老教育教学机构的交流合作，强化养老服务人员的岗位培训。三是建立专业人才引领志愿者的联动工作机制，鼓励医疗、心理、法律等职业人士、健康老人和学生加入智慧养老服务志愿者队伍。四是强化养老服务人才的资格认证制度，形成初、中、高级的梯队专业人才评价体系。五是健全智慧养老服务专业人才的激励机制，政府通过设立专门的补助金或财政预算，提高从业人员的薪酬水平，并提供户籍、职称、社会保险、档案管理等方面的配套制度，保障智慧养老服务人才队伍的稳定。

（四）标准建设，规范先行

一要制定老年产品规范标准。政府部门应制定相对统一的技术标准，使产品能够互联互通，使养老系统与医疗、社保系统等能够互联互通，在一定程度上实现资源共享，形成医疗卫生、家政服务、文化体育等多方面共享的一体化养老系统。二要制定和完善养老行业其他标准，如养老服务业标准、养老机构资质标准、养老社区管理标准、老年住宅标准等。三要加强政府部门监管，维护老年人合法权益，推动养老产业健康有序和可持续发展。在互联网上升为国家战略后，养老服务标准化工作应将互联网要素纳入标准化工作中，加快制定融合标准，以适应养老发展的需要，全面促进互联网时代养老产业的可持续发展。

本章小结

以互联网、大数据为标志的智慧养老是解决中国养老困境的一个重要抓手。相比传统养老，智慧健康养老采用先进的互联网、物联网等技术手段来提升和优化服务，目的是让老年人生活得更幸福、更有尊严、更有价值。

本章讲授了养老服务业面临的机遇和挑战，在此基础上介绍了当前的智慧养老模式和智慧养老产业。此外，还探讨了养老服务业管理发展的重大变化以及最终将形成的基于大数据的智慧养老生态及其发展路径。

思考题

1. 养老产业环境有哪些变化？这些变化带来哪些机遇或变化？

2. 为什么说智慧养老是养老服务管理的必然选择？

3. 智慧养老环境下会涌现哪些新的工种或职业？其主要工作内容是什么？

4. 智慧养老包含哪些要素？

扩展阅读

智慧健康养老：飞入寻常百姓家

2019 年 1 月 21 日，由工业和信息化部、民政部、国家卫生健康委联合主办的第二届智慧健康养老产业发展大会在北京人民大会堂召开。会上发布了第二批智慧健康养老应用试点示范名单，26 家示范企业、10 个示范基地和 48 个示范街道（乡镇）榜上有名。

追溯智慧健康养老发展的国家政策，2017 年可谓一个黄金年份。经过前几年的政策引导，到 2017 年 2 月，一部《智慧健康养老产业发展行动计划（2017～2020 年）》（以下简称《行动计划》）的出台，成为智慧健康养老产业发展的纲领性文件。

"到 2020 年，基本形成覆盖全生命周期的智慧健康养老产业体系，创建 100 个以上智慧健康养老应用示范基地，培育 100 家以上具有示范引领作用的行业领军企业，打造一批智慧健康养老服务品牌。"这是《行动计划》提出的发展目标。

2017 年和 2018 年两批试点工作的稳步推进，切切实实让我们离目标又近了一步。在前几年还显得"高大上"的智慧养老，如今早已飞入寻常百姓家，变得触手可及。

运用"互联网＋"思维联通医养资源

家住北京市朝阳区八里庄东里社区的刁阿姨，每次出门都戴着一个智能腕表，可以随时监测她的血压、血氧、心率等基本健康数据，还设有一键呼救、亲情拨号等简易操作功能，为老年人提供安全保障，还可以通过移动互联网实现监测数据与老人亲属、社区卫生服务中心"云同步"。这块智能腕表是 2016 年朝阳区八里庄街道"健康家 e 养老计划"试点时发放的，刁阿姨成了八里庄街道智慧养老计划的第一批受益者。

长期以来，养老服务业发展面临着供给严重不足的问题。随着互联网技术的快速发展和普及，智慧养老成为加强养老供给侧结构性改革的有力举措，也是互联网与传统产业融合的一个方向。人们正通过物联网、云计算、大数据、智能硬件等新一代信息技术优化养老资源、提高养老服务质量，智慧健康养老已经成为时代发展的不二之选。

作为一个整合的概念，"智慧健康养老"至少涉及"互联网＋"、医、养三个方面。从示范名单涉及的企业、街道、基地三方面来看，则涵盖了服务的供需两端。当前多层次、个性化、定制化的养老需求，呼唤着养老技术的创新和养老服务的升级。通过智慧健康养老，政府、企业、社会、家庭各司其职；通过平台搭建，实现供需的有效匹配。

智慧健康养老的核心仍在服务本身

"一机在手，服务上门。"家住河北省石家庄市桥西区振头街道玉成社区的王奶奶，通过手机 App 下单了居家生活照顾服务，系统平台迅速出单派单，使老人便捷地享受到居家上门服务。

四川省成都市科创智远信息技术有限公司以孝行通智慧养老云平台为基础，结合线上运营平台和线下服务站点，整合优质线下养老服务商，为政府主管部门建立起一套完整的居家养老服务管理及协调机制，满足居家和旅居老年人的生活服务、紧急救助、健康服务等需求。

根据《行动计划》，目前中国智慧养老服务领域主要有六个方面：慢性病管理、居家健康养老、个性化健康管理、互联网健康咨询、生活照护、养老机构信息化服务健康养老服务模式。相比传统养老，智慧健康养老采用先进的互联网、物联网等技术手段来提升和优化服务。这涉及该领域一系列技术的升级和应用推广，在《行动计划》中明确要求推动智慧健康养老关键技术和产品的研发，丰富智能健康养老的产品供给，包括针对家庭、社区、机构等不同应用环境，发展健康管理类可穿戴设备、便携式健康监测设备、自助式健康检测设备、智能养老监护设备、家庭服务机器人等。

养老服务是一项系统工程，不仅需要优化智慧养老设备，更需要在服务上做细做实。只有如此，才能赢得市场。智慧技术是手段，智慧健康养老的核心仍在服务本身。对此，中国人民大学智慧养老研究所所长左美云认为，智慧养老要以养老服务为中心，其目的应该是从服务端去方便老人。"养老是核心、是'皮'，智慧是'毛'。技术手段易得，关键是要通过技术把养老服务体系搭建和完善起来。只有有了一块扎实的'皮'，才能有鲜亮的'毛'。"若不在服务上做文章，皮之不存毛将焉附？

依托智慧健康养老推动行业标准化发展

近年来，由于政府大力扶持，智慧健康养老产业发展势头迅猛，全国各地在智慧健康养老发展方面积累了有益的探索经验。江西省赣州市章贡区智慧健康养老基地以"平台＋产业"为主导，通过建设具有地方特色的智慧社区模型——智慧章贡，构建章贡区整体养老生态圈。合肥市蜀山区依托"养老设施＋引入特色服务＋搭建智慧系统"的模式，支持鼓励智慧化养老模式多样化发展，深入探索居家养老服务模式。河南省许昌市鄢陵县以养老资源最为集中的医院、专业养老社区、乡镇敬老院三种服务主体为核心，通过智慧养老信息化平台和健康养老智能终端，实现养老资源辐射周边。江苏省扬州市广陵街道开创"互联网＋养老""网格＋网络"的智慧养老新形式，积极构建政府、家庭、社会、社区四位一体的多元化养老格局。四川省邛崃市夹关镇运用互联网、大数据、智能硬件等信息技术产品，大力推进居家养老服务监督平台、"定位宝"、烟雾报警器等智慧健康养老产品广泛运用。

纵观各地实践，共同之处在于服务都依托智慧信息平台建设，从平台系统的模块设置、功能植入到用户使用、线上线下资源互动再到评价机制、政府监管、财务结算，每一环节都对应着一套标准流程体系，而这对于医养服务的标准化建设意义重大。

当前智慧健康养老发展充分的地区已有关于标准化建设方面的地方经验。例如，浙江省绍兴市在智慧养老的探索中，推出了《智慧居家养老服务信息平台建设与管理规范》《智慧居家养老服务企业（组织）基本规范》等七个地方标准，建立了智慧居家养老服务标准体系，共涉及标准219项，其中绍兴地方标准7项，企业标准80项。同时打造了一批标准化智慧居家养老社区示范基地，让服务更贴近百姓需求。随着各地探索的不断深入，智慧健康养老必将推动行业标准化不断向前发展。

（资料来源：《智慧健康养老：飞入寻常百姓家》，《中国社会报》2019年1月24日）

参考文献

蔡林海:《老化预防、老年康复与居家养老,日本社会养老服务体系的成功经验与启示》,上海科技教育出版社,2012。

蔡山彤、敖楹婧:《城市老年人居家养老服务需求及影响因素——基于成都的社会调查》,《人口与社会》2016 年第 3 期,第 23~35 页。

蔡世刚、魏曦、薛建改:《管理学》,东南大学出版社,2016。

蔡毅、崔丹、毛宗福:《美国长期照护服务体系对中国的启示》,《中国卫生政策研究》2017 年第 10 期,第 58~63 页。

陈芳芳、杨翠迎:《论养老机构分类管理与公办养老机构改革——基于上海市的研究》,《公共治理评论》2017 年第 1 期,第 120~127 页。

陈海钰:《英国、日本社会养老服务体系研究及其经验借鉴》,《湖北经济学院学报》(人文社会科学版)2017 年第 6 期,第 72~74 页。

陈建兰:《中国城市养老模式研究:以苏州为例》,南京大学,2012。

陈庆云:《公共政策分析》,中国经济出版社,1996。

陈伟:《英国、我国香港与台湾地区养老服务之理念与经验——对我国内地"社区居家养老服务"的借镜与反思》,《南京工业大学学报》(社会科学版)2015 年第 2 期,第 121~128 页。

陈伟:《英国社区照顾之于我国"居家养老服务"本土化进程及服务模式的构建》,《南京工业大学学报》(社会科学版)2012 年第 1 期,第 93~99 页。

陈玉明、庄晓伟、李霞:《上海市老年人社区心理健康服务模式》,《中国老年学杂志》2014 年第 5 期，第 1417 ~ 1420 页。

陈卓颐：《实用养老机构管理》，天津大学出版社，2009。

单大圣：《中国养老服务管理体制的改革与发展》，《经济论坛》2011 年第
　　9 期，第 192 ~ 196 页。

党俊武：《老龄社会的革命：人类的风险和前景》，人民出版社，2015。

邓晓燕、白桂春、卞龙艳、潘颖：《老年护理学》，吉林科学技术出版社，
　　2012。

丁华、徐永德：《养老机构服务质量管理》，《中国老年学杂志》2014 年
　　第 1 期，第 273 ~ 275 页。

丁英顺：《韩国老年福利制度的发展及特征》，《东北亚学刊》2017 年第 3
　　期，第 52 ~ 57 页。

丁英顺：《韩国老年护理制度探析》，《中国人力资源社会保障》2013 年第
　　12 期，第 38 ~ 39 页。

丁跃、刁锐彬、杜欣怡、霍思杰、王文兵：《养老服务体系法律探析》，
　　《法制博览》2018 年第 4 期（下），第 41 ~ 42 页。

窦伟洁、温楠、宋燕、韩志琰、宋奎勐、甄天民：《我国医养结合养老模
　　式相关政策梳理》，《卫生软科学》2017 年第 6 期，第 19 ~ 22 页。

杜鹏、陆杰华、何文炯：《新时代积极应对人口老龄化》，华龄出版社，
　　2018。

方浩：《养老机构公建民营：现状、特征及问题》，《经济与管理研究》
　　2016 年第 5 期，第 90 ~ 97 页。

风笑天：《社会研究方法》（第四版），中国人民大学出版社，2013。

高春兰：《韩国老年长期护理保险制度决策过程中的争议焦点分析》，《社
　　会保障研究》2015 年第 3 期，第 86 ~ 91 页。

高春兰、果硕：《韩国老年长期护理保险制度实施现状及其改革动态》，
　　《中国民政》2016 年第 7 期，第 58 ~ 59 页。

郭红艳、王黎、彭嘉琳、谢红：《养老机构管理者对质量管理体会的质性
　　研究》，《护理管理杂志》2013 年第 10 期，第 707 ~ 709 页。

国家发展改革委社会发展司、民政部社会福利和慈善事业促进司、全国老
　　龄办政策研究部：《走进养老服务业发展新时代——养老服务业发展

典型案例汇编》，社会科学文献出版社，2018。

韩艳：《中国养老服务政策的演进路径和发展方向——基于 1949 - 2014 年国家层面政策文本的研究》，《东南学术》2015 年第 4 期，第 42 ~ 50 页。

华中生、刘作仪、孟庆峰等：《智慧养老服务的国家战略需求和关键科学问题》，《中国科学基金》2016 年第 6 期，第 535 ~ 545 页。

贾俊平、何晓群、金勇进：《统计学（第六版）》，中国人民大学出版社，2015。

贾素平：《养老机构管理与运营实务》，南开大学出版社，2013。

贾素平：《养老服务与管理人才培养模式的现状与对策》，《社会福利》2016 年第 4 期。

贾玉娇：《中国养老服务体系建设中的突出问题与解决思路》，《求索》2017 年第 10 期，第 90 ~ 98 页。

江海霞、张澜、陈雷：《居家养老服务质量评估指标体系构建研究》，《广西经济管理干部学院学报》2015 年第 2 期，第 7 ~ 11 页。

江苏民康老年服务中心：《养老机构服务与管理实务》，东南大学出版社，2017。

蒋鸿：《基于数据融合的智慧养老医疗健康系统的研究与实现》，硕士学位论文，南京邮电大学，2015。

金陵老年大学：《老年教育学学理探索》，南京出版社，2008。

李澈：《老年生物学》，中国人口出版社，1995。

李放、樊禹彤、赵光等：《农村老人居家养老服务需求影响因素的实证分析》，《河北大学学报》（哲学社会科学版）2013 年第 5 期，第 68 ~ 72 页。

李宏：《养老机构质量管理体系实施指南》，中国标准出版社，2006。

李健、石晓燕：《养老机构经营与管理》，南京大学出版社，2016。

李时华：《日本长期照护保险制度的特征与启示》，《中国医疗保险》2015 年第 8 期，第 68 ~ 70 页。

李涛、曲永军：《管理学》，清华大学出版社，2014。

刘丽君：《老年服务法律法规与标准》，机械工业出版社，2017。

刘晓梅、李蹊：《美国长期照护服务体系对我国的启示》，《长春大学学报》2017 年第 11 期，第 6~10 页。

楼妍、许虹：《居家养老服务与管理》，浙江大学出版社，2017。

罗盛、罗莉、张锦、吕军城、庄立辉、李伟、郭继志：《中国老年人群心理健康影响因素的 Meta 分析》，《中国老年学杂志》2017 年第 24 期，第 6194~6196 页。

罗云婷、张一敏：《台湾老人长期照护机构养老服务质量评价及启示》，《中国护理管理》2017 年第 1 期，第 115~118 页。

迈克尔·A. 希特：《战略管理：竞争与全球化》，机械工业出版社，2002。

彭华茂：《21 世纪中国老年心理学研究：现状与未来》，《心理发展与教育》2017 年第 4 期，第 496~503 页。

祁峰：《英国的社区照顾及启示》，《西北人口》2010 年第 6 期，第 20~24 页。

屈芳、郭骅：《"物联网 + 大数据"视阈下的智慧养老模式研究》，《信息资源管理学报》2017 年第 4 期，第 51~57 页。

孙梦楚、高焕沙、薛群慧：《国内外智慧养老研究进展》，《特区经济》2016 年第 6 期，第 71~73 页。

谭睿：《日本老年人长期照护政策的变迁及其借鉴》，《社会福利》（理论版）2017 年第 8 期，第 27~30 页。

滕容、张帆：《台湾养老服务发展及启示》，《社会福利》2014 年第 5 期。

田兰宁：《试论信息技术与老龄服务的融合路径》，《老龄科学研究》2014 年第 12 期，第 66~74 页。

田兰宁：《养老服务信息化认知与实践》，中国社会出版社，2017。

涂晨铭：《规范我国社区养老服务法律制度》，《法制与社会》2015 年第 12 期（上），第 37-38 页。

汪生夫：《养老机构服务与管理实务》，东南大学出版社，2017。

王爱珠：《老年经济学》，复旦大学出版社，2000。

王建武：《台湾养老服务的启示及建议》，《社会福利》2015 年第 7 期。

王莉莉、吴子攀：《英国社会养老服务建设与管理的经验与借鉴》，《老龄科学研究》2014 年第 7 期，第 61~70 页。

王为群、钱伟：《养老管理人才现状及培养的思考》，《新校园（阅读）》2015 年第 10 期，第 18～19 页。

王亚丹、徐刚、宋谨主编《管理学》，上海财经大学出版社，2016。

王振耀：《现代慈善与法治社会 2014 年度中国公益事业发展报告》，社会科学文献出版社，2015。

卫武：《管理学》，清华大学出版社，2013。

魏想明、彭良平、霍芬等：《管理学》，湖北科学技术出版社，2014。

邬沧萍：《论老年学的形成、研究对象和科学性质》，《中国人民大学学报》1987 年第 2 期，第 1～11 页。

吴勇、韩品嵋、林文兄等：《养老服务业管理人才培养模式与方法》，《社会福利》（理论版）2012 年第 2 期，第 9～11 页。

徐璐璐：《城市居民居家养老服务需求影响因素的实证分析：以上海市静安区为例》，上海师范大学，2014。

许冰杨：《智慧养老服务的现实问题与路径展望》，《环球市场》2017 年第 30 期。

许虹、李冬梅：《养老机构管理》，浙江大学出版社，2015。

闫路娜、左惠凯、张丹：《河北省人口老龄化现状分析及发展预测》，《河北工业科技》2010 年第 4 期，第 276～280 页。

闫双录：《公办养老机构人才管理初探》，《企业文化旬刊》2016 年第 2 期。

严运楼、杨毅、章萍：《失能老人机构照护标准化建设研究》，《卫生经济研究》2018 年第 9 期，第 59～62 页。

杨宝祥：《养老服务业标准化培训教程》，中国社会出版社，2015。

杨成洲、余璇：《德国长期照护保险制度：缘起、规划、成效与反思》，《中国卫生政策研究》2015 年第 7 期，第 36～42 页。

杨岚：《韩国老年护理保险制度及其对我国的启示》，《郑州轻工业学院学报》（社会科学版）2011 年第 3 期，第 49～53 页。

余星、姚国章：《国外养老服务人才队伍建设比较研究——以日本、德国、丹麦为例》，《经营与管理》2017 年第 6 期，第 46～51 页。

臧少敏：《老年期健康管理服务新模式的构建》，《老龄科学研究》2015 年第 8 期，第 67～72 页。

战捷：《老年社会学教程》，中国大百科全书出版社，2000。

张腾：《日本介护保险制度介绍与效用评析》，《东南亚纵横》2010 年第 7
期，第 87～92 页。

张园：《养老服务迫切需要新模式新业态》，《人民论坛》2018 年第 23 期，
第 90～91 页。

张郧、吴振华：《产业链视角下养老产业发展研究》，《科技进步与对策》
2015 年第 24 期，第 62～64 页。

张中华：《中国特色养老之路的思考与实践》，天津人民出版社，2012。

赵辰光、杨肖肖：《公建民营养老机构运营模式》，《中国老年学杂志》2017
年第 11 期，第 5714～5716 页。

郑永强：《英国社会工作》，中国社会出版社，2010。

中国民政部、全国老龄办养老服务体系建设领导小组办公室：《国外及港澳
台地区养老服务情况汇编》，中国社会出版社，2010。

朱勇：《中国智能养老产业发展报告（2015）》，社会科学文献出版社，2015。

邹文开：《破解养老服务专业人才培养困境之策》，《社会福利》2015 年第
1 期。

邹文开、赵红岗、杨根来：《全国健康养老保障政策法规和标准大全》，化
学工业出版社，2017。

左美云：《智慧养老的内涵、模式与机遇》，《中国公共安全》2014 年第 10
期，第 48～50 页。

Bill Franks：《驾驭大数据》，黄海、车皓阳、王悦译，人民邮电出版社，2013。

L. Vern，K. Bengtson，Warner Schaie：《老龄理论手册》，林艳、伍小兰、
张岭泉等译，中国人口出版社，2006。

R. Nancy，H. Hooyman，Asuman Kiyak.：《社会老年学：多学科的视角》，
周云等译，中国人口出版社，2007。

A. Alonso, F. E. Garciamuina, "Talent Management Working Lines and Key
Processes," *Intangible Capital* 10 (2014).

A. A. Ariss, W. F. Cascio, J. Paauwe, "Talent Management: Current Theo-
ries and Future Research Directions," *Journal of World Business* 49

（2014）：173 – 179.

M. Bambacas, T. C. Kulik, "Job Embeddedness in China: How HR Practices Impact Turnover Intention," *International Journal of Human Resource Management* 24 (2013)：1933 – 1952.

J. Bhatnagar, "Managing Capabilities for Talent Engagement and Pipeline Development," *Industrial & Commercial Training* 40 (2008)：19 – 28.

P. Cappelli, "Talent management for the twenty-first century," *Harv Bus Rev* 8 (2008)：74 – 81.

N. Dries, "The Psychology of Talent Management: A Review and Research Agenda," *Human Resource Management Review* 23 (2013)：272 – 285.

M. Guthridge, "Lawson E. Divide and survive," *People Management* (2008).

G. V. Krogh, C. Rossi-Lamastra, "Haefliger S. Phenomenon-based Research in Management and Organisation Science: When is it Rigorous and Does it Matter?" *Long Range Planning* 45 (2012)：277 – 298.

T. R. Mitchell, B. C. Holtom, T. W. Lee et al. , "Why People Stay: Using Job Embeddedness to Predict Voluntary Turnover," *Academy of Management Journal* 44 (2001)：1102 – 1121.

M. Painter-Morland, C. Tansley, G. Deslandes et al. , "Talent Management: The Good, the Bad, and the Possible," *European Management Review* (2018).

P. Singh, S. Gupta, K. Sahu, "An Overview of Talent Management: Driver for Organizational Success," *Asian Journal of Management* (2014).

V. Vaiman, H. Scullion, "Collings D. Talent management decision making," *Management Decision* 50 (2012)：925 – 941.

图书在版编目（CIP）数据

养老服务管理／沙勇，周建芳，白玫主编. -- 北京：
社会科学文献出版社，2019.6（2025.8 重印）
（人口与信息社会丛书）
ISBN 978 - 7 - 5201 - 4345 - 5

Ⅰ.①养… Ⅱ.①沙… ②周… ③白… Ⅲ.①养老 -
社会服务 - 中国 - 教材 Ⅳ.①D669.6

中国版本图书馆 CIP 数据核字（2019）第 031929 号

人口与信息社会丛书
养老服务管理

主　　编／沙　勇　周建芳　白　玫

出 版 人／冀祥德
责任编辑／胡庆英
文稿编辑／朱子晔
责任印制／岳　阳

出　　版／社会科学文献出版社·群学分社（010）59367002
　　　　　　地址：北京市北三环中路甲29号院华龙大厦　邮编：100029
　　　　　　网址：www. ssap. com. cn
发　　行／社会科学文献出版社（010）59367028
印　　装／唐山玺诚印务有限公司

规　　格／开　本：787mm × 1092mm　1/16
　　　　　　印　张：26　字　数：411 千字
版　　次／2019 年 6 月第 1 版　2025 年 8 月第 7 次印刷
书　　号／ISBN 978 - 7 - 5201 - 4345 - 5
定　　价／89.00 元

读者服务电话：4008918866